KB033450

아편과 조선

아편과 조선

초판 1쇄 발행 2022년 6월 17일

지은이 | 박 강(朴 橿)
펴낸이 | 윤관백
펴낸곳 | 선인

등 록 | 제5-77호(1998.11.4)
주 소 | 서울시 양천구 남부순환로 48길 1, 1층
전 화 | 02)718-6252 / 6257
팩 스 | 02)718-6253
E-mail | sunin72@chol.com
Homepage | suninpub.co.kr

정가 38,000원
ISBN 979-11-6068-719-4 93910

· 저자와 협의에 의해 인지를 생략합니다.
· 잘못된 책은 바꿔 드립니다.

선인한국학 연구총서 057

아편과 조선

박 강

선인

일러두기

1. 일본 인명과 지명의 경우 원어 발음으로 표시하였다. 중국 인명 역시 원어 발음으로 표기하였으나, 중국 지명의 경우 관행상 한국에서 통용되는 지명을 따랐다.
2. 한국인에 대한 명칭 표기를 1910년 이전의 경우 조선인으로, 1910년 이후의 경우 한인으로 표기하였다. 해외 동포 역시 이에 준하였다.
3. 만주국(滿洲國)은 국제적으로 승인받지 못한 괴뢰정권 또는 괴뢰국이므로 ' '를 표시하였다. 만주사변 등도 이에 준하여 ' '를 표시하였다.
4. 아편은 현재 마약의 일종이지만 해방 이전까지 아편은 대체로 모르핀, 헤로인 등 마약과 구별하여 사용하였다. 따라서 본서에서는 아편과 모르핀, 헤로인 등의 마약을 따로 구별하여 사용한다.

책을 내면서

초등학교 때 우연히 들었던 아편전쟁 이야기가 머릿속에 희미하게 남아 있다가, 대학 수업에서 아편전쟁 내용을 다시 들으면서 어린 시절의 기억이 상기되었다. 그 인연이 이렇게 오래도록 내 연구와 인연의 끈을 맺을 줄은 몰랐다.

석사 논문 때부터 아편과 연을 맺은 지 벌써 30년이 훌쩍 넘었다. 아편이라는 한 우물을 팠던 것은 같은 분야인 역사를 전공하셨던 아버지의 영향이 있었다. 인터넷에서 아편이나 마약 관련 단어를 검색하면 내 이름 두 글자 또는 내가 쓴 책이나 연구 논문을 쉽게 찾아볼 수 있다. 처음에는 신기하기도 하고 기분이 나쁘지 않았지만 결국 아쉬움이 남는 것은 어쩔 수 없다.

가끔 외국사를 연구하는 사람끼리 모여 차 한 잔 마시면서 얘기할 때 외국사를 하는 이유에 대해 다양한 의견이 오가는 경우가 있다. 이 얘기의 끝은 대개 한국에 도움을 주기 위해, 또는 한국사를 제대로 이해하는 데 기여하기 위함이라는 결론에 닿았다. 그래서인지 어느 정도 외국사 연구를 마무리한 뒤에 한국사와 관련 있는 분야를 연구한다던가, 또는 중간에 관계사에 관심이 생겨 본인이 연구하는 외국사와 한국사와의 관계사로 돌아서는 경우도 종종 있다. 나 역시 그런 경향에 공감해서 그런지 처음에는 중국과 일본의 아편문제 연구에 관심을 갖고 접근했지만 결국 우리나라 아편문제 연구에 기여하는 작업을 하면서 나름 새롭게 학문하는 의미를 찾을 수 있게 되었다.

아편 관련 연구에 입문한 이후 지금까지 총 3권의 책을 출판하였다. 첫 번째 책은 박사학위 논문을 정리해서 출판한 『중일전쟁과 아편: 내몽고지역을 중심으로』(지식산업사, 1994)이다. 이 책은 중일전쟁 시기 일본의 대륙침략과 아편을 통한 재원확보와의 관련성에 대해 연구한 것이다. 이어서 『20세기 전반 동북아 한인과 아편』(선인, 2008)을 출판하였다. 이 책은 20세기 전반 일본의 조선 강점 이후 많은 한인들이 경제적인 어려움을 해결하기 위해 해외로 이주하였는데, 이주 한인과 아편과의 관련성에 대해 밝힌 책이다. 그리고 다시 『아편과 20세기 중국』(선인, 2010)이 출간되었다. 우리에게 중국의 아편 하면 아편전쟁 얘기가 주로 떠오르지만, 중국의 아편문제는 중화민국 시기인 20세기 전반기까지도 매우 심각하였다. 이 책은 20세기 전반 중국의 정치권력과 아편, 일본의 중국침략과 아편, 민간차원의 아편 금지운동 등 다양한 시각에서 아편문제를 바라본 연구서이다.

이들 연구서 가운데 두 권은 해외에서도 번역 출간되었다. 『중일전쟁과 아편: 내몽고지역을 중심으로』(1994)는 대만과 일본에서 각각 『中日戰爭與阿片: 以內蒙古地區爲中心』(國史館), 『日本の中國侵略とアヘン』(第一書房)이라는 제목으로 번역되어 출판되었다. 당시 중국 청나라와 영국 간에 벌어진 아편전쟁 관련 연구는 많았지만, 일본의 중국침략과 연계한 아편 관련 연구는 아직 시작 단계였기에 관련 국가의

관심을 받아 번역될 수 있었던 것 같다. 그 후 2008년에 출간된 『20세기 전반 동북아 한인과 아편』은 당시 관련 당사국인 일본에서도 연구가 거의 없는 상태였기에 『阿片帝國日本と朝鮮人』(岩波書店)이라는 제목으로 번역 출판되었다. 저자로서 반가운 일들이었다.

이번 책 역시 아편문제를 다룬 연구서이지만 앞의 연구와는 달리 주로 조선에 초점을 두었다. 한반도에 아편이 유입된 것은 아편전쟁 이후로 알려져 있다. 아편이 조선에 언제 어떻게 유입되어 확산되기 시작하였는지, 아편의 흡연과 확산의 동기는 어떤 것이었는지, 조선 정부는 아편문제에 대해 어떻게 대처했는지, 아편의 확산이 당시 조선 사회에는 어떠한 영향을 미쳤는지에 대해 밝혀보고자 하였다.

이어서 식민지 시기의 상황을 살펴보았다. 일본의 조선 강점기의 아편 · 모르핀 문제가 사회적으로 심각했다는 얘기는 이미 기존 연구서나 문학작품, 관련 영화 등을 통해서도 많이 회자되었다. 여기에서는 식민지 시기 조선의 아편 · 마약문제가 어떻게 해서 사회적으로 심각한 상황에 이르게 되었는지에 대해 일본과 조선총독부의 아편 · 모르핀 정책의 분석 속에서 당시 일본의 내부자료, 공간자료, 언론기사 등을 통해 규명해 보고자 하였다. 나아가 해외 이주 한인과 아편과의 관련성에 대해서도 살펴보았다. 기존의 부족했던 연구 내지 새로운 관점에서 중국 화북의 청도(青島), 만주의 마적 · 비적, 그리고 재일 한인의 아편 · 마약문제에 관해서도 다루었다.

필자는 최근까지 아편과 조선이라는 큰 주제하에서 일련의 연구 논문들을 발표해 왔다. 논문 심사 과정에서 많은 연구자의 조언들이 연구의 완성도를 높이는 데 큰 도움이 되었다. 이 책은 지금까지 학회지에 발표했던 논문들을 아편과 조선이라는 주제하에 일부 수정 · 보완하여 구성한 것이다.

이 책의 마무리 작업을 하면서 감사한 마음을 전하고 싶은 분들이 많이 떠올랐다. 묵묵히 저를 믿어주고 후원해 주신 분들이 많았다. 먼저 아편 관련 연구에 있어, 중일전쟁기 일본의 아편 관련 자료를 출판하여 이 분야 연구의 길을 터준 아이치대학(愛知大學)의 에구치 게이이치(江口圭一) 교수님께 감사드린다. 또한 새로운 아편 관련 자료를 꾸준히 발굴하고 연구하면서 저에게 도움이 될 만한 관련 자료를 제공해 주어 제가 박사학위 논문 이후에도 계속 이 분야를 연구하는 데 도움을 주신 아이치 현립대학(愛知県立大學)의 구라하시 마사나오(倉橋正直) 교수님께도 진심으로 고마움 마음을 전한다. 일본을 대표하는 아편 연구자인 도카이대학(東海大學)의 고바야시 모토히로(小林元裕) 교수께도 감사드린다. 과거 심양에서 우연히 기회가 되어 만났는데 그는 재외 한인 아편문제에 관심이 있어 『20세기 전반 동북아 한인과 아편』 책의 번역에도 참여해 주었다. 마지막으로 늘 저를 믿고 격려해 주신 아버지와 어머니께 깊은 감사의 마음을 전하고 싶다. 그리고 옆에서 제 글에 아낌없는 조언을 마다하지 않은 아내 서은미(徐銀美)와 존재 자체로 저의 기쁨인 딸 박영(朴煐)에게 고맙다는 마음을 전한다.

2022년 부산 해운대에서

박 강

차 례

표 차례

제1장

제2장

제3장

제4장

제5장

제6장

서론

'아편' 하면 아편전쟁을 연상하면서 청나라와 영국을 떠올리겠지만, 아편은 이 양국에 국한된 문제가 아니었다. 청나라와 정치·경제적으로나 지리적으로 인접한 조선 역시 당시 아편문제에서 자유롭지 않았다. 1882년 청나라와 조선 간에 '조청상민수륙무역장정(朝淸商民水陸貿易章程)'이 체결되어 청나라 상인들이 자유롭게 조선에 들어와 상업활동을 할 수 있게 되면서 아편이 조선에 흘러들어올 수 있는 토대가 마련되었다. 이후 개항기(1876-1910) 동안 조선에서 아편은 널리 소비되면서 우려되는 수준에 이르렀다. 그러나 개항기 조선 사회에 아편이 왜 유입되고 어떻게 소비되어 확산되었는지, 정부는 아편문제에 대해 어떻게 대처했는지, 사회적으로는 얼마나 심각했는지 그 구체적인 폐해에 대해 지금까지 연구가 미진한 상태였다.

개항기 이후의 상황에 대해서도 연구가 부족했던 것이 현실이었다. 조선은 1910년 일본에 의해 강점되는 시기를 맞이하였는데 이 시기에 들어와서 아편문제는 어떻게 되었을까? 독자들 중에는 이 시기의 아편과 관련해서 어렸을 때 할아버지를 통해서 들었던 분들이 있을 것이며, 식민지 시기의 언론기사나 문학작품 등을 통해 글을 읽었거나, 또는 최근 만주를 배경으로 한 영화를 통해서 얼핏 본 기억이 있을지도 모른다.

1980년대 이후 일본의 대외침략과 관련한 아편문제 자료와 연구 성과가 나오기 시작하였다.[1] 일본의 대외침략과 관련한 아편문제 연구 가운데 조선도 포함되었지만 주로 일본의 식민지 및 점령지에 대한 아편·마약의 생산 공급지 역할로서 인식되었을 뿐이었다. 아편 및 마약의 생산으로 인해 이들 물품들이 조선 내에서도 소비·확산되어 사회적 폐해를 초래한 점에 대해서는 그다지 주목하지 못하였다. 또한 조선 내의 아편·마약 확산에 대한 사회적 문제보다는 최근 한인의 해외 이주사 연구가 활발해지면서 식민지 시기 해외 이주 한인 사회와 관련한 아편·마약 연구가 먼저 진행되었다.[2]

따라서 본서에서는 개항기와 일본의 조선 강점기를 중심으로 조선의 아편문제에 초점을 맞추어 살펴보고자 한다. 조선에서 아편문제는 개항기에 이미 우려되는 상황이었다. 따라서 아편의 소비와 확산 원인, 그리고 그 사회적 폐해에 대해 살펴볼 필요가 있다. 특히 아편의 유입과 확산에 크게 영향을 미친 청국 상인의 활동에 대한 심도 있는 분석이 요구된다. 식민지 시기에도 아편과 마약으로 인한 사회적 폐해가 심각하였다. 당시 언론에도 아편과 마약의 심각성을 지적하는 기사들이 많이 등장한다. 심지어 의료인들까지 아편과 마약을 돈벌이

[1] 江口圭一 編著, 『資料 日中戰爭期阿片政策』, 東京: 岩波書店, 1985 ; 岡田芳政 外 編, 『續現代史資料(12) 阿片問題』, 東京: みすず書房, 1996.

[2] 대표적인 연구로는 박강의 저서 『20세기 전반 동북아 한인과 아편』(선인, 2008)을 들 수 있다.

수단으로 활용하여 병자에게 오남용했다는 기사들이 많이 눈에 띈다. 식민지 시기의 아편과 마약문제가 사회적으로 심각하게 된 근본적인 원인을 이해하기 위해 본서에서는 조선에 대한 일본과 조선총독부의 아편 및 마약정책과 조선의 아편·마약 확산 실태를 중심으로 살펴보고자 한다. 이를 통해 식민지 시기 아편·마약문제가 조선 사회에 얼마나 영향을 미쳤는지 구체적으로 이해할 수 있을 것이다.

한편 본서에서는 해외 이주 한인의 삶과 아편·마약 관련 문제에 대해서도 일부 살펴보고자 한다. 이미 식민지 시기 해외 이주 한인과 아편·마약 관련 연구는 일정 정도 성과를 보였다. 본서에서는 기존 연구에서 부족한 점을 보완하고 새로운 시각에 주목해서 다루도록 하겠다. 먼저 중국 화북지역 가운데 중일전쟁 이전까지 북경, 천진과 더불어 한인 이주가 가장 많았던 청도지역의 한인 이주와 아편·마약 관련 문제에 관해 살펴보고자 한다. 청도지역은 북경, 천진에 비해 한인 독립운동과 관련이 적은 지역이었기에 관심의 대상이 아니었다. 그런데 이 지역 한인의 아편·마약 밀매 행위는 매우 적극적인 양상을 띠고 있었다. 이에 대한 원인 분석이 요구된다. 만주지역의 경우 한인이 많이 이주한 지역으로 한인과 아편·마약과의 관련 연구 성과가 이미 나와 있지만, 본서에서는 '만주국' 수립 이전 만주에서 재만 한인과 활동지역이 겹치는 마적과 한인 그리고 아편과의 관계, '만주국' 수립 이후 일본에 반대하는 집단인 비적과 한인 그리고 아편과의 관계에 대해 살펴보고자 한다. 이를 통해 만주로 이주한 한인들의 삶의 또 다른 측면을 이해하는 데도 도움이 될 것이다. 또한, 지금까지 식민지 시기 재일 한인 이주사 연구에서 마약문제에 관한 연구는 없었다. 1920~1930년대 조선에서는 마약문제가 사회적으로 심각하였다. 특히 남부지역은 더욱 심각한 상황이었다. 이에 본서에서는 한인의 도일이 활발했던 1930년대 재일 한인의 마약문제에 대해 그 실태와 원인에 대해 살펴보고자 한다. 끝으로 해방 직후 중국의 만주, 화북 등지로부터 많은 한인이 귀환하였는데 이들 가운데는 현지에서 아편과 마약 밀매업에 종사하거나 중독에 걸린 사람들도 있었다. 이들 한인의 귀환이 해방 이후 한국 사회에 어떤 영향을 미쳤는지도 살펴보도록 하겠다.

본서는 이처럼 개항기와 일본의 조선 강점기를 중심으로 아편과 조선과의 관련성에 대한 연구이다. 조선 정부 당국의 아편 · 마약 문제에 대한 정책 내지 대책과 의도, 소비와 확산 원인, 그리고 실태와 사회적 영향 등을 중심으로 살펴보고자 한다. 뿐만 아니라 해외 이주 한인의 삶과 아편 · 마약과의 관련성은 물론 해방 이후 중국 귀환 한인이 마약과 관련하여 한국 사회에 미친 영향에 대해서도 알아보고자 한다. 이상의 내용을 이해하기 위해 전체를 총 7장으로 구성하였다.

제1장에서는 개항기 조선의 아편 소비와 확산 배경에 관해 살펴보고자 한다. 1876년 개항 이후 조선은 일본을 필두로 각국과 조약을 체결하면서 통상교류가 증가되었지만 조선은 점차 암울한 시대로 가고 있었다. 개항기라는 시대 상황 속에서 조선의 아편문제는 어떠했을까? 이를 위해 조선의 아편 흡연 동기와 소비, 그리고 확산문제에 관해 당시 아편 관련 재판자료, 아편 관련 금지법, 언론기사 등을 통해 살펴보고자 한다. 또한, 청국 상인은 조선의 아편 유입 및 확산 배경과 밀접한 관련이 있었다. 그럼에도 불구하고 구체적인 연구가 진행되지 않았다. 여기에서 그 문제에 관해서도 조선과 청조 간에 맺은 여러 조약 내용과 당시 언론기사 등의 검토를 통해 그 실태를 밝혀보고자 한다.

개항 이후 조선에 아편이 유입되면서 점차 확산되기 시작하였는데, 일본이 조선을 강점한 이후 아편문제는 어떻게 되었을까? 제2장에서는 일본의 조선 강점 이후 조선의 아편·마약 문제가 어떻게 되었는지 그 실상을 알아보고자 한다. 이를 위해 먼저 일본의 조선 강점 초기인 1910년대 조선총독부의 아편정책을 일본의 공간자료와 극비문서와의 비교를 통해 살펴보고, 또한 조선총독부 기관지였던 『매일신보』를 통해 일본의 조선 아편정책의 방향과 그 의도를 밝혀보고자 한다. 이어서 1920년대부터 심각한 사회문제로 대두된 모르핀 문제를 다루어 볼 것이다. 1930년대에 조선총독부가 내놓은 모르핀 대책을 그 내용뿐만 아니라 일본의 전체 식민지 및 점령지의 아편·마약의 수급 관계 속에서 그 진의를 파악해 보고자 한다. 이를 통해 식민지 시기 아편·마약 문제와 관련하여 한인과 조선 사회가 처한 상황을 구체적으로 이해할 수 있을 것이다.

식민지 시기 가운데, 특히 1920년대 조선 내 모르핀의 확산 상황은 사회적으로 심각한 단계에 이르렀다. 모르핀의 확산이 심각한 사회문제에 이르는 데 여러 가지 원인이 작용하고 있었다. 그 가운데 지금까지 그다지 주목받지 못했던 지방 의료체계와 관련하여 의료인들의 모르핀 오남용 문제에 대해 살펴볼 필요가 있다. 이번 제3장에서는 지방의 의료체계와 모르핀의 오남용 문제를 밝히기 위해 먼저 1920년대 지방 의료체계의 문제점에 대해 알아보고자 한다. 이어서 지방 의료체계의 미비라는 상황 속에서 지방 의료인들의 모르핀 오남용 배경과 그 심각성에 대해 살펴보고자 한다. 이를 통해 이 시기 일부 지방 의료인들의 부도덕성과 몰지각함은 물론 모르핀 확산문제를 새로운 관점에서 이해하는 데 도움이 될 것이다.

제4장에서는 1920~1930년대 만주 등지로 이주한 일부 한인들의 삶을 마적, 비적, 그리고 아편과 관련하여 살펴보고자 한다. '만주사변' 이전의 마적이나 '만주국' 수립 이후의 비적(만주국 수립 이후 일본에 반대하는 모든 집단을 비적이라고 칭함)의 활동지역이 만주로 이주한 한인들의 농촌 거주지역과 대체로 겹치는 경우가 많았다. 대체로 압록강 두만강을 경계로 한 국경지역 또는 그 인근지역에서 생활하거나 활동하는 경우가 많았기 때문이다. 그리고 마적과 비적은 물론 재만 한인 관련 사료에서도 아편 수입 관련 언급들이 많이 등장한다. 따라서 '만주사변' 전후 재만 한인과 마적, 비적, 아편과의 관련성을 통해 고국을 떠나 낯선 이국땅에 이주했던 한인들의 굴곡진 삶의 또 다른 측면을 새롭게 살펴볼 수 있을 것이다.

제5장에서는 중국 화북지역 도시 가운데 중일전쟁 이전 북경, 천진에 이어 한인이 많이 이주했던 청도의 이주 한인과 아편·마약 밀매업에 관해 살펴보고자 한다. 도대체 어떤 상황 속에서 한인들이 청도에 가서 아편·밀매업에 종사하게 된 것일까? 이 지역의 한인과 아편·마약 밀매업 문제는 당시 중국의 주요 사회문제로도 부각될 정도여서 화북 이주 한인의 생활사는 물론 중국 내 한인의 이미지와 항일을 위한 한중간의 협력문제를 이해하는 데도 도움이 될 것이다.

제6장에서는 식민지 시기 일본으로 건너갔던 재일 한인 가운데 1930년대 도쿄부[3]를 중심으로 한인 마약 중독자의 실태와 원인에 관해 살펴보고자 한다. 1920~1930년대는 조선에서 마약문제가 사회적으

3) 도쿄부(東京府)는 도쿄도(東京都)의 전신으로 1868년부터 1943년까지 존재했던 일본 府県의 하나. 1943년 7월 1일부로 도쿄도로 변경됨.

로 문제가 된 시기였고, 특히 남부지역은 더욱 심각한 상황이었다. 게다가 국내 언론을 통해 일본 내 한인 마약문제가 국내와 관련이 있는 듯 보도되었다. 이에 한인의 도일이 활발했던 1930년대 재일 한인 관련 마약문제의 실태와 원인을 구체적으로 밝힐 필요가 있다. 재일 한인의 마약문제를 통해 식민지 시기 재일 한인에 대한 일본 당국의 태도와 재일 한인 생활상의 이면을 새롭게 이해하는 데도 도움이 될 것이다.

제7장에서는 해방 직후 만주·화북으로부터 귀환한 한인들(아편, 마약 관련자 포함)이 해방 이후 한국 사회에 어떠한 영향을 미쳤는지에 대해 살펴보고자 한다. 해방 직후 만주·화북으로부터 귀환한 한인 가운데 중국에서 아편·마약을 밀매하거나 중독에 걸린 사람들이 있었다. 또한, 1960년대 군사 정부의 마약정책 수립 과정에서도 해방 이후 만주로부터 귀환한 인물들의 역할이 있었다고 보인다. 이러한 연구를 통해 해방 이후 한국 사회에 드리워진 마약문제와 관련하여 일본의 식민지 유산뿐만 아니라 중국 귀환 한인이 한국 사회에 미친 영향을 새롭게 이해하는 데도 도움이 될 것이다.

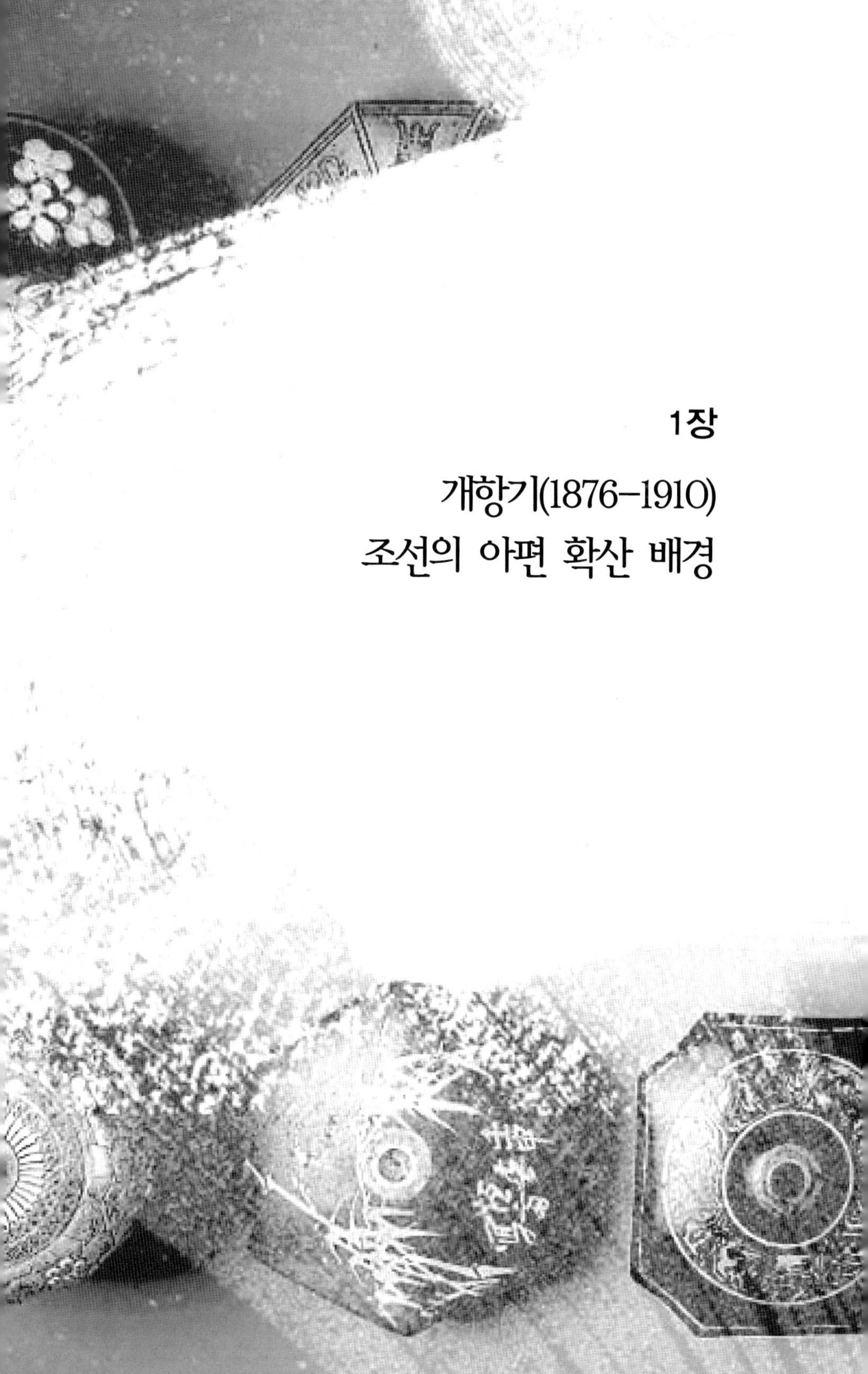

1장

개항기(1876-1910) 조선의 아편 확산 배경

1. 들어가며

근대 한반도의 역사는 대륙과 해양 양측으로부터 격동적인 영향을 받았다. 아편은 중국에 심각한 사회문제를 초래했고, 100여 년 가까이 중국 사회에 암울한 그림자를 드리우고 있었다. 그렇다면 중국과 이웃한 조선[1]에서는 어떤 상황이 벌어지고 있었을까? 지금까지 조선의 아편문제에 대한 연구는 거의 일본 식민지 시기에 한정되어 있었고,[2] 개항기의 아편문제에 대한 연구는 미미한 상황이었다.[3] 이러한 연구

1) 본 책이 다루고 있는 개항기(1876~1910)는 조선과 대한제국 시기를 포함한다. 여기에서는 편의상 모두 조선으로 표기하였음을 밝혀둔다.

2) 長田欣也, 「植民地朝鮮阿片生産」, 『早稻田大學大學院文學部紀要』 別冊20卷, 1994 ; John M. Jennings, "The Forgotton Plague: Opium and Narcotics in Korea under Japanese Rule, 1910~1945", *Modern Asian Studies*, No.29-4, 1995 ; 박강, 「조선에서의 일본 아편정책」, 『한국민족운동사연구』 20권, 1998.

3) 하정식, 「아편전쟁과 조선·일본」, 『근대중국연구』 제2집, 2001 ; 민두기, 「19세기 후반 조선왕조의 대외위기의식: 제1차, 제2차 중영전쟁과 이양선 출몰에의 대응」, 『東方學志』 52집, 1986 ; 정태섭·한성민, 「乙巳條約 이후 韓淸 간 治外法權 연구(1906-1910)」, 『한국근현대사연구』 제46집, 2008.

상황은 1, 2차 아편전쟁 패배 이후 중국에 확산된 아편문제가 이웃한 조선에는 별로 영향을 미치지 않았기 때문은 아니었다.

사실 아편전쟁을 전후한 중국 내 아편의 확산과 사회문제화는 지리적으로 이웃한 조선에게 경계의 대상이었다. 지리적으로 중국과 이웃할 뿐만 아니라 정치·경제적으로도 밀접한 관계를 맺고 있던 조선에 아편문제와 관련하여 별다른 문제가 없었다면 이것이 오히려 이상한 일일 것이다. 그런데 개항기에 중국의 아편이 조선에 어떻게 유입되어 확산되었는지, 조선 사회에서 어느 정도 심각했는지, 사회적으로 어떠한 영향을 미쳤는지, 또한 아편의 확산을 막기 위해 조선 정부는 어떻게 대응했는지 등에 대한 연구는 거의 없는 실정이다.

1876년 개항 이후 조선은 일본을 필두로 각국과 조약을 체결하면서 통상교류가 증가하였지만, 희망적인 흐름은 아니었다. 중국은 1882년 조선과 '조청상민수륙무역장정(朝淸商民水陸貿易章程 이하 조청무역장정이라고 약칭함)'을 체결하고 여전히 조선에 커다란 영향력을 행사하였으며, 이를 기반으로 청국 상인들의 활동은 확대되어 갔다. 외국의 이권침탈도 가속화되어 백성들의 삶은 더욱 고달파졌으며 청일전쟁, 러일전쟁 이후에는 조선의 국권마저 위협받는 어두운 시대를 맞았다. 이러한 시대 상황 속에서 조선 사회에 아편문제는 어떠했을까?

개항기 조선의 아편문제를 거론할 때 청국 상인들을 빼놓고 얘기하기는 힘들다. 중국은 19세기 내내 아편으로 발생되는 심각한 사회문제를 겪고 있었다. 중국과 조선은 전통적으로 빈번한 교류 관계를 가지고 있었고, 지리적으로 인접해 있었기 때문에 중국으로부터의 아편 유입 가능성은 매우 높았다. 이러한 상황에서 1882년 '조청무역장정'이 체결되면서 청국 상인들은 조선에서 거주 및 통상활동에 크게 제약을 받지 않았다. 이들 청국 상인들은 조선에서 영사재판권을 향유할 수 있게 되면서 조선 내 불법행위에 대한 단속에 대해 크게 두려워하지 않았다. 뿐만 아니라 당시 중국은 제2차 아편전쟁의 패배로 이미 중국 내의 아편 수입(輸入)은 물론 생산과 유통, 소비 등이 모두 합법화되어 있었고, 청국 상인들의 아편 해독에 대한 인식도 미약한 상황이었다. 따라서 개항기 조선의 아편 유입 및 확산문제를 고찰함에 있어 청국 상인과의 관련성 문제는 매우 중요하다고 생각된다.

이번 장에서는 개항기 조선의 아편 소비와 확산문제에 관해 살펴보기 위해 먼저 조선인이 아편을 흡연하게 된 주요 동기와 아편이 조선사회에서 확산되어 갈 수 있었던 배경에 관해 알아보고자 한다. 이어서 일본의 조선 강점 이전 조선 사회에서 아편이 어느 정도 심각하였는지 그 실태를 규명해볼 것이다. 이를 통해 개항 이후 열강의 이권침탈과 국권위협이라는 시대 상황 속에서 개항기 조선의 사회문제를 이해하는 데 기여할 것으로 생각된다.

그리고 지금까지 깊이 있게 다뤄지지 않았던 청국 상인문제를 다루고자 한다. 이를 위해 먼저 조선 정부의 아편 유입에 대한 우려와 경계 속에서 개항 이후 조선과 청조, 대한제국과 청조 간에 체결된 '조청무역장정'·'한청통상조약(韓淸通商條約)'의 내용 분석을 통해 조선으로의 아편 유입 가능성에 대해 살펴볼 것이다. 또한, 개항기에 발행된 언론 등의 기사 검토를 통해 아편의 유입 및 확산과 청국 상인과의 관계에 대해 그 실태를 규명해보도록 하겠다.

2. 개항기 조선의 아편 소비와 확산

1) 조선인의 아편 흡연 동기와 확산

조선 정부는 아편전쟁 전후 이래 중국 사회의 아편문제가 심각한 상황이라는 사실을 접하면서 아편의 조선 유입에 대해 경계해 왔다. 조선 정부는 중국에 파견된 연행사절을 통해 아편전쟁 전후의 상황에 대해 보고받으면서 서구열강의 침략 우려보다는 아편의 조선 유입에 대해 더 큰 위기감을 가지게 되었다. 즉 제1차 아편전쟁의 결과 영토 상실이 없었다는 사실을 토대로 침략에 대한 위기의식이 완화된 반면 아편에 대한 경각심은 고조되었던 것이다.[4] 이에 따라 조선에 아편 관련 처벌 조항이 없음에도 불구하고 엄중한 처벌이 시행되었다. 그 첫 사례는 1848년에 연행사절단으로 중국에 갔다 왔던 화원(畫員) 박희영(朴禧英)이었다. 그는 귀국할 때 아편 흡연 도구를 소지한 혐의로 체포되어 중형을 받았다.[5] 이어서 1876년 이래 각국과 통상조약을 체

[4] 하정식, 「아편전쟁과 조선 · 일본」, 『근대중국연구』 제2집, 2001, 25~29 · 32~33쪽 ; 민두기, 「19세기 후반 조선왕조의 대외위기의식: 제1차, 제2차 중영전쟁과 이양선 출몰에의 대응」, 『東方學志』 52집, 1986, 262~265 · 267~269쪽.

[5] 「節使가 돌아올 때 아편을 사온 畫員 朴禧英을 嚴覈하게 할 것을 청하는 備邊司의 啓」, 『국역 備邊司謄錄 235책』 헌종14년(1848년) 3월 26일 [출처: 국사편찬위원회 한국사데이터베이스 http://db.history.go.kr 이하 한국사테이터베이스라고 약칭함] ; 「아편을 흡입한 朴禧英을 사형에 처해야 할지의 여부에 대해 대신 등에게 하문할 것을 청하는 備邊司의 啓」, 『국역 備邊司謄錄 235책』 헌종14년(1848년) 5월 1일 [출처: 한국사데이터베이스] ; 「아편을 흡입한 朴禧英을 사형에 처해야 할지의 여부에 대해 대신 등에게 문의한 결과를 보고하는 備邊司의 啓」, 『국역 備邊司謄錄 235책』 헌종14년(1848년) 5월 8일 [출처: 한국사데이터베이스] ; 「박희영을 사형을 감면하여 추자도에 보내어 종을 삼도록 하다」, 『국역 憲宗實錄』 헌종14년(1848년) 5월 9일 [출처: 한국사데이터베이스].

결하는 과정에서도 조선 정부는 아편의 수입(輸入)을 금지하는 조항을 적극적으로 삽입하여 아편 유입에 대한 경계심을 늦추지 않았다.[6)]

개항 이후 조선 정부의 아편 수입 금지 노력에도 불구하고 1882년 조선과 청 정부 간에 '조청무역장정'이 체결되면서 중국으로부터의 아편 유입을 차단하기는 쉽지 않았다. 비록 '조청무역장정' 속에 아편의 수입을 금지하는 항목을 삽입하였지만, 동무역장정 체결 이후 청국 상인들은 한성에서 거주하기 시작하였고 이들의 통상활동은 한성뿐만 아니라 내지로도 확대되었다. 또한, 여기에서 주목해야 하는 상황은 이들 청국 상인들이 영사재판권을 향유하고 있었다는 사실과[7)] 아울러 조선의 아편 금지에 대한 청국인의 인식이 미약하였다는 사실이다. 왜냐하면, 제2차 아편전쟁 패배 이후 청국 내에서는 아편의 수입은 물론 국내 생산과 유통, 소비가 사실상 합법화된 상황이었기 때문이다.[8)] '조청무역장정' 체결 이후 채 10년이 되지 않은 상황에서 1901년 『황성신문(皇城新聞)』에 실린 논설을 보더라도 한성에는 이미 아편이 상당히 유포되어 있음을 알 수 있다.

---

6) 이광린, 『한국사강좌Ⅴ 근대편』, 일조각, 1988, 75~87 · 108~111쪽 ; 「조일수호조규 부록과 조선의 여러 항구들에서 일본인들의 무역규칙을 체결하다」, 『국역 高宗實錄』 고종13년(1876년) 7월 6일 [출처: 한국사데이터베이스] ; 『국역 高宗實錄』 고종19년(1882년) 4월 6일 [출처: 한국사데이터베이스] ; 「중국과 조선 상인의 수륙 무역 장정을 체결하다」, 『국역 高宗實錄』 고종19년(1882년) 10월 17일 [출처: 한국사데이터베이스].

7) 「중국과 조선 상인의 수륙 무역 장정을 체결하다」, 『국역 高宗實錄』 고종19년(1882년) 10월 17일 [출처: 한국사데이터베이스] ; 이영록, 「개항기 한국에 있어 영사재판권-수호조약상의 근거와 내용-」, 『법사학연구』 제32호, 224~227쪽 ; 이은자, 「한국 개항기(1876-1910) 중국의 치외법권 적용 논리와 한국의 대응-한중간 조약체결 과정을 중심으로-」, 『동양사학연구』 92집, 2005, 214쪽.

8) 朱慶葆 외 저, 『鴉片與近代中國』, 南京: 江蘇敎育出版社, 1995, 327~337쪽.

우리나라 사람들의 아편흡연의 해는 이미 논의가 많으나 그 해는 없어지지 않았고 폐해가 더욱 커졌다. 근래 믿을 만한 소식에 따르면 漢城 시내에서 아편을 판매하는 곳이 43, 44처가 되고, 1일 판매하는 양으로 1인 1일 흡연량을 계산해 보면 무려 3만 인이 된다. 심지어 흡연하는 사람은 淸國人과 교제하는 사람뿐 아니라 어리면서 부유한 몰지각한 자와 花柳界에서 방탕하게 노는 자, 혹은 오랜 지병치료를 핑계로 흡연하는 자, 陽氣 보충을 위해 흡연하는 자, 혹은 오랜 병 치료로 인해 중독이 되어 흡연하는 자들이다. 한 번 아편을 입 근처에 갖다 대면 돌이킬 수 없는 것으로 그 사람은 살아도 죽은 사람이다. 그 재물은 있어도 없는 것이 된다. 비록 한 두 사람이라도 오히려 그 해를 말하거늘 하물며 3만이나 되는 많은 수에 이르렀으니 그 나라에 해가 됨이 어느 정도이겠는가!…[9)]

위의 내용을 통해 살펴보면, 각국과의 개항 과정에서 조선 정부는 아편의 수입을 차단하기 위해 노력하였지만, 한성에 이미 아편이 상당히 문제가 되고 있음을 알 수 있다. 즉 한성 시내에 아편을 판매하는 곳이 43, 44곳이나 존재하였고, 그곳을 통해 판매되는 1일 판매 수량은 무려 3만 명이 흡연할 수 있는 양이었다. 한성 시내에서 3만 명이 흡연할 수 있을 정도로 아편이 거래되었다는 사실만으로도 이 시기 한성의 아편문제는 주목받을 만하다고 생각된다. 그리고 흡연하는 자들의 부류를 나누면서 외국인 가운데 유독 청국인과의 교제관계에 있는 자들을 우선적으로 언급한 것을 보면 조선에서의 아편의 확산이 청국인과 밀접한 관련이 있다는 것을 알 수 있다.

9) "我國人 吸鴉烟之害ᄂᆞᆫ 業已駁論者ㅣ 非止一再로ᄃᆡ 其害未祛ᄒᆞ고 獘益滋繁ᄒᆞ야 從可信處探聞則 漢城內鴉烟發售處가 爲四十三四處오 每日 發售秤量으로 計其每人一日所吸則 無慮爲三萬個人이라 ᄒᆞ니 其所吸之人은 不外乎淸國人交際者와 年少豪華之沒知覺者와 花柳場游冶者 而或稱久病消治而吸ᄒᆞ며 或稱陽氣發越而吸ᄒᆞ며 或久癮成癖而吸ᄒᆞ야 一爲近口則往而不返ᄒᆞ니 其人則 生而死者也오 其財則 有而無者也라 雖一二人이라도 猶謂其害어던 況至於三萬之多ᄒᆞ니 其爲國之害가 顧何如哉아……", 「鴉烟可痛禁」, 『황성신문』, 1901년 8월 12일.

중국의 고급 연관에서 아편을 흡연하는 중국인 모습(출전: 『烟毒的歷史』)

한성 시내에서만 3만 명분의 아편이 거래되고 있던 조선에서는 어떤 동기에 의해 사람들이 아편을 흡연하였을까? 앞의 인용 논설에서도 언급되었듯이 당시 조선에서 아편의 흡연 동기는 다양하였다. 대체로 청국인과의 교제를 통해 아편을 흡연하는 경우 외에도, 부유층 가운데 몰지각한 자와 화류계를 드나드는 방탕한 자, 그리고 오랜 지병 치료를 핑계로 흡연하는 경우, 회춘을 위해 흡연하는 경우, 오랜 병 치료로 인해 중독되어 흡연하는 경우 등의 다양한 동기를 들 수 있다. 『황성신문』의 또 다른 논설에서는[10] 흡연 동기를 크게 세 가지로 구

10) 「鴉烟是殺身亡國之孽」, 『皇城新聞』, 1900년 9월 28일.

분하였다. 먼저, 음탕한 무리들의 쾌락을 꼽았고, 다음으로 의사의 잘못된 처방, 그리고 선약(仙藥)으로 오인하여 흡연하다가 중독된 경우가 대표적인 동기라는 것이다. 즉 화류계를 출입하는 무리들이 방중술이라고 하여 떠들면서 화려하게 꾸며진 장소에서 아편의 흡연을 통해 쾌락을 만끽하다가 중독된 경우가 있었다. 한편으로는 오랫동안 병석에 누워 있다가 돌팔이 의사가 영험한 약이라고 처방하여 흡연하다가 중독되기도 하였다. 혹은 신선이 되는 약이라는 유혹에 빠져 흡연하다가 중독에서 벗어나지 못한 경우도 있었다는 것이다. 이들 내용을 종합하면 크게 중국인과 교류하면서 중국인의 권유로 흡연하는 경우, 쾌락을 위해 흡연하는 경우, 병 치료와 관련하여 흡연하는 경우 등으로 구분해 볼 수 있다.

이와 같이 당시 신문의 논설을 통해 조선에서 아편의 흡연 원인이 다양하였음을 알 수 있는데, 『각사등록 근대편(各司謄錄 近代篇)』에 수록된 아편 범죄 관련 재판문서의 내용을(〈표 1-1〉) 살펴보면 당시

11) 「한성재판부에서 아편흡연 죄인 張孝良의 처벌을 총세무사에게 알리도록 외부에 청함」(발송일: 1895년 5월 29일」, 『각사등록 근대편』; 「아편을 핀 張鎭基의 형량 품의」(발송일: 1897년 7월 27일), 『각사등록 근대편』; 「한성부 재판소에서 피고 李仲叔의 처리를 질품」(발송일: 1898년 3월 24일), 『각사등록 근대편』; 「아편을 흡연하다가 체포된 청국인 千姓과 李召史 등에 대한 판결문의」(발송일: 1898년 8월 9일), 『각사등록 근대편』; 「아편을 피운 崔相殷 등 건을 보내니 決裁하기 바람」(발송일: 1898년 10월 29일), 『각사등록 근대편』; 「한성부 재판부에서 아편흡연 죄인들의 형률에 대해 문의」(발송일: 1898년 12월), 『각사등록 근대편』; 「한성부 재판부에서 아편 금지법을 어긴 金石桓에 대해 보고」(발송일: 1899년 5월 5일), 『각사등록 근대편』; 「方漢永의 아편 흡연 건에 대한 보고」(발송일: 1905년 3월 9일), 『각사등록 근대편』; 「체포된 아편흡연자 처리 문의」(발송일: 1906년 1월 12일), 『각사등록 근대편』; 「아편을 흡연한 朴應鎭 盧斗三 관련 경무서 보고서에 대해 삼화항재판소에서 올린 보고와 공초」(발송일: 1906년 6월 15일), 『각사등록 근대편』 [이상 모든 자료의 출처: 한국사데이터베이스]에 의거하여 작성.

〈표 1-1〉 사건별 아편 흡연 동기와 법 위반 내용 및 흡연 장소[11)]

사건번호	흡연 동기	법 위반 내용 / 흡연 장소
사건 1	질병 치료	張孝良: 고질병을 칭하고 아편을 흡연 / 불명
사건 2	질병 치료	張鎭基: 신병 치료에 효험이 있다고 잘못 믿고 흡연 / 淸商家에서 흡연
사건 3	흡연하지 않았음	淸人에게 받을 빚 대신 아편 파이프와 연등 소지
사건 4	질병 치료	李召史: 淸人인 남편의 권유로 치병 위해 흡연 / 예전에 집에서 흡연 추정 金昌淳: 淸人의 권유로 학질 치료에 아편이 좋다는 얘기를 들음. 아편을 흡연하던 청인과 현장에 같이 있었음
사건 5	불명	崔相殷 등 3인: 아편 흡연 / 불명
사건 6	질병 치료	李允如: 아는 사람의 권유로 瘧疾 치료를 위해 흡연 / 집에서 흡연 尹召史: 아편을 피우면 병이 낫는다는 말을 듣고 瘧疾 치료를 위해 흡연 / 집에서 흡연
사건 7	질병 치료	金石桓: 병 치료에 좋다고 하여 아편재를 채취
사건 8	질병 치료	方漢永: 복통 치료를 위해 흡연 / 불명
사건 9	질병 치료	朴孝石: 질병 치료를 위해 흡연 / 불명
사건 10	질병 치료	박응진: 체증 치료에는 아편만한 것이 없다고 듣고 흡연 / 집에서 흡연 盧斗三: 아편이 痢疾 치료에 잘 듣는 처방이라고 것을 듣고 잠시 흡연 / 집에서 흡연

아편 흡연의 주된 동기가 무엇이었는지를 이해하는 데 도움이 될 것이다. 이 문서들은 조선 각 재판소에서 아편 흡연과 아편 흡연 관련 도구의 소지 등을 위반한 자에 대한 판결들을 상부에 문의한 것들이다. 위의 〈표 1-1〉에 나타난 바와 같이 사건 10건 가운데 흡연과 관련이 없는 사건 3과 흡연 동기가 불명한 사건 5를 제외한 8건 모두가 질병 치료와 관련이 있음을 알 수 있다. 일부 아편 흡연자 가운데 질병 치료를 핑계로 죄를 벗어나고자 하였다고 하더라도 각 사건 검사의 심리 내용을 감안해 볼 때 대체로 질병 치료와의 관련성이 매우 높다

고 판단된다.

사실 아편 흡연과 질병 치료와의 관련성은 비단 조선만의 문제가 아니었다. 1894년의 청일전쟁으로 일본의 식민지가 된 대만의 경우 식민지로 전락하기 이전부터 아편이 심각한 상황이었다.[12] 1930년 1월부터 그해 말까지 아편 중독자의 교정 치료를 목적으로 대만총독부(臺灣總督府) 대북갱생원(臺北更生院)에서 행해진 조사에 의하면, 아편 중독자 1,000명에 대해 아편의 흡연 동기를 관찰한 결과 오락(娛樂)으로 인한 자가 12.4%에 상당하고 나머지는 모두 자가 치료(自家治療)를 목적으로 흡연하기 시작하였다고 보고되었다. 물론 조사보고를 전면적으로 신뢰할 수는 없겠지만 아편의 폐해를 제대로 인식하지 못하고 자가 치료로 사용한 무지가 아편 흡연의 악습을 만연케 한 최대 원인의 하나인 것만은 확실한 것으로 보인다.[13]

아편 흡연의 역사가 깊고 사회적으로 만연된 중국 사회에서도 아편의 흡연은 질병 치료와 관계가 깊었다. 특히 하층사회의 경우 의식주에 대한 위생 관념이 희박하고 의료 등 위생설비의 혜택도 극히 부족하여 대개 아편을 만병통치약으로 여겼다. 1930년대 남경국민정부가 상해의 아편 치료 의원에서 중독자 1,000명을 대상으로 실시한 조사에서도 88.3%가 질병 치료를 목적으로 사용하다가 아편에 중독되었다고 답하였다. 하층사회에서 아편 흡연의 동기로 질병 치료가 높은 비중을 차지하였다는 것은 아편 해독에 대한 정확한 인식 없이 아편을 치료약으로 생각했기 때문이다.[14] 이처럼 대만과 중국의 아편 역사에서

12) 대만의 아편문제에 대해서는 劉明修의 『臺灣統治と阿片問題』(東京: 山川出版社, 1983)을 참고할 것.

13) 劉明修, 앞의 책, 11~13쪽.

도 아편 흡연의 주된 동기가 질병 치료와 관련이 깊었던 것을 볼 때 조선 역시 예외가 아니었다고 하겠다.

조선의 경우 아편 흡연의 습관이 없었고 조선 정부에서는 아편전쟁 전후 시기부터 아편문제에 대해 경계심을 갖고 대처해 왔는데, 그럼에도 불구하고 질병 치료 등의 이유로 아편이 확산되었던 것은 무엇 때문이었을까?

먼저 조선 정부의 문호개방을 통한 통상교류가 증대되고 있었던 상황과 밀접한 관련이 있었다. 아편전쟁 직후부터 조선 정부는 아편문제에 대해 경계심을 갖고 아편의 유입을 차단하고자 노력하였지만 문호개방의 환경은 차단 노력을 쉽지 않게 했다. 즉 강화도조약 이후 문호가 개방되면서 외국 상인들의 왕래가 증가하였다. 특히 중국 상인들이 조선에 거주하게 되고 중국으로부터의 상품수입이 활발해지면서[15] 아편의 유입을 차단하기란 더 이상 쉽지 않았다. 더욱이 청국 상인들은 1882년에 조선과 체결된 '조청무역장정'을 통해 영사재판권을 향유할 수 있어 본국 정부의 보호를 쉽게 받을 수 있었다. 이러한 상황에 조선 내에 조계지까지 설정되면서 아편의 유입과 확산을 단속한다는 것은 현실적으로 매우 힘든 일이었다.

또한, 일반 백성들이 아편 효능에 대해 잘못 인식하고 있었던 상황도 아편이 확산되는 데 한몫을 했다. 아편에 대한 잘못된 인식이 조선 백성들에게 만연했던 데에는 아편 자체가 갖고 있는 독특한 성질 때

14) 박강, 『아편과 20세기 중국』, 선인, 2010, 41쪽.

15) 1885년 청의 대조선 수출이 대조선 수입의 30배를 넘고 있다. 그 후 수출입액이 매년 증가하였지만 1892년까지 청의 대조선 수출액은 수입액의 10배를 초과하는 상태이다[이홍권, 「19세기말 조선에서의 청상활동 연구-1882~1894년을 중심으로-」, 강원대학교 석사학위논문, 2006, 33쪽 ; 이광린, 앞의 책, 258~259쪽].

문이기도 하지만 무엇보다도 청국인과의 교류를 통한 잘못된 정보의 전달이 크게 작용하였다고 생각된다. 앞의 〈표 1-1〉를 통해 볼 때 흡연과 관련이 없거나 내용이 불명한 사건 2와 사건 5를 제외한 여덟 건의 사건을 보더라도 아편 흡연자들은 대체로 질병 치료를 위해 아편을 흡연하거나 흡연을 기도하였다. 아편의 의학적 효능에 관한 정보는 청국인을 통하거나 아는 사람, 혹은 이미 알고 있는 사실로 언급하였지만 구입은 대부분 청국인을 통하였다. 이러한 사실을 통해서도 청국인과의 관련성이 높다는 것을 알 수 있다. 또한, 당시 언론에 게재된 아래의 글을 통해서도 이와 관련된 사실들을 확인할 수 있다.

> 대져 쳥국 사ᄅᆞᆷ의 버르쟝이는 셰계 샹에 뎨일 못된 죵유들이라 아편연이라 ᄒᆞ는거슨 사ᄅᆞᆷ이 먹고 죽는 약인즉 졍인은 더의들이나 먹고 죽을거시지 엇지ᄒᆞ야 이웃 나라 사ᄅᆞᆷ들 ᄭᆞ지 유인 ᄒᆞ야 아편연을 먹히여 뎌의들과 ᄒᆞᆷᄭᅴ 죽ᄌᆞ ᄒᆞ는지 죠션 사ᄅᆞᆷ들은 엇지 지각이 그다지들 업셔셔 못된 쳥인의 유인에 ᄲᅡ져 죽기를 ᄌᆞ쳥 ᄒᆞ는지 알슈 업더라 아편연은 인민의 위ᄉᆡᆼ 상에 크게 ᄒᆡ로은 물건이니 경무쳥에셔 별노히 엄금 ᄒᆞ야 조션 국ᄂᆡ에 아편연이 영위 절죵 되게 ᄒᆞ는거시 ᄆᆞ당 ᄒᆞᆯ듯 ᄒᆞ더라[16)]

> 우리가 무엇이던지 남과 나라의 죠흔것은 ᄇᆡ호지 못 ᄒᆞ고 글은것ᄆᆞᆫ ᄇᆡ호는 악습으로 지금은 아편연 ᄀᆞᆺ치 독ᄒᆞᆫ 물건을 경향 간에 먹는 사ᄅᆞᆷ이 만타 ᄒᆞ니 쳥국에 폐단 되는것을 보면셔도 이 버릇을 ᄇᆡ호는것은 우리가 항샹 남의 쇽국 노릇 ᄒᆞ던 비루ᄒᆞᆫ 긔샹으로 쳥국 사ᄅᆞᆷ이 ᄒᆞ는 일은 죠흔줄만 알고 ᄇᆡ호는 모양이니 가련ᄒᆞᆫ 인ᄉᆡᆼ들이로다[17)]

16) 「즁셔 이궁압헤 거쥬 ᄒᆞ는 쳥국 쟝ᄉᆞ 류셔강 집에셔」, 『독립신문』, 1897년 7월 1일.
17) 「아편연 폐단」, 『독립신문』, 1898년 7월 30일.

호나는 어리셕은 인민들이 청인의 꾀옴에 들어 아편연을 먹고 가산을 탕픽호며 싱업을 등긔 호며 싱명을 버리는 폐단이 만 호니 이제 브터는 아편연을 엄히 금단 홀 일인듸 도라간 토요일에 리씨가 샹주 호엿다는 말이 잇다더라[18)]

위의 기사 내용 가운데 밑줄 친 내용을 중심으로 살펴보면 조선에서의 아편의 유행은 청국인과의 교류를 통해 이루어졌음을 알 수 있다. 특히 아편의 위험성에 대한 정부의 경계에도 불구하고 청국 상인들의 감언이설과 대국문화에 대한 동경이 함께 작용해 쉽게 아편을 소비한 것을 보면 아편의 해독에 대해서는 제대로 인식하고 있지 못했음을 알 수 있다. 이처럼 조선에서의 아편의 유입과 확산에 청국인이 깊이 관련됨으로써 조선에서의 청국인에 대한 인식 역시 긍정적이지 않았음을 엿볼 수 있겠다.

사실 아편의 해독에 대해서는 아편 자체가 가진 독특한 성질로 인해 조선에 와있는 청국인들 역시 제대로 인식하지 못한 경우가 많았다고 생각된다. 즉 중국에서도 아편전쟁 전후부터 장기간 아편 흡연이 지속되었는데, 그것은 흡연 당사자들이 아편의 실체를 정확히 인식하지 못했던 것과 관계가 깊었다. 이와 관련하여 1934년 '만주국'의 보건위생조사위원회에서 작성한 글과 1934년 우시쿠보(牛窪愛之進)가 쓴 『아편화(阿片禍)』를 통해 살펴보면, 아편의 해독증상이 인체에 서서히 나타나는 성질로 인해 일반적으로 아편을 크게 두려워하지 않았다는 사실을 알 수 있다. 중국인들 역시 아편의 해독을 제대로 인식하

18) 「호나는 어리셕은 인민들이 청인의 꾀옴에 들어 아편연을」, 『독립신문』, 1898년 8월 16일.

기 어려웠던 것이다.[19] 따라서 조선에 들어와 있는 청국인들을 통해 아편에 대한 잘못된 정보가 쉽게 전달되었을 것이므로 조선의 일반 백성들이 아편의 해독을 제대로 인식하기란 어려웠을 것이다.

중국인 가정에서 아편 흡연 모습(출전: 『烟毒的歷史』)

한편 1905년 형법대전이 반포되기 이전까지 아편 금지와 관련된 법이 엄격하지 못했던 점 역시 아편 흡연이 민간에 쉽게 퍼져 나가는 데 하나의 원인이 되었다고 생각된다. 〈표 1-2〉의 사건 1, 2에 보이듯이 1894년에 제정된 '아편연금계조례(鴉片烟禁戒條例)'의 아편 흡연 금지

19) 박강, 『아편과 20세기 중국』, 43쪽.

를 위반한 죄에 대해서는 2년 이상 3년 이하의 감금에 처하고 흡연제구사저자(吸烟諸具私貯者) 및 유촉탁이기존자(由囑託而寄存者)에 대해서는 1개월 이상 1년 이하의 감금에 처한다고 되어 있다. 1896년 7월 15일에 한성재판소 판사 이응익(李應翼)이 법부대신 한규설(韓圭卨)에게 보낸 질품서를 보면 다음과 같다.

> 아편을 금지하는 것이 일국(一國)의 대정(大政)인데, 범죄자를 처벌하는 정율(定律)이 없고, 개국 503년(1894년) 법부아문 고시를 준하여 본 재판소에서 조율(照律)한 예가 있으나 법률이 극히 신중한데 징역과 감금하는 율을 고시등본(告示謄本)을 준하여 시행함이 소홀함이 막심하며 ……이에 질품하오니 조사하셔서 아편율례(鴉片律例)를 조속히 정하시고…[20]

이응익은 아편 범죄자에 대한 처벌이 법률이 아닌 고시를 통해 시행되고 있는 것에 대해 문제점이 있음을 지적하면서 조속히 법을 제정해 줄 것을 건의하였다. 이러한 점이 반영된 듯 1898년 8월 19일에 의정부 참정 이호준(李鎬俊)이 법부대신 신기선(申箕善)에게 아편 금지법 제정을 통보하였다. 그 내용은 아래와 같다.

> 본 참정이 별청의(別請議)한 아편연(鴉片烟) 일물(一物)이 이독우민(貽毒愚民)하여 그 해가 크니 이는 각국이 금하였고 아국(我國)이 금지하는 율례(律例)를 정하지 않았으니 특히 위생 방면에서 부족하기에 귀부(貴府)로 하여금 율(律)을 정해 엄금할 일로 본부(本府) 회의에 제출하여 경의(經議)한 후 상주하여 봉지제가(奉旨制曰) 가(可)라 하시였기에…[21]

20) 「鴉片律例를 정할 것과 墓訟의 민형사 구분에 대한 품의」, 『각사등록 근대편』 [출처: 한국사데이터베이스].

21) 「아편금지법 제정 통보」, 『각사등록 근대편』 [출처: 한국사데이터베이스].

<표 1-2> 사건별 아편 범죄와 각 재판부의 판결[22]

사건번호 (발송일)	법 위반 내용	각 재판소의 판결
사건 1 (1895.5.29)	장효량: 고질병을 칭하고 아편을 흡연하였으나 현재 끊은 지 오래됨	1894년에 제정된 鴉片烟禁戒條例의 禁吸烟罪를 위반하였으나 현재 아편을 끊은 지 오래되어 경감하여 2년 감금에 처함.
사건 2 (1897.7.27)	장진기: 신병 치료에 효험이 있다고 잘못 믿고 흡연하다가 현행범으로 체포됨	1894년의 鴉片烟禁戒條例에 따라 禁吸烟을 범한 자는 2년 이상 3년 이하의 감금에 처한다고 하였으나 연한이 정해지지 않았고 또한 피고가 병 치료에 효험이 있다고 잘못 믿고 흡연해 본 것은 용서할 만하다고 짐작되므로 질품함.
사건 3 (1898.3.24)	淸人에게 받을 빚 대신 아편 파이프와 연등을 매각하려고 소지하고 있다가 체포됨	鴉片烟禁戒條例에 吸烟諸具私貯者 및 由囑託而寄存者는 1개월 이상 1개년 이하의 감금에 처한다고 하였으나 기한이 정해지지 않아 의문점이 있고 또한 피고가 빚으로 물건을 맡은 것은 사저와 구별되기 때문에 참작할 여지가 있으므로 질품함.
사건 4 (1898.8.9)	이소사: 예전에 淸人인 남편의 권유로 질병 치료를 위해 흡연한 적이 있었으며, 아편을 흡연하던 남편인 청인과 현장에 같이 있다가 체포됨. 김창순: 淸人이 학질 치료에 아편이 좋다는 얘기를 듣고 있었고, 아편을 피우지는 않았지만 흡연하던 청인과 현장에 같이 있다가 체포됨.	鴉片烟禁戒條例에는 합당한 법률이 없어 1~2개월 감금에 처하여 대중에게 경각심을 주는 것이 어떨까 함.
사건 5 (1898.10.29)	최상은 등 3인: 흡연하다가 현행범으로 체포됨	3인 가운데 朴東元은 재판소의 廷吏로서 국법을 위반했으므로 형법에 의거하여 처벌케 할 것을 바람.
사건 6 (1898.12)	이윤여: 아는 사람의 권유로 瘧疾 치료를 위해 흡연하였음. 윤소사: 아편을 피우면 병이 낫	이윤여, 윤소사 등에 대해 법을 적용하면 鴉片烟禁戒條例에 禁吸烟을 위반한 자는 2년 이상 3년 이하의 감금

22) 주 11)과 같음.

사건번호 (발송일)	법 위반 내용	각 재판소의 판결
	는다는 말을 듣고 瘧疾 치료를 위해 흡연하다가 효험이 없자 끊었고 흡연 도구는 그대로 갖고 있었음.	이며, 由囑託而寄存者는 1개월 이상 1년 이하의 감금으로 되어 있다. 그러나 기한이 정해지지 않아 의문의 여지가 있어 질품함.
사건 7 (1899.5.5)	김석환: 청인의 흡연 도구를 맡았으며, 병 치료에 좋다고 하여 흡연 도구에서 아편재를 채취하다가 체포됨.	鴉片烟禁戒條例에 由囑託而寄存者는 1개월 이상 1년 이하의 감금으로 되어 있으나 기한이 정해지지 않아 의문의 여지가 있어 질품함.
사건 8 (1905.3.9)	방한영: 몇 년 전에 아편을 흡연하였으나 지금은 끊었으며, 간혹 복통이 있어 아편 세 봉을 구하였다가 현장에서 체포됨.	大明律雜犯編不應爲條 凡不應得爲而爲之者律에 따라 笞 40에 처함
사건 9 (1906.1.12)	박효석: 질병 치료를 위해 흡연하였다가 끊었는데 체포됨.	형법대전 제695조에 鴉烟을 耽吸한 자는 징역 15년에 처하며 끊었다고 헤아려주는 것은 없다고 하므로 이번 사건을 법에 비추어 볼 때 의심되는 점이 없지 않으므로 질품함.
사건 10 (1906.6.15)	박응진: 체증 치료에는 아편만한 것이 없다고 듣고 흡연 노두삼: 아편이 痢疾 치료에 잘 듣는 처방이라고 것을 듣고 잠시 흡연	둘의 경우 비록 병으로 인해 잠시 흡연한 것이라고 하나 이 물건이 원래 법으로 금하는 것이므로 철저히 단속하지 않을 수 없다. 해당 범죄 등을 본소에서 여러 차례 심문하였으나 앞서 진술한 것과 별반 차이가 없다. 이에 질품함.

이와 같이 아편의 해가 심각하였고 또한 각국이 아편을 금하고 있는데도 우리나라는 이를 금지하는 법률조차 없었으므로 의정부 참정 이호준은 법률을 제정하여 엄금하고자 의정부 회의를 거쳐 상주하여 제가를 받았다. 그러나 실질적으로 아편 범죄와 관련하여 그 처벌이 강화된 것은 〈표 1-2〉의 사건 9와 같이 1905년 형법대전이 만들어지면서부터라고 생각된다. 즉 형법대전 제659조에 의하면, "아편연(鴉片烟)을 수입이나 제조나 판매나 탐흡(耽吸)한 자는 모두 징역 15년에 처하

고, 흡연제구(吸烟諸具)를 수입이나 제조나 판매한 자는 1등을 감하고 사저(私貯)한 자는 2등을 감한다"[23]라고 명시되어 있다. 앞의 '아편연금계조례(鴉片烟禁戒條例)'의 흡연을 위반한 자에게 처하는 2년 이상 3년 이하의 감금에 비해 처벌이 대폭 강화되었음을 알 수 있다. 이는 또한 아편 위반 범죄가 과거에 비해 심각해지고 있음을 반영한 것이라고도 생각된다.

한편 아편의 단속은 관련 법률의 제정만으로 해결할 수 있는 일이 아니었다. 아무리 법이 잘 만들어졌다고 하더라도 이를 집행하는 관리들이 이에 대한 인식이 부족하고 제대로 시행하지 못한다면 효과를 거두기는 힘들다. 당시 아편을 단속하는 관헌조차 아편의 해독에 대해 인식이 부족한 상태였기 때문에 엄격한 단속이 어려웠을 것으로 생각된다. 이러한 상황은 아래 글을 통해 살펴볼 수 있다.

> 아편연이 대단히 ᄒᆡ로은 말과 우리 나라에셔 속히 엄법을 뎡 ᄒᆞ야 이 독물의 ᄲᅮ리를 ᄲᆡ여야 ᄒᆞ겟다고 말 ᄒᆞ엿더니 그 후에 졍부에셔도 아편연 검ᄒᆞᆯ 의론이 낫다 ᄒᆞ니 반가오나 우리나라의 폐단은 죠흔 법과 아름다온 령이 업ᄂᆞᆫ것이 아니라 잇서도 시ᄒᆡᆼ 아니 ᄒᆞᆷ이니 아편연 검 ᄒᆞᄂᆞᆫ 법을 뎡 ᄒᆞ거든 엄히 시ᄒᆡᆼ ᄒᆞ야 이 큰 ᄌᆡ앙이 우리 나라를 더 ᄒᆡ롭게 ᄒᆞ지 안키를 ᄇᆞ라노라[24]

> 무슴 폐단 이 잇셔 무삼 령 을 반포 ᄒᆞ엿던지 령 ᄃᆡ로 시ᄒᆡᆼ ᄒᆞ여야 폐단이 ᄌᆞ연 업셔지ᄂᆞᆫ 법이 어ᄂᆞᆯ 아편연 금 ᄒᆞᄂᆞᆫ 일 노 말 ᄒᆞ드ᄅᆡ도 우ᄆᆡ 한 ᄇᆡᆨ셩 들이 먹ᄂᆞᆫ 것은 오히려 참량 ᄒᆞ려니와 혹 경무 관리들 즁에 ᄇᆡᆨ셩 의 먹ᄂᆞᆫ

---

23) 『형법대전(하)』(刊寫者 未詳, 1863-1907년 추정), 141쪽 ; 「法律〈前号續〉」, 『皇城新聞』, 1905년 9월 27일.

24) 「아편연폐단」, 『독립신문』, 1898년 8월 22일.

것을 금 ᄒᆞ기ᄂᆞᆫ 고ᄉᆞ ᄒᆞ고 그 먹ᄂᆞᆫ 사ᄅᆞᆷ들을 츄축 ᄒᆞ야 서로 먹으니 ᄇᆡᆨ셩들이 그 금 ᄒᆞ라ᄂᆞᆫ 령칙 을 ᄋᆞ희 회롱 으로 알아 아편연 먹ᄂᆞᆫ 폐단이 날노셩 ᄒᆞᆫ지라 그런고로 먹고 죽ᄂᆞᆫ 이도 잇스니 그 먹고 죽ᄂᆞᆫ 사ᄅᆞᆷ은 다 우ᄆᆡᆨ한 사ᄅᆞᆷ 이라 말 ᄒᆞᆯ 것이 업거니와 관리 가 되여 사ᄅᆞᆷ 죽ᄂᆞᆫ 물건 을금치 아니 ᄒᆞ니 이ᄂᆞᆫ 먹고 죽으라고 짐짓 두고 보ᄂᆞᆫ 것과 다름 이 업슴 이니 그런 관리들은 ᄒᆞᄂᆞᆫ 직무가 무엇 인지 모로ᄂᆞᆫ 사ᄅᆞᆷ 이라 혹 직무 샹에 대단 이 쥬의 ᄒᆞ야 금 ᄒᆞ라신 법을 봉ᄒᆡᆼ ᄒᆞ려 ᄒᆞᄂᆞᆫ 이 도 잇거니와 그런 분 ᄒᆞ나히 엇지 수ᄇᆡᆨ 명 되ᄂᆞᆫ 슌검의 직무 를 겸찰 ᄒᆞ리오 슌검 이 되여 국법 을 고범 ᄒᆞᄂᆞᆫ 형벌 은 필경 법ᄉᆞ 쳐분이 계시려니와 위션 아편연 을 금치 아니 ᄒᆞᄂᆞᆫ ᄭᆞᄃᆞᆰ에 허다 ᄒᆞᆫ ᄉᆡᆼ령이 무죄히 샹 ᄒᆞᆷ 을 위ᄒᆞ야 대단 이 ᄋᆡ셕히 넉이노라 ᄒᆞ엿더라[25]

곤당골 근쳐에 아편연을 먹ᄂᆞᆫ 폐단이 대단ᄒᆞ야 금ᄒᆞᆯ 수가 업ᄂᆞᆫ즁 ᄒᆡ ᄂᆡ 슌검들이나 각히 직칙ᄃᆡ로 엄금ᄒᆞ여야 ᄒᆞᆯ터인ᄃᆡ 슌검들도 말 ᄒᆞ기를 우리가 도저히 금 ᄒᆞ면 곳 총슌을 ᄒᆞᄂᆞ냐 남의게 미움만 밧ᄂᆞᆫ다 ᄒᆞ고 도로혀 엄호 ᄒᆞᄂᆞᆫ 슌검이 만ᄒᆞᆫᄃᆡ ᄒᆡ셔 슌검 허일씨가 독히 직무에 쥬의ᄒᆞ야 아편을 졀금 ᄒᆞᆫ다 ᄒᆞ니 슌검들이 다 허일씨와 갓ᄒᆞᆯ ᄃᆡ경이면 위ᄉᆡᆼᄒᆞᄂᆞᆫ 도리가 ᄆᆡ우 리익 ᄒᆞ리라고 말들 ᄒᆞ더라[26]

위에서도 언급되었듯이 아편의 폐해가 커서 이를 단속하는 법령이 제정되었지만 경찰관리들의 단속은 기대에 미치지 못하였다. 심지어는 두 번째와 세 번째 인용문에 보이는 것과 같이 순검들이 아편을 단속해보아야 백성들로부터 미움을 받을 것으로 생각하고 단속은커녕 오히려 함께 법을 위반하기까지 하였다. 이로써 단속은 더욱 어렵게 되었다. 경찰관리들의 이러한 모습을 통해 볼 때 아편의 해독에 대한

25) 「무슴 폐단 이 잇셔 무삼 령 을 반포 ᄒᆞ엿던지」, 『매일신문』, 1898년 8월 15일.
26) 「곤당골 근쳐에 아편연을 먹ᄂᆞᆫ 폐단이 대단ᄒᆞ야」, 『매일신문』, 1898년 10월 29일.

정확한 인식은 차치하고 아편이 해롭다는 사실조차 알지 못하고 있는 것은 아니었나 할 정도로 의심스러운 지경이라고 하겠다.

아울러 외국인 거주지에 대한 조선 정부의 행정력 한계 역시 아편 단속을 어렵게 하는 한 요인이었다. 이와 연관된 내용으로 1895년 5월 18일 외부대신 김윤식(金允植)이 총세무사 앞으로 아편 흡연자를 숨겨주는 것을 금지하도록 요청하는 공문을 각국 공관에 보냈는데 그 내용을 보면 다음과 같다.

> 아국에 주재하는 각국 공관과 각 항구의 영사관 및 상가에 고용되어 있는 아국인 중에 당국의 국법을 어기고 종종 몰래 아편을 흡연하는 자가 있습니다. 본청에서 수색하여 체포하려고 할 때 외국인들이 그 범인을 숨기려할 뿐 아니라 때로는 巡檢을 구타하여 쫓아버리는 등의 일이 있어 큰 폐단이 되고 있습니다. 귀 대신에게 청하건대 각 공관으로 하여금 각 항구의 영사와 아국에 있는 상인에 전달하여 이후 범인을 체포할 때 이 같은 폐단이 없도록 ……[27]

당시 각국 공관 및 각 항구의 영사관 그리고 상가에 고용되어 있는 조선인이 그곳에서 몰래 아편을 흡연할 경우 국법을 어긴 자라 하더라도 단속하기 어려웠다. 실례로 일본 임시대리공사 스기무라(杉村濬) 등은 조선인이 범죄를 저질러 외국인 거처에 은닉하고 있을 경우라도 조선경무청에서 이를 직접 수색 체포하는 것은 조약위반이라고 반대하였다.[28] 다른 나라 역시 외국인 거처에 조선인 범법자가 은닉하고

27) 「아편 흡연자를 숨겨주는 것을 금지하도록 각국 공관에 요청」, 『각사등록 근대편』 [출처: 한국사데이터베이스].

28) 「外部大臣 金允植이 各國 公使」, 『고종시대사 3집』 [출처: 한국사데이터베이스].

있다고 하더라도 조선 정부가 행정력을 동원하여 직접 수색하고 체포하는 것에 대해서는 동의하지 않았을 것으로 생각된다. 이처럼 외국인 거주 지역에서의 외국인 또는 조선인의 불법적인 아편 범죄에 대해서는 조선의 행정력이 미치지 못하였으므로 단속은 제한적인 면이 있었다.

요컨대 아편전쟁 전후 아편문제에 대한 조선 정부의 경계심에도 불구하고 쇄국에서 개방으로 나아가면서 아편의 소비와 확산은 제대로 제어하기 어려웠다. 아편이 유입되면서 다양한 이유를 통해 아편이 흡연되었는데, 대만이나 중국과 같이 질병 치료를 목적으로 흡연하는 경우가 가장 많았다. 아울러 조선 사회에서는 청국 상인들의 국내 거주와 상업활동의 확대 속에서 국내 아편의 소비가 확대되었을 뿐만 아니라 정부의 엄격한 법 집행 결여와 외국인 거주지역에 대한 단속의 어려움도 아편이 확산되는 요인으로 작용하였다. 이어서 각국과의 통상개방 이후 유입되기 시작한 아편이 조선 사회에서 어느 정도 심각했는지 그 실태를 살펴보도록 하겠다.

2) 아편 흡연의 심각성과 조선 사회

개항 이후 각국과의 통상교류가 증가하면서 조선에 아편이 유입되어 소비가 확산되었는데, 과연 어느 정도 심각한 사회문제로 형성되어 있었던 것일까? 사실 이 시기 정부에 의해 아편의 수입과 소비 등이 금지되어 있어 조선의 아편과 관련한 통계자료 등이 매우 부족한 실정이다. 따라서 사회적으로 어느 정도 심각했는지 수치로 정확히 알기 어렵지만 일부 관련 수치들을 통해 사회적 심각성 정도의 추이는 짐작해 볼 수 있다.

먼저 조선 정부의 아편 단속법을 통해 정부가 아편문제를 어느 정도 심각하게 받아들이고 있었는지를 살펴보자. 앞서도 언급했듯이 조선 정부는 1905년 형법대전을 반포하여 아편법 위반에 관한 처벌을 이전에 비해 매우 강화시켰다. 즉 아편 흡연 위반만 보더라도 1905년 이전에는 2년 이상 3년 이하의 감금이었고, 아편 범죄자에 대한 처벌 역시 1898년 이전까지는 법률이 아닌 고시를 통해 시행되었다. 그러나 1898년을 계기로 아편 범죄의 심각성을 반영한 듯 처벌을 고시에서 법률 제정으로 전환하였으며. 다시 1905년 형법대전을 반포하면서 아편 흡연 위반에 대해 징역 15년으로 처벌할 수 있게 되었다. 이것은 아편 문제가 계속해서 악화되고 있다거나 혹은 처벌을 강화하지 않을 경우 사회적으로 심각한 단계에 도달할 수 있다는 정부의 우려가 반영된 결과라고 생각된다.

개항기 조선의 아편 흡연자 등에 대한 통계수치가 미비하여 전국적으로 어느 정도 심각한 상황이었는가는 자세히는 알기 어렵다. 1901년 한성 시내에 1일 판매하는 아편양이 무려 3만 명이 흡연할 수 있는 양이었다는 것을 볼 때 한성의 경우 심각한 수준이었음을 알 수 있다. 또한, 조선 정부의 행정력이 미치지 못하는 인천 등 외국인 거류지의 존재는 이 지역 조선인의 아편 단속을 어렵게 하였으며, 이곳에서는 외국 상인들의 왕래 또한 활발했기 때문에 아편 흡연자가 상당수 존재하여 그 영향으로 조선인의 아편 흡연도 증가하였다고 추정할 수 있다.[29] 중국과의 교류가 빈번한 한성과 인천뿐만 아니라 청국과 접

29) 민윤, 「개항기 인천 조계지 사회의 연구: 조계지 내 갈등과 범죄의 양상을 중심으

경하고 있는 지역의 경우 역시 아편문제는 매우 심각하였다. 1898년 『황성신문』에 게재된 「아편론(鴉片論)」이라는 글에 이미 "아국북관인민(我國北關人民)이 차(此)를 종(種)하야 번연(繁衍)하는 폐(弊)가 유(有)하다하니 진즉사핵통징(趁卽查覈痛懲)홀지라"[30]라고 하였듯이 이미 북방 접경지역의 아편 재배에 대한 우려가 표면화되고 있었다. 1906년에 『황성신문』에 게재된 「계연선업(戒烟善業)」이라는 글에서는 "의주(義州)는 청국접계고(淸國接界故)로 아편연유독(鴉片烟流毒)이 일국(一國)에 제일우심(第一尤甚)이라 연구흡연(年久吸烟)ᄒᆞ야 중독빈사자(中毒瀕死者)가 수천인(數千人)인ᄃᆡ……"[31]라고 하였다. 북방 접경지역에 대한 우려가 표명된 지 채 10년이 지나지 않아 아편문제가 매우 심각해졌음을 알 수 있다.

한편 1910년 이전 일본 측에서도 조선의 아편문제에 대해 우려하는 시각을 갖고 있었다. 『주한일본공사관기록(駐韓日本公使館記錄)』에는 1906년 일본에 의해 조선에 설치된 통감부의 시정방침 시행을 위한 전제 조건으로서 금해야 할 세 가지 폐단을 언급하였는데, 그 가운데 아편의 흡연 금지가 포함되어 있었다. 즉 조선의 아편은 아직 심한 폐단단계까지는 가지 않고 있다고 하지만 해를 거듭할수록 그 수가 증가되고 있으므로 청나라 행상 내지 거주자에 대한 충분한 주의와 제재가 필요하다고 지적하였다.[32] 일본은 조선의 아편문제는 아직 심각한 단계에 이르지는 않았지만 흡연자 수가 해마다 증가하고 있었으므

로」, 『인천학연구』 7집, 2007, 32~33쪽.

30) 「鴉片論」, 『皇城新聞』, 1898년 9월 22일.

31) 「戒烟善業」, 『皇城新聞』, 1906년 10월 26일.

32) 「한국시정에 대하여」, 『駐韓日本公使館記錄』 26권 [출처: 한국사데이터베이스].

로 일본은 여기에 주목하고 우려하고 있었음을 알 수 있다.

〈표 1-3〉 1908년 지역별 아편 흡연자와 단금한 자, 점금한 자의 수(단위: 명)[33]

지역	아편 흡연자	단금한 자	점금한 자
한성	22	9	12
충남	69	44	25
전북	10	5	5
함남	34	27	7
함북	63	62	1
평북	1,172	1,150	22
평남	227	182	45
황해도	79		
합계	1,676	1,479	117

* 1908년 5월부터 12월까지 내부 위생국에서 아편 흡연자를 조사한 내용

실제로 1910년 전후 당국의 일부 조사 통계를 살펴보면 조선의 아편 실태 추이를 어느 정도 엿볼 수 있다. 1908년 5월부터 그해 12월까지 내부 위생국에서 전국의 아편 흡연자를 조사한 바에 의하면(〈표 1-3〉) 아편 흡연자가 이미 전국적으로 분포되어 있었다. 특히 중국과 접경하고 있는 평북과 평남의 흡연자 수가 총 1,399명으로 압도적으로 많았다. 이와 관련하여 『대한매일신보』에 게재된 청국 접경지역에서 아편 흡연 금지처분을 받은 사람들의 수치를 보면,[34] 1908년의 경우 5월부터 12월까지 2,385명에 달하였다. 1909년에는 이보다 2배 이상 증가한 6,000명이 금지처분을 받았다. 1910년의 경우 1월부터 5월까지 금

33) 「吸鴉調査」, 『皇城新聞』, 1909년 3월 27일.

34) 「못된 사람들」, 『大韓每日申報』, 1910년 7월 23일.

지처분을 받은 사람만 하더라도 3,147명이었다. 내부 위생국에서 1909년 5월까지 조사한 아편 흡연자는 5,360명에 달하였으며, 이들에 대하여도 단금과 점금방법을 통해 아편의 흡연을 끊도록 노력하였다.[35] 이러한 상황은 실제 흡연자가 금지처분을 받은 수치를 훨씬 상회하고 있을 것이라는 예상을 가능하게 하는 것이며, 청국 접경지역 아편문제의 심각성을 보여주는 것이다.

또한 일본의 조선 강점 이후인 1912년 1월에 조선인과 국내 거주 청국인의 전국적인 아편 흡연자 수의 조사표가 발표되었는데, 이를 통해서도 1910년 내외의 아편 확산 정도를 추정해 볼 수 있다. 아래 〈표 1-4〉를 통해 볼 때 조선에서의 아편문제는 중국인과 밀접한 관계가 있음을 다시 한 번 확인할 수 있다. 아편 흡연자의 분포가 한성(경성)이나 중국과 국경을 접하고 있는 평안남북도에 집중되어 있는 것도 같은 맥락을 갖고 있다고 하겠다. 또한 아편의 흡연이 법적으로 금지되어 있는 상황에서의 단속 결과이므로 실제 아편 흡연자는 드러난 조사 수치를 훨씬 상회하고 있었다고 보아야 할 것이다. 그리고 수적으로는 적지만 전국적 분포임을 감안할 때 그대로 방치한다면 심각한 단계로 이행될 수 있는 상황이었음을 알 수 있다.

당시 언론에 게재된 아편 치료약 광고를 통해서도 이 시기 아편문제의 사회적 심각성을 일부 엿볼 수 있다. 대표적으로 『황성신문』에 게재된 아편중독 치료약 광고는 1901년 5월 11일부터 1902년 10월 30일까지 1년 5개월여 기간 동안 며칠 간격으로 연속해서 게재되었다.

35) 「國內의 衛生狀態」, 『皇城新聞』, 1909년 7월 23일.
36) 「鮮淸人 흡연자수」, 『每日申報』, 1912년 1월 16일.

<표 1-4> 조선인·중국인 아편 흡연자 수[36]

지역	아편 흡연자 수	최다 흡연 지역
경성	8,000	
평안남북도	20,000	평양, 의주, 용천, 삼화, 강계, 안주, 철산 등
경남도	600	부산, 마산, 양산 등
함남도	500	원산, 안변 등
함북도	600	청진, 북청, 회녕 등
경기도	350	개성, 인천, 풍덕, 파주 등
충청도	130	강경포, 서천 등
전북도	150	전주, 군산 등
합계	35,730	

그 내용을 보면 "……차아편연(且鴉片烟)이 손해생명(損害生命)ᄒᆞ기로 본원(本院)이 금유신발명(今有新發明)ᄒᆞᆫ 단흡양방(斷吸良方)ᄒᆞ야 일복차약(一服此藥)ᄒᆞ면 흡연지심(吸烟之心)이 영불발(永不發)ᄒᆞ기로 역위제세지일조언(亦爲濟世之一助焉)이오니 여유청구의약지인(如有請求醫藥之人)이옵거든 내방태화의원(來訪太和醫院)ᄒᆞ시오……"[37]라고 되어 있다. 아편중독 치료제를 오랫동안 광고비를 들여 게재한 것을 보면 치료제를 찾는 수요가 상당하였다는 것으로 짐작할 수 있다.

이외에도 아편은 단순히 흡연용으로서 뿐만 아니라 힘들었던 삶을 마감하는 음독약으로서도 사용되었다. 각국에 문호가 개방된 이후 사회경제적으로는 물론 국가적으로도 외세의 침탈로 위기에 직면한 상황에서 지도층의 자살이 이어졌고 이들의 자살은 백성들에게도 영향을 미쳤다. 1905년 일본에 의해 을사늑약이 체결된 이후 이에 항거하여 많은 지도층 인사들이 스스로 목숨을 끊었다. 그 가운데 조병세(趙

37) 『皇城新聞』, 1901년 5월 11일~1902년 10월 30일.

本院醫士가學術이精明ᄒᆞ야診
祠病原ᄒᆞ고一經調劑ᄒᆞ면無不
指下回春이오所需藥料도亦具
備而品極精佳故로功効殊勝ᄒᆞ
옵고且鴉片烟이損害生命ᄒᆞ기
로本院이今有新發明ᄒᆞᆫ斷吸良
方ᄒᆞ야一服此藥ᄒᆞ면吸烟之心
이永不發ᄒᆞ기로亦爲濟世之一
助焉이오니如有請求醫藥之人
이옵거든來訪太和醫院ᄒᆞ시오
中署相洞越邊蛤洞屛門下二家
太和醫院

1901년 5월 11일 『황성신문』에 실린 태화의원의 아편 치료약 광고

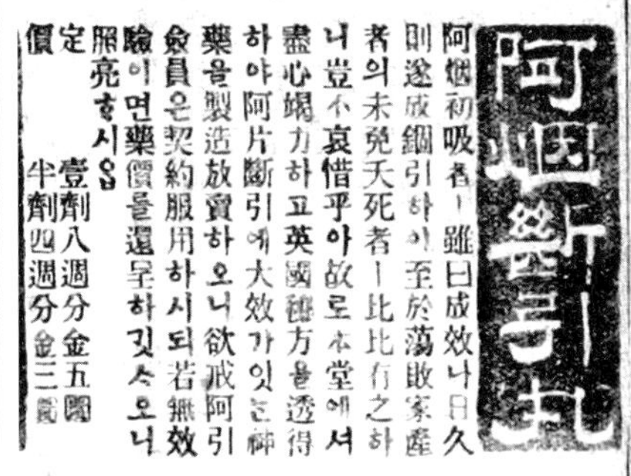

阿烟斷引丸

阿烟初吸者ㅣ雖曰成效나日久
則遂成錮引ᄒᆞ야至於蕩敗家産
者와未免夭死者ㅣ比比有之ᄒᆞ
니豈不哀惜乎아故로本堂에셔
盡心竭力ᄒᆞ고英國德方을透得
ᄒᆞ야阿片斷引에大效가잇는師
藥을製造放賣ᄒᆞ오니欲戒阿引
僉員은契約服用ᄒᆞ시되若無效
驗이면藥價를還呈ᄒᆞ깃ᄉᆞ오니
照亮ᄒᆞ시ᄋᆞᆸ
定價 壹劑八週分金五圜
半劑四週分金三圜

1909년 6월 13일 『황성신문』에 실린 아편 치료약 아연단인환(阿烟斷引丸) 광고

秉世),[38] 송병선(宋秉璿),[39] 김봉학(金奉學)[40] 등의 자결방법은 아편 음독과 관련이 있었다. 1907년 고종퇴위에 항거하여 자결한 이규응(李奎應)[41] 역시 아편을 먹고 자결하였다. 이처럼 자결에서 아편이 음독의 주요 수단으로 이용되었던 것은 고통을 덜 느끼게 하는 성질과도

38) 조병세의 순국에 대해 『大韓每日申報(국한문판)』(1905년 12월 2일)에는 "飮藥昏絕"로 되어 있으나 『梅泉野錄』 제4권 [출처: 한국사데이터베이스]과 『續陰晴史』 卷12 [출처: 한국사데이터베이스]에는 아편을 먹고 자결한 것으로 되어 있다.

39) 송병선의 자결에 대해 『梅泉野錄』 제5권 [출처: 한국사데이터베이스]과 『續陰晴史』 卷12 [출처: 한국사데이터베이스], 「大儒宋秉璿自殺并二遺書ノ件」, 『駐韓日本公使館記錄』 [출처: 한국사데이터베이스]에는 모두 아편 음독이라고 언급되어 있다.

40) 김봉학의 자결과 관련하여 『大韓每日申報(국한문판)』(1905년 12월 5일)에는 "日昨飮藥自ᄉᆞ하얏다하니"로 되어 있으나 『海鶴遺書』 9권 [출처: 한국사데이터베이스]에는 "손을 옆에 차고 있던 전대 속으로 넣어 엄지손가락 크기만 한 검고 둥근 것을 꺼내더니 그것을 입에 넣어 삼키었다. 옆에서 보니 그것은 아편이었다"라고 되어 있다.

41) 이규응의 자결에 대해 『大韓每日申報(국한문판)』(1907년 7월 24일)와 『大韓季年史 卷之八 高宗皇帝/純宗皇帝』 [출처: 한국사데이터베이스]에는 모두 아편을 먹고 순국한 것이라고 언급되어 있다.

관련이 있었다. 『매천야록(梅泉野錄)』에는 송병선의 순절과 관련한 내용이 언급되어 있는데, 그것에 의하면 당초 아편이 든 술을 마시고 누웠으나 목숨이 끊어지지 않자 다시 모가 난 비수를 삼켜 순국하였다고 기록되어 있다. 그런데 아편이 든 술을 마신 후 송병선이 중간에 깨어나서 말하기를, "들은 바에 의하면 아편을 먹은 사람은 졸면서 즉사를 한다는데, 내가 지금도 죽지 않는 것은 이 약이 적었는가 보다. 내가 죽지 않으면 어찌 낭패가 아니겠는가?"[42]라고 한 것으로 볼 때 아편이 죽음의 고통을 덜어주는 것으로 알려져 있었다는 사실을 알 수 있다.

지도층의 자결은 당시 백성에게도 영향을 미쳐 한동안 이슈가 될 정도로 사회적으로 주목되었다. 일본에 의해 국권이 점차 침탈당해 가는 암울한 시점이기도 하였을 뿐만 아니라 지도층 인사들의 자결까지 맞물리면서 모방심리가 크게 발생했었음을 살펴볼 수 있다. 이와 관련하여 1907년 『황성신문』에 실린 「계자살사(戒自殺者)」라는 논설에서는 "……피필부필부지자살야(彼匹夫匹婦之自殺也)도 유불승처연하루(猶不勝悽然下淚)어던 황애국이자살자(況愛國而自殺者)야 오우안능무곡(吾又安能無哭)이리오……고(故)로 자살이전(自殺以前)에는 가위지사(可謂志士)어니와 자살이후(自殺以後)에는 불가위지사(不可爲志士)니……"[43]라고 하며 나라를 구할 지사들의 자살을 경계하였다. 또한 1908년 『대한매일신보』에는 「자폐하는 자를 경계함」이라는 기사에서 "근래 각 신문에 아편을 먹고 자폐하엿다하는자 -자조나니 애석하도다 스스로 죽는자여-이미 죽은자는 할 일없거니와 장래에 또 이

42) 『梅泉野錄』 제5권 [출처: 한국사데이터베이스].
43) 「戒自殺者」, 『皇城新聞』, 1907년 7월 2일.

런 사람이 없기를 축수하노라……"[44]라고 하며 아무리 힘들더라도 열심히 싸우며 살다보면 광명과 행복을 얻을 수 있다고 격려하고 위로하였다. 이 같은 논설을 보더라도 당시 자살이 사회적으로 문제가 되고 있었음을 알 수 있다. 국가의 위기상황과 사회경제적 어려움, 여기에 지도층의 자결과 아편의 구입이 수월해진 상황이 더해져 자살의 빈도수가 높아질 수밖에 없었다. 1909년 『대한매일신보』에 "근래에는 한국인이 아편을 먹고 자폐하는 자가 종종 많은지라 인명의 관계되는 손해가 적지 아니함으로 한청인의 아편 매매하는 것을 엄금할차로 청국 당국자와 교섭한다더라"라고 언급한 기사가 실리기도 하였다. 〈표 1-5〉에 보이는 각 언론사에 기사화된 아편 음독자살 건수를 통해서도 1905년 이후 국권이 점차 일본에게 침탈당하면서 1908년에서 1910년까지 일반 백성들의 아편 음독자살 역시 급증하여 심각한 사회문제로 부각되었음을 알 수 있다.

요컨대 개항기 아편문제에 대한 조선정부의 경계심에도 불구하고 아편의 유포는 1910년 전에 이미 사회적으로 우려할 수준에 도달해 있었다. 아편 금지와 관련한 처벌에 있어서도 1905년 형법대전 반포 이후 이전과 비교해 처벌 정도가 대폭 강화되었으며, 아편의 소비 분포 역시 일부 특정 지역에서 벗어나 점차 전국적인 분포로 변화해 가는 추세를 보이기 시작하였다. 그뿐만 아니라 언론상에 아편중독 치료 광고약 선전이 대대적으로 게재되고 있었으며, 지도층과 일반 백성들의 음독자살에 아편이 많이 사용되었다는 점 또한 사회적으로 주목받

44) 「자폐하는 자를 경계함」, 『大韓每日申報』, 1908년 8월 2일.

45) 〈표 1-5〉에 나타난 네 종류의 신문(『독립신문』, 『매일신문』, 『황성신문』, 『대한매일신보』)의 창간일로부터 1910년 7월까지(혹은 종간일까지) 각 신문에서 아편음독 자살관련 기사를 검색하여 작성.

〈표 1-5〉 연도별 각 언론사에 게재된 아편 음독자살 사건 또는 자살기도 사건 수[45)]

연도	독립신문	매일신문	황성신문	대한매일신보
1897	2	3		
1898				
1899			1	
1900			1	
1901			0	
1902			1	
1903			1	
1904			0	
1905			0	1
1906			0	0
1907			0	1
1908			11	18
1909			15	15
1910			9	7

* 1910년의 자살 사건은 7월까지의 기사로 제한하였음.

** 실제로는 아편 음독자살이지만 음독자살로만 표현된 사건을 포함하면 그 수는 훨씬 많을 것으로 추정됨.

기에 충분하였다. 이상의 상황을 통해 볼 때 조선의 아편문제의 심각성 정도는 당국의 엄격한 대책이 요구되는 경계선상에 도달하였음을 알 수 있다. 이어서 개항기 조선의 아편 유입 및 확산과 청국 상인과의 관련성에 대해 집중적으로 살펴보겠다.

3. 개항기(1876–1910) 조선의 아편 확산과 청국 상인

1) 조선 정부의 아편 유입 경계와 한중간 조약 체결

19세기 동아시아의 최대 강국인 청조가 영국과의 아편전쟁에서 패배했다는 사실은 중국 국내는 물론 이웃한 동아시아 여러 나라에도 커다란 충격이었다. 특히 조선의 경우 중국 청조의 패배를 어떤 방식으로 받아들였을까? 또한 아편전쟁의 원인이 되었던 아편문제에 대해서는 어떤 생각을 하고 있었을까?

조선은 연행사절을 통해 아편전쟁 전후 이래 중국의 아편문제와 아편전쟁에 관한 소식을 전해 듣고 있었다. 이를 통해 조선 정부는 청조에 대량의 아편이 유입되어 아편 흡연자가 증가하고 있으며, 그 결과 중국인의 생명이 위협받고 있을 뿐만 아니라 막대한 양의 은이 서양으로 유출되고 있다는 사실을 알게 되었다. 그리고 그 국가는 영국이라는 사실도 인지하고 있었다. 아울러 청조와 영국 간의 군사 충돌의 소문도 듣게 되면서 양국 간의 무력충돌에 대해 예의 주시하였다.[46]

곧이어 중국에 간 연행사절을 통해 중영 간의 전쟁의 원인과 경과는 물론 결과까지 조선에 전해졌다. 1841년 3월에 연행사절단의 보고에 따르면 전쟁의 원인은 청국에서 영국에 대해 교역을 불허했기 때문이라고 하였으며, 영국과의 전쟁 경과에 대해서도 대체로 사실을 전하고 있었다. 즉 정사(正使)가 대단한 걱정거리는 아니지만 소요는 적지 않았다고 한 점이나 서장관(書狀官)이 금년 안에 강화가 이루어질 것이라고 전망한 점으로 보아 영국과의 전쟁에 대해 우려를 하면서도 긍정적인 해결 전망을 전하고 있었음을 알 수 있다.[47]

46) 하정식, 「아편전쟁과 조선 · 일본」, 『근대중국연구』 제2집, 2001, 25~26쪽.
47) 하정식, 앞의 논문, 27쪽.

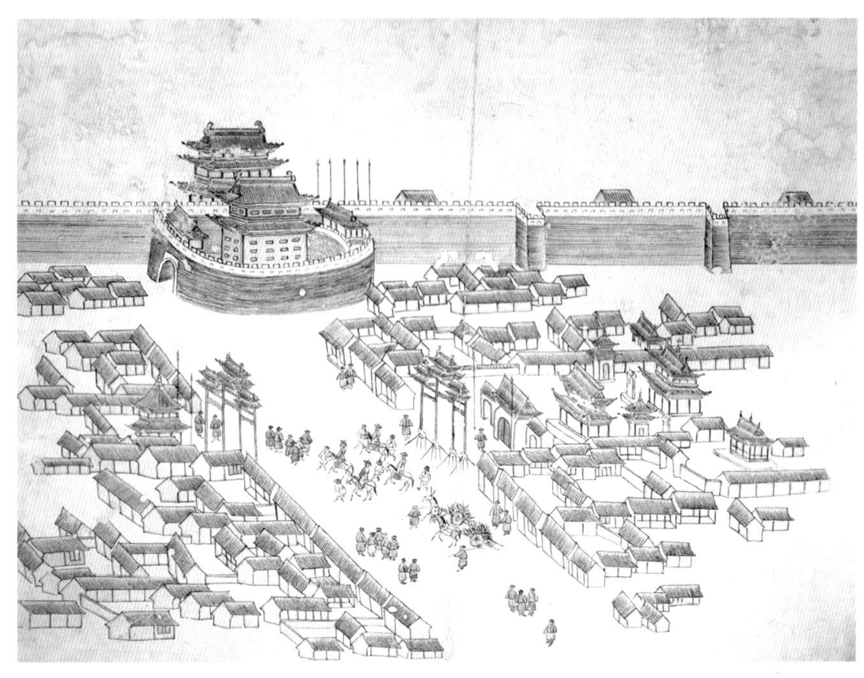

북경성 동문인 조양문으로 향하는 연행사절단의 모습(출전: 『한국기독교박물관소장 연행도』)

이어서 연행사절을 통해 1842년부터 1845년까지의 아편전쟁 관련 내용은 물론 남경조약 체결 소식까지 전해졌다. 여기에서 조선 측은 청조의 패배를 충격적으로 받아들이지 않았다. 연행사절 가운데 서장관들은 아편전쟁의 상황이나 전쟁 종결 이후 남경조약의 체결 사실, 이어서 영국이 광동뿐 아니라 새롭게 개항한 곳에서 그곳의 백성과 관리를 멋대로 대하고 더 많은 조약을 체결하여 위협하는 상황 등을 전하고 있었다. 서장관들이 상세한 내용을 기록하였던 반면 정사의 경우는 대체로 아편전쟁과 그 결과에 대해 서장관과는 달리 사태를 낙관적으로 파악하여 보고한 경향이 있었다. 즉 "상세히 알지는 못하지만, 비록 대단하지는 않아도 미처 초평(勦平)하지 못했다 한다", "이미 화친하였다 하며 침어지폐(侵魚之弊)는 없다", "중국에 아무 일이 없다"는 등 대체로 긍정적으로 해석하였다. 이로써 조선의 지배층에게 아편전쟁의 패배에 대해 경각심을 갖게 하는데 부족함이 많았다.[48]

청나라 황제의 이궁인 열하 피서산장의 정문, 여정문(麗正門)

48) 민두기, 「19세기 후반 조선왕조의 대외위기의식: 제1차, 제2차 중영전쟁과 이양선 출몰에의 대응」, 『東方學志』 52집, 1986, 262~265쪽 ; 하정식, 「아편전쟁과 조선 · 일본」, 28~29쪽.

1860년 영불 연합군이 북경을 점령했을 때, 함풍제는 열하의 피서산장으로 피신한 후, 이곳 연파치상전에서 북경조약을 비준하였다.

제1차 아편진쟁은 물론 제2차 아편전쟁의 발발 이후에도 조선 정부의 위기의식은 여전히 안일한 측면이 있었다. 제1차 아편전쟁에 대한 소식이 조선에 알려지면서 지식인들 사이에는 위기의식이 확산되었지만, 이것이 조선 정부의 구체적인 정책으로 반영되지는 않았다. 당초 조선 정부에도 제1차 아편전쟁에 관한 소식이 위기로 인식되었으나 정보가 자의적으로 해석되었고 전쟁의 결과 영토의 피지배가 초래되지 않았다는 사실을 토대로 위기의식은 점차 완화되었다. 태평천국과 제2차 아편전쟁에 관한 관련 정보를 접하면서도 조선 정부는 위기의식을 가급적 축소하여 감추고자 하였다. 1860년 영불 양국 군대의 북경함락이라는 미증유의 사태가 일어난 상황에서는 열하(熱河)에 문안사를 파견하는 등 신속한 외교적 대응을 취하였으나 그 대응책은 내수(內修)를 통한 외양(外攘)이었고 그 외양은 청과의 번속관계(藩屬關係)를 더욱 강화시킨다는 것이었다.[49]

조선 정부는 제1차 아편전쟁에 대해서는 영토의 상실 없이 종결된 전쟁으로 간주하여 다소 안일한 태도를 보였지만, 이 전쟁을 계기로 아편문제에 대해서는 크게 경계심을 갖게 되었다. 1848년(헌종14년) 3월 24일에 동지(冬至) 겸 사은사(謝恩使) 수역(首譯) 이상적(李尙迪)이 보고한 중국 상황에 관한 글에 의하면, "아편 해독의 전파가 전 년에 비해 훨씬 심해져서 이제는 팔지 않는 시장이 없고 안 피우는 사람이 없다. 이로 인해 은화(銀貨)가 소융(消融)되고 인명은 손상되고 있다. 형부와 각성에서 아무리 단속하여도 이제는 법을 두려워하지 않게 되어 효과가 없다."라고 하였듯이 은화의 유출을 통해 국가의 재화가 사라지고 인명이 손상될 뿐 아니라 법이 무용지물이 되었다고 하였다. 아편전쟁 이후 아편을 통한 이 같은 위험스러운 상황은 국경을 접하고 있는 조선에도 미칠 것으로 우려하여 크게 경계하였음을 알 수 있다.[50]

49) 하정식, 「아편전쟁과 조선 · 일본」, 32~33쪽 ; 민두기, 「19세기 후반 조선왕조의 대외위기의식: 제1차, 제2차 중영전쟁과 이양선 출몰에의 대응」, 267~269쪽.
50) 하정식, 앞의 논문, 30쪽.

중국의 아편 흡연 장소인 연관(출전: 『點石齋畫報』)

제1차 아편전쟁 이후 아편문제가 조선에도 발생할 수 있다는 우려를 갖게 한 사건이 1848년(헌종14년)에 일어났다. 앞서 언급했듯이 연행사절단으로 중국에 갔다 오던 화원(畵員) 박희영(朴禧英)이 아편 전파 혐의로 의주에서 체포되는 사건이 발생하였던 것이다. 이와 관련하여 조선 정부는 아편의 유입은 나라에 큰 화를 불러일으킬 뿐만 아니라 인명을 상하게 하는 것으로 파악하고 아편의 유입을 차단하고자 아편 흡연 도구를 소지하고 조선으로 들어오려고 한 박희영에 대해 처벌하고자 하였다. 그러나 이는 처음 발생한 범죄로 국내의 『경국대전』이나 당시 조선 정부가 원용하고 있던 『대명률(大明律)』에도 처벌 조항이 없었다. 다만 『대청률(大淸律)』에는 상세한 처벌조항이 있었지만 박희영의 죄목에 맞는 법 조항이 없었다. 그럼에도 불구하고 조선 정부는 박희영을 외딴 섬에 유배시키고 종신토록 종으로 살도록 하는 엄한 형벌을 내렸다.[51] 이러한 것을 볼 때 아편전쟁 이후 조선 정부가 아편의 폐해에 대해 얼마나 경계심을 갖고 있었는지를 이해할 수 있으며, 아울러 앞으로 국내에 아편을 들여오고자 하는 자에 대해서는 엄벌에 처할 것이라는 강력한 경고의 의미도 담고 있다고 생각된다.

이러한 경계 속에서 1876년 일본과의 개항은 물론 연이어 각국과 개항하면서 조선 정부는 무역조항에 아편의 수입을 엄격히 금지하는 내용을 삽입하고자 하였다. 운양호(雲揚號) 사건 이후 조선은 1876년 2월 일본과의 '조일수호조규(朝日修好條規)' 체결 과정에서 일본 측이 제시한 조약 내용에 대해 조선 측에서도 아편의 수입과 서교(西敎)의 전래 금지 항목을 포함한 6개 조항을 추가해 줄 것을 제시하였다. 그러나 일본 측이 이를 거절하자 아편의 수입과 서교의 전래 금지 항목을 포함한 2개 조항만이라도 추가해 줄 것을 요구하였으나 끝내 이루

51) 「節使가 돌아올 때 아편을 사온 畵員 朴禧英을 嚴覈하게 할 것을 청하는 備邊司의 啓」, 『국역 備邊司謄錄 235책』 헌종14년(1848년) 3월 26일 [출처: 국사편찬위원회 한국사데이터베이스 http://db.history.go.kr 이하 한국사데이터베이스라고 약칭함] ; 「아편을 흡입한 朴禧英을 사형에 처해야 할지의 여부에 대해 대신 등에게 하문할 것을 청하는 備邊司의 啓」, 『국역 備邊司謄錄 235책』 헌종14년(1848년) 5월 1일 [출처: 한국사데이터베이스] ; 「아편을 흡입한 朴禧英을 사형에 처해야 할지의 여부에 대해 대신 등에게 문의한 결과를 보고하는 備邊司의 啓」, 『국역 備邊司謄錄 235책』 헌종14년(1848년) 5월 8일 [출처: 한국사데이터베이스] ; 「박희영을 사형을 감면하여 추자도에 보내어 종을 삼도록 하다」, 『국역 憲宗實錄』 헌종14년(1848년) 5월 9일 [출처: 한국사데이터베이스].

어지지 않았다. 같은 해 8월에 다시 조선 정부와 일본 사이에 '조일수호조규부록(朝日修好條規附錄)'이 체결되었고 또한 일본인들이 조선의 여러 항구에서 무역하는 규칙을 정한 무역규칙이 체결되었는데, 이 무역규칙 11칙 가운데 제10칙에 마침내 아편의 판매를 엄금한다는 내용이 삽입되었다.[52]

일본에 이어 1882년 5월에는 미국과 '조미수호통상조약(朝美修好通商條約)'이 체결되었는데, 이 조약에는 처음부터 아편의 무역을 절대로 금지한다는 조항이 들어갔다. 제7조의 내용을 보면, "조선국과 미국은 피차 논의 결정하여 조선 상인이 아편을 구입 운반하여 미국 통상항구에 들여갈 수 없고 미국 상인도 아편을 구입 운반하여 조선 항구에 들여갈 수 없으며, 아울러 이 항구에서 저 항구로 운반하는 경우에도 일체 매매할 아편을 무역할 수 없나. 양국 상인이 본국의 배나 다른 나라의 배를 고용하거나 본국의 배를 다른 나라 상인에게 고용하여 주어 아편을 구입 운반한 자에 대하여 모두 각각 본국에서 영구히 금지하고 조사하여 중벌에 처한다."[53]고 하여 양국 모두 아편이 자국에 수입되는 것에 대해 부정적인 인식을 갖고 있었으며, 상호 엄격히 금지하고 단속하는 데 공감하고 있었음을 알 수 있다.

일본, 미국뿐만 아니라 청국과 맺은 '조청무역장정(朝淸貿易章程)'에서도 조선 정부는 아편의 수입을 금지하는 조항을 삽입하였다. 일본세력의 조선 침투를 견제하는 과정에서 조선과 청 양국의 필요에

52) 이광린, 『한국사강좌Ⅴ 근대편』(일조각, 1988), 75~87쪽 ; 「조일수호조규 부록과 조선의 여러 항구들에서 일본인들의 무역규칙을 체결하다」, 『국역 高宗實錄』 고종13년(1876년) 7월 6일 [출처: 한국사데이터베이스].

53) 이광린, 앞의 책, 108~111쪽 ; 「朝美條約을 체결하다」, 『국역 高宗實錄』 고종19년(1882년) 4월 6일 [출처: 한국사데이터베이스].

의해 1882년 '조청무역장정'이 체결되었다. 조항 가운데 제6조에 "양국 상인은 항구와 변계 지방을 막론하고 모두 수입 아편과 토종 아편 그리고 제작된 무기를 운반하여 파는 것을 허가하지 않는다. 위반하는 자는 조사하여 분별하여 엄격하게 처리한다."[54]고 하여 아편의 수입과 판매는 물론 위반하는 자에 대해서도 엄격히 처벌한다는 내용을 명시하였다.

각국과의 개항 과정에서 조선 정부는 아편의 수입을 금지하기 위해 노력을 기울이고 있었지만 '조청무역장정' 체결 당시 중국에서는 이미 아편이 사회적으로 심각한 상황에 놓여있었다. 영국과의 1차 아편전쟁에서 패배한 청조는 더 이상 아편의 수입을 단속하기 힘들었으며, 2차 아편전쟁에서의 패배 이후에는 영국의 요구로 아편의 수입을 합법화할 수밖에 없었다. 이로 인해 아편전쟁 전에 약 200만 명 이상이었던 흡연자는 아편전쟁 이후 1850년대에는 300만 명 이상으로 증가되었다. 아편에 대한 이금정책(금지하지 않고, 일반 상품과 같이 과세하는 정책)이 실시된 이후 1880년에 이르러서는 흡연자가 2,000만 명에 육박하였다. 이는 당시 중국 인구의 5%에 달하는 것으로 그 심각성을 엿볼 수 있다.[55]

뿐만 아니라 당시 일반 중국인들은 아편의 해독에 대해서도 제대로 인식하지 못했던 것으로 보인다. 아편전쟁 전후 이래 장기간 아편을 흡연하였으면서도 불구하고 그 해독을 제대로 인식하지 못했던 것은

54) 「중국과 조선 상인의 수륙 무역 장정을 체결하다」, 『국역 高宗實錄』 고종19년(1882년) 10월 17일 [출처: 한국사데이터베이스].

55) 박강, 『아편과 20세기 중국』, 선인, 2010, 45쪽 ; 蘇智良, 『中國毒品史』, 上海: 上海人民出版社, 1997, 14쪽 ; 朱慶葆 외 저, 『鴉片與近代中國』, 南京: 江蘇教育出版社, 1995, 333쪽.

아편 자체가 갖고 있는 독특한 성질과 관련이 있다고 하겠다. 앞서 언급했듯이 1934년에 우시쿠보(牛窪愛之進)가 쓴 『아편화(阿片禍)』에 의하면 아편은 1, 2년 정도를 상용하는 기간에는 정신이 맑아지고 두뇌가 명석해지는 느낌이 있어 흡연자 스스로 몸에 유해하다고 느끼기는 어렵다고 하였다. 3, 4년이 지나도 특별히 신체에 나쁜 증상을 동반하거나 고통받는 경우는 드물다고 설명하였다.[56] 일반적으로 사람들은 나쁜 증상이 급격히 나타나는 것에 대해서는 두려움과 경각심이 큰 데 반해 서서히 혹은 일생을 통해 건강을 해롭게 하는 것에 대해서는 둔감하게 되는 것처럼 그 해독이 서서히 나타나는 아편에 대해 많은 중국 사람들은 크게 해가 없다고 믿고 있었다.[57] 아편이 가진 이와 같은 성질로 인해 일반 중국인들 사이에서는 아편문제가 심각하게 받아들여지고 있지 않았다.

일반 중국인들의 아편 인식이 부족한 상황에서 '조청무역장정'의 내용 가운데에는 조선 내 아편의 유입과 확산에 영향을 미칠 가능성이 있는 조항들이 포함되어 있었다. 대표적인 것으로 영사재판권(領事裁判權), 한성개잔(漢城開棧 한성 거주와 통상), 내지채판권(內地採辦權 내지 통상), 의주 · 회령육로통상권(義州 · 會寧陸路通商權) 등을 들 수 있다. 그 가운데 영사재판권 문제는 청국 상인들의 불법적인 상업활동을 비롯하여 아편의 유입 및 확산에도 중요한 조성 원인이 될 수 있다.

'조청무역장정'의 제2조에 보이는 영사재판권의 내용을 살펴보면, 조선에서 중국 상인들이 범죄를 저질러도 제대로 처벌하기 힘들게 되

56) 牛窪愛之進, 『阿片禍』, 東京: 曉書院, 1933, 45~47쪽.

57) 守中清, 「阿片中毒の話」, 岡田芳政 외 편, 『續現代史資料(12) 阿片問題』, 東京: みすず書房, 1986, 99~100쪽.

어 있다. 제2조의 내용을 보면 다음과 같다.

> 제2조: 중국 상인이 조선 항구에서 만일 개별적으로 고소를 제기할 일이 있을 경우 중국 상무위원에게 넘겨 심의 판결한다. 이밖에 재산문제에 관한 범죄 사건에 조선 인민이 원고가 되고 중국 인민이 피고일 때에는 중국 상무위원이 체포하여 심의 판결하고, 중국인민이 원고가 되고 조선 인민이 피고일 때에는 조선 관원이 피고인의 범죄 행위를 중국 상무위원과 협의하고 법률에 따라 심의하여 판결한다.[58]

위와 같이 중국 상인이 피고인 경우는 중국 측 상무위원이 재판을 맡으며, 조선인이 피고가 된 사건일지라도 중국의 상무위원이 조선 관원과 공동으로 재판함으로써 조선 측의 재판 권한이 심하게 침해되어 있었다. 즉 중국 측에서는 중국인과 관련된 사건에서 원피고 여부를 불문하고 단독 혹은 영사재판권을 행사할 수 있었다. 이처럼 중국 상인에게 유리하도록 체결된 조약은 중국 상인들이 조선에서 불법적인 상행위를 크게 두려워하지 않게 하였고 조선의 법을 무시하고 아편의 수입 및 판매행위를 일삼을 가능성을 초래하였다.

사실 '조청무역장정'에 포함된 조선 내 상업활동 관련 조항들을 통해 조선 각지에서 청국의 상세(商勢)를 확장시켜 나갈 수 있는 발판이 마련되었다고 볼 수 있다. '조청무역장정'에 포함된 관련 조항들을 살펴보면 다음과 같다.

> 제4조: 양국 상인이 피차 개항한 항구에서 무역을 할 때에 법을 제대로

58) 「중국과 조선 상인의 수륙 무역 장정을 체결하다」, 『국역 高宗實錄』 고종19년 (1882년) 10월 17일 [출처: 한국사데이터베이스].

준수한다면 땅을 세내고 방을 세내어 집을 지을 수 있게 허가한다. 토산물과 금지하지 않는 물건은 모두 교역을 허가한다.

(……)

조선 상인이 북경에서 규정에 따라 교역하고, 중국 상인이 조선의 양화진과 한성에 들어가 영업소를 개설한 경우를 제외하고 각종 화물을 내지로 운반하여 상점을 차리고 파는 것을 허가하지 않는다.

양국 상인이 내지로 들어가 토산물을 구입하려고 할 때에는 피차의 상무위원에게 품청하여, 지방관과 連署하여 허가증을 발급하되 구입할 처소를 명시하고, 車馬와 선척을 해당 상인이 고용하도록 하고, 沿途의 세금은 규정대로 완납해야 한다. 피차 내지로 들어가 遊歷하려는 자는 상무위원에게 품청하여, 지방관이 연서하여 허가증을 발급해야만 들어갈 수 있다. 연도 지방에서 범법 등 일이 있을 때에는 모두 지방관이 가까운 통상항구로 압송하여 제2조에 의하여 처벌한다. 도중에서 구금을 풀 수 있고 학대하지 못한다.

제5조: 과거 양국 번제의 의주 · 회녕 · 경원 등지에서 호시가 있었는데 모두 관원이 주관하여 매번 장애가 많았다. 이에 압록강 건너편의 책문과 의주 두 곳을, 그리고 도문강 건너편의 훈춘과 회령 두 곳을 정하여 변경 백성들이 수시로 왕래하며 교역하도록 한다.……[59]

즉 청국 상인들은 개항장은 물론 한성과 양화진에서 상점을 차려 상업행위를 할 수 있었다. 뿐만 아니라 지방관의 허가를 받아 내지로 들어가서도 상업행위를 할 수 있게 되었다. 이외에도 조선의 북부 국경지대인 의주와 회령에서도 수시로 교역이 가능해지면서 조선에서의 청국 상인들의 상업활동이 활발하게 전개될 수 있는 법적 제도적 장치가 마련되었다. 이처럼 조선에서의 청국 상인들의 상업행위가 한성과 개항장은 물론 내지와 북부 국경지대에서까지 교역이 가능해진

[59] 위와 같음.

상황에서 영사재판권의 향유는 아편과 같은 불법적인 물품이 유입되고 판매될 것을 우려하기에 충분하였다.

한편 조선과 청국 간에 체결되었던 '조청무역장정'은 청일전쟁 이후 폐지되고 과도기를 거쳐 1899년에 새롭게 대한제국과 청조 사이에 '한청통상조약(韓淸通商條約)'이 체결되었다. 청일전쟁에서 중국이 패배하면서 중국 관원들은 모두 귀국하였고, 이에 따라 '조청무역장정' 역시 폐지되었다. 조선에 남아있던 중국인들은 청일전쟁 이후 주한영국 영사관의 보호를 받게 되었다. 중국은 조선을 독립국으로 승인해야 했고, 조선의 적극적 요청과 열강의 압력으로 청조는 조선과 새로운 조약을 맺게 되었다.[60)]

1899년에 맺은 '한청통상조약'은 '조청무역장정'과 비교하여 조선에게 있어 불평등성이 완화되었지만, 영사재판권이 그대로 존속하면서 청국 상인들의 불법을 차단하기에는 부족하였다. 이와 관련한 '한청통상조약'의 내용을 보면 다음과 같다.

> 제5관
>
> 1. 재한국 중국 인민이 범법한 일이 있을 경우에는 중국 영사관이 중국의 법률에 따라 심판 처리하며, 재중국 한국 인민이 범법한 일이 있을 때에는 한국 영사관이 한국의 법률에 따라 심판 처리한다.
>
> 재중국 한국 인민이 생명과 재산이 중국 인민에 의해 손상당했을 때에는 중국 관청에서 중국 법률에 따라 심판 처리하며, 재한국 중국 인민의 생명 재산이 한국 사람에 의해 손상당했을 때에는 한국 관청에서 한국 법률에 따라 심판 처리한다.

60) 손정목, 『한국개항기 조선변화과정연구』, 일지사, 1994, 150~151쪽 ; 이재석, 「한청통상조약 연구」, 『대한정치학회보』 19집 2호, 2011, 187~189쪽.

양국 인민이 소송에 관련 되었을 때 당해 사건은 피고 소속국 관원이 본국의 법률에 따라 심사 판결해야 하며 원고 소속국에서는 관원을 파견하여 심리를 들을 수 있으며, 承審官은 예로 대해야 한다. 聽審官이 증인을 소환하여 심문할 때에는 역시 그 편의를 들어주어야 한다. 승심관의 판결이 공정치 못하다고 여길 때에는 상세히 반박 변론을 하도록 한다.

(……)

第8관

중국 인민이 여권을 수령하고 한국의 내지에 가서 유람하고 통상하는 것을 허가한다. 다만 점포를 차려 매매하는 것은 허락하지 않는다. 위반하는 자에 대해서는 모든 화물을 몰수하고 원가를 따져 배로 벌금을 물린다. 한국의 인민 역시 여권을 수령하고 중국의 내지에 가 유람하고 통상하는 것을 허가하되 최혜국 인민의 유람 장정에 의하여 다같이 처리한다.

第9관

(……)

2. 아편은 한국에서 운반을 금하는 물건에 속한다. 중국인이 수입 아편이나 토종 아편을 한국 지방에 들여오는 자가 있을 때에는 조사 체포하고 몰수하며 원가를 따져 배로 벌금을 물린다.[61]

즉 '한청통상조약'에서는 한중 양국의 인민이 상대국에서 범법을 저질렀을 경우 양국 인민 모두 영사재판권을 향유할 수 있도록 규정하였다. '조청무역장정'에서는 중국 인민의 경우만 영사재판권을 누릴 수 있었던 것에 비해 진일보했다고 하겠다. 아울러 '조청무역장정'과 같이 중국 인민의 내지 통상이 여전히 허락되었다. 또한, 중국인의 아

61) 「한청통상조약이 체결하다」, 『국역 高宗實錄』 고종36년(1899년) 9월 11일 [출처: 한국사데이터베이스].

편 수입에 대해서도 여전히 금지하고 있었다. 얼핏 양국에게 공평하게 적용된 듯이 보이지만 아편문제로 좁혀보면 우려스러운 상황이 벌어지고 있었다. 즉 조선에서의 중국인 범법자에 대한 영사재판권의 향유가 가능하다고 규정한 상황에서 아편 등 중국인들의 불법행위가 금지될 수 있을지 단언하기 어려운 환경이 지속된 것이다.

2) 아편의 유입 및 확산과 청국 상인

개항 이후 청국 상인들이 한성에 들어와서 상업활동에 종사하기 시작한 것은 1882년 8월 '조청무역장정' 체결 이후였다. 청국 상인들이 한성에 들어온 시초는 1882년 여름 임오군란 진압을 명목으로 청군 약 4,000여 명이 진주할 때 함께 따라온 군역 상인 40여 명이었다. 이들 상인들은 1885년 청일천진조약(淸日天津條約)에 근거해 양국 주둔군이 조선으로부터 완전히 철수할 때까지 머물렀다. 이때 이들은 청군의 위세를 등에 업고 군역(軍役)뿐 아니라 민간무역에도 종사했을 것으로 추측된다. 일반 청국 상인들이 한성에 거주하기 시작한 것은 '조청무역장정'이 체결된 다음 달인 9월 이후부터로 추정되고 있다.[62]

62) 손정목, 『한국개항기 조선변화과정연구』, 202쪽 ; 譚永盛, 「조선말기의 청국상인에 관한 연구-1882년부터 1885년까지-」, 단국대학교 석사학위논문, 1976, 14~16쪽.

리홍장(출전: 『圖說滿洲帝國』)

위안스카이(출전: 『近代天津圖志』)

'조청무역장정' 체결 다음 해인 1883년 9월에 청조에서 샌프란시스코 총영사로 있었던 천쑤탕(陳樹棠)이 청 정부 최고의 실세인 북양대신(北洋大臣) 리홍장(李鴻章)에 의해 한성에 파견되었다. 그가 파견된 이후 2,000명이 넘는 청군의 보호와 천쑤탕의 지휘하에 청국 상인들은 한성 거주 초기부터 거주와 영업, 여행 등에 구속을 받지 않았으며, 조선인과 다름없는 자유를 누렸다. 이로 인해 1883년에는 마포까지 포함하여 82명에 불과했던 청국 상인 수는 1884년에는 353명으로 대폭 늘어났다. 그 가운데 165명은 비교적 부유한 상인들로서 47호의 점포를 가졌으며, 나머지는 영세한 상인들로 노점과 행상 등에 종사하였다.[63]

1884년 6월 천진조약에 의거하여 한성에 주둔해 있던 청군은 모두 본국으로 돌아갔으나 청국 상인에게는 새로운 비호자가 나타났다. 1885년 10월에 위안스카이(袁世凱)가 '주찰조선총리교섭통상사의(駐紮朝鮮總理交涉通商事宜)'라는 직함을 달고 부임해 온 것이다. 그는 조선의 통상외교는 물론 내정과 인사에까지 관여하면서 조선의 실질적인 지배자처럼 행세하였다. 위안(袁)이 조선에 재임하던 시절 청국인들도 그를 매우 두려워할 정도였지만 그가 청국 상인들의 권익 옹호에 막강한 힘을 발휘함으로써 청국 상인들의 상세가 확대됨은 물론 거류민 역시 증가되었다. 이에 따라 청일전쟁 이전 한성에 거주한 청국인 수는 약 3,000명에 달한 것으로 알려졌다.[64]

인천의 청관(청나라 관청이 있는 동네) 거리(출전: 『인천일보』)

63) 손정목, 『한국개항기 조선변화과정연구』, 202~204쪽.
64) 손정목, 『한국개항기 조선변화과정연구』, 206~210쪽.

한편 일본이 인천(仁川)에 전관조계(專管租界)의 설치를 결정하자 경쟁 관계에 있던 청국도 '조청무역장정'에 의거하여 1884년 3월 7일 조청(朝淸) 간에 '인천구화상지계장정(仁川口華商地界章程)'을 체결하였다. 청국인이 인천에 최초로 거주하기 시작한 것은 1884년 하반기부터였다. 서해안에 위치한 인천항과 중국과는 지리적 근접성으로 인해 긴밀한 관계에 있었으며, 인천에 정착한 중국인들은 타고난 상재(商才)를 발휘하여 점차 일본 상인들을 압도해 나갔다. 1892년 인천에 거주한 청국인은 41호 521명이었는데, 그 가운데 상인이 100명이었다. 청국인의 인천 이주가 점차 늘어나면서 5,000평의 조계 내에 모두 수용할 수 없게 되자 '인천구화상지계장정(仁川口華商地界章程)' 제1조 규정에 의거하여 청국 조계가 확대되었다.[65]

'조청무역장정' 체결 이후 조선에 입국한 청국인들은 한성과 인천에 많이 진출하여 상업활동에 종사하였다. 부산과 원산 개항장은 이미 기반을 잡은 일본인들의 방해로 진출이 쉽지 않았다. 이에 최대 소비시장인 한성과, 지리적으로 한성과 인접하면서도 중국과 가까운 인천에 주로 진출하였던 것이다. 청국 상인들은 1882년의 임오군란과 1884년의 갑신정변을 거치면서 강화된 본국의 위세와 '조청무역장정'의 특혜를 배경으로 한성 각지에서 별다른 제재 없이 영역을 넓혀갈 수 있었다.[66]

65) 손정목, 『한국개항기 조선변화과정연구』, 147~151쪽.

66) 정태섭 · 한성민, 「개항후(1882-1894) 청국의 치외법권 행사와 조선의 대응」, 『한국근현대사연구』 43집, 2007, 12~14쪽.

조선에 파견되어 임오군란을 진압한 오장경(吳長慶)의 사당.
그 앞에 선 한성의 청국 상인들(출전: 『화교가 없는 나라』)

이와 같이 1882년 임오군란을 전후하여 청국 상인들이 한성과 인천의 청국 조계지 등은 물론 내지에까지 들어와 상업활동을 시작하였다. 이때 청나라의 아편이 조선에 유입되었을 가능성이 높다고 생각된다. 사실 1882년 '조청무역장정' 체결 이후 청국 상인들은 개항장은 물론 한성에서의 거주와 통상이 허가되었으며, 더욱이 내지에서의 통상도 가능하게 되었다. 당시 청국 상인들의 본국인 중국에서는 이미 제2차 아편전쟁 이후 아편이 합법화되었을 뿐만 아니라 아편의 해독에 대한 인식도 미약하였다. 게다가 청국인의 영사재판권 향유는 조선에서 아편의 수입 및 판매가 불법이라고 하더라도 충분히 밀수하여 판매할 여지가 있었다. 이와 함께 청일전쟁 이전까지 조선에서의 청국의 위세를 감안하면 청국 상인들의 아편 밀수와 판매는 충분히 가능했을 것으로 추정된다.

그러나 청일전쟁 이전까지 청국 상인들을 통한 조선으로의 아편 유입과 확산문제는 아직 우려스러운 단계가 아니었다. '조청무역장정' 체결 이후 한성과 개항장에 들어온 청국인들은 청 정부나 조선 정부로부터 공식적인 허가를 받고 들어온 사람들이었다. 이들은 개항장과 한성에 거주하며 상업활동에 종사하였으며, 대체로 유력 상인들이 많았다. 따라서 이 시기 개항장이나 한성 등 유력 상인들이 많이 입국한 시기에 아편 등 불법적인 활동에 종사하는 경우는 많지 않았을 것이다. 이에 비해 미개구안(未開口岸) 및 내지에는 청국의 하층민 출신인 유상(游商), 유민(游民), 유용(游勇)들이 대거 유입되었다. 이들은 대부분 허가 없이 입국하였고 신원파악조차 되지 않았다. 한성과 개항장에 입국한 청국인들 보다 이들이 불법적인 활동에 많이 종사하거나 각종 분쟁을 일으켰다. 이 시기 조선에 입국한 많은 청국인은 조선에서 불법적인 활동에 종사하더라도 본국의 비호와 영사재판권으로 인해 대게 처벌받지 않았다. 처벌을 받더라도 대부분 본국으로의 추방 또는 경미한 벌금형에 불과하였다.[67] 따라서 이 시기 아편의 불법 유입 및 판매가 있었다면 이들 미개구안 및 내지로 입국한 청국인에 의해 자행되었을 가능성이 높았던 것으로 생각되며, 영사재판권과 청국의 위세로 인해 제대로 드러나지 않았다고 생각된다.

청일전쟁 이전까지 조선의 언론 등에서도 청국 상인에 의한 아편 유입 및 판매와 관련된 기사는 찾아보기 힘들다. 1883년 10월에 창간되어 14개월간 유지되었던 『한성순보』와 1886년 1월에 창간되어 1888년 7월에 폐간된 『한성주보』에서도 국내 사회면에 조선의 아편문제와 관

[67] 정태섭 · 한성민, 「개항 후(1882-1894) 청국의 치외법권 행사와 조선의 대응」, 『한국근현대사연구』 43집, 2007, 16~29쪽.

련된 기사는 찾아보기 힘들다. 오히려 외신기사에서 중국의 아편 폐해에 관한 기사가 여러 번 소개되었을 뿐이었다. 이를 통해 조선의 백성에게 아편의 폐해에 대해 경각심을 갖도록 계몽하고자 하였음을 알 수 있다. 한편 1884년 1월 30일 『한성순보』에 '화병범죄(華兵犯罪)'와 관련된 기사를 게재하여 청국의 항의로 곤욕을 치른 사건이 있었다. 이는 당시 청국의 영향력을 무시할 수 없는 상황에서 청국인의 아편 밀수 및 판매와 같은 청국의 부정적인 기사를 자유롭게 기사화하기란 쉽지 않았다는 것을 보여준다. 따라서 청일전쟁 이전 시기에 조선의 언론에서 청국 상인들의 아편 밀수 및 판매와 관련된 기사가 없었다고 해서 조선에서 청국인에 의한 아편문제가 없었다고 보기는 어렵다. 청일전쟁 직후 뒤에서 언급되듯이 언론과 재판문서 등에 조선에서 청국 상인들의 아편 판매 폐단에 관한 내용들이 곧바로 제기되는 것을 보면 이해할 수 있을 것이다.

청일전쟁 이전에도 청국인에 의한 아편 유입 및 판매 관련 가능성이 있었음에도 불구하고 표면에 드러나지 않았지만, 청일전쟁 직후부터는 언론 등에 관련 기사들이 본격적으로 게재되기 시작하였다. 관련 기사 내용들을 보면 아래와 같다.

> ……근년에 쳥인들이 죠션으로 오기를 시쟉 ᄒᆞ야 죠션 사ᄅᆞᆷ ᄒᆞᆯ 일과 ᄒᆞᆯ 쟝ᄉᆞ를 ᄡᅦ셔 ᄒᆞ며 갓득 더러온 길을 더 더럽게 ᄒᆞ며 아편연을 죠션 사ᄅᆞᆷ들 보ᄂᆞᆫᄃᆡ 먹으니 쳥인이 죠션 오ᄂᆞᆫ거슨 조곰치도 리로운 일이 업고 다만 ᄒᆡ만 만히 잇스니 죠션셔도 얼마 아니 되야 ᄇᆡᆨ셩들이 쳥인내여 쫏잔 말이 잇슬는지도 모로겟더라 ……68)

68) 「외국과 통샹ᄒᆞᆫ 후에ᄂᆞᆫ 교제를 친밀이 ᄒᆞ여야 유죠하니 일이 피차에 잇난거시라」,

죠션에 와 잇ᄂᆞᆫ 쳥인들이 아편연을 무란이 파ᄂᆞᆫ 고로 죠션에 어리셕은 사ᄅᆞᆷ들이 아편연들을 간혹 사셔 먹고 죽ᄂᆞᆫ 폐단이 잇스니 ᄂᆡ부와 경무쳥에셔 인민을 위싱 ᄒᆞᄂᆞᆫ 도리에 쳥인의 아편연 파ᄂᆞᆫ거슬 별반 엄금 ᄒᆞᄂᆞᆫ거시 ᄆᆞᆺ당 ᄒᆞᆯ듯 ᄒᆞ더라[69]

아편 흡연 도구(출전: 『中華文明傳眞』 10)

청일전쟁 직후 게재된 위의 두 기사를 통해 볼 때 조선에서의 아편 소개와 판매가 청국인에 의한 것임을 알 수 있다. 즉 청국인들은 아편 흡연이 합법화된 중국에서의 습관을 버리지 못하고 조선에 왔다. 그들이 아편을 피우는 모습은 그대로 조선 사람들에게 노출되었고 조선 사람들의 호기심을 자극하였다. 아편 흡연과 더불어 조선에 이로울

『독립신문』, 1896년 5월 21일.
69) 「죠션에 와 잇ᄂᆞᆫ 쳥인들이」, 『독립신문』, 1897년 4월 15일.

게 없다는 청국인에 대한 부정적인 인식이 생기면서 심지어는 조선 백성들에 의한 청국인 구축 가능성까지 제기되었다. 이처럼 청일전쟁 직후 '조청무역장정'이 폐지되어 영사재판권을 향유할 수 없는 상황 속에서 언론에서 청국인의 아편 흡연과 판매행위를 비난하고 엄금할 것을 건의한 것을 보면 청일전쟁 이후 청국인의 위세가 전쟁 이전과 차이가 있음을 알 수 있다.

〈표 1-6〉 사건별 아편 흡연 동기와 아편 및 도구 구입처, 법 위반 내용 및 흡연 장소[70]

사건번호	흡연 동기	아편 / 흡연 도구 구입처	법 위반 내용 / 흡연 장소
사건 1 (1895.5.29)	질병 치료	불명	장효량: 고질병을 칭하고 아편을 흡연 / 불명
사건 2 (1897.7.27)	질병 치료	청국 상인 집	장진기: 신병 치료에 효험이 있다고 잘못 믿고 흡연 / 청국 상인 집에서 흡연
사건 3 (1898.3.24)	흡연하지 않았음	청국인	청국인에게 받을 빚 대신 아편 파이프와 연등 소지 / 불명
사건 4 (1898.8.9)	질병 치료	청국인	이소사: 청국인 남편의 권유로 질병 치료 위해 흡연 / 예전에 집에서 흡연 추정 김창순: 청국인의 권유로 학질 치료에 아편이 좋다는 얘기를 들음. 아편을 흡연하던 청국인과 현장에 같이 있었음 / 불명

70) 「한성재판부에서 아편흡연 죄인 張孝良의 처벌을 총세무사에게 알리도록 외부에 청함」(발송일: 1895년 5월 29일), 『각사등록 근대편』; 「아편을 핀 張鎮基의 형량 품의」(발송일: 1897년 7월 27일), 『각사등록 근대편』; 「한성부 재판소에서 피고 李仲叔의 처리를 질품」(발송일: 1898년 3월 24일), 『각사등록 근대편』; 「아편을 흡연하다가 체포된 청국인 千姓과 李召史 등에 대한 판결문의」(발송일: 1898년 8월 9일), 『각사등록 근대편』; 「아편을 피운 崔相殷 등 건을 보내니 決裁하기 바람」(발송일: 1898년 10월 29일), 『각사등록 근대편』; 「한성부 재판부에서 아편흡연 죄인들의 형률에 대해 문의」(발송일: 1898년 12월), 『각사등록 근대편』; 「한성부 재판부에서 아편 금지법을 어긴 金石桓에 대해 보고」(발송일: 1899년 5월 5일), 『각사등록 근대편』 [이상 모든 자료의 출처: 한국사데이터베이스]에 의거하여 작성.

사건번호	흡연 동기	아편 / 흡연 도구 구입처	법 위반 내용 / 흡연 장소
사건 5 (1898.10.29)	불명	불명	
사건 6 (1898.12)	질병 치료	청국 상인 가게 / 청국인	이윤여: 아는 사람의 권유로 瘧疾 치료를 위해 흡연 / 집에서 흡연 윤소사: 아편을 피우면 병이 낫는다는 말을 듣고 瘧疾 치료를 위해 흡연 / 집에서 흡연
사건 7 (1899.5.5)	질병 치료	청국인	김석환: 병 치료에 좋다고 하여 아편재를 채취 / 불명

또한 『각사등록 근대편(各司謄錄 近代篇)』에 수록된 아편 범죄 관련 재판문서의 내용을 통해서도 청일전쟁 직후 조선의 아편 확산이 청국인과 밀접한 관련이 있었다는 것을 살펴볼 수 있다. 위의 〈표 1-6〉은 조선의 각 재판소에서 아편 흡연과 아편 흡연 관련 도구의 소지 등을 위반한 자에 대한 판결들을 상부에 문의한 내용들을 근거로 작성한 것이다. 이에 따르면 조선인의 아편 흡연 동기는 대부분이 질병 치료와 관련이 깊었다. 아편이 질병 치료에 효험이 있다는 잘못된 인식은 중국에서도 그렇듯 이미 조선의 일반 백성들 사이에도 퍼져나갔으며 청국인의 직접 권유에 의해 흡연하는 경우도 있었다. 아편이나 흡연 도구 역시 대다수가 청국인을 통해 구입하였다. 흡연 장소는 명확하지 않거나, 구입하여 집에서 흡연하는 경우가 가장 많았고, 간혹 청국 상인 집에서 흡연하는 경우도 있었다. 이처럼 청일전쟁 직후 각 재판소 사건들을 통해 볼 때도 조선인의 아편 흡연 및 확산은 청국인과 밀접한 관련이 있음을 알 수 있다.

그러나 청일전쟁 직후부터 '한청통상조약'이 체결되기 이전까지 조선에서 청국인의 아편 판매에 대한 비난은 두드러졌지만, 청국인에 대한 법적제재는 제대로 이루어지지 않은 것으로 보인다. '한청통상조약'

체결 이전 언론에 실린 청국인 또는 청국 상인의 아편 판매에 대한 제재 관련 기사 내용을 보면 아래와 같다.

> 즁셔 이궁압헤 거쥬 ᄒᆞᄂᆞᆫ 청국 쟝ᄉᆞ 류셔강 집에셔 죠션 사ᄅᆞᆷ들이 아편연을 먹ᄂᆞᆫ 고로 경무청 슌검 민응호등이 잡ᄂᆞᆫ 즈음에 청인 두광휘등이 슌검 민응호를 란타 ᄒᆞ야 피가 랑자히 흐르ᄂᆞᆫ 고로 뵈젼 병문 지쇼 슌겸 리슌셕이가 가셔 구완 ᄒᆞ얏ᄂᆞᆫᄃᆡ 아편연 먹던 죠션 사ᄅᆞᆷ들은 슌검 민응호가 잡아셔 긔계 안동 ᄒᆞ야 경무청으로 보내엿다니 대져 청국 사ᄅᆞᆷ의 버르쟝이ᄂᆞᆫ 셰계샹에 뎨일 못된 죵유들이라 아편연이라 ᄒᆞᄂᆞᆫ거슨 사ᄅᆞᆷ이 먹고 죽ᄂᆞᆫ 약인즉 청인은 뎌의들이나 먹고 죽을거시지 엇지ᄒᆞ야 이웃 나라 사ᄅᆞᆷ들 ᄭᆞ지 유인ᄒᆞ야 아편연을 먹히여 뎌의들과 홈ᄭᅴ 죽ᄌᆞ ᄒᆞᄂᆞᆫ지 죠션 사ᄅᆞᆷ들은 엇지 지각이 그다지들 업셔셔 못된 청인의 유인에 ᄲᅡ져 죽기를 ᄌᆞ쳥 ᄒᆞᄂᆞᆫ지 알슈 업더라 아편연은 인민의 위ᄉᆡᆼ 상에 크게 ᄒᆡ로은 물건이니 경무청에셔 별노히 엄금 ᄒᆞ야 조션 국ᄂᆡ에 아편연이 영위 절죵 되게 ᄒᆞᄂᆞᆫ거시 ᄆᆞ당 ᄒᆞᆯ듯 ᄒᆞ더라[71]

> 제물포 일본 신문에 말 ᄒᆞ기를 청국 샹민들이 평양으로 만히 와셔 아편연을 죠션 사ᄅᆞᆷ들의게 잠매 ᄒᆞᆫ다 ᄒᆞᄂᆞᆫᄃᆡ 관찰ᄉᆞ가 그 청인을 잡아 가두엇다가 쇽젼도 아니 밧고 형벌도 아니 ᄒᆞ고 그져 내노왓ᄂᆞᆫᄃᆡ 그청인이 힝뢰들 ᄒᆞ얏ᄃᆞᆫ 말이 잇다고 ᄒᆞ얏더라[72]

> 칠월 이십 오일 슈표다리 근텨에 사ᄂᆞᆫ 청국 샹민 풍긔호 집에셔 송도 사ᄂᆞᆫ 강후션이가 무명 젼ᄃᆡ에다 무슴 물건을 ᄊᆞ셔 지고 나오면셔 좌우를 도라다 보며 죵적이 슈샹 ᄒᆞ거ᄂᆞᆯ ᄒᆡ디 지쇼 슌검 최희셔가 의혹을 내여 그 젼ᄃᆡ를 헷치고 검ᄉᆞ ᄒᆞᆫ즉 아편연 두봉과 편지 ᄒᆞᆫ봉과 청국 ᄯᅥᆨ ᄒᆞᆫ 궤가 잇ᄂᆞᆫᄃᆡ

71) 「즁셔 이궁압헤 거쥬 ᄒᆞᄂᆞᆫ 청국 쟝ᄉᆞ 류셔강 집에셔」, 『독립신문』, 1897년 7월 1일.
72) 「제물포 일본 신문에 말 ᄒᆞ기를 청국 샹민들이」, 『독립신문』, 1897년 7월 6일.

강가ᄂᆞᆫ 편지 젼 ᄒᆞ고 사 가ᄂᆞᆫ 하인이요 그 아편연 먹을 님ᄌᆞᄂᆞᆫ 숑도 사ᄂᆞᆫ 박쥬부라 ᄒᆞᄂᆞᆫ 사ᄅᆞᆷ이라 ᄒᆞᄂᆞᆫᄃᆡ 강가ᄂᆞᆫ 그 아편연 안동 ᄒᆞ야 즁셔에셔 경무청으로 잡아 갓스나 숑도 박쥬부라 ᄒᆞᄂᆞᆫ 사ᄅᆞᆷ은 크게 법률을 당 ᄒᆞᆯ듯 ᄒᆞ다더라[73)]

죽동 민판셔의 외쳑 되ᄂᆞᆫ 디평군 ᄶᅡ에 사ᄂᆞᆫ 리죵헌이가 샤동 김한츈의 집에 류 ᄒᆞ다가 아편연을 먹고 일젼에 스ᄉᆞ로 죽엇다니 그런 인ᄉᆡᆼ은 셜혹 죽지 아니 ᄒᆞ엿더ᄅᆡ도 지각이 반졈 업슬터이라 세샹에 산덜 무엇 ᄒᆞ리요 아편연을 먹으면 죽을줄 분명히 알면셔도 지각 업시 먹ᄂᆞᆫ 사ᄅᆞᆷ들은 ᄀᆡᄀᆡ이 죽어야 ᄆᆞᆺ당 ᄒᆞ거니와 경무청에셔ᄂᆞᆫ 그 못된 청인놈들의 아편연 파ᄂᆞᆫ것을 금단 못 ᄒᆞ ᄂᆞᆫ지[74)]

위의 인용문에서 조선 사람들이 청국 상인으로부터 아편을 구매하거나, 그 집에서 피우다가 조선 경찰관리에 의해 단속되는 것을 볼 수 있다. 그런데 정작 아편을 판매한 청국 상인들이 단속되거나 처벌되지는 않았다. 이에 청국인에 대한 원망과 함께 정부의 엄격한 단속과 처벌을 요구하는 여론이 게재되고 있었다. 청일전쟁 이후 청국의 위세가 많이 약화되었을 뿐 아니라 '조청무역장정'의 폐지로 영사재판권의 향유 역시 불가능한 상황임에도 청국인의 불법적인 악행들이 지속되고 있었다. 이에 대한 단속과 처벌은 뇌물 수수 등으로 제대로 진행되지 못하였다. 이러한 상황은 청일전쟁 이후 조선 내 통치력의 이완을 보여주는 것이기도 하였다. 아울러 청일전쟁 이전에 이미 조선에 들어온 청국 상인들의 조선 상권 잠식 등으로 부정적인 인식이 나타

73) 「칠월 이십 오일 슈표다리 근텨에 사ᄂᆞᆫ 청국 샹민」, 『독립신문』, 1897년 8월 3일.
74) 「허망하다」, 『독립신문』, 1898년 7월 14일.

나고 있던 상황에서 인체에 유해한 아편의 판매는 청국인에 대한 조선인의 인식이 더욱 악화되는 데 일조하고 있었다.

한편 1899년 9월 11일 대한제국과 청 정부 사이에 대등한 조약의 '한청통상조약'이 체결되면서 조선에서는 아편의 단속에 대한 기대감을 갖게 되었다. 이와 관련하여 당시 언론에 실린 기사를 보면 아래와 같다.

> …… 우리가 무엇이던지 남과 나라의 죠흔것은 ᄇᆡ호지 못 ᄒᆞ고 글은것ᄆᆞᆫ ᄇᆡ호ᄂᆞᆫ 악습으로 지금은 아편연 ᄀᆞᆺ치 독ᄒᆞᆫ 물건을 경향 간에 먹ᄂᆞᆫ 사ᄅᆞᆷ이 만타 ᄒᆞ니 쳥국에 폐단 되ᄂᆞᆫ것을 보면셔도 이 버릇을 ᄇᆡ호ᄂᆞᆫ것은 우리가 항샹 남의 쇽국 노릇 ᄒᆞ던 비루ᄒᆞᆫ 긔샹으로 쳥국 사ᄅᆞᆷ이 ᄒᆞᄂᆞᆫ 일은 죠흔줄만 알고 ᄇᆡ호ᄂᆞᆫ 모양이니 가련ᄒᆞᆫ 인ᄉᆡᆼ들이로다 ……쳥인들의 왕ᄅᆡ ᄒᆞᄂᆞᆫ 여러 형뎨 들은 쳥인의 부지런 ᄒᆞ고 규모 잇ᄂᆞᆫ 죠흔 버릇ᄆᆞᆫ ᄇᆡ호고 그 아편연 먹ᄂᆞᆫ 악습은 본 밧지 말며 졍부에셔 특별히 엄법을 뎡 ᄒᆞ야 아편연 먹ᄂᆞᆫ 사ᄅᆞᆷ은 극히 즁벌노 다ᄉᆞ려셔 그 폐단이 셩ᄒᆡᆼ ᄒᆞ기 젼에 ᄲᅮ리 ᄲᆡ기를 간졀히 ᄇᆞ라노라[75]

> …… 以上數條ᄅᆞᆯ 見ᄒᆞ면 鴉片이곳 亡國ᄒᆞᆯ 物이라 我大韓은아직 如此히 盛치아니ᄒᆞ나 萬一尋常이 置之ᄒᆞ면 此는 來頭에 淸國覆轍을 復蹈ᄒᆞᆯ지라 今에 其弊를 杜코져ᄒᆞᆯ진ᄃᆡ 爲先本國人을 嚴禁ᄒᆞᆯᄲᅮᆫ더러 其藥이 淸商의게 從ᄒᆞ야 流來ᄒᆞ니이제 韓淸條約을 定ᄒᆞᆯ터인즉 該約中에 特欵을 設ᄒᆞ야 淸人이 鴉片을 販賣ᄒᆞᄂᆞᆫ 者난 巨金을 罰ᄒᆞ고 我地에 住在치못ᄒᆞ게ᄒᆞ며ᄯᅩ 偵探ᄒᆞ야 告發ᄒᆞᄂᆞᆫ 者난 其金半額을 賞與케ᄒᆞ면 自然弊絶風淸ᄒᆞᆯ거지요ᄯᅩ 淸國은 我國과 親密ᄒᆞ기 兄弟와 無異ᄒᆞ고 近日唐紹儀氏도 其商民의게 曉喩嚴禁ᄒᆞ얏스니 定約하기더욱 易하고ᄯᅩ 我國北關人民이 此를 種하야 繁衍하ᄂᆞᆫ 弊가 有하다하니 趁卽査覈痛懲ᄒᆞᆯ지라 我政府에 仁人君子가 多하시니 必然良謀를 預

75) 「아편연 폐단」, 『독립신문』, 1898년 7월 30일.

定하고 鄙言을 竢치아니하시러니와 區區私懷을 不能自己하야 敢히 一言을 獻하노라[76)]

昨日에 中署巡檢이 淸國巡査의 指告홈을 從ᄒᆞ야 中谷 等地에셔 鴉片烟을 吸ᄒᆞᄂᆞᆫ 韓人 金順甫 等 五人을 捉囚ᄒᆞ얏ᄂᆞᆫᄃᆡ 近聞ᄒᆞᆫ즉 淸公使 徐壽朋氏가 該國巡査 等을 團束ᄒᆞ야 彼我民 勿論ᄒᆞ고 鴉烟의 犯科홈이 有ᄒᆞ거던 各其 法司로 捉送懲戢ᄒᆞ라 ᄒᆞ얏다더라[77)]

위의 인용문에 보이듯이 조선의 언론에서는 아편의 폐단이 심해지기 전에 엄한 형벌로 아편 사용자를 처벌하여 근절되기를 바라고 있었다. 위의 두 번째 인용문인 『황성신문』의 논설에서는 매우 구체적인 방법들까지 제시하였다. 즉 청조와 같은 전철을 밟지 않기 위해서는 우선적으로 우리 조선인에 대해 아편을 엄금하고, 그 아편이 청국 상인을 통해 유입되므로 '한청통상조약' 중에 특별조항을 설치하여 아편을 판매하는 청국인에 대해 엄벌해야 한다는 것이었다. 거금의 벌금을 추징하고, 조선에 거주하지 못하게 하며, 고발하는 자에 대해서는 그 금액의 반을 포상하면 근절할 수 있을 것이라고 하였다. 게다가 청국 총영사 탕샤우이(唐紹儀)도 최근 청국 상인들에게 잘 알아듣도록 타일러 엄금토록 하겠다고 하였으므로 청국의 협조도 쉽다고 보았다. 실제 『황성신문』 논설에 언급된 대로 청국인이건 조선인이건 죄를 어긴 자에 대해서는 각 사법당국으로 하여금 체포하여 처벌하도록 청국공사가 지시하였다는 기사를 보면 이전과는 달리 아편 단속에 적극적으로 대처하고자 하였음을 알 수 있다.

76) 「鴉片論」, 『皇城新聞』, 1898년 9월 22일.
77) 「鴉烟禁戢」, 『皇城新聞』, 1899년 9월 25일.

'한청통상조약' 체결 이후 외적으로는 과거에 비해 청국 상인에 의한 아편 수입 및 판매가 개선되는 듯 보였지만 실상은 크게 나아지지 않았다. '한청통상조약' 9조 2항의 내용을 보면 "아편은 한국에서 수입 금지하는 물품이므로 중국인으로 만약 외국산 아편이나 중국산 아편을 한국의 지방에 들여오는 자가 있으면, 이를 조사하여 체포하고 그 물품은 몰수하며 원가의 2배가 되는 벌금을 물린다."[78]라고 되어 있다. 청 정부도 아편은 조선에서 수입을 금지하는 물품이므로 조선 정부에 협조한다는 차원에서 조약문에 자국민에 의한 아편 수입 금지항목을 삽입하였던 것이다. 그러나 그 실효성은 심히 의심스러웠다. 이와 관련하여 『황성신문』에 실린 논설을 보면 아래와 같다.

> 我國人 吸鴉烟之害ᄂᆞᆫ 業已駁論者ㅣ 非止一再로ᄃᆡ 其害未祛ᄒᆞ고 獘益滋繁ᄒᆞ야 近從可信處探聞則 漢城內鴉烟發售處가 爲四十三四處오 每日 發售秤量으로 計其每人一日所吸則 無慮爲三萬個人이라 ᄒᆞ니 其所吸之人은 不外乎淸國人交際者와 年少豪華之沒知覺者와 花柳場游冶者 而或稱久病消治而吸ᄒᆞ며 或稱陽氣發越而吸ᄒᆞ며 或久癮成癖而吸ᄒᆞ야 一爲近口則往而不返ᄒᆞ니 其人則 生而死者也오 其財則 有而無者也라 雖一二人이라도 猶謂其害어던 況至於三萬之多ᄒᆞ니 其爲國之害가 顧何如哉아 ……近日以來로 淸商이 不敢現賣ᄒᆞ고 潛物隱售云ᄒᆞ니 此自該公舘으로 縱有禁令而亦不嚴截ᄒᆞ고 我政府ㅣ 亦有禁令而令不能立ᄒᆞ야 不得除祛러니 近日 韓人之吸烟者ㅣ 畏怕憲兵之禁斷ᄒᆞ야 不能狼藉吸之云ᄒᆞ니 憲兵之盡職은 極庸嘉尙이로ᄃᆡ 未聞畏怕巡檢之禁止ᄒᆞ니 警察官吏之弛禁을 窃爲慨惜이오 且聞仁港外國人田園中에 至有種養鴉片草(鶯粟殼)云이로ᄃᆡ 監理與警察官吏가 亦未聞査探而禁止ᄒᆞ니 甚爲訝惑이라 噫라 鴉烟之害가 尤有酷於洪水之滔天과 猛獸之齧人이로ᄃᆡ 禁令이

78) 「한청통상조약이 체결하다」, 『국역 高宗實錄』 고종36년(1899년) 9월 11일 [출처: 한국사데이터베이스].

不嚴ᄒᆞ야 禍相蔓延이면 今之三萬人이 幾年之後에 未知爲三十萬人이오 又未知爲三百萬人이니 未來之禍가 恐未知止于何處也로다 可勝慨嘆가[79]

위의 논설에도 언급되었듯이 한성 시내에는 아편 판매소가 43, 44곳에 달하며 1일 아편 판매량이 무려 3만인 분에 달하였다. 흡연하는 자들 가운데는 청국인과 교제하는 자들이 많았다. 또한 당시 청국 상인들이 드러내놓고 판매하지 않고 있었을 뿐 몰래 숨어서 판매하고 있었고 청국 공관 역시 금령이 있더라도 엄하게 단속하지 않고 있었다. 이러하였으므로 '한청통상조약'으로 아편 단속의 성과를 기대하기는 힘들었다. 게다가 조선 정부조차도 금령이 있으나 통치력의 이완으로 제대로 시행되지 않고 있었다는 사실이 더욱 낙관하기 어려운 현실이었다.

여기에 더해 청일전쟁 이후 조선으로 이주한 청국인의 성격도 조선의 아편문제 확산과 관련이 있다. 사실 청일전쟁 이후 조선에 대한 청국의 영향력은 감소하였지만, 청일전쟁과 러일전쟁과 같은 전쟁 시기를 제외하고 조선 거주 청국인의 수는 꾸준히 증가하였다. 1906년에 3,661명이었던 조선 거주 청국인이 1910년에는 11,818명으로까지 늘어났다. 이 시기 청국인은 대다수가 지리적으로 가까운 산동성 출신이었으며, 의화단 사건과 8개국 연합군의 공동출병 등으로 혼란해진 국내 상황을 피해 생명의 안전과 생계유지 차원에서 조선으로 이주한 경우가 많았다. 청일전쟁 이전의 경우에는 대국의 위세를 업은 적극적 이주자가 아닌 소극적 이주자의 성격이 강하였다. 이때 유력 상인

79) 「鴉烟可痛禁」, 『皇城新聞』, 1901년 8월 12일.

들의 이주가 많았던 것에 비해 청일전쟁 이후에는 영세 상인들이 많았다. 특히 이 시기 조선 거주 청국인의 직업을 보면 절반 정도가 상인이었고 그것도 주로 영세 상인이었다. 나머지는 농업 노동자와 쿨리들이 다수 분포하였다. 이들 영세 상인들과 쿨리 등이 아편의 흡연과 밀매를 비롯한 각종 범죄에 연루되었다.[80]

'한청통상조약' 체결 이후 조선 정부에서는 청국의 협조를 받아 아편의 확산을 차단하기 위한 노력을 시도하였지만, 현실적으로는 쉽지 않았다. 조약문에서 청국인의 아편 유입 금지를 위해 엄한 처벌을 강조하였지만 여전히 영사재판권을 향유할 수 있었으므로 조선 관헌의 단속이 두렵게 느껴질 수 없었다. 더욱이 1905년 을사늑약 이후 일본에 의해 조선의 외교권이 박탈되었으며, 1907년 11월에는 제3차 한일협약(정미7조약)에 따라 한국의 경찰권까지 일본에게 넘어갔다. 이에 따라 청국인들은 일본인 경찰들과 함께 단속하지 않는 한 조선인 경찰들의 공권력을 그다지 두려워하지 않았다.[81] 아래의 언론기사를 통해 보더라도 조선의 아편 확산과 청국인과의 관련성은 물론 조선에서 아편의 심각성이 여전하였음을 알 수 있다.

Ⓐ 內部에셔 義州警務署에 訓令ᄒᆞ되 該郡保民會에셔 衛生藥局을 設寘ᄒᆞ고 愛隣如已ᄒᆞᄂᆞᆫ 熱心으로 鴉烟癮者를 治療ᄒᆞ야 五十餘名生靈을 拯救ᄒᆞ얏스니 聞甚嘉尙이라 衛生은 人民保護上에 係是重要事項則注意幇贊ᄒᆞ야 業務

80) 정태섭 · 한성민, 「乙巳條約 이후 韓 · 淸 治外法權 연구(1906~1910)」, 『한국근현대사연구』 46, 2008, 60~68쪽 ; 이은자, 「韓淸通商條約 시기(1900~1905) 중국의 在韓 치외법권 연구」, 『명청사연구』 26, 2006, 92쪽.

81) 이광린, 앞의 책, 485~496쪽 ; 정태섭 · 한성민, 「乙巳條約 이후 韓 · 淸 간 治外法權 연구(1906~1910)」, 71~72쪽.

를 日益前進케ᄒᆞ고 若有冥頑不悛者어든 以法拘拿ᄒᆞ야 一邊懲惡ᄒᆞ고 一邊治■케ᄒᆞ며 鴉片則衆民을 會立케ᄒᆞ고 民家稍遠地에서 燒棄ᄒᆞ고 器具ᄂᆞᆫ 一并破碎ᄒᆞ고 境內居留ᄒᆞᄂᆞᆫ 淸人等處에 注意偵探ᄒᆞ야 鴉片을 吸ᄒᆞ거나 鴉片及器具를 輸入賣買者ᄂᆞᆫ 淸國官憲에게 拿致嚴懲케ᄒᆞ라ᄒᆞ얏더라[82)]

Ⓑ 한성 안에 인민들이 아편연을 먹고 죽는폐가 많은 고로 이것을 금지코자 하여 경시청에서 청국 영사와 교섭하여 한청 양국 인민은 물론이고 아편연을 먹는자가 있으면 양국 순사가 서로 탐지하여 잡기로 작정하였다더라[83)]

Ⓒ 警視廳에서 鴉片烟을 禁止키 爲ᄒᆞ야 向日淸國警察署에 交涉ᄒᆞ야 淸商等의 鴉烟放賣者及我國人이 鴉烟買去者를 調査禁止ᄒᆞ라 ᄒᆞ얏더니 終乃禁止키 不能홈으로 今後븟터ᄂᆞᆫ 個人의 顔色을 調査ᄒᆞ야 逮捕홀 터이라더라[84)]

Ⓓ 근래에는 한국인이 아편을 먹고 자폐하는 자가 종종 많은 지라 인명의 관계되는 손해가 적지 아니함으로 한청인의 아편 매매하는 것을 엄금할차로 청국 당국자와 교섭한다더라[85)]

Ⓔ 일인이 가는 곳에는 한인의 집과 토지와 재산을 빼앗는 폐단이 비비유지하고, 청인이 머무는 곳에는 아편과 잡기로 한인의 탕패케 하는 자가 종종 있으니, 동양 천지의 불쌍하고 잔약한 것은 한국 사람일세[86)]

Ⓕ 평양성내 부자소년들이 아편연을 많이 먹는데 그 수효는 오륙백명에 달하되 금지하는 방법이 없다고 하는가 보더라[87)]

---

82) 「鴉烟痛禁」, 『皇城新聞』, 1906년 6월 9일.
83) 「아편금지」, 『大韓每日申報』, 1908년 6월 23일.
84) 「顔色調査」, 『皇城新聞』, 1909년 7월 17일.
85) 「의호엄금」, 『大韓每日申報』, 1909년 6월 26일.
86) 「시사평론」, 『大韓每日申報』, 1907년 7월 10일.

Ⓖ 남부 소광교에 거류하는 청국인 남자정씨가 약국으로 영업하는데 누구든지 아편을 먹고 일시간만 지나지 아니한자는 약을 써서 백발백중하는 효험이 있는 고로 와서 문의하는 사람이 많다더라.[88]

Ⓗ 義州는 淸國接界故로 鴉片烟流毒이 一國에 第一尤甚이라 年久吸烟ᄒᆞ야 中毒瀕死者가 數千人인ᄃᆡ 該郡人士朴永運氏가 同志幾人을 得ᄒᆞ야 鴉片烟斷吸ᄒᆞᄂᆞᆫ 西洋新藥을 撰制治療ᄒᆞ얏ᄂᆞᆫᄃᆡ 自本年三月로 至今治療斷烟케ᄒᆞᆫ 人數가 一百八十五人이니 該人等이 大段欣感ᄒᆞᄂᆞᆫ 中이나 但經費에 救處와 規模에 未創ᄒᆞᆷ을 因ᄒᆞ야 朴氏가 特이 公立病院을 設立ᄒᆞ기로 內部에 請願ᄒᆞ얏ᄂᆞᆫᄃᆡ 內部大臣以下諸氏가 瀕死人民情境을 矜憐ᄒᆞ야 該病院을 極力讚成ᄒᆞ야 日間該病院章程規則을 成給ᄒᆞᆫ다더라[89]

1905년과 1907년의 을사늑약과 한일협약에 따라 조선의 외교권과 경찰권이 박탈된 뒤에도 '한청통상조약'이 계속 유지되는 상황에서 위의 Ⓐ~Ⓓ 인용문에 나타난 바와 같이 청국 관헌, 청국 경찰서, 청국 당국과 협력하여 청국인의 아편 수입, 흡연 또는 판매자에 대해 단속하기 위한 노력과 교섭을 지속하였다. 그러나 성과가 있었다고 보기는 어려웠다. 아래 Ⓔ~Ⓗ 인용문을 통해 볼 때 여전히 아편으로 재산을 탕진하고 건강과 생명을 해치는 등의 사회문제가 발생하고 있었다. 또한 청국인 또는 청국과의 관련성 역시 개선되지 않고 있었음을 알 수 있다.

이상의 내용들을 살펴볼 때 조선의 아편 유입 및 확산은 청국인과의 관계가 밀접하였다는 것을 알 수 있는데, 이는 1910년 전후 일본

87) 「아편만연」, 『大韓每日申報』, 1905년 2월 13일.
88) 「아편해독」, 『大韓每日申報』, 1908년 10월 1일.
89) 「戒烟善業」, 『皇城新聞』, 1906년 10월 26일.

측의 자료를 통해서도 확인할 수 있다. 『주한일본공사관기록』에는 1906년 일본에 의해 조선에 설치된 통감부의 시정방침 시행을 위한 전제 조건으로 금지해야 할 세 가지 폐단을 언급하면서 아편의 흡연 금지를 포함시켰다. 내용에 의하면 조선의 아편은 아직 심한 해독까지는 도달하지 않았지만 해가 거듭될수록 아편 사용자가 증가하고 있으므로 청국 행상 또는 거주자에 대한 충분한 주의와 제재가 필요하다고 지적하였다.[90] 여기서 당시 일본은 조선의 아편문제에 대해 우려하고 있었으며 아울러 조선에서의 아편 확산의 주요 원인으로 청국 행상 또는 거주자를 언급하였다. 또한 1912년 1월에 조선인과 국내 거주 청국인의 전국적인 아편 흡연자 수의 조사표(앞의 〈표 1-4〉)가 발표되었다. 법적으로 아편의 흡연을 금지하고 있었으므로 실제 흡연자 수는 이보다 훨씬 많을 것이라는 가정이 어렵지 않다. 앞의 〈표 1-4〉에 보이는 바와 같이 조선인과 국내 거주 청국인의 아편 흡연자의 분포가 중국인이 가장 많이 거주하고 있는 경성이나[91] 중국과 국경을 접하고 있는 평안남북도에 집중되어 있었다는 사실은 매우 의미심장하다. 즉 조선의 아편문제는 중국과의 관련성을 배제하고 생각하기 힘들다는 것을 보여주는 것이다.

90) 「한국시정에 대하여」, 『주한일본공사관기록』 26권(출처: 한국사데이터베이스).
91) 정태섭 · 한성민, 「乙巳條約 이후 韓 · 淸 간 治外法權 연구(1906~1910)」, 66쪽.

4. 소결

조선 정부는 1, 2차 아편전쟁을 겪으면서 아편문제의 심각성을 인식하고 유입과 확산을 막기 위해 노력해 왔다. 그러나 개항 이후, 특히 청 정부와 '조청무역장정'의 체결에 따른 환경 변화에 대한 인식과 대처가 부족했고, 아편 단속에 대한 조선 정부의 법적 대응도 미숙하였다. 또한, 조선인의 아편 해독에 대한 인식 부족도 아편의 확산을 부추겼다. 이러한 결과 일본의 조선 강점기 이전에 이미 조선 사회에서 아편의 확산은 우려되는 상황에 도달하였고 당국의 엄격한 대책이 요구되는 시점에 이르렀음을 알 수 있다.

개항기 조선의 아편문제는 조선 정부의 경계에도 불구하고 청국과의 교류가 본격화되면서 우려할 수준에 도달하였다. 당초 1882년 '조청무역장정' 체결 이후 영사재판권과 청 정부의 위세를 등에 업은 청국 상인들에 의해 조선의 아편문제가 드러날 것이 예상되었고 그 심각한 폐해는 청일전쟁 이후 본격적으로 드러나기 시작하였다. 특히 '한청통상조약' 이후 청조의 위세가 약화된 상황에서 쌍무적인 영사재판권이 존속하였고, 영세 상인을 비롯한 쿨리 등 난민 성격의 중국인들이 다수 이주해 왔다. 이들에 의해 아편 등 불법적인 활동이 급속히 증가하였다. 이로써 1910년경 조선에는 이미 아편이 전국적으로 확산되어 우려할 만한 수준에 이르렀으며, 그 주된 배경에는 청국 상인과의 관련성을 무시할 수 없었다. 나아가 이러한 상황은 청국인에 대한 부정적 인식이 조선인에게 각인되는 데 영향을 미쳤으며 이후 일본의 조선 강점기 조선인의 화교 배척과도 그 맥을 같이 한다고 하겠다.

2장

식민지 시기 조선총독부의 아편 · 마약정책과 그 실태

1. 들어가며

조선의 아편문제는 개항 이후 아편이 유입되면서 점차 확산되기 시작하였는데, 일본이 조선을 강점한 이후에는 어떻게 되었을까? 일본은 조선을 강점하기 이전부터 이미 아편이 만연된 대만과 관동주를 지배하고 있었다. 이들 지역에서 일본은 인도적인 명분을 내세워 아편 점금정책(漸禁政策)을 실시하였지만, 실제는 수입을 목적으로 한 것이었다.[1] 조선 통감부 시절에 이미 일본은 조선에서 근절해야 할 세 가지 폐단 가운데 하나로 아편문제를 지목하였다.[2] 아편문제에 관해 이 같은 경험과 인식을 하고 있던 일본은 조선을 강점한 이후 이 문제에 대해 어떻게 대처하고자 하였을까?

지금까지 식민지 시기 조선의 아편문제와 관련해서는 일정 정도 연구 성과가 있었다. 일본의 조선 강점기 조선의 아편 및 마약정책에 관

1) 박강, 『20세기 전반 동북아 한인과 아편』, 선인, 2008, 47~49쪽.

2) 「한국시정에 대하여」, 『駐韓日本公使館記錄』 26권(출처: 한국사데이터베이스).

한 연구가 선행되었으며,[3] 최근에는 화교에 대한 연구가 활발해지면서 식민지 시기 화교와 마약문제가 연계된 연구 성과도 보인다.[4] 그러나 일본의 조선 강점기 조선의 아편정책은 대체로 식민지 전 기간에 걸쳐 연구되면서 깊이 있는 논의는 부족한 실정이다. 또한 일본의 아편정책이 외부에 공표한 대로 제대로 시행되었는지, 정책과 실태 사이에 어느 정도 괴리가 존재하였는지도 검토해볼 필요가 있다. 이를 위해 본 장에서는 우선 일본의 조선 강점 초기인 1910년대 연구를 진척시키고자 한다. 이를 통해 일본의 조선 아편정책의 의도와 성격을 더욱 명확히 이해할 수 있을 것이다.

한편 일본의 조선 강점기에 나타난 심각한 사회문제는 아편문제에 그치지 않았다. 1차 대전 시기 일본은 일본 내지와 식민지 조선에서 수출을 위해 모르핀을 생산하기 시작하였다. 이러한 상황으로 예상치 않게 오히려 조선 내에 모르핀이 확산되었고, 모르핀 대책을 촉구하는 여론이 일어났다. 이후 조선총독부는 일련의 모르핀 대책들을 내놓기 시작하였다.

일본의 조선 강점기 조선총독부의 모르핀 대책에 대해서는 지금까지 연구가 부족한 상황이다. 모르핀 확산문제에 대한 조선총독부의 모르핀 대책은 대체로 그 실효성이 부족했다고 보고 있다. 식민지 조

3) 박강, 「조선에서의 일본 아편정책」, 『한국민족운동사연구』 20, 1998 ; 송윤비, 「식민지시대 모르핀 중독 문제와 조선총독부의 대책」, 서강대학교대학원 석사학위논문, 2009 ; 長田欣也, 「植民地朝鮮における阿片生産」, 『早稲田大學大學院文學部紀要』 별책20권, 1994 ; John M. Jennings, "The Forgotton Plague: Opium and Narcotics in Korea under Japanese Rule, 1910-1945", *Modern Asian Studies*, No. 29-4(1995).

4) 오미일, 「일제강점기 경성의 중국인 거리와 '魔窟' 이미지의 정치성」, 『東方學志』 163, 2013.

선의 모르핀 대책과 관련하여 기존의 연구는[5] 1920년대의 경우 별다른 실효성 있는 대책이 없었으며 모르핀의 확산을 거의 방치하였다는 주장이 많다. 식민지 조선에 대한 조선총독부의 모르핀 대책은 실효성 있는 단속과 근절 노력이 부족하였다고 보았다.

1930년대의 모르핀 대책은 어떻게 달라졌을까?[6] 여전히 실효성 없는 대책이 지속되었던 것인가? 1930년대에 이르면 아편·마약(모르핀, 헤로인 등)[7] 관련 국제회의[8] 등을 통해 국내외적으로 모르핀의 해독에 대한 인식이 이미 상당히 알려진 상황이었다. 또한, 마약문제에 대한 식민지 내 조선 사회의 문제 제기가 계속되고 있었다. 이에 당국에서는 단속과 함께 예방의 모습을 보일 필요성이 있었고, 그에 따른 모르핀 대책을 내세웠다. 1910년대에서 20년대에 걸쳐 조선을 아편과 모

5) 구라하시 마사나오(구라하시 마사나오 저, 박강 역, 『아편제국 일본』, 지식산업사, 1999), 박강(박강, 「조선에서의 일본 아편정책」, 『한국민족운동사연구』 20, 1998), 조석연(조석연, 『한국근현대 마약문제 연구』, 한국외국어대학교대학원 박사학위논문, 2018)은 1920년대 이후 조선총독부의 모르핀 대책은 실효성 있는 대책이 부재하였다고 보고 있다.

6) 1930년대 식민지 조선의 모르핀 대책에 대해 조선을 아편의 생산지이자 의료용 마약의 소비지로 강제하고 있던 일본의 아편정책 방향이 근본적으로 변화되지 않았기 때문에 일본의 모르핀 대책은 대부분 형식적인 것에 그쳤다고 보았다(조석연, 『한국근현대 마약문제 연구』, 한국외국어대학교대학원 박사학위논문, 2018). 일본에서는 히구치 유이치(樋口雄一)가 쓴 조선총독부의 마약정책 관련 논문이 있으나 실은 중일전쟁 시기를 중심으로 조선 농촌의 아편생산과 농촌 및 농민의 피해문제에 초점을 맞춰 작성되었다[樋口雄一, 「朝鮮總督府の麻藥政策と朝鮮人の麻藥患者」, 『中央大學政策文化綜合硏究所年報』 20號, 2016].

7) 일제 강점기에는 모르핀, 헤로인, 코카인 등을 마약류로 분류하고 아편은 별도로 구분하였다.

8) 1909년 상해에서 세계 최초로 국제 아편회의가 개최된 이래 1911년부터 1913년까지는 헤이그에서 또한 국제아편회의가 열렸다. 1925년에는 국제연맹을 통해 제네바 제1 아편조약과 제2 아편조약이 체결되었으며, 1931년에는 '마약의 제조제한 및 분배단속에 관한 조약'이 성립되었다. 일본은 이상 네 가지 조약에 모두 조인·비준하였다[구라하시 마사나오 저, 박강 역, 앞의 책, 33쪽].

르핀의 생산 및 소비지로서 강제 내지 방치한 상황이었으므로 1930년대의 모르핀 대책이 실효성 내지 진정성 있는 대책이었다고 생각되지 않는다. 하지만 1930년대 조선총독부에서는 모르핀의 근절을 위한 일련의 대책이 공포되었다. 따라서 이러한 일련의 모르핀 대책을 구체적으로 살펴보면 1930년대 모르핀 대책의 진의는 물론 식민지 조선의 모르핀 대책의 전체상을 파악할 수 있을 것이다.

따라서 본 장에서는 일본의 조선 강점기 조선총독부의 아편 및 모르핀 정책과 그 실상을 파악해 보고자 한다. 먼저 일본의 조선 강점 초기인 1910년대 조선총독부의 아편정책 시행의 실상을 파악하여 일본의 조선 아편정책의 방향과 그 의도를 깊이 있게 이해해 보고자 한다. 이를 위해 우선 식민지 조선의 아편정책을 일본의 공간자료(公刊資料)와 극비(極秘)라고 날인된 문서와의 비교를 통해 아편정책의 진의를 살펴볼 것이다. 이어서 1910년대 식민지 조선에서 간행된 유일한 한국어 중앙 일간지이며 조선총독부 기관지였던 『매일신보(每日申報)』를 통해 조선총독부 아편정책 시행의 구체적인 내용을 파악하고자 한다. 이를 통해 일본이 당초 어떠한 의도를 갖고 조선의 아편정책을 구상했는지 그 의도와 성격을 명확히 이해할 수 있을 것이다.

다음으로 1930년대 조선총독부 모르핀 대책의 실상을 모르핀 대책의 내용 속에서 뿐만 아니라 일본의 전체 식민지 및 점령지의 아편·마약 수급 관계 속에서 파악해 보고자 한다. 식민지 조선의 모르핀 문제는 기본적으로 아편문제와 밀접한 연관이 있고, 일본의 전체 식민지 및 점령지의 아편·마약정책과도 연계되어 추진되어 왔다. 따라서 1930년대 조선총독부의 모르핀 대책의 실상을 제대로 이해하기 위해서는 일본의 전체 아편·마약정책 속에서 이해해야 그 진의를 분명히 알 수 있다. 이를 위해 우선 1920년대 식민지 조선의 모르핀 확산의 배경 및 실상과 조선총독부의 대응을 살펴보고자 한다. 이어서 1930년대 조선총독부의 마약전매와 근절 대책을 깊이 있게 검토해보고자 한다. 이를 통해 1930년대 조선총독부의 식민지 조선에 대한 모르핀 대책의 실상을 이해할 수 있을 것이다.

2. 1910년대 조선총독부 아편정책의 실상

1) 공간자료와 극비문서를 통해 본 일본의 조선 아편정책

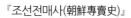

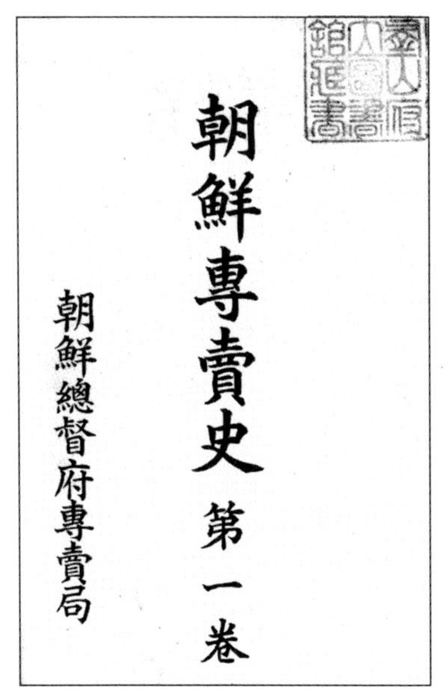

朝鮮專賣史 第一卷

朝鮮總督府專賣局

『조선전매사(朝鮮專賣史)』

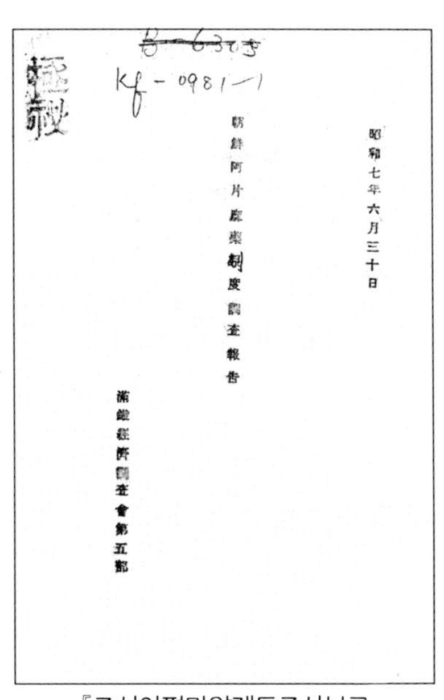

極秘

朝鮮阿片麻藥制度調査報告

昭和七年六月三十日

滿鐵經濟調査會第五部

『조선아편마약제도조사보고(朝鮮阿片麻藥制度調査報告)』

일본은 조선을 강점하기 이전부터 이미 조선 아편문제의 심각성에 대해 인식하고 우려하고 있었다. 조선총독부 전매국에서 공간한 『조선전매사(朝鮮專賣史)』에서 "조선은 인근 국가인 중국의 아편연(鴉片煙) 흡식(吸食)[9]의 폐풍에 감염되어 여러 방면에 아편연 흡식의 폐풍이 있다. 그 가운데 국경지방에서는 그 유독(流毒)이 가장 심하였기 때문에 소위 아편 중독에 빠진 자가 적지 않았다. 따라서 구한국 정부는 메이지(明治) 38년(光武 9년, 1905년)에 공포한 형법대전 중에 아편연 및 흡연 기구의 수입, 제조, 판매를 금하고, 그 후 통감부(統監府)는 누차 한국 정부에 대해 단속에 힘쓰기를 촉구함과 동시에 내지인 약종상에 대해서도 역시 아편 판매의 단속을 엄격히 행하여…"[10]라고 하였다. 여기서 일본은 통감부 시절에 이미 조선에서 아편이 확산되고 있어 엄격한 단속의 필요성을 깨닫고 있었음을 알 수 있다. 또한 『주한일본공사관기록』에서도 1906년 조선 통감부의 시정방침 시행을 위한 전제 조건으로 금해야 할 세 가지 폐단을 언급하였는데, 그 가운데 아편의 흡연 금지가 포함되어 있었다. 이 기록에서도 조선의 아편은 아직 심한 해독까지는 가지 않았지만 해를 거듭할수록 그 수가 증가하고 있어 청나라 행상 혹은 거주자에 대한 충분한 주의와 제재가 필요하다고 지적하였다.[11] 이처럼 일본은 조선 강점 이전에 이미 조선의 아편문제에 대해 우려하고 있었으며, 그대로 방치할 경우 심각한 상황에 도달할 수 있음을 인식하고 있었다.

1910년 조선 강점 이후부터 일본은 기본적으로 아편의 단속을 표방

9) 吸煙과 동일하게 사용됨.

10) 朝鮮總督府專賣局, 『朝鮮專賣史』 제3권, 京城: 1936, 479쪽.

11) 「한국시정에 대하여」, 『駐韓日本公使館記錄』 26권(출처: 한국사데이터베이스).

하였다. 1912년에 '조선형사령(朝鮮刑事令)'을 발포하고 그중 아편에 관한 제재를 엄중히 하는 한편 중독자에 대해서는 점감(漸減)의 방침을 취해 구료(救療)의 방법을 강구하였다. 그것은 조선총독부에서 언급하였듯이, 이 시기에도 조선의 북쪽 지방 및 기타 지방에서 아편이 몰래 수입되어 흡연의 악습이 퍼지고 있으며, 또한 중독에 빠진 자도 있기 때문에 취해진 조치라고 보인다. 여기에서 조선총독부가 서둘러 아편의 단속에 나선 주요 원인이 무엇인가를 1914년 9월 21일에 발포된 훈령(訓令) 제51호 「아편연 흡식 금지에 관한 건」을 통해 살펴보자. 이 훈령 내용은 공간된 『조선전매사』에는 언급되어 있지 않았고, 1932년에 만철경제조사회(滿鐵經濟調査會) 제5부에서 편한 극비라고 날인된 『조선아편마약제도조사보고(朝鮮阿片痲藥制度調査報告)』(이하 『조사보고』라고 표기함)에 소개되어 있다. 여기서 조선총독부가 식민지 조선에서 아편을 단속하고자 하는 주된 목적과 관련하여 "아편연이 조선을 개발하는데 심대한 장해가 될 것을 고려하여"[12]라고 언급하였다. 즉 조선총독부가 식민지 조선에서 아편을 단속하고자 하는 것은 한인의 건강이나 폐습보다는 조선을 식민 지배하는 데 있어 사회경제적으로 장해 요소가 될 것을 우려하였음을 알 수 있다.

1914년 9월에 이르러서 조선총독부는 아편 단속을 더욱 강화시켜 나갔다. 조선총독부는 경무 기타 관헌에게 이후 아편의 흡연을 절대 금지하는 방침을 채택함과 동시에 중독자를 적극적으로 소집하여 반강제적으로 치료하도록 하였다.[13] 즉 조선총독부가 1914년 9월 21일

12) 滿鐵經濟調査會第5部, 『朝鮮阿片痲藥制度調査報告』(1932.6), 2~3쪽.

13) 朝鮮總督府專賣局, 『朝鮮專賣史』 제3권, 479쪽.

자로 발포한 훈령 제51호「아편연 흡식 금지에 관한 건」의 내용을 보면 다음과 같다.

> 현재 중독에 빠져 있는 인원이 극히 근소함으로 금후는 중독자에 대해서도 모두 흡식을 금지하고, 적당한 의료방법으로 病苦를 면하게 한다. 적어도 아편연 및 그 흡식기구를 수입, 제조 혹은 판매하는 경우, 아편연을 흡식하는 경우 내지 흡식을 위해 공간을 제공하는 경우 또는 아편연 혹은 그 흡식기를 소지하는 것과 같은 자가 있을 경우는 형법의 正條에 따라 조금도 가차 없이 검거하여 단죄함으로써 아편연 흡식의 폐풍을 일소할 것을 기해야 한다.[14)]

위의 훈령에서 밝힌 바와 같이 조선총독부는 현재 아편 중독에 빠진 자가 극히 적다고 판단하고 아편 중독자에 대해 적극 금지하는 쪽으로 대처하고자 하였다. 아울러 더 이상 아편 흡연자가 발생하지 않도록 하기 위해 아편의 흡연자는 물론 아편과 그 기구의 수입, 제조, 판매, 소지에 대해서도, 그리고 아편 흡연을 위한 공간을 제공하는 경우에 대해서도 형법에 따라 강력히 처벌할 것을 표방하였다. 1914년도 9월에 발표한 방침은 1912년의 '조선형사령'과 비교하여 아편의 흡연을 더 강력히 금지하는 한편 중독자에 대해서도 점감(漸減)의 방법이 아닌 강제력을 동원하여 치료하도록 하는 적극적인 방법을 채택하였음을 알 수 있다.

이처럼 강화된 방침에도 불구하고 아편의 근절은 쉽지 않았다.『조선전매사』에서 1914년의 단속으로 "폐풍이 두드러지게 감퇴하였다고

14) 滿鐵經濟調査會第5部,『朝鮮阿片麻藥制度調査報告』, 3쪽.

하더라도 인습이 오래되어 아직 전혀 근절되었다고 말할 수 없다. 특히 그 원료인 아편은 지나(支那) 지방으로부터 밀수입되고, 조선 내에서도 역시 평안북도 및 함경북도 등 국경 부근에서 아편연의 제조를 위해 앵속(아편)의 밀재배를 기도하는 자가 있다"라고 하였듯이 여전히 중국으로부터 밀수입이 지속되고 있었고, 조선 내 앵속의 밀재배도 근절되지 않고 있었다. 게다가 아편에 관한 인습이 조선에서도 오래된 것이기 때문에 완전히 근절시키는 것은 쉬운 일이 아니었다.

한편 1914년 1차 대전 발발 이후 아편 가격이 폭등하였고, 조선 내에서도 앵속의 재배면적이 증가되었다. 즉 아편 및 아편을 원료로 하는 모르핀 기타 아편 알카로이드의 수입이 곤란해지면서 원료 아편의 가격이 폭등하였다. 따라서 조선의 재배자들은 앵속의 재배가 유리하다는 것을 깨닫고 재배를 늘렸으며, 일본 내지의 제약자들도 조선에 앵속의 재배를 장려하였다. 이로써 1918년에는 그 재배면적이 총 350여 정보에 달하였다.[15]

식민지 조선에서의 앵속 재배가 증가하자 조선총독부는 재배 확산에 따른 폐해를 우려하여 '앵속재배취체규칙(罌粟栽培取締規則)'을 발포하였다. 즉 1917년 3월 이래 관계 7도(道) 경무부(警務部)에 명하여 부령(部令)으로 발포된 '앵속재배취체규칙'의 내용을 보면, 재배자는 재배 장소, 면적, 유액 채취 예상수량 등을 갖추어 허가를 받도록 하였다. 아편의 양도에 대해서는 양수인과 함께 서명한 문서를 제출하도록 하는 등 단속 방법을 강구하였다. 그러나 이러한 내용은 임기응변에 지나지 않은 것으로, 앵속 재배, 아편 제조와 아편의 분배, 수수의

15) 朝鮮總督府專賣局, 『朝鮮專賣史』 제3권, 481쪽.

단속에 관한 근본법규가 제정되지 않는 이상 제대로 단속하기 쉽지 않으므로 그 폐해가 예견될 수밖에 없다고 보았다.[16]

1차 대전 발발 이후 의약용 원료 아편의 수입 곤란과 가격 폭등 경향은 일본이 식민지 조선을 아편의 생산지로 주목하게 만들었다.[17] 아편의 생산과 확보를 효과적으로 통제하기 위해 1919년 6월에는 '아편취체령'을 제정하여 공포하기에 이르렀다. 식민 지배의 장해로 보와 왔던 조선의 아편 재배를 이제는 자국의 이익과 필요에 따라 재배를 허가하는 쪽으로 입장을 바꾸게 된 것이다.

일본은 당초 일본 내지에서 원료 아편을 생산하려 하였으나 내지의 토양과 기후가 앵속의 재배에 적당하지 않을 뿐 아니라 대항 작물인 대맥(大麥), 두류(豆類)의 가격 및 노임의 등귀로 인해 앵속의 재배가 유리하지 않았다. 따라서 일본 내무성에서는 터키, 인도, 이란 등 외국산 아편을 수입하지 않을 수 없는 상황이었다. 또한 아편을 원료로 한 약품, 즉 모르핀 기타 아편 알기로이드 역시 모두 외국으로부터 수입하고 있었으나 시국의 영향으로 이들 약품의 수입이 곤란해지자 내지에서 제조할 필요성이 높아졌다. 이에 4곳의 제약회사를 지정하여 제조를 담당하게 하였고, 이들 제약회사에서 필요로 하는 아편을 내지에서 생산하고자 하였지만 성과가 없었다. 결국 거의 대부분의 아편을 인도 및 이란으로부터의 수입에 의존하지 않을 수 없었다. 그러나 이들 원산지에서의 생산량 감소와 선편 부족 등으로 인해 외국산 아편의 수입마저 곤란해졌을 뿐만 아니라 가격이 점차 앙등하는 경향이

16) 朝鮮總督府專賣局, 『朝鮮專賣史』 제3권, 481~482쪽.

17) 朝鮮總督府專賣局, 『朝鮮專賣史』 제3권, 482쪽.

높아졌다. 이에 "아국(我國)에서의 약품자급정책상(藥品自給政策上)" 앵속 재배에 적합한 지역을 선택하는 것이 일본 정부의 급무로 부상하게 되었다.[18)]

조선 북부의 앵속 밭에서 작업하고 있는 한인 여성들의 모습으로 추정
(출전: 『二反長音藏·アヘン關係資料』)

이러한 상황에서 일본이 앵속 재배의 적지로 선택한 곳이 식민지 조선이었다. 그 이유로 조선의 지질 및 기후는 앵속의 지배에 적합하고, 모르핀 함량 역시 재배 및 유액 채취방법의 개선 여하에 따라 10% 이상도 가능하다고 보았다. 토지와 노임 역시 비교적 저렴하여 일반

18) 朝鮮總督府專賣局, 『朝鮮專賣史』 제3권, 482~483쪽.

조선의 농촌에서 앵속의 유액을 채취하는 농부의 모습(출전: 『朝鮮の專賣』)

조선의 농촌에서 앵속의 유액을 채취하는 아이들의 모습(출전: 『朝鮮の專賣』)

작물에 비해 유리하기 때문에 조선에서의 앵속 재배는 일본의 약품 자급 정책상 고려할 만하다고 판단하였다.[19]

이로써 조선총독부는 의약품 원료로서 필요한 아편을 조달하기 위해 1919년 6월에 '조선아편취체령'을 제정하였다. '조선아편취체령'의 주요 사항을 보면 아래와 같다.

1. 아편을 제조하고자 하는 자는 행정관청의 허가를 받는 것을 요한다. 또한 아편 제조의 허가를 받은 자가 아닌 경우 앵속의 재배를 할 수 없다

2. 아편 제조의 허가를 받은 자가 제조한 아편은 행정관청이 지정한 기일까지 정부에 납부해야 하며, 납부한 아편에 대해서는 배상금을 교부한다

3. 아편은 제약용 또는 의약용품에 한해 정부에서 봉함을 시행하고 그것

19) 朝鮮總督府專賣局, 『朝鮮專賣史』 제3권, 483쪽.

조선의 농촌에서 앵속의 열매를 들고 가는 경작자의 아이들(출전: 『朝鮮の專賣』)

앵속의 열매(출전: 『朝鮮の專賣』)

을 賣下한다

4. 모르핀 기타 아편 알카로이드 또는 그 유도체 혹은 제약의 제조에 제공하는 경우에 한해 제약용 아편으로서 행정관청이 지정한 제약자에게 매하

5. 행정관청에서 약제사 또는 약종상 중 적당한 자를 의약용 아편 판매인으로 지정하여 의약용 아편을 매하

6. 의사, 의생, 치과의사, 수의, 약제사 또는 제약자가 의약용 아편을 요할 때는 행정관청의 증명을 받아 의약용 아편 판매인에게 그것의 매도를 청구하는 것으로 한다

7. 의약용 아편 판매인은 정부가 정한 가격을 초과하여 …

8. 관청 또는 관립 병원 혹은 학교에서 아편이 필요할 때는 특별히 그것을 교부한다

9. 아편은 정부가 매하한 것 또는 교부한 것이 아닌 경우 그것을 매매, 수수, 소유 또는 소지할 수 없다

10. 아편 제조의 허가를 받은 자, 행정관청이 지정한 제약자 또는 의약용

아편 판매인이 아편연 또는 아편에 관한 범죄 기타 부정한 행위가 있을 경우 행정관청은 그 허가 또는 지정을 취소할 수 있다[20]

위 '조선아편취체령'의 주요 사항에 나타난 바와 같이 본 취체령은 아편의 단속보다는 앵속의 재배와 아편의 제조, 정부의 수납, 제약자의 제조, 의약용 아편의 판매에 초점이 맞추어져 있다. 즉 아편을 원료로 하는 약품 수급의 조절을 주요 목적으로 한 '아편취체령'이었다.

그런데 조선총독부가 '조선아편취체령' 발포를 통해 실제 의도한 것은 대외적으로 표방한 "아국(我國)에서의 약품자급정책상(藥品自給政策上)"그 이상이었다. 그 의도를 극비문서인 『조사보고』를 통해 보면 아래와 같다.

세계대전이 발발하여 아편 모르핀 가격이 폭등하고 北鮮지방에서 앵속의 밀재배가 갑자가 증가하여 경기도 외 7도에서 지방적 취체규정을 세워 앵속 재배에 감독을 강화하였다. 그런데 당국은 드디어 대규모 全鮮的 앵속 재배를 행해 약 1만 貫의 아편을 채취하였다. 이로써 半島 내 마약의 자급자족을 계획함과 함께 內地, 滿蒙, 南洋, 支那方面에 모르핀, 헤로인을 공급하여 반도 경제에 기여할 계획을 세웠다. 일본 정부와도 심의한 결과 동의를 얻어 大正8년 朝鮮阿片取締令 同施行規則을 발포하여, 앵속 재배의 허가, 총독부의 아편매상 제도를 공포, 그것을 大正製藥株式會社에 불하, 마약의 대규모 생산을 행하기에 이르렀다.[21]

공간된 『조선전매사』에서는 식민지 조선에서의 아편 생산의 목적은 1차 대전의 영향으로 '아국(我國)'에서 부족한 의료용 원료인 아편

20) 朝鮮總督府專賣局, 『朝鮮專賣史』 제3권, 484~485쪽.
21) 滿鐵經濟調查會第5部, 『朝鮮阿片麻藥制度調查報告』, 3~4쪽.

의 생산을 통해 마약을 제조하여 공급하는 것이었다. 그러나 『조사보고』를 통해 볼 때 아국의 약품 자급정책을 훨씬 넘어섰다. 조선총독부에서 말하는 아국의 범위를 일본 내지와 식민지로 확대하더라도 이 시기에 남양(南洋), 지나(支那)를 포함하는 것은 무리가 따른다. 조선총독부는 외부로의 공표와는 달리 일본과의 협의를 통해 식민지 조선을 당시 일본 세력권을 뛰어 넘어 중국과 남양까지 포함한 지역에 대한 마약의 생산 공급지로 삼고자 하였던 것이다.

그러나 1차 대전의 종식과 함께 유럽의 값싼 마약들이 다시 중국으로 유입되면서 조선에서의 마약 공급 계획은 물론 이후 '조선아편취체령' 역시 개정이 불가피하게 되었다. 이와 관련하여 『조선전매사』와 『조사보고』의 내용을 통해 '조선아편취체령'에 대한 당국의 입장을 비교해 보면 다음과 같다.

> 전술과 같이 아편의 취체를 완전히 함과 동시에 아편 알카로이드의 수급을 원활히 하기 위해 아편전매를 시행하였다. 그러나 일시 폭등한 아편 알카로이드의 시가는 歐洲戰亂 종식 후 두드러지게 하락하고, 그 하락으로 인해 수납아편에 대한 배상금 역시 저하되면서 토양이 비옥한 南鮮 지방의 앵속 재배자는 거의 전부 廢耕에 이르렀고, 당시 예정한 年産 2,3천 貫는 격감하여 겨우 3,4백 貫을 생산하는 것에 지나지 않는 상황이 되었다. 이에 따라 예정 수입을 거두는 것은 불가능하게 되었고 일면 중앙정부의 방침에 따라 행정정리를 하기에 이르렀다. 이로써 아편전매를 폐지하고 아편 제조인과 지정 제약자와의 직접 거래를 인정하였다. 아편의 판매, 수수, 소유, 소지에 관한 취체를 충분히 하기 위해 대정14년(1925년) 7월 제령 제1호로써 아편취체령을 개정케 하며…[22]

22) 朝鮮總督府專賣局, 앞의 책, 491~492쪽.

이미 당국의 심경에 이와 같은 대변화가 있으며 모르핀 중독환자는 가속도적으로 증가하였다. 마약의 대생산계획은 大戰 종식과 함께 아편, 마약가격의 戰前 가격으로의 복귀로 소위 잡지도 않은 너구리 가죽을 계산한 꼴이 되었다. 이 같은 실패의 고배를 맛본 당국의 방침은 다시 종래의 태도로 복귀하기 시작, … 갑자기 이와 같은 당국 방침의 동요는 조선 아편정책의 권위를 실추시키고 취체 효과를 두드러지게 박약케 하였다.[23)]

위의 두 인용문을 살펴볼 때 『조선전매사』에서는 1919년 '조선아편취체령'이 실패한 주요 원인으로 1차 대전의 종식에 따른 아편, 마약 가격의 폭락을 들고 있다. 이에 반해 『조사보고』에서는 1차 대전의 종식과 함께 조선총독부와 일본 정부의 정책적 실패였다고 보았다. 그것은 "잡지도 않은 너구리 가죽을 계산한 꼴이 되었다", "갑자기 이와 같은 당국 방침의 동요는 조선 아편정책의 권위를 실추시키고 취체 효과를 두드러지게 박약하게 하였다"라는 표현을 통해 알 수 있다. 또한 『조사보고』에서는 '조선아편취체령'의 실시 결과로 조선 내 모르핀 중독환자가 대폭 증가되었다고 하였다. 이러한 결과는 일본이 조선에서 아편정책을 추진한 목적이 한인의 건강을 해치는 폐습을 근절시키는 데 있지 않고, 아편을 통한 일본의 경제적 이익을 가장 우선시하면서 추진되었기 때문이었다.

요컨대 조선 강점 이전부터 아편의 확산을 우려한 일본은 기본적으로 식민지 조선에서 아편의 단속을 표방하였다. 이러한 공간된 자료의 내용과는 달리 내부자료를 통해 볼 때 식민지 조선에서의 아편 단속은 한인의 건강을 보호하고 폐습을 근절하려는 것보다는 식민지 개

23) 滿鐵經濟調査會第5部, 『朝鮮阿片麻藥制度調査報告』, 4쪽.

발에 장애가 될 것을 염려하였기 때문이었다. 또한, 1차 대전 발발 직후 일본의 약품 자급정책을 목적으로 조선을 의료용 아편의 생산지로 지정할 때도 일본이 당초 계획한 '아국'의 범위를 뛰어 넘어 동아시아와 남양의 마약 생산 공급지로 삼고자 했음을 내부자료를 통해 알 수 있다. 뿐만 아니라 성급한 정책 추진으로 인해 결국 조선에 모르핀이 확산되는 심각한 상황까지 초래하였다.

2) 아편정책 시행의 실태와 성격

조선을 강점하기 이전부터 이 지역의 아편문제를 우려했던 일본은 1912년에 '조선형사령'을 발포하여 단속을 표방하였다. 조선총독부의 이 같은 조치는 강점 직후에도 아편 흡연자가 여전히 적지 않았다고 판단되었기 때문일 것이다. 〈표 2-1〉과 같이 1912년 1월 『매일신보』에 이 시기 지역별 조선의 아편 흡연자 수를 조사한 내용이 게재되었다. 흡연자의 분포는 전국적이었고, 흡연 인구는 총 35,730명이었다. 1911년 당시 조선 내 중국인 총인구수는 11,837명[24]에 지나지 않았으므로 1912년 아편 흡연자 합계 35,730명에는 한인 흡연자가 압도적으로 많았음을 알 수 있다. 그리고 중국인 흡연자는 경성과 국경 인접지역인 평안남북도에 집중되어 있었으므로 전국적인 분포는 한인 흡연자에 의해 형성된 것이었다. 또한 아편 흡연은 그 자체가 불법이었으므로 실제 흡연자 수는 조사된 총수보다 훨씬 많을 것으로 추정할 수 있다. 이에 따라 일본은 아편에 관하여 제재를 엄격히 하는 한편 중독자에

24) 朝鮮總督府 편, 『朝鮮總督府統計年報(明治44年度)』, 영인판, 京城: 朝鮮總督府, 1913, 105쪽.

대해서는 점감의 방침을 취해 치료하고자 하였다.

〈표 2-1〉 한인·중국인 아편 흡연자 수[25]

지역	아편 흡연자 수	최다 흡연 지역
경성	8,000	
평안남북도	20,000	평양, 의주, 용천, 삼화, 강계, 안주, 철산 등
경남도	600	부산, 마산, 양산 등
함남도	500	원산, 안변 등
함북도	600	청진, 북청, 회녕 등
경기도	350	개성, 인천, 풍덕, 파주 등
충청도	130	강경포, 서천 등
전북도	150	전주, 군산 등
합계	35,730	

그런데 2년 후인 1914년 1월에 조선총독부는 조선의 아편문제가 이전보다 더 심각해졌고, 이들 중독자를 처벌하는 것보다는 아편 전매를 실시하여 점차 줄여나가는 방법이 훨씬 효과적이라고 표방하였다. 식민지 조선에서 갑자기 아편 전매를 추진하려는 이유와 관련하여 『매일신보』에 게재된 글들을 보면 아래와 같다.

Ⓐ 阿片專賣理由

過般에發表ᄒᆞᆫ大正三年(1914년)度朝鮮總督府特別會計豫算中阿片專賣의新項目에ᄒᆞ야當局者의談을據ᄒᆞᆫ卽元來朝鮮에서ᄂᆞᆫ阿片은收入禁止品으로取扱ㅁ으로巷間에存在ᄒᆞᆫ것은皆密輸入ᄒᆞᆫ品인ᄃᆡ今回에新히收入禁止를解ᄒᆞ고總督府에서專賣ᄒᆞ게됨에對ᄒᆞ야는異樣의感을抱ᄒᆞᄂᆞᆫ者-有ᄒᆞ겠스나其詳細ᄒᆞᆫ事實은政令으로發表될것이로ᄃᆡ專賣로豫算에計上ᄒᆞᆫ原因은全혀收入을爲ᄒᆞᆷ이

25) 「鮮淸人吸煙者數」, 『每日申報』, 1912년 1월 16일.

아니라現今朝鮮各地方에ᄂᆞᆫ阿片吸飮者가多數ᄒᆞ며... 此를救濟ᄒᆞᆯ方策으로는不得已ᄒᆞᆫ者의게ᄂᆞᆫ一定ᄒᆞᆫ分量으로許可ᄒᆞ고其極度에達치안은者ᄂᆞᆫ嚴禁ᄒᆞ야吸飮을不許ᄒᆞ고雖許可者라도其分量을漸次輕減ᄒᆞ야斷飮케ᄒᆞᄂᆞᆫ漸進策에서出ᄒᆞᆷ이라... 總督府에서收入專賣ᄒᆞ야一은彼ㅁ吸飮者들救出ᄒᆞ고二ᄂᆞᆫ竊盜를減少게ᄒᆞᆯ지며又「모루히네(모르핀*필자주)」와「고가인(코카인*필자주)」等도現時ᄂᆞᆫ劑藥으로販賣를許可ᄒᆞ얏스나鮮人中에ᄂᆞᆫ同藥으로서阿片煙과ᄀᆞᆺ이使用ᄒᆞᄂᆞᆫ者多ᄒᆞᆫ故로總監部衛生課에서ᄂᆞᆫ此等에對ᄒᆞ야皆嚴重히取締ᄒᆞᆫ다더라.[26]

Ⓑ 아편파ᄂᆞᆫ리유를잘못ᄉᆡᆼ각ᄒᆞ지말일: 阿片專賣의理由와誤解

... 죠션에서ᄂᆞᆫ, 아편의슈입을금ᄒᆞᆫ는고로, 려항ᄉᆞ이에잇ᄂᆞᆫ것은, 모다비밀슈입ᄒᆞᆫ것ᄲᅮᆫ이더니, 금번에ᄉᆡ로히, 슈입의금지를풀고, 총독부에서젼ᄆᆡ케됨은, 젼혀슈입을위ᄒᆞᆷ이 안이라, 현금경향은물론ᄒᆞ고, 죠션각쳐에아편을먹는쟈가만흐며, 그즁아편에인박이어, 잠시라도먹지못ᄒᆞᆫ면, 곳목숨을보젼치못ᄒᆞ며, ᄯᅩ아편으로인ᄒᆞ야, 가산을탕ᄑᆡᆨᄒᆞ얏스나, 졸디에이것을폐ᄒᆞ면, 능히살수가업ᄂᆞᆫ고로, 부득이도적질을ᄒᆞᄂᆞᆫ쟈가만흔동시에, 일일이형법으로처분ᄒᆞᆷ은, 참아못ᄒᆞᆯ일이라ᄒᆞ야, 이것을구제할방책으로, 아편을먹지못ᄒᆞ면, ㅁ죽게될쟈와, ᄯᅩ한도적질을ᄒᆡᆼᄒᆞᆯ디경에, 이른쟈에게만, 일뎡한분량으로, 아편먹기를허락ᄒᆞ고, 아직극도에이르지안이ᄒᆞᆫ쟈는, 엄즁히금지ᄒᆞ며, 아모리허락ᄒᆞᆫ쟈이라도, 그먹ᄂᆞᆫ분량을, ᄎᆞᄎᆞ감하야ᄭᅳᆫ토록ᄒᆞ게ᄒᆞᆷ이라...[27]

Ⓒ 阿片專賣에對ᄒᆞ야: 中野衛生課長談

... 大抵此阿片은朝鮮人中支那人과交際가頻繁ᄒᆞᆫ者로브터傳播ᄒᆞ얏는ᄃᆡ到今ᄒᆞ야ᄂᆞᆫ彼此의區分이無히朝鮮과支那間國境된豆滿江鴨綠江沿岸의附近等地로브터浸入되ᄂᆞᆫ其證據ᄂᆞᆫ京城은勿論ᄒᆞ고北鮮方面에甚多ᄒᆞᆷ은數字上으로

26) 「阿片專賣理由」, 『每日申報』, 1914년 1월 25일.

27) 「아편파ᄂᆞᆫ리유를잘못ᄉᆡᆼ각ᄒᆞ지말일: 阿片專賣의理由와誤解」, 『每日申報』, 1914년 1월 27일.

明白ᄒᆞᆫ事實이有하도다. 故로自此로蔓延홈이深ᄒᆞ야今日ᄭᆞ지當局에서嚴重ᄒᆞᆫ刑法으로防禦ᄒᆞ야除却코ᄌᆞᄒᆞ나元來感染ᄒᆞᆫ者-多ᄒᆞ야萬一此를警察力으로一一히檢擧홀진ᄃᆡ現今各地監獄署를全部阿片犯罪者만拘置ᄒᆞ야도오히려不足홈으로... 今回의方針은決코法律의制裁力이不及홈도아이오國家收入을計홈도 안이다... 吸飮을官許홈은即換言컨ᄃᆡ斷禁코저ᄒᆞᄂᆞᆫ바이니此眞理를誤解치말지어다... 또近來阿片同樣의作用을爲ᄒᆞᄂᆞᆫ藥物「모루히네」와「고가인」을惡用ᄒᆞ야皮下注射가盛行홈으로身體全部의藥毒이痛滿ᄒᆞᆫ다ᄒᆞ니此ᄂᆞᆫ藥物인故로刑事上處分을免키爲홈인듯ᄒᆞ며一部分의奸商이暴利에汲汲ᄒᆞ야如此ᄒᆞᆫ듯ᄒᆞ니此ᄂᆞᆫ今後에尤히嚴重ᄒᆞᆫ處分을加코ᄌᆞᄒᆞ노라.[28)]

Ⓓ 阿片專賣에對ᄒᆞ야: 前警務使申泰休氏談

朝鮮에阿片이輸入됨은已爲中古時代인ᄃᆡ支那에朝鮮使節이往復홀時에腹痛其他各病에 有效ᄒᆞ다ᄒᆞ야不知不識之間에癮이甚ᄒᆞ야歸國後에도吸飮ᄒᆞ얏슴으로一部人士間에流行ᄒᆞ더니最近略三十四年前頃에淸兵과淸商이入京홈을隨ᄒᆞ야自然朝鮮人中劣等者로브터交際가密接ᄒᆞ야盛行됨이其後ᄂᆞᆫ上中下三級通ᄒᆞ야幾萬人中身敗家亡ᄒᆞᆫ者-多ᄒᆞ고... 今回의實施된다ᄂᆞᆫ專賣方針은必是寬仁ᄒᆞᆫ政策으로絶對的斷飮케ᄒᆞ고저홈에不外ᄒᆞ려니와阿片ᄲᅮᆫ아니라刑事政策으로도得策일가ᄒᆞ노라然이나或者當局의眞意를了解치못ᄒᆞ고誤解치나안이ᄒᆞᄂᆞᆫ지云云.[29)]

Ⓔ 社說: 阿片專賣의理由

...嗚呼라人民의生命財産을保護홈은當局의責任이어ᄂᆞᆯ人民의生命財産에最危險ᄒᆞᆫ阿片을故意로專賣ㅁ政策이豈有하리오今回方針은法律의制裁力이不及홈도아니오國家의收入을計圖함도안이라絶對的으로이弊를杜絶코저홈에不外ᄒᆞᆫ지라…[30)]

28) 「阿片專賣에對ᄒᆞ야: 中野衛生課長談」, 『每日申報』, 1914년 1월 29일.
29) 「阿片專賣에對ᄒᆞ야: 前 警務使 申泰休氏談」, 『每日申報』, 1914년 1월 29일.
30) 「社說: 阿片專賣의理由」, 『每日申報』, 1914년 1월 31일.

아편 전매 이유와 관련된 위의 기사들을 볼 때 조선총독부의 입장은 아편 단속에도 불구하고 밀수입품으로 인해 아편 흡연자가 많았으며, 그 많은 흡연자 문제를 해결하기 위해서는 단속보다는 전매가 훨씬 효과적이라는 것이었다. 즉 아편의 흡연문제가 심각해진 상황에서는 엄격한 형벌보다는 당국에서 아편을 수입하여 심각한 중독자에 한해 흡연량을 조절하여 점차 금지토록 하고, 그렇지 않은 자에 대해서는 단속하여 근절시키겠다는 것이다. 이러한 방식이 인도적인 차원에서도 훨씬 효과적인 방법이라고 판단하였다.

그러나 일본이 대만을 식민지화 한 초기부터 실시한 점금정책에 입각한 아편 전매제가 제대로 성과를 보이지 못한 상황에서 한인들이 아편 전매를 과연 신뢰할 수 있었을까? 사실 일본이 대만을 식민지화 한 이후 이 지역의 아편문제를 둘러싸고 일본 내에서 격렬한 논의가 벌어졌음에도 불구하고 일본 정부는 당시 내무성 위생국장인 고토 신페이(後藤新平)가 제안한 점금정책에 근거한 아편 전매제도를 채택하였다.[31] 이에 따라 일본의 대만 지배 초기인 1898년 대만에서의 아편 전매수입은 약 350만 엔 정도로 당시 대만 전체 세입(歲入)의 46% 정도를 차지하였다. 그 후에도 20여 년 동안 대만 전체 세입에서 아편 전매수입의 비중은 두 자리 수를 유지하였다.[32] 뿐만 아니라 대만의 아편 등록자 수가 당초 1900년에 169,064명에서 21년이 지난 1921년 말에 이르러 40,922명으로 감소되었지만 대만 전매국의 아편 수입은 여전히 감소되지 않고 있었다. 결국 등록자의 감소는 겉으로 드러난 숫자에 불과하고 숨어서 흡연하는 자가 다수를 차지하고 있었다는 것을

31) 劉明修, 『臺灣統治と阿片問題』, 東京: 山川出版社, 1983, 15 · 44 · 50쪽.
32) 劉明修, 앞의 책, 185~186쪽.

알 수 있다.[33] 이처럼 대만에서 점금정책에 근거한 아편 전매제도가 시행되고 있었던 것을 보더라도 조선총독부가 계획한 아편 전매제가 근절을 위한 제도라고 한인들이 신뢰하기는 어려웠다.

〈표 2-2〉『매일신보』에 게재된 아편 밀수입, 밀매 관련 범죄 기사 건수[34]

	아편 밀수입, 밀매 기사 총 건수	중국인 아편 밀수입, 밀매 기사 건수	한인 아편 밀수입, 밀매 기사 건수
1912년	12	9	3
1913년	9	7	2

한편 아편 전매제가 실시될 경우 조선총독부는 지금까지 대개 중국인들에 의해 장악되어 왔던 아편 유통과정을 통한 수입을 통제하게 됨으로써 당국의 수입 증대를 도모할 수 있었다. '조선아편형사령'이 시행된 1912년부터 아편 전매제가 추진된 1914년 이전까지 『매일신보』에 게재된 아편 밀수입, 밀매 관련 범죄사건 전체 기사 수를 보면 〈표 2-2〉와 같다. 여기에 게재된 아편 밀수입, 밀매 관련 범죄 전체 기사 건수에서 중국인 관련 범죄 건수가 많다는 사실로 곧바로 중국인이 밀수입과 밀매를 장악했다고 할 수는 없겠지만 그 관련성이 높았음을 인정할 수 있다. 즉 개항기와 같이 식민지 초기에도 조선의 아편 확산과 중국인과의 관계는 여전히 밀접하였다는 것이다.[35] 아울러 『매일신보』에 실린 관련 기사를 보더라도 조선의 아편 확산에는 중국인

33) 박강, 「菊地酉治의 아편마약 문제에 대한 인식과 구제활동」, 『한국민족운동사연구』 60, 2009, 279쪽.

34) 『每日申報』, 1912년 1월 1일~1913년 12월 31일.

35) 박강, 「개항기(1876~1910) 조선의 아편확산과 청국 상인」, 『한국민족운동사연구』 80, 2014, 23~32쪽.

이 깊이 개입되어 있음을 알 수 있다.

논설: 鴉片의惡弊

...當局에셔嚴重히取締ᄒᆞᆫ結果로稍히止戢ᄒᆞᆫ줄로思維ᄒᆞ얏더니尙히愚痴ᄒᆞᆫ者流가往往潛喫ᄒᆞ야聽聞이藉藉ᄒᆞ며又奸猾ᄒᆞᆫ淸國商人이鴉片을潛造偸賣ᄒᆞᄂᆞᆫ弊端이有하니[36]

阿片專賣에對ᄒᆞ야: 中野衛生課長談

... 大抵此阿片은朝鮮人中支那人과交際가頻繁ᄒᆞᆫ者로브터傳播ᄒᆞ얏ᄂᆞᆫᄃᆡ到今ᄒᆞ야ᄂᆞᆫ彼此의區分이無히朝鮮과支那間國境된豆滿江鴨綠江沿岸의附近等地로브터浸入되ᄂᆞᆫ其證據ᄂᆞᆫ京城은勿論ᄒᆞ고北鮮方面에甚多ᄒᆞᆷ은數字上으로明白ᄒᆞᆫ事實이有하도다.[37]

阿片專賣에對ᄒᆞ야: 前警務使申泰休氏談

最近略三十四年前頃에淸兵과淸商이入京ᄒᆞᆷ을隨ᄒᆞ야自然朝鮮人中劣等者로브터交際가密接ᄒᆞ야盛行됨이其後ᄂᆞᆫ上中下三級通ᄒᆞ야幾萬人中身敗家亡ᄒᆞᆫ者-多ᄒᆞ고... 故로余가十四年間前後六回를舊韓政府警務使時代에幾多의方法講ᄒᆞ야絶對的으로禁ᄒᆞ나彼等도亦是巧妙ᄒᆞᆫ手段으로法網을脫코저ᄒᆞ야淸人과吸飮者間에暗黙的言約이有ᄒᆞ야[38]

위 기사들을 볼 때 1882년 청국 군대와 청국 상인이 조선에 들어온 이후 1914년까지도 조선에서 많은 중국인들이 아편의 밀수입은 물론 교묘한 수단과 방법으로 아편을 제조하여 판매하는데 깊이 관련되어 있음을 알 수 있다. 조선총독부는 중국인들이 오랜 기간 장악하다시

36) 「論說: 鴉片의惡弊」, 『每日申報』, 1911년 11월 18일.

37) 「阿片專賣에對ᄒᆞ야: 中野衛生課長談」, 『每日申報』, 1914년 1월 29일.

38) 「阿片專賣에對ᄒᆞ야: 前 警務使 申泰休氏談」, 『每日申報』, 1914년 1월 29일.

피 한 조선의 아편 유통과정을 아편 전매제 실시를 통해 회수하고 그 수익을 장악하고자 하였다고 생각된다.

조선총독부는 또한 긍정적인 여론을 조성하려고도 노력하였다. 많은 한인들이 아편 전매제의 실시 이유와 관련하여 강한 의구심을 품을 것으로 파악한 총독부는 『매일신보』를 통해 이를 해소하고자 노력하였다. 앞의 Ⓐ~Ⓔ 인용문의 밑줄 친 부분에도 보이듯이 조선총독부는 아편 전매 방침을 세운 이유에 대해 법률의 집행 역량이 미치지 못해서도 아니고, 국가가 수입(收入)을 목적으로 한 것도 아니며, 오로지 아편의 폐해를 근절하기 위함이라고 누차 강하게 주장하였다. 아편 전매의 목적이 국가수입(國家收入)에 있지 않음을 여러 차례 강조한 것을 보면 아편 전매를 통한 국가수입 문제와 관련하여 한인의 여론을 많이 의식한 듯하다.

이와 함께 조선총독부의 아편 전매제 추진에 대해 반대하는 관료들도 있었다. 1914년 3월 19일과 21일 자 『매일신보』에 게재된 기사를 보면 다음과 같다.

阿片專賣制度에關ᄒᆞ야ᄂᆞᆫ目下進行調查中인旣히來年度豫算中에도計上ᄒᆞ얏스나一二道 長官中에도某處의諮問에對ᄒᆞ야阿片專賣創始에反對意見을進하는者-有ᄒᆞᆯ쑨안이라豫算의成不成이未決한昨今에그結果를待ᄒᆞᆷ과如ᄒᆞ니若不成立에終ᄒᆞ면도저히豫定과如히四月一日브터實施키不能ᄒᆞᆷ으로써明年度에延期ᄒᆞᆯ듯ᄒᆞ다더라.[39]

阿片專賣에關ᄒᆞᆫ法規ᄂᆞᆫ一次決定ᄒᆞ야大正三年度(1914년)豫算에計上ᄒᆞᆷ에至

39) 「阿片專賣延期」, 『每日申報』, 1914년 3월 19일.

ᄒᆞ얏스나議會의形勢其他의事情으로因ᄒᆞ야實施時期ᄂᆞᆫ아직確定치못ᄒᆞ얏스ᄂᆞ實施期의如何를不係ᄒᆞ고專賣에關ᄒᆞᆫ規定은制令으로發布하기로目下度支部專賣課及警務總監部衛生課等에서審議中이라더라.[40)]

위의 기사에 보이듯이 조선에서의 아편 전매제 도입에 대해 1, 2도 장관의 반대 의견도 있었고, 의회의 여건도 좋지 않은 상황인 점 등등 시행이 쉽지 않았음을 알 수 있다. 뿐만 아니라 당시 일본의 아편 전문가인 기쿠치 유지(菊地酉治)는 아편 전매제 반대에 있어 당시 조선총독부 중추원 부의장이었던 이완용(李完用)의 역할을 높이 평가하였다. 즉 "이완용 씨는, 이 같은 제도는 한인을 대만인과 같이 멸망으로 이끌 것이라며 극력 반대하고 절대 금연주의를 주장하였기에 전매제도가 시행되지 않았다고 들었다. 지금 생각해 보면 이완용 씨의 달견이라고 생각되며 한인과 함께 충심으로 경의를 표해야 된다"[41)]라고 하였다. 이와 같이 조선총독부의 아편 전매제 추진은 여론을 의식하지 않을 수 없는 상황 속에서 여러 반대 상황에 부딪혀 시행에 어려움을 겪었던 것으로 생각된다.

40) 「阿片專賣審議」, 『每日申報』, 1914년 3월 21일.

41) 菊地酉治, 「朝鮮に於けるモヒ阿片害毒問題」, 『社會事業』 12-3, 1928, 81쪽.

일본의 아편 전문가 기쿠치 유지(菊池酉治)의 모습
(왼쪽 × 표시된 인물)(출전: 『拒毒月刊』)

사실상 늦은 감은 있지만 조선총독부에서도 대만에 관리를 파견하여 아편 전매사업의 실상을 조사하게 하였다. 1914년 2월 1일과 3월 8일 자 『매일신보』[42]에 조선총독부 관료가 대만의 아편제도를 조사하기 위해 출장 명령을 받은 기사가 실려 있다. 이를 통해 조선과 대만의 아편 상황이 다르다는 사실을 확인했고, 따라서 조선에는 대만과 같은 아편 전매제 시행이 적합하지 않다는 결과를 얻었다. 이들 대만에 출장 갔다 온 관료들의 보고와 앞에서의 여러 반대 상황들이 어느 정도 영향을 미쳤는지는 모르겠지만 아편 전매제도를 폐지하는 이유를 설명한 기사가 실린 1914년 12월 2일 자 『매일신보』를 살펴보면 아래와 같다.

42) 『每日申報』, 1914년 2월 1일 ; 『每日申報』, 1914년 3월 8일.

三年度(1914년)豫算에十二万八千八百七圓을計上ᄒᆞᆫ阿片專賣費及同收入費ᄂᆞᆫ明年度 豫算에全部削除되얏ᄂᆞᆫᄃᆡ此에對ᄒᆞ야當局者ᄂᆞᆫ談ᄒᆞ야여曰總督府에서ᄂᆞᆫ阿片의吸食을禁ᄒᆞ얏스나其後에臺灣의例에鑑ᄒᆞ야中毒者卽癮者에對ᄒᆞ야特히許可를與ᄒᆞ고一定ᄒᆞᆫ分量을吸食케ᄒᆞᆯ意嚮이有ᄒᆞᆷ으로吏員을派ᄒᆞ야支那臺灣의狀況을視察케ᄒᆞ야大略具體的成案을得ᄒᆞᆫ故로更이進ᄒᆞ야實施上調査를經ᄒᆞᆫ結果에朝鮮人은支那臺灣等의吸食者에比ᄒᆞ야密度가極히稀薄ᄒᆞ야朝鮮內를統計ᄒᆞ야도約一千名의吸食者에不過ᄒᆞᆷ을知ᄒᆞᆫ故로若此小數者의게許可를與ᄒᆞ면反히新吸食者를生ᄒᆞᆯ念慮가不無ᄒᆞᆷ으로此際에斷定코吸食을嚴禁ᄒᆞ기로決定ᄒᆞ야本年九月二十一日官報로써阿片取締에關한總督의訓示가發布되여從ᄒᆞ야阿片專賣ᄂᆞᆫ同時에廢止되얏슴으로...[43]

1914년 1월에 조선총독부는 당초 조선 각지에 아편 흡연자가 다수이기 때문에 심각한 중독자의 경우 당국의 관리하에 흡연을 허가해야 한다고 하였다. 그런데 이 주장은 대만에 관리를 파견하여 조사한 이후 번복되었다. 즉 조선은 대만과 비교하여 흡연자가 1천 명으로 매우 소수이기 때문에 흡연을 허가하게 되면 오히려 흡연자를 더 양산할 염려가 있으므로 엄금해야 한다고 하면서 1914년 1월의 주장을 번복하였다. 이로써 1914년 초에 추진되었던 아편 전매제는 그해 9월에 폐지되었다.

아편 전매제가 무산되었음은 같은 해 9월에 발포된 조선총독부의 아편 단속 강화 방침을 통해서도 알 수 있었다. 조선총독부는 이후 아편의 흡연을 철저히 금지한다는 방침을 채택하였다. 동시에 경무 기타 관헌에게 중독자를 적극적으로 소집하여 반강제적으로 치료하도록 지시하였다.

43) 「阿片吸用嚴禁: 明年阿片專賣費削除」, 『每日申報』, 1914년 12월 2일.

아편 전매제도의 개폐 과정을 통해 조선총독부는 1914년 1월과 같은 해 9월에 조선의 아편 흡연자 상황에 대해 상반된 입장을 드러내었음을 알 수 있다. 앞서 1914년 1월에 아편 전매가 추진되면서 조선총독부의 나카노(中野) 위생과장(衛生課長)과 그에 동조하는 글들이 『매일신보』에 게재되었다. 한결같이 당시 조선의 아편 흡연자가 많기 때문에 전매제 실시가 필요하다고 역설하였다. 같은 해 5월 21일자 『매일신보』에 게재된 기사에서도 "조선(朝鮮) 차아편해독(此鴉片害毒)이 지나(支那)로부터 전염(傳染)되어 이래 당국(當局)의 경계(警戒)가 주도(周到)하나 도저히 그 적(跡)이 부절(不絕)하니 심(甚)? 한심처(寒心處)로다"[44]라고 하였듯이 조선의 아편 흡연자 상황이 여전히 심각하였음을 보도하였다. 반면 같은 해 9월 21일 「아편연 흡식 금지에 관한 건」으로 조선총독부에서 발포한 훈령에서는 "현재 중독에 빠져 있는 인원이 극히 근소함으로 금후는 중독자에 대해서도 모두 흡식을 금지하고, 적당한 의료방법으로 병고(病苦)를 면하게 하고..."라고 하여 조선의 아편 실태를 정반대로 파악하였다. 길지 않은 시점임에도 불구하고 조선의 아편 실태를 보는 조선총독부의 시각이 어떻게 이렇게까지 달라질 수 있었을까? 이것은 두 가지 원인으로 파악해 볼 수 있는데, 하나는 조선총독부가 조선의 아편 흡연자 실태를 제대로 파악하지 못하였기 때문일 수 있다는 것이다. 다른 하나는 정책의 필요에 따라 실태를 자의적으로 조작하였기 때문일 것이다. 상황 인식에 대한 갑작스러운 변화는 실태 파악에 있어 어떠한 의도가 개입되었다는 의구심을 자아내기에 충분하다. 또한 이러한 갑작스러운 정책 변화는 한

44) 「無題目」, 『每日申報』, 1914년 5월 21일.

인에게 조선총독부의 아편정책에 대해 신뢰를 잃게 하는 한 요인으로 작용하였을 것이다.

한편 1차 대전 발발 이후 의료용 약품의 원료인 아편의 가격 폭등과 더불어 약품의 수입이 곤란해지자 조선총독부는 1919년 6월 '조선아편취체령'을 공포하여 식민지 조선에서 아편을 대대적으로 생산하고자 하였다. 사실 일본은 대만과 관동주 등을 식민지화하여 아편정책을 시행하면서 지역 내 아편의 생산을 금지시켰다. 대만과 관동주의 경우 경찰제도가 미비하고 아편 중독자가 존재하고 있어 단속이 어렵다는 것이 그 이유였다. 그리고 이들 지역의 수요량을 주로 이란, 터키 등 외국에서 수입하여 충당하였다.[45] 1914년 1월에 조선에서 아편 전매를 추진할 당시 조선총독부의 관료나 언론에서 전매의 실시가 불가피한 것은 아편 흡연자가 많기 때문이라고 적극적으로 홍보하였다. 그리고 필요한 전매 아편은 외국에서 수입하여 공급하고자 하였다. 그러다가 같은 해 9월에 가서 아편 흡연의 단속을 강화하는 방침을 발표할 때에는 단속의 이유를 조선의 아편 중독자가 극히 소수이기 때문이라고 주장하였다. 이처럼 식민지 조선의 아편 중독자가 극히 적다고 갑자기 번복한 이유는 무엇 때문일까? 혹 조선을 의료용 아편의 생산지로 주목한 것과 관련성이 있는 것은 아닐까?

1914년 7월에 1차 대전이 발발하여 아편 가격이 폭등하자 식민지 조선을 아편의 생산지로 주목하게 되었다면 입장의 변화는 예견된 것이었다. 생산지로서 적합한 지역이 되기 위해서는 아편의 밀매 및 흡연자가 적어야 했다. 따라서 조선총독부는 식민지 조선을 아편의 생산

45) 박강, 『20세기 전반 동북아 한인과 아편』, 선인, 2008, 49쪽.

지로 조성하기 위해 아편의 흡연을 적극적으로 단속할 필요성이 있었다. 아울러 대외 명분상으로도 아편의 흡연이 많은 지역을 생산지역으로 삼았다는 것에 대한 국제적 비난을 회피하기 위해서는 아편 흡연자가 매우 적은 지역이라고 공표할 필요성이 높아졌다. 따라서 1914년 9월에 들어와서 갑자기 식민지 조선에 아편 중독자가 매우 적다고 발표한 것은 조선을 아편 생산지로 주목한 것과 무관하다고 할 수 없다.

1919년 6월에 시행된 '조선아편취체령'은 1차 대전 종식과 함께 실패로 막을 내렸다. 앞에서 언급했듯이 일시적으로 폭등했던 아편 알카로이드의 시가는 1차 대전 종식 후 폭락하였다. 이에 수납 아편에 대한 배상금도 자연히 낮아져 조선 남부지방의 앵속 재배자들은 거의 경작을 포기하기에 이르렀다. 이와 더불어 조선에서 아편을 독점적으로 불하받아 의료용 마약의 생산을 허가받은 다이쇼(大正)제약주식회사의 운영 또한 어렵게 되었다. 조선에서의 앵속 재배에 대한 배상금 하락과 다이쇼제약주식회사의 운영 곤란은 마약류 가격의 폭락에 기인하였다. 1차 대전 시기에 1파운드 1,000엔 이상으로 폭등하였던 마약류가 대전 종식 이후 갑자기 400엔으로, 다시 200엔까지 폭락하였던 것이다.[46]

1919년에 시행된 '조선아편취체령'의 실패는 심각한 부작용을 초래하였다. 일본의 극비문서에서도 이미 다음과 같이 언급하였다. "당국 방침의 동요는 조선 아편정책의 권위를 실추하고, 취체 효과를 두드러지게 박약하게 하였다"라고 하여 권위의 실추와 단속 효과의 저하를 가져왔음을 시인하였다. 또한 "모루히네(모르핀*필자주) 중독환자는

46) 菊地酉治, 「朝鮮に於ける阿片モヒ害毒問題」, 81~82쪽.

가속도적으로 증가하여"라고 하여 중독자의 급증이라는 현상까지 초래하였다. 게다가 정책 실패로 인한 모르핀의 확산문제는 식민지 한인의 건강을 더욱 황폐하게 만들었다.

식민지 조선에서 모르핀이 확산한 데에는 여러 원인들이 작용하고 있었지만, 그 주요 원인으로 조선총독부의 정책 실패가 작용하였다는 사실을 극비문서를 통해 확인할 수 있다. 만철경제조사회 제5부가 편한 극비문서인 『조사보고』에 언급된 내용을 보면 다음과 같다.

> 大正3년(1914년) 이후 흡연자를 철저히 일소할 결심을 굳힌 총독은 중독자에 대해서도 금지의 방침을 세워 지방관헌에게 엄중 단속방법을 통□함과 동시에 극력 중독자를 소집하여 강제적 치료를 가하였다. 당국의 성급한 아편정책은 아편 흡식자를 감소시키는데 주력하였으나 그것의 반작용으로 모히(모루히네*필자주), 헤로인 등 마약의 주사를 행하는 자가 두드러지게 증가하여 당국도 그것에 대해서는 거의 어떠한 방책을 실시해야할 지 알지 못하였다.[47]

> 이미 당국의 심경에 이와 같이 큰 변화가 있고, 모루히네 중독환자는 가속도적으로 증가하였다. 마약의 대생산계획은 대전 종식과 함께 아편, 마약 가격의 戰前 가격으로의 복귀로 소위 잡지도 않은 너구리 가죽을 계산한 꼴이 되었다.[48]

위 인용문에 의거하면 1914년 9월에 조선총독부가 성급하게 아편의 단속에 집중하자 많은 사람들이 아편의 대용품인 모르핀 등 마약을 선택하게 되면서 마약 중독자가 증가하였다. 마약 중독자가 증가하고

47) 滿鐵經濟調査會第5部, 『朝鮮阿片麻藥制度調査報告』, 1쪽.
48) 滿鐵經濟調査會第5部, 앞의 자료, 4쪽.

있는 상황 속에서 1919년 6월에 '조선아편취체령'이 시행되었던 것이다. 조선총독부는 조선에서 아편의 생산을 독려하였고, 동아시아 시장과 남양을 겨냥하여 다이쇼제약회사를 통해 대량의 마약을 제조하도록 하였다. 이러한 상황 속에서 1차 대전이 종식되자 다이쇼제약회사는 운영의 곤란을 느끼게 되었고, 이는 이미 사회적으로 모르핀 중독 문제가 심각한 조선 사회에 기름을 붓는 격이었다. 아편문제에 대한 조선총독부의 정책 실패로 인해 이후 식민지 조선에서는 아편에 이어 모르핀 확산문제가 심각한 사회문제로 대두되었다.

東京朝日新聞

鮮人のモルヒネ中毒は 世界一の悲慘事

重い訓令を破つて不治の病に斃るゝ者全道に幾千名

人道上の大問題

當局の等閑視するに憤起して鮮人念法學士の輿論喚起

疑獄ばやりを利用して 奇怪な詐欺

検事の名を騙つて各所に召喚電話を掛く

◇検事局の飛んだ喜劇

『도쿄아사히신문(東京朝日新聞)』에 게재된 한인 모르핀 중독에 관한 기사

1919년 ‘조선아편취체령’ 시행 이후 한인의 모르핀 중독문제가 얼마나 심각한 상황에 처해 있었는지, 그 원인은 어디에 있었는지에 대해 식민지 조선과 일본 언론에 기고된 글을 통해서도 그 실태를 알 수 있다. 1920년에 최창순(崔昌淳)이 『매일신보』에, 1921년에 김준연(金俊淵 1895~1971)[49]이 『도쿄아사히신문(東京朝日新聞)』에 기고한 글을 통해 살펴보면 아래와 같다.

> 寄書: 阿片은朝鮮靑年界에害毒
>
> 阿片注射『모리히네』라ᄂᆞᆫ仙藥은傳染性이豊富ᄒᆞ고射毒力이猛烈ᄒᆞ야才子佳人이初焉嘗試ᄒᆞ면漸入夢昏ᄒᆞ야老ㅁ의精神을幻ᄒᆞ고霜蛇의行動을作ᄒᆞ야畢竟中毒而仙化ᄒᆞ니右中毒者ᄂᆞᆫ無非靑年이요… 爆發彈과갓ᄒᆞᆫ阿片을愛用ᄒᆞ야一染十傳ᄒᆞ고十嘗百勸ᄒᆞ야全羅南道만限ᄒᆞ야도旣死者將死者目下中毒者未久傳染者가略三千名을算ᄒᆞᆯ지니朝鮮全道를統計ᄒᆞ면小不下三万名以上으로推測ᄒᆞᆯ지라… 吾人은政府안니警察當局에對ᄒᆞ야怨尤치안니치못ᄒᆞ노라當局은此를黙認ᄒᆞᆫ다ᄒᆞᆷ은안니로ᄃᆡ反히中商的材料를供給ᄒᆞ고重價를受賂ᄒᆞᆫ不正警官ᄉᆡ지도不無ᄒᆞ얏다吾人은一視同仁ᄒᆞ라신聖旨下에서施政改善이라ᄂᆞᆫ總督府를顒望ᄒᆞ바라易地的으로말ᄒᆞ면內地人中毒者가萬一發生ᄒᆞ얏스면如何히敏活ᄒᆞᆫ取締를行ᄒᆞ얏슬지도 상상ᄒᆞᆫ다…吾人은柄權을掌握한警察當局首腦者에게泣訴ᄒᆞᆯ外他道가無ᄒᆞ다騷擾犯取締方策萬分之一만此에用力ᄒᆞ야도撲滅ᄒᆞᆯ수잇다…[50]

> 鮮人의 모르핀 중독은 세계에서 가장 비참한 일. 엄한 훈령을 어기고 불치의 병으로 쓰러져 죽은 자가 全道에 幾千名. 人道上의 大問題. 당국의 등

[49] 전남 영암 출생으로 호는 朗山. 언론인이며 정치가이다. 1921년 이 글을 기고할 당시 동경제국대학 법학부를 졸업하고 同대학 정치학과 조수로 있었다. 일제시대에 동아일보 편집국장과 주필을 지냈으며, 1936년에는 孫基禎 마라톤 선수의 일장기 말소사건에 연루되어 동아일보를 사임하였다.

[50] 「寄書: 阿片은朝鮮靑年界의害毒」, 『每日申報』, 1920년 6월 4일.

한시에 분기한 鮮人 金法學士의 여론 환기.

...아편은 법령으로 엄중히 단속되고 아편연, 흡식기구의 수입, 제조, 판매자 또는 흡식자는 대체로 징역에 처해지나, 모루히네에 관해서는 大正3년(1914년) 조선경무총감부 훈령으로 아편과 同業의 해독으로 인정함에도 불구하고 함부로 판매 수수한 자는 3개월 이하의 금고 또는 5백 원 이하의 벌금에만 처하고 있다. 이 같은 법규로는 도저히 완전한 단속이 불가능하다. 당국은 법규제정을 현재 取調중이라고만 칭하고 등한시 하고 있으나 세간의 식자들은 이상의 비참한 일에 비추어 크게 강구될 것을 바란다.[51]

위의 두 언론에 게재된 글을 볼 때 1919년 '조선아편취체령' 직후 식민지 조선의 모르핀 중독자가 전국적으로 3만 명 이상, 사망한 사람이 몇 천 명에 이를 것으로 추정될 정도였다면 상황이 매우 심각했다는 것을 알 수 있다. 그 원인으로 식민지의 모르핀 문제에 대한 조선총독부의 안일한 대처와 단속 의지 부족이 지적되었다. 즉 1914년 모르핀의 해독을 아편과 동일하게 인정하면서도 아편에 비해 극히 가벼운 처벌을 내린 것이 중독자 증가의 주요 원인이라고 보았다. 아울러 일본 내지의 중독자 문제와 비교하였을 때 조선총독부는 식민지 지역의 모르핀 중독문제에 대해 너무 안일하게 대응하였을 뿐만 아니라 단속에 대한 의지도 거의 없었다고 지적하였다.

요컨대 1910년대 조선총독부의 아편정책을 당시 언론과 일부 극비문서를 통해 그 실태를 살펴보면 공간된 아편 자료와 차이가 있음을 알 수 있다. 공간된 아편 관련 자료에는 언급이 없으나 『매일신보』에는 1914년 1월에 조선총독부가 대만과 같이 수입(收入)을 목적으로 아편 전매를 추진하고자 하였으나 반대 의견과 기타 사정 등으로 인해

51) 『東京朝日新聞』, 1921년 3월 17일.

무산된 사실이 있었음을 알 수 있다. 또한, 1차 대전 발발 이후 일본 세력권의 의료용 약품의 자급정책을 명분으로 조선에서 아편을 대대적으로 생산하기 위해 1919년 6월에 '조선아편취체령' 발포되었으나 당국의 정책 실패는 물론 안일한 대처와 단속 의지 부족 등으로 인해 오히려 모르핀 중독환자를 양산하는 결과를 초래하였다. 결국 1910년대의 아편과 마약 실태를 살펴볼 때 일본과 조선총독부는 아편을 통한 수익을 우선시하여 정책을 추진하면서 조선의 아편 상황에 대한 정확한 실태 파악을 소홀히 하였거나 이를 조작하여 연이은 정책 실패를 초래하였던 것이다. 이어서 식민지 조선에서 심각한 사회문제로 대두된 모르핀 문제를 이해하기 위해 1930년대에 조선총독부의 모르핀 대책과 그 실상을 살펴보도록 하겠다.

3. 1930년대 조선총독부 모르핀 대책의 실상

1) 1920년대 조선의 모르핀 확산 상황

1919년 조선을 의료용 마약의 생산지로 주목하여 시행된 '조선아편취체령'의 실패는 1920년대 조선에 모르핀의 확산이라는 심각한 사회문제를 불러왔다. 당시 조선의 모르핀 문제가 어느 정도 심각했는지에 대해서는 앞서 언급했던 1920년에 최창순과 1921년 김준연(金俊淵)의 기고 글을 통해 알 수 있었다.

최창순은 기고 글에서 전국적으로 모르핀 중독자가 적어도 3만 명 이상이라고 하였다. 그런데도 경찰 당국이 제대로 단속하고 있지 않는다는 사실을 적시하였다. 또한, 만일 일본 내지에서 중독자가 발생하였어도 이와 같이 손을 놓고 있었겠냐며 총독부에 원망을 쏟아냈다. 더불어 그는 권한을 가진 경찰 당국이 소요단속의 만분의 일이라도 모르핀 단속에 힘을 쓴다면 충분히 박멸할 수 있으므로 단속에 노력해 줄 것을 읍소하였다.

김준연은 기고 글에서 모르핀 중독으로 죽은 자가 조선 전체 도(道)에서 수천 명에 이른다고 하였다. 이러한 상황이 벌어진 주요 원인으로 모르핀 단속에 대한 당국의 가벼운 처벌규정을 언급하고 있다. 즉 1914년에 공포한 조선경무총감부 훈령에 따르면 모르핀의 해독을 아편의 해독과 동일하게 인정하면서도 처벌에 있어서는 아편 관련 처벌의 경우 무거운 징역에 처하는 데 반해 모르핀의 경우 가벼운 벌금에 그쳤다는 것이다. 이러한 가벼운 처벌이 수천 명의 사망이라는 심각한 사태를 초래했다고 보았다.

위 두 사람의 기고문을 통해 볼 때 조선총독부는 식민지 조선을 단순히 의료용 마약의 제조와 공급지로만 여겼을 뿐 그것으로 인해 발생할 부작용에 대해서는 조치를 취하지 않았다. 즉 1914년 10월에 조선총독부는 경무총감부 훈령을 통해 모르핀 주사의 폐해가 아편 흡연과 동일하다고 인정하였다. 그럼에도 불구하고 처벌규정에는 커다란 차이를 두었다. 아편과 관련해서 아편연의 수입, 제조, 판매, 혹은 판매의 목적으로 소지한 자는 6개월 이상 7년 이하의 징역에 처하고, 아편연을 흡연한 자는 3년 이하의 징역에 처하도록 정하였다. 반면 모르핀 관련 처벌의 경우 모르핀을 거래한 자는 3개월 이하의 금고 또는 5백 원 이하의 벌금을 규정했을 뿐이었다. 모르핀 주사자에 대해서는 어떠한 처벌규정도 없었다.[52] 사실상 모르핀의 확산에 길을 열어준

것이나 다름이 없는 것이었다. 따라서 모르핀에 대해서도 아편과 같이 엄격한 처벌규정을 만들어 줄 것을 당국에 호소하는 언론 기고 글들이 비등하였다.

식민지 조선의 모르핀 등 마약 확산 및 단속문제의 심각성에 대해 당시 일본의 대표적인 아편 전문가인 기쿠치 유지(菊地酉治) 역시 식민지 당국의 실책을 다음과 같이 지적하였다. "모르핀 범죄는 사용이 간편하며, 아편보다 가격이 저렴하고 욕구를 만족할 수 있는 등으로 인해 아편 단속이 엄격할수록 반비례하여 더욱 늘어나고 있다."[53] "관부 연락선의 주시, 기타 세관에서의 철저한 감시, 주사기 바늘의 단속, 통일된 동(同) 단속 법규, 재외 중독자 귀국 단속, 의사의 모르핀 남용 단속을 고려하지 않고, 단지 관련 업자에게만 엄중한 제재를 가하는 것은 표면적으로 근절의 효과가 있는 것처럼 보일 뿐 오히려 숨은 범죄를 늘리는 것임을 깊이 유의하도록 당국자에게 바랄 뿐이다."[54] 이처럼 그는 조선총독부가 아편 단속을 하면서 대용품인 모르핀의 단속을 경시한 점을 비판하였다.

실제로 1914년 이후 몇 차례 처벌 강화의 필요성이 있었음에도 불구하고 조선총독부의 마약 처벌규정은 강화되지 않았다. 1914년 아편 단속 강화의 반작용으로 발생한 모르핀 사용자의 증가 상황에서도, 1차 대전의 종식으로 조선에서 제조된 마약의 해외 수출이 어려워져 모르핀 남용이 한층 높아진 상황에서도 모르핀 등 마약의 처벌규정은 달리 변화되지 않았다. 즉 1919년에 제정된 '조선아편취체령'에 규정된

52) 金俊淵, 「朝鮮モルヒネ問題」, 『中央法律新報』 第1卷 第9號, 1921, 8쪽.
53) 菊地酉治, 「朝鮮に於ける阿片モヒ害毒問題」, 『社會事業』 12-3, 1928, 81쪽.
54) 菊地酉治, 「朝鮮に於ける阿片モヒ害毒問題」, 『社會事業』 12-3, 1928, 82쪽.

모르핀 등 마약에 대한 처벌은 1914년의 처벌규정과 크게 다를 바가 없었다.[55]

모르핀 등 마약에 대한 가벼운 처벌규정과 모르핀 문제에 대한 조선총독부 당국의 관대한 태도는 조선의 마약 밀매와 일본으로부터의 마약 밀수라는 상황을 불러왔다. 조선총독부는 1919년 '조선아편취체령'을 제정하고 일본의 다이쇼제약주식회사에게 민간에서 수납한 아편을 독점적으로 매입하여 모르핀을 제조하도록 하였다.[56] 그런데 조선에서 제조된 마약은 수출되지 못하고 재고가 누적되는 상황이 벌어졌다. 일본의 예상과는 달리 1차 대전이 예상보다 일찍 종식되면서 모르핀 등 마약의 가격이 폭락하였기 때문이었다. 다이쇼제약회사의 모르핀은 수출 경쟁력을 상실하여 대외수출이 막히고 생산된 모르핀의 재고가 쌓이게 되었다. 이러한 상황이 조선 내 밀매의 성행으로 이어졌다.[57]

상황은 조선 내 모르핀의 밀매에 그친 것이 아니라 일본으로부터의 밀수까지 성행하게 되었다. 일본은 1차 대전 발발 이후 1915년에 하나의 회사(호시星제약회사), 1917년에 세 개의 제약회사(다이니혼大日本제약회사, 산쿄三共제약회사, 라지움제약회사)가 일본 내무성 위생국으로부터 제조를 허가받아 모르핀 등을 제조하고 있었다.[58] 1916년부

55) 「朝鮮阿片取締令施行規則」, 大正8年 6月 總領第111號, 국학자료원 편, 『日帝下法令輯覽 2권 10집: 衛生 · 警察』, 국학자료원, 2000, 19쪽.

56) 朝鮮總督府專賣局, 『朝鮮專賣史』 제3권, 484~488쪽.

57) 菊地酉治, 「朝鮮に於ける阿片モヒ害毒問題」, 『社會事業』 12-3, 1928, 77쪽.

58) 劉明修, 『臺灣統治と阿片問題』, 東京: 山川出版社, 1983, 194~195쪽 ; 쿠라하시 마사나오 저, 박강 역, 『아편제국 일본』, 지식산업사, 1999, 120쪽 ; 山內三郎, 「麻藥と戰爭: 日中戰爭の秘密兵器」, 岡田芳政 외 편, 『續現代史資料(12) 阿片問題』, 東京: みすず書房, 1996, xliii쪽.

터 1920년까지 일본의 모르핀류 수입 및 제조량은 일본 국내 수요의 10여 배에 달하였다. 일본 국내 제약회사에서 제조하기 시작한 모르핀류는 일부 국내 소비량을 제외하고는 외국으로부터 수입된 모르핀류와 함께 대부분 중국과 기타 지역으로 밀수출되었다.[59]

1920년대에 들어와서 국제적으로 마약 수출에 대한 비판 여론이 형성되었다. 영국과 미국에서는 자국 내 비판이 제기되면서 대일 마약 수출을 금지하였다. 이에 일본 정부도 마약문제에 대한 단속 의지를 표명하게 되었고, 일본 국내에서도 1920년 12월 내무성령으로 「모르핀, 코카인 및 그 염류의 단속에 관한 건」을 공포하였다. 처벌규정은 밀수 위반자의 경우 3개월 이하의 징역, 밀제조의 경우 100엔 이하의 벌금을 부과하는 등으로 가벼웠다.[60] 처벌규정이 미미하였으므로 결국 별다른 성과는 없었다. 이처럼 1920년 12월 내무성령으로 공포된 마약류에 대한 단속 처벌이 지나치게 가벼웠기 때문에 마약 밀수와 밀매 상황은 지속되었다. 이에 1921년 『도쿄아사히신문(東京朝日新聞)』을 통해 일본의 대기업과 무역상들의 모르핀 밀수와 관련된 기사들이 게재되곤 하였다.[61] 조선의 언론 역시 일본인들의 마약 밀매 관련 기사가 자주 게재되었다.[62]

59) 박강, 「중일전쟁 이전 중국의 마약확산과 일본정부의 태도」, 『중국사연구』 32, 2004, 279~280쪽 ; 藤原鐵太郎, 「阿片制度調査報告」, 岡田芳政 외 편, 앞의 책, 189~190쪽.

60) 「モルヒネ, コカイン及其ノ鹽類ノ取締ニ關スル件」, 外務省通商局, 『華盛頓會議參考資料 阿片問題』, 1921, 122~124쪽.

61) 山田豪一, 『滿洲國の阿片專賣』, 東京: 汲古書院, 2002, 74~75쪽.

62) 「價格 六萬圓 모히를 密輸販賣, 근래 희유의 대밀매사건 犯人은 本町署에 被捉」, 『동아일보』, 1928년 9월 12일 ; 「大阪과 聯絡 大規模 密輸, 본명서에 잡힌 모히 범인, 被害額 萬三千餘圓」, 『동아일보』, 1928년 10월 9일 ; 「十萬圓 모히 密賣團 公判」, 『동아일보』, 1929년 1월 23일 ; 「空前의 모히 密輸團 總額 八十餘萬圓」, 『동

일본인들의 조선으로의 밀수가 활발했던 것에는 가벼운 처벌규정과 함께 1차 대전 이후 일본 경제가 악화하고 있던 상황도 일정한 영향을 미쳤다. 사실 1차 대전 이후 발생한 전후 공항 이래 일본에서는 경제불황이 지속되었다. 당시 많은 기업들이 영리를 위해 수단과 방법을 가리지 않는 일이 빈번하게 벌어졌다. 아편 · 마약 밀수문제와 관련해서 다카다(高田)상회의 모르핀 압수사건, 호시(星)제약회사의 아편 밀수사건, 대련 스즈키(鈴木)상점의 아편 밀수문제 등 수많은 사건들이 이러한 경제불황 속에서 일어났다.[63]

이러한 일련의 사건이 일어난 배경에 대해 기쿠치 유지는 소위 '편의주의 정책'이라는 말을 들어 다음과 같이 설명하였다. "아편 무역에 관한 외무성 조약국의 일관된 정책적 방향이 없어 판매가 자유롭게 이루어졌다. 일본인 가운데 아편과 마약 무역에 의존하여 생계를 유지하는 사람이 너무 많았기에 각지 영사들은 법에 따라 아편 · 마약 금지를 실행할 수 없었다. 내무성 역시 엄격한 아편 · 마약 규정이 있었지만, 모르핀과 아편의 대외수출에 대해 모두 방임하는 태도를 취하였다. 일빈 아편 상인들은 열강도 아편 사업을 하고 있는 상황에서 일본인은 왜 아편 무역을 할 수 없느냐는 심리가 팽배해 있었으므로 정부

아일보』, 1929년 2월 15일 ; 「女子도 加擔 十餘年 繼續, 모히밀수를 십삼년 계속, 本町署 密輸團犯行」, 『동아일보』, 1929년 2월 16일 ; 「安城署에 檢擧되는 大規模의 密輸入團 조선인 일본인 등 수십명이 공모하고 경성 안성 대판등디에서 모히密輸 十餘萬圓」, 『동아일보』, 1929년 4월 10일.

63) 菊地酉治 저 · 朱西周 역, 「日人在華之毒品密輸」, 『拒毒月刊』 43, 1930, 31쪽 ; 菊地酉治, 「阿片害毒運動に關する意見」, 菊地酉治 외저, 『阿片問題の研究』, 東京: 國際聯盟協會, 1928, 7~8쪽 ; 菊地酉治, 「朝鮮に於ける阿片モヒ害毒問題」, 『社會事業』 12-3, 1928, 84쪽 ; 박강, 「菊地酉治의 아편마약 문제에 대한 인식과 구제활동」, 『한국민족운동사연구』 60, 2009, 288쪽.

역시 아편·마약 금지에 느슨해질 수밖에 없었다. 수많은 아편 상인들이 경제적 압박으로 인해 아편을 판매하지 않고서는 호구를 연명할 수 없었다. 중국인의 상업 경영능력이 일본인보다 우수하여 어쩔 수 없이 아편 판매를 통해 이익을 도모할 수밖에 없었다."[64] 기쿠치 유지가 언급한 앞의 편의주의 정책을 보면 설령 외무성과 내무성이 일관된 정책적 방향을 정하거나 금지 규정을 만들었다고 해도 그것이 성과를 내기 힘든 상황이었음을 알 수 있다. 당시 일본의 어려운 경제 상황으로 인해 당국은 일본인과 일본 기업들의 불법 무역을 방임하고 있었다. 아편 및 마약 밀수에 대한 일본 외무성과 내무성의 이러한 대응조치가 조선에 대한 일본인의 마약 밀수로 나타났다는 것은 자명한 사실이라고 하겠다.

1차 대전 종전 이후 조선 내 모르핀의 중독자는 더욱 증가하였다. 1914년 이후 아편에 대한 강력한 단속과 1차 대전 종전 이후 다이쇼제약회사의 운영난, 그리고 일본 내 마약의 과잉 생산, 1차 대전 이후 일본의 경제불황 등은 조선의 모르핀 밀매와 밀수에 부정적인 영향을 미쳐 조선 내 모르핀 중독자 수의 증가를 가져왔다. 도쿄제국대학 법학부를 졸업하고 『동아일보』 편집국장과 주필을 지냈던 김준연은 1921년에 쓴 글에서 조선에 약 1만 명 이상의 모르핀 중독자가 있다고 주장하였다.[65] 1928년 일본의 대표적인 아편 전문가였던 기쿠치 유지는 당시 조선에는 실제로 7만여 명의 모르핀 중독자가 있다고 보았다.[66] 1만 이상 7만에 이르렀다고 보이는 모르핀 중독자의 규모와

64) 菊地酉治 述·宋哲夫 記, 「日本鴉片政策之解剖」, 『拒毒月刊』 25, 1928, 34쪽.
65) 金俊淵, 「朝鮮モルヒネ問題」, 『中央法律新報』 第1卷9號, 1921, 8쪽.
66) 菊地酉治, 「阿片害毒運動に關する意見」, 菊地酉治 외, 『阿片問題の研究』, 東京:

1920년대 조선의 모르핀 문제는 조선총독부와 일본의 근본적인 대책이 마련되지 않고서는 해결될 수 없는 것이었다.

요컨대 1920년대 식민지 조선의 모르핀 문제의 심각성은 조선총독부와 일본이 조선을 아편의 생산과 모르핀의 제조 공급지로만 생각하고 정책을 추진한 것에 기인하였다. 먼저 1914년 아편의 강력한 단속에 따른 반작용으로 발생한 모르핀 소비 증가 현상에 대처하지 않은 것을 지적할 수 있다. 다음으로 1차 대전 종전 후 조선과 일본에서 과잉 생산된 모르핀이 조선에 밀수되면서 발생한 심각한 사회문제를 도외시한 점이 주목된다. 이와 같은 현상이 나타날 수 있었던 것은 일본이 애초부터 조선을 수탈의 대상으로만 생각했기 때문이라고 하겠다.

2) 1930년대 조선총독부의 모르핀 대책과 그 실상

1차 대전 이후 조선 내 마약류 밀수와 밀매가 성행하고 국제기구의 비판이 강화되자 조선총독부는 마약류 제조와 판매를 당국에서 직접 관할하는 방식을 채택하였다. 1925년부터 27년까지 연이어 관동주에서 다이쇼제약회사의 직원이 모르핀을 밀매한 사건이 발생하였다. 국내에서도 다이쇼제약회사에서 독점 생산된 마약의 해외수출이 어려워지면서 불법적인 밀매가 자행되었다. 여기에 일본 내지에서 생산된 마약까지 약종상의 수입에 의해 조선에 밀수되면서 심각한 사회문제를 불러 일으켰다.[67] 이에 국제연맹 아편자문위원회도 조선 내 마약

國際聯盟協會, 1928, 9쪽.

67) 朝鮮總督府專賣局, 『朝鮮專賣史』 제3권, 448~481 · 498~499쪽.

류의 심각성을 인식하고 조선총독부를 압박했다. 아편자문위원회는 1928년 조선총독부에 특정 회사에 특허했던 마약류의 제조판매 방식을 당국의 전매로 전환하던가 아니면 마약류의 단속을 엄격히 할 것을 요구하였다.[68] 조선총독부도 모르핀류의 확산을 방지하기 위해서는 다이쇼제약회사의 지정을 취소하고 당국이 직접 제조와 판매를 관리하는 것이 적당하다고 판단하였다. 이로써 1930년 3월 하순부터 식민지 조선에서 총독부 당국에 의한 마약 전매사업이 시행되었다. 이 마약전매는 당시 세계에서 최초로 시행되는 것이었다. 당시 국제연맹에서도 결과에 많은 기대를 걸고 있었다.[69]

---

68) 「國際聯盟決議로 魔藥密賣取締를 朝鮮總督府에 通牒」, 『중외일보』, 1928년 5월 14일.

69) 朝鮮總督府專賣局, 『朝鮮專賣史』 제3권, 481 · 571쪽 ; 滿鐵經濟調査會第五部, 『朝鮮阿片麻藥制度調査報告』, 23쪽 ; 「外省阿片會議 '모히' 專賣는 朝鮮이 世界最初」, 『동아일보』, 1929년 11월 17일 ; 「'모히'專賣는 朝鮮이 世界에서 最初」, 『중외일보』, 1929년 11월 16일.

경성 지방전매국 인의동(仁義町) 공장에서 제조된 마약류(출전: 『朝鮮の專賣』)

여기에서 조선총독부가 세계 최초로 마약전매를 시행한 이유를 자세히 살펴볼 필요가 있다. 순수하게 받아들인다면 앞서 언급했듯이 모르핀류의 제조와 판매를 당국에서 직접 장악하여 마약의 남용과 확산을 예방하고, 마약 중독자 등록 관리를 통해 기존 마약 중독자의 근절을 도모하는 것이었다. 아울러 이를 통해 마약문제에 대한 국제사회의 비난을 모면하는 데도 도움이 될 것이라고 판단했을 것이다. 그렇다고 이러한 이유와 판단이 전부였다고 보기는 어렵다.

마약전매 시행에 있어서 이면적인 측면을 간과할 수 없다. 모르핀의 밀매와 밀수를 근절한다는 명분을 내세웠지만 당국에서 근절보다는 전매 이익을 추구한다면 그것은 기존 밀거래자들이 취하던 이익을 당국이 탈취하는 것에 불과한 것이었다. 따라서 전매에 대한 당국의 순수한 목적을 보여주고 신뢰를 얻기 위해서는 마약에 대한 당국의 강력한 단속과 함께 중독자에 대한 치료 노력이 병행되어야 했다.

그렇다면 마약전매 시행은 마약 처벌규정의 강화가 전제되어야 했다. 1930년 『조선통신(朝鮮通信)』에 의하면, 최근 당국의 조사발표에서 모르핀 환자가 약 3,500여 명이라고 하지만 실제 수는 2만 명 이하로 내려가지 않는다고 추정하였다. 전남이 1,100여 명으로 가장 많고 황해도가 그 다음으로 250여 명이라고 보았다.[70] 1933년 『동아일보』에 게재된 「모히환자근절대책(患者根絕對策)」에 의하면, 조선의 심각한 마약문제를 해결하기 위해 시행된 마약전매는 아편과 같은 강력한 처벌규정 없이는 성과를 거두기 힘들다고 하였다. 그럼에도 불구하고 일본 내지와 대만에서 시행되고 있는 마약 처벌규정이 3개월 이하의 징역이기 때문에 최고 징역 5년이라는 강도 높은 법 제정이 쉽지 않다고 보았다. 결국 마약전매가 시행되면서도 아편과 같은 강력한 처벌규정이 통과되지 않는다면 1930년부터 등록환자에게 약품을 공급하는 마약 등록제는 오히려 마약을 조장하는 결과로 이어질 것이라고 예상하였다.[71]

70) 「阿片患者二萬」, 『朝鮮通信』, 1930년 2월 19일.
71) 「모히患者根絕對策」, 『동아일보』, 1933년 1월 17일.

조선 전매국(출전: 『朝鮮の專賣』)

실제 1930년부터 시행된 조선총독부의 마약 전매제도는 내실 치밀하지 못하였다. 조선총독부는 전매시행에 따라 1930년 3월 부령(府令) 제16호에서 '마약중독자등록규정'을 공포하였다.[72] 1929년 언론기사에서는 경찰 조사 결과 등록자 수는 4,159명, 경무국 위생과에서는 경찰 조사보나 3~4배 많은 1만 4천 내지 1만 5천 명 정도로 추정한다고 보도하였다.[73] 전매제가 실시되는 1930년의 경우 경찰에서는 등록된 중독자 수는 5천 명이라고 조사하였으나 실상은 이보다 훨씬 많을 것으로 여겨졌다. 이에 2만 명을 목표로 전매가 준비되었다. 조선총독부에서는 앞으로 약 10년을 기해 조선의 모르핀 중독자 전부를 치료한다는 목표를 세웠다. 그리고 현재 중독자 가운데 정도가 심한 자부터 순

72) 朝鮮總督府專賣局, 『朝鮮專賣史』 제3권, 512~513쪽.
73) 「朝鮮刺身鬼 四千百餘名」, 『동아일보』, 1929년 8월 7일.

차적으로 수용 치료하며 나머지 중독자에 대해서는 일정량의 모르핀을 공급하여 점차 양을 줄여가는 방식으로 치료한다고 하였다. 실제 1933년의 언론기사를 보면, 당국에 등록된 중독자 4천 명 가운데 1,700여 명을 치료소에 수용 치료 중이며 나머지 중독자들은 경찰에 등록토록 하고 그 필요량을 경찰이 지정한 의사로부터 구입하도록 하였다.[74] 그러나 치료의 성과는 긍정적이지 않았다. 치료소에 강제로 수용되어 완치된 경우라도 환자의 환경에 따라 일정하지 않지만 조선은 취업이 어려운 상황이기 때문에 치료받은 사람의 50% 정도가 다시 중독 상태로 빠진 것으로 추정되었다.[75] 치료소에 수용되지 못한 중독자들은 본인 스스로 경찰서에 등록하면 앞서 언급했듯이 경찰이 지정한 의사로부터 모르핀을 구입할 수 있었다. 즉 중독자들은 등록을 통해 돈만 있으면 자기가 필요한 만큼의 모르핀을 구입할 수 있을 뿐만 아니라 그 이상의 모르핀도 구입하는 것이 가능하였다. 환자들 중에는 자기 분량 이상의 모르핀을 구매하여 미등록 중독자에게 비싼 값에 팔아 이득을 챙기기까지 하는 일들이 벌어지고 있었다.[76]

앞서 언급한 바와 같이 마약전매를 통한 당국의 중독자 근절 노력이 제대로 시행되지 않았다면 이는 밀매업자들의 이익을 당국이 탈취하는 것에 불과한 것이었다. 쉽게 마약을 구입할 수 있게 한 전매제도는 마약전매의 목적을 의심케 한다. 전매의 목적이 마약의 근절에 있기 보다는 전매를 통한 수익 창출에 있는 것이 아닌가 하는 의구심이

74) 朝鮮總督府專賣局, 『朝鮮專賣史』 제3권, 572쪽 ; 「모히患者根絕對策 密賣者에五年懲役」, 『동아일보』, 1933년 1월 17일.

75) 「登錄을强制 刺身鬼治療」, 『동아일보』, 1930년 1월 21일.

76) 「모히患者根絕對策 密賣者에五年懲役」, 『동아일보』, 1933년 1월 17일.

들지 않을 수 없다. 이러한 오해를 불식시키기 위해서는 마약 중독자로 등록된 자에 대한 모르핀 배급량을 점차 확실히 줄여나가야 하며, 치료 역시 성과를 보여줘야 했다. 또한, 마약전매 실시와 함께 마약 관련 처벌 역시 강화해서 밀수와 밀매가 근절될 수 있도록 해야 했다.

조선총독부의 마약 등록제 시행은 이후 마약 근절의 효과보다는 새로운 중독자의 양산이라는 상황을 낳았다. 이에 강력한 처벌규정의 통과를 요구하는 기사들이 신문에 게재되었다. 『동아일보』에 실린 관련 기사를 보면 다음과 같다.

> 朝鮮의 모히 患者 總數는 알수가 없다. 그렇나 登錄 非登錄을 合하야 累萬人을 超越하리라고는 누구나 말하는바다. ……當局이 萬一 이의 根本的 滅絶을 꾀할 意圖가 잇다하면 이것은 數年內에 可能하리라 믿는다. 日本其他歐美諸國에 이런 患者가 거이 根絶된 것을 보면 這間의 消息을 알수잇지 않은가.
>
> 當局은 人道的 見地에서 嚴刑을 避한다 고할지 모르나 이같이 存在해서야 人間다운 行爲를 못하고 도리혀 自我와 家族과 社會를 滅亡하는 社會의 惡毒을 可矜히 녁일 點은 秋毫도없는줄 믿는다. 現在의 登錄制는 많은 新患者를 發生시킬 條件을 가젓스니 登錄한 者는 全部 國家에서 治療所를 設置하야 이것을 收容, 治療하고 이것을 密賣, 密用하는 者는 極刑을 加하야 數年內에 이것을 根絶치 않으면 안될 것이다. 當局의 考慮를 促한다.[77]

> 이마약령의내용은 마약의 밀매매를 아편밀매매의 단속과가티 최고五년이하의징역(시방은三개월이하)를주어 밀매매를근절시키고저하는것인데 일본내지와 대만이다 三개월이상의징역이업슴으로 조선만 이러케중형에처하고저하는 것을 용인하지안흘경향이잇다고한다 현행의등록환자에대한 모히

77) 「모히患者를 根絶하라」, 『동아일보』, 1932년 11월 5일.

공급은이 마약령개정을 전제로한 것으로 …만일개정하고저하는 마약령이 원안대로통과되지못한다면 결국긔존의등록제기타가 모히환자의 증가를 조장한셈이된다.[78]

最近 警務局에서 調査한 統計에 依하면 朝鮮內의 모르히네 患者는 男子가 三千五百九十一人, 女子가 四百十四人이어서 合計四千五人이라한다. 昨年과 比較할만한 數字를 가지지 못하엿으나 數年前의 그것과 比較할진대 多少의 差減이 잇는것만은 事實이다. 그러나 以上의 統計數字는 當局의 制定한 登錄臺帳우에 나타난 數字요, 當局을 隱諱하야 秘密裏에 모히 注射를 하는 患者는 이보다 훨씬 多數 일지니 이는 朝鮮人 保健上一大問題인 同時에 風紀上 또한 重大事라 않을수 없다.……

勿論 어떤 救濟政策을 實施함에나 取締와 療養의 두가지가 잇어 各各 一長一短이 잇지만 現行登錄制度에 依하야는 너무나 放任主義이기 때문에 此等 患者의 增加가 甚하야간다. 一例를 들면 登錄患者가 藥品을 사랴하나 藥價가 不足하다거나 또는 他人의 依賴를 입을 必要가 잇는 者는 自己의 所用하는 藥品으로써 먼저 他人에게 宣傳하고 그 新患 者로부터 金錢을 融通하야 다시 藥品을 買入하나니, 萬一 宣傳者를 嚴重取締한다면 모르지만 元來가 登錄主義이기 때문에 그 身邊을 監視하는 사람좇아 없고 따라 거이 公公然히 宣傳되며 設使 新患者가 發覺되엇다 할지라도 登錄만하면 그뿐이니 거침없이 增加만 할뿐이다.……

그러므로 모히患者를 徹底的으로 救濟하려할진대 癩病患者의 境遇와같이 登錄者를 强制로 一齊히 一地所에 隔離하야 國家에서 이것을 療養하는 同時에 他方藥品의 賣買輸出入及宣傳을 嚴重히 取締하야 萬一이 法規를 違反할 時는 嚴刑으로써 對하여야 할 것이다. ……[79]

위의 기사에 의하면 당국의 마약전매 실시 이후 마약 환자가 줄어

78) 「모히患者根絶對策 密賣者에五年懲役」, 『동아일보』, 1933년 1월 17일.

79) 「根絶되지않는 모히患者」, 『동아일보』, 1933년 5월 30일.

들기보다는 오히려 더 증가하였다고 하였다. 마약 환자들은 등록만 하면 쉽게 마약을 구입할 수 있었다는 사실과 더불어 허술한 관리가 지적되었다. 나아가 구입한 마약을 타인에게 매각하는 경우까지 발생하며 새로운 중독자를 양산해 내기까지 하는 상황임을 적시하였다. 또한, 마약 관련 처벌이 약하기 때문에 밀수, 밀매, 밀사용에 대한 단속이 쉽지 않았다고 여겼다. 따라서 당국의 엄격한 등록제 실시와 치료소 운영, 그리고 밀매에 대한 엄중한 처벌이 병행되어야 한다고 주장하였다. 이러한 조건이 형성되지 않고서는 마약 근절의 성과를 기대하기 힘들다고 보았다.

결국 마약전매가 실시된 지 5년이 지나서야 겨우 강화된 마약 처벌규정인 '조선마약취체령'이 공포되었다. 마약전매를 시행하면서도 마약 관련 처벌규정을 강화하는데 5년이라는 긴 시간이 걸린 것을 보면 조선총독부나 일본이 마약문제에 대해 단속 의지가 있었는지 의심스럽다. 앞서 대만과 일본 내지의 마약 처벌규정이 3개월 이상의 징역이 없었다는 이유로 통과가 늦어진 것이라고 하지만 실은 다른 의도나 배경이 있었던 것은 아닌지 의구심을 가지지 않을 수 없다.

그러한 배경의 하나로 당시 일본의 경제상황 악화도 관련이 있다고 생각된다. 1차 대전 이후 발생한 전후공황에 이어 1929년부터는 세계공황까지 겹치면서 일본의 경제상황은 더욱 악화되었다. 이러한 경제상황으로 많은 일본 기업이나 일본인들이 중국 등지에 가서 불법적인 아편·마약 밀매에 종사하는 경우가 많았다. 일본의 내무성이나 외무성, 그리고 현지 영사관은 이들 일본인들에 대한 처벌을 가볍게 처리하고 있었다. 그리고 이들에 대한 가벼운 처벌로 인해 당시 국제사회로부터 많은 비난을 받고 있었던 상황이었다.[80] 식민지 조선 역시 일본인의 밀수 대상지역에서 예외가 아니었다. 따라서 조선의 모르핀 남용 상황이 심각했음에도 불구하고 이러한 경제상황과 연관되었으므로 처벌규정의 강화를 주저했던 것으로 생각된다.

1935년 '조선마약취체령'이 공포되면서 조선총독부 당국은 마약 근절에 대한 자신감을 드러내었다. 1920년 조선총독부령으로 발포된 '모르핀 코카인 및 그 염류의 취체에 관한 건'에 의하면 모르핀, 코카인 및 그 염류를 밀매하는 경우 3개월 이하의 징역이나 100원 이하의 벌금에 처하였다. 이에 비해 '조선마약취체령'에서는 밀매, 밀수의 경우 5년 이하의 징역 또는 5천 원 이하의 벌금이 규정되었다. 처벌이 대폭 강화되었던 것이었다.[81] 이에 따라 이 시기 마약 관련 범죄가 여전히 기사화 되고 있지만 단속이 엄해지고 있음을 반영하는 것으로도 볼 수 있다.[82] 이와 관련한 기사를 보면 다음과 같다.

阿片中毒患者는
登錄者의約三倍
取締令發表以後 漸減의形勢

80) 「阿片密賣問題로 日本에 抗議?」, 『동아일보』, 1936년 5월 30일 ; 「取締의不備를認定코 日本의責任을强調」, 『동아일보』, 1936년 5월 31일 ; 「外務省關係電報および文書」, 岡田芳政 외 편, 앞의 책, 523쪽.

81) 朝鮮總督府專賣局, 『朝鮮專賣史』 제3권, 501~505쪽 ; 「痲藥取締令에 대하야」, 『동아일보』, 1935년 4월 27일.

82) 「痲藥犯罪者增加」, 『동아일보』, 1935년 9월 19일 ; 「市價七百餘圓阿片密賣者檢擧」, 『조선중앙일보』, 1935년 12월 10일 ; 「모루히네 밀수하여 조선 각지에 밀매, 피해금액이 수천만원」, 『조선중앙일보』, 1935년 12월 17일 ; 「全島를中毒시킨 痲藥密賣犯捕縛」, 『동아일보』, 1936년 2월 13일 ; 「上海에根據둔 모히密輸團檢擧」, 『동아일보』, 1936년 2월 22일 ; 「醫師가痲藥密賣 警察이檢擧」, 『동아일보』, 1936년 8월 26일 ; 「모히密賣者 打盡」, 『동아일보』, 1937년 6월 20일 ; 「大量모히密輸團을 金堤署一網打盡」, 『동아일보』, 1938년 8월 22일 등.

二年後에는一掃토록取締

자신을 망치는 동시에 그수효가 점점 자라서는 사회까지 어렵지 안케 망치케하고야 마는 무서운 痲藥中毒者는조선에 얼마나 되는가?

최근 총독부 위생과에서 조사한 바에 의하면 당국에 등록한 수효만이 七월말 현재 一천 三백 二十六명에 달한다고 한다. 이 수짜를 지난 소화 八년(1933년)말과 동 九년(1934년)말 현재로 당국에 등록한 수짜에 비교하야보면 八년말은 四천 六백 二十八명에 달하였고 동 九년말에는 三천 七十六명에 달하였다 하므로 九년말 수짜보담 지난 七월말 수짜는 一천 七백 五十인이라는 만흔 수효가 감소된것같다 한다. 그러나 문제는 당국에 등록치안코 비밀리에서 신음하고 잇는 중독자들이라는바 그 총수를 추산하야 보면 등록환자의 三배는 될것이므로 어떠한 방침으로라도 그들를 퇴치할 방침이라는바 ..."그럼에도 불구하고 이 시기 관련 기사들을 볼 때 마약 관련 범죄가 계속 끊이지 않고 있었다.

이러한 수짜를 볼 때 마약중독자를 전부 없애 버리기에 비관할것이 없다는 것을 증명한것으로볼수잇는 만큼 총독부 위생과에서는 각도 위생과에 통첩 하야작년 九월 전조선 각도에 설립된 마약중독자 예방협회(痲藥中毒者豫防協會)의 활동을 일층강화하야 마약중독자의 치료를적극적으로 하는 동시에 그 예방 사업을 대대적으로 전개할방침이라 한다.[83]

위의 기사를 통해 비록 마약 관련 범죄가 끊이지 않고 있지만 마약 중독자가 점차 줄어들고 있는 추세였음을 알 수 있다. 총독부의 위생과에서는 각 도에 설립된 마약 중독자 예방협회의 치료와 예방 활동을 통해 마약 중독자 퇴치에 적극 노력할 계획을 가지고 있었음도 확인된다.

'조선마약취체령' 공포 이후 조선총독부는 밀매 등에 대한 단속뿐만

83) 「阿片中毒患者는 登錄者의約三倍」, 『동아일보』, 1935년 11월 9일.

아니라 마약 중독자에 대한 치료 활동 역시 강화하였는데, 특히 만주 접경지역에 대한 치료 활동에 적극적이었다.[84] 1936년 4월 3일 『동아일보』 기사에 의하면 "함북도위생과(咸北道衛生課)의 발표한 통계에 의하면 작년 4(四)월 1(一)일부터 12(十二)월말 현재로 함북도내의 마약(痲藥) 중독치료연인수는 1(一)만9(九)천1(一)백20(二十)명이며",[85] 또한 같은 해 7월 13일 기사에 의하면, "함북도 위생과에서는 도내에 산재한 마약중독환자(痲藥中毒患者)소탕을 부르지즈며 적극적으로 활동하야 온다는바 그결과를 본다면 금년5(五)월말 현재의 성적은 소화4(四)년부터 시료개시이래 환자중 계출인은 8(八)백13(十三)명인데 그중 등녹자는 7(七)백 73(七十三)인인바 시료 또는 자료의결과 전쾌자는 6(六)백 97(九十七)인에 달하엿으므로 미치자(未治者)는 겨우 76(七十六)명밖에 없는중 …… 8(八)월말까지면 도내의 환자는 완전히 근절되리라는바 금후로부터 간도일(一)대에서 침입하는 환자를 적극적으로 방지하기위하야 국경 일(一)대에 엄밀한방지진을 치고 노력하리라 고한다"[86]라고 하였다. 만주 접경지역에 대한 중독자 치료 활동에 적극적이었으며 또한 일정한 성과를 보이고 있음을 알 수 있다.

특히 함경북도의 경우 중독자 치료 인원이 무려 2만 명에 달하는 높은 성과가 있었다. 어떻게 높은 성과를 얻을 수 있었는지 이해하기 위

84) 「痲藥中毒治療者 昨年에二萬餘」, 『동아일보』, 1936년 4월 3일 ; 「痲藥患者完治 咸北道立醫院計劃」, 『동아일보』, 1936년 2월 1일 ; 「痲藥中毒者는激減 結核豫防에着手」, 『동아일보』, 1936년 4월 9일 ; 「麻藥中毒强制治療」, 『동아일보』, 1936년 6월 14일 ; 「强制入院治療로 '몰히'患者根絕」, 『동아일보』, 1936년 7월 13일 ; 「中毒者根絕코저 藥種商에警告」, 『동아일보』, 1936년 8월 12일.

85) 「痲藥中毒治療者 昨年에二萬餘」, 『동아일보』, 1936년 4월 3일.

86) 「强制入院治療로 '몰히'患者根絕」, 『동아일보』, 1936년 7월 13일.

해 먼저 함경북도의 상황을 자세히 살펴보자. 함경북도가 앵속 재배구역으로 지정된 시기는 상대적으로 이르지 않았다. 초기 재배지역 지정에 있어서 국경 부근, 시가지 부근, 철도선은 피한다는 규정에 들었기 때문이다. 그런데 1차 대전 직후 모르핀류 가격의 폭락으로 정부 수납 아편의 보상금이 하락하자 조선 남부의 비옥한 지역에서는 다른 유리한 대항 작물이 있어 앵속 재배 희망자가 줄기 시작했다. 이에 〈표 2-3〉에 보이는 바와 같이 1921년 남부지역의 지정구역이 일부 제외되면서 국경 지역이 지정구역에 추가되었다. 함경북도의 일부 지역도 이때 지정구역이 되었다. 본래 함경도는 고원지대로서 기온이 한랭하고 척박한 지역이 많아 재배에 적당한 농작물이 적은 편이었다. 그런데 앵속을 재배할 경우 일반작물과 비교하여 두 배 이상의 수입을 얻을 수 있었으므로 재배 희망자가 많았다. 따라서 감시가 비교적 용이한 지역을 중심으로 재배를 허가하였고 지정면적도 증가시켜 나갔다.[87)]

〈표 2-3〉 조선의 앵속 재배 지정구역[88)]

연도	재배구역 지정	비고
1919년	경기도, 충청북도, 전라북도, 황해도, 강원도	국경 부근, 시가지 부근, 철도연선은 피한다
1920년	경기도, 충청북도, 전라북도, 황해도, 강원도, 경상남도	경상남도 추가
1921년	경기도, 전라북도, 경상남도, 충청남도, 강원도, 함경남도, 함경북도	충청북도 제외, 경기도, 전라북도, 경상남도, 강원도 일부 제외, 함경남북도 일부 추가
1922년	경기도, 충청남도, 경상남도, 황해도, 강원도, 함경남도, 함경북도	
1931년	경기도, 강원도, 함경남도, 함경북도	충청남도, 경상남도, 황해도 제외

87) 朝鮮總督府專賣局, 『朝鮮專賣史』 제3권, 524~526 · 554~555쪽.

88) 朝鮮總督府專賣局, 『朝鮮專賣史』 제3권, 518~524쪽에 의거하여 표 작성.

1930년대에 이르면 만주와의 접경지역인 함경도는 마약의 원료인 아편의 생산지로서 아편의 안정적인 확보를 위해 무엇보다 중요한 지역이 되었다. 1930년부터 당국에서 모르핀을 제조하여 모르핀 등록자에게 판매하게 되면서 아편 재배면적의 확대가 요구되었다. 또한, 1933년의 일본 각의(閣議)에서는 조선에서 생산할 생아편은 주로 대만총독부 및 관동청의 전매 아편에 공급하도록 결정하였다. 〈표 2-3〉에 보이는 바와 같이 1921년 이래 조선 남부의 아편 재배 지정구역은 지속적으로 감소하고 있었다. 남부의 재배지역이 감소할수록 마약의 원료인 아편의 재배지역으로 함경도 지역은 중요시 되었고, 아편의 안정적인 확보를 위해 이 지역 마약 중독자에 대한 치료가 한층 강화될 수밖에 없는 상황이었다. 그 결과 1936년에는 함경북도 내 마약 중독자가 근절될 것이라고 자신할 정도의 적극적인 치료 활동이 이루어졌다. 조선 전체 마약 중독자 4,612명 가운데 강원도와 함경도에서 중독자가 가장 적었던[89] 것에는 이와 같이 아편의 주요 재배지라는 상황과 무관하지 않았음을 알 수 있다.

이어서 '조선마약취체령' 공포 이후 마약 중독자 근절 성과에 대해 조선총독부의 자체 평가는 어떠하였는지 살펴보자. 조선총독부에서 1936년과 1940년에 간행한 『조선사정(朝鮮事情)』을 통해 아래와 같이 관련 내용을 찾아볼 수 있다.

> ... 그것의 중독자를 근절하기 위해 '모루히네'류의 제조판매를 정부의 사업으로 하고, 또한 중독자를 등록공인하여 구료함과 함께 '모루히네'류 공급을 위해 소화4년(1929년) 9월 전매국 관제를 개정하여 경성지방 전매국 내에

89) 「全朝鮮의阿片窟속에 呻吟하는四千六百名」, 『동아일보』, 1934년 3월 11일.

'모루히네'제조공장을 신설하고 동5년(1930년) 3월부터 사업을 개시하였다. 그 후 '모루히네'중독자도 점차 감소하여 순조롭게 진척되고 있다. …[90]

… 동5년(1930년) 3월부터 사업을 개시하고 그 후 '모루히네' 중독자 치료 계획은 순조롭게 진척되어 지금 거의 그 자취를 끊기에 이르렀다…. 마약 중독자가 격감함에 따라 당국의 판매수량 감소하여 재고품이 풍부하게 됨으로써 소화13년도(1938년도)에는 마약의 제조를 중지하였다.[91]

1936년에 간행된 첫 번째 인용문을 살펴보면, 1930년 마약전매 실시 이후 모르핀 중독자에 대한 등록과 치료가 순조롭게 진척되고 있다고 평가했음을 알 수 있다. 이어서 1940년에 간행된 두 번째 인용문에 따르면, 모르핀 중독자 치료계획이 순조롭게 진척되어 중독자가 격감하게 되었고 재고량이 많아짐에 따라 1938년도에는 마약의 제조를 중지하기에 이르렀다고 하였다. 즉 조선총독부는 1930년의 마약전매 실시와 1935년 '조선마약취체령' 공포 이후 조선의 모르핀 중독자 문제는 어느 정도 해결되었다고 결론 내렸음을 알 수 있다.

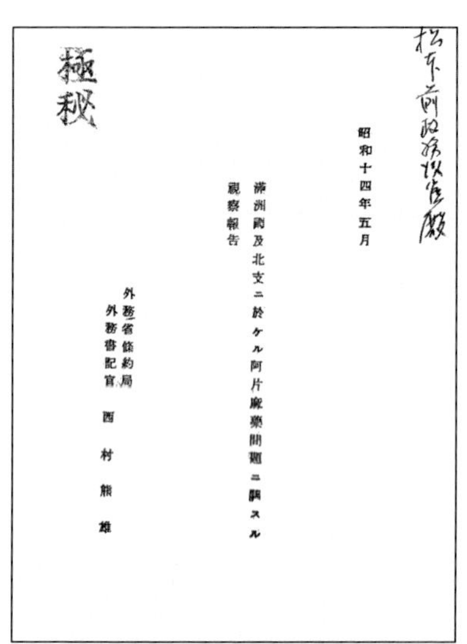
極秘

昭和十四年五月

滿洲國及北支ニ於ケル阿片麻藥問題ニ關スル
視察報告

外務省條約局
外務書記官 西村熊雄

『만주국 및 화북에서의 아편마약 문제에 관한 시찰보고(滿洲國及北支ニ於ケル阿片麻藥問題ニ關スル視察報告)』

90) 朝鮮總督府,『朝鮮事情 昭和十二年版』, 京城: 朝鮮總督府, 1936, 112~113쪽.

91) 朝鮮總督府,『朝鮮事情 昭和十六年版』, 京城: 朝鮮總督府, 1940, 161쪽.

그런데 전매 시행과 '조선마약취체령' 공포의 시기는 5년이라는 간극이 있었다는 사실을 간과할 수 없다. 마약전매 시행 5년 뒤인 1935년에 와서야 '조선마약취체령'을 공포한 이유는 무엇이었을까? 이와 관련하여 외무성 조약국(外務省條約局)의 외무성 서기관(外務省書記官) 니시무라 구마오(西村熊雄)가 1939년에 작성한 『만주국 및 화북에서의 아편마약 문제에 관한 시찰보고(滿洲國及北支ニ於ケル阿片麻藥問題ニ關スル視察報告)』에 의하면, "아편정책의 성공을 위해서는 먼저 마약을 단금할 필요가 있다"[92]라고 언급되어 있다. 또한 외무성 조약국(外務省條約局)에서 작성한 『소화13년도(1938년도*필자주) 집무보고(昭和十三年度執務報告)』에서도 "마약에 관해서는 그 해독이 아편을 능가하며 앞에서 언급한 아편정책의 원만한 수행을 보기 위해서는 마약을 엄중 단속하는 것이 절대로 필요할 뿐 아니라…"[93]라고 언급되어 있다. 위의 외무성 조약국에서 언급했듯이 아편정책의 성공, 즉 당국에 의한 아편의 생산, 판매, 소비의 장악을 위해서는 마약의 단속과 단금이 절대로 필요하다고 하였다. 이에 따라 조선에서 강력한 처벌을 통해 마약문제를 해결하고자 한 것은 당국에 의한 아편의 관리·장악과 관련이 있다고도 해석된다.

그렇다면 조선총독부가 식민지 조선에서 아편정책의 성공, 즉 식민지 당국에 의한 아편 관리의 장악을 추구한 이면의 목적은 어떤 것이 있었는가? 단순히 식민지 한인의 건강을 위한 것은 결코 아니었다. 중국과 비교하여 상대적으로 아편 중독자가 적은 조선을 아편의 생산

92) 西村熊雄, 『滿洲國及北支ニ於ケル阿片麻藥問題ニ關スル視察報告』(1939.5), 15쪽.
93) 外務省條約局, 「昭和十三年度執務報告 拔萃」, 『極東國際軍事裁判 檢察側證據書類』 82卷, 1043-2號.

공급지로 계획하였던 점을 보더라도 그렇다. 1943년에 사토 히로시(佐藤弘)가 쓴 『대동아의 특수자원: 아편(大東亞の特殊資源: 阿片)』을 통해 보면 아래와 같다.

> 本邦에서는 내지 · 조선에서 앵속이 재배되어 어떤 곳에서도 재배가 가능하다. 그러나 대만 및 관동주는 경찰제도의 不備와 아편 중독자가 존재하기 때문에 단속상의 이유로 앵속의 재배를 금지하고 있다.[94]

> 조선은 기후 · 지질 · 민도 · 경찰상태 등의 점에서 本邦에서는 가장 앵속 재배에 적당한 곳으로, 그 주된 재배 지방은 경기 · 강원 · 함남 · 함북 4도이다. 反당 수량은 기술이 부족하기 때문에 내지의 반 정도이나 생산된 아편의 거의 전부를 해마다 移輸出하고, 특히 최근의 輸入難을 맞이하여 本邦 각지의 수요를 충족하고 있고 그 역할이 크다고 하지 않을 수 없다.[95]

위와 같이 일본이 조선은 기후 · 지질 · 민도 · 경찰 상태가 좋을 뿐만 아니라 아편 중독자도 적어 밀매로 인한 단속상의 문제가 적기 때문에 아편의 생산 공급지로 가장 적당하다고 판단하였음을 알 수 있다. 즉 1919년에는 '조선아편취체령'을 통해, 1935년에는 '조선마약취체령' 공포를 통해 아편에 이어 마약까지 관리 · 장악하면서 조선에서 아편을 대량으로 생산할 수 있는 토대를 마련하였던 것이다.

'조선마약취체령' 시행을 통해 조선의 마약까지 관리 장악한 일본은 조선을 중일전쟁 발발 이후 일본의 식민지 및 점령지에 대한 아편의 주요 공급지로 계획하였다. '만주국', 대만, 관동주 등은 아편 소비지역

94) 佐藤弘, 「大東亞の特殊資源: 阿片」(1943), 岡田芳政 외 편, 앞의 책, 15쪽.
95) 佐藤弘, 「大東亞の特殊資源: 阿片」(1943), 岡田芳政 외 편, 앞의 책, 18쪽.

으로 전매에 필요한 아편을 지역 내부에서 생산하는 데에는 한계가 있었다. 중일전쟁 이전까지 일부 또는 전부를 외부(이란, 터키, 조선 등)에서 수입하여 조달하였다. 그러나 중일전쟁 발발 이후 외환 관리의 필요성이 높아졌고, 2차 대전의 발발로 이란 등 외부로부터의 수입이 어려워지자 일본 세력권 내부로부터의 조달할 필요성이 제기되었다.[96] 1차 대전기 마약의 대체 생산지로 조선이 주목되었듯이 중일전쟁기에도 조선이 다시 주목되었다. 일본은 중일전쟁 발발 이후 조선을 '만주국' 등 일본 세력권의 부족한 아편을 공급하는 생산지로 구상하였다. 외무성 조약국이 작성한 『소화13년도 집무보고(昭和十三年度執務報告)』와 1939년에 외무성 서기관 니시무라 구마오가 작성한 앞의 시찰 보고서, 그리고 1938년 12월 우에다(植田) 대사가 아리타(有田) 외무대신 앞으로 보낸 전보 내용 등을 통해 중일전쟁 발발 이후 조선의 아편 증산계획과 관련한 내용을 아래와 같이 확인할 수 있다.

> 八. 조선에서의 앵속 재배면적 확장에 관한 건
>
> 조선총독부 보관 생아편은 소화8년(1933년) 4월 11일의 각의 결정에 의해 잠정조치로서 그것을 만주국정부에 양도하는 것을 용인한다. 금후 조선 내에서 생산된 생아편은 前記 각의 결정에 의해 대만총독부 및 관동국의 전매아편의 자료로서 공급하는 외 만주국 전매제도에 협력하기 위해 그것을 만주국 정부에 양도하는 것으로 한다. 右에 의해 대만총독부, 관동국 및 만주국 정부에 공급 또는 양도하는 생아편의 양 및 그 생산에 필요한 앵속 재배면적은 관계 관청 간에 협의하여 그것을 결정하는 것을 소화13년(1938년) 12월 12일 아편위원회에서 자문 받아 同日附로써 결의 동년 12월 23일 각의에서 결정하였다.

96) 박강, 『20세기 전반 동북아 한인과 아편』, 선인, 2008, 50~54쪽.

또한 右 재배증가는 소화14년도(1939년)에서의 앵속 재배면적 2천 町步의 확장을 실시하는 것으로 한다. 결국 소화14년도 재배면적은 약 7천 정보로 예정한다.[97]

鈴川專賣局長과 조선에서의 앵속 재배지의 증가에 대해 회담하였다. 同席한 警務局 川口技師로부터 "소화13년도(1938년) 재배면적 증가의 결과 예상된 수확 증가를 보이지 못한 원인의 절반은 만주국으로의 밀수출의 증가에 있는 것이 분명하였다. … 따라서 작년도 총독부로부터 만주국에 정식 양도된 약 3만kg에, 앞서 언급한 밀수출된 2만 5천kg를 더하면 약 5만 5천kg…"라고 진술하였다.

(……)

川口技師는 또한 左記한 취지를 內話하였다.

イ. 재배증가는 鮮農이 아마도 기뻐하지 않는다. 전매국의 예상과는 달리 농민은 앵속재배를 희망하지 않는다. 경무국의 응원으로 힘들게 재배증가를 실시한 상황이다. 본년도의 재배증가는 東拓에 의뢰하여 南鮮에서의 同社의 농민에게 裏作으로 재배토록 한 것이다.…

(……)

경성에서의 회담으로부터 左記와 같은 감상을 얻었다.

イ. 앵속 재배의 증가는 반드시 鮮農으로부터 환영받는 것은 아니다

ロ. 재배증가에 수반하여 단속의 강화는 반드시 필요하다

ハ. 재배증가와 관련하여 조선총독부에서는 東亞阿片政策의 一支柱가 되고자 하는 마음이 강하다

(……)

만주국 아편제도의 一難點은 원료의 확보이다. 원료는 土産으로써 충당하는 것을 근본으로 하며, 이어서 조선으로부터의 수입에 의지하며, 이란산 아편의 수입은 최소한도로 해야 한다. … 만주국의 아편제도는 만주국만의

97) 外務省條約局, 「昭和十三年度執務報告 拔萃」, 『極東國際軍事裁判 檢察側證據書類』 82卷, 1043-11號.

견지에서 처리할 수 없다. 반드시 조선, 만주, 北支 세 지역 간에 密接不斷의 협조를 필요로 하는 결론에 도달한다.[98]

금후에는 오로지 국내 및 조선으로부터의 공급에 응할 것을 방침으로 세워 조선 측으로부터 본년 3월의 협정에 의해 연간 약 5만kg 수입하던 것을 내년부터 배로 증가시켜 10만kg의 수입을 교섭 중에 있다…[99]

위 문서들을 통해 볼 때 중일전쟁 이전 조선을 잠정적 아편 공급지로 삼았다면 중일전쟁 발발 이후부터는 조선을 대만, 관동주, '만주국'의 전매제도에 필요한 아편의 주요 공급지로 계획하였음을 알 수 있다. 특히 '만주국'의 경우 필요한 아편의 양이 많기 때문에 치안이 확보된 일부 지역에서 아편을 생산 공급하는 것 외에 부족한 부분은 외국을 포함한 외부에서 충당해왔다. 그러나 외환 관리의 필요성과 국제사회의 비난이 고조되면서 이를 피하기 위해 이란산을 최소한도로 줄여야 했다. 이에 따라 일본 세력권 내부인 조선에서 주로 수입할 것을 계획하였다. 조선의 농민들이 조선 내 아편 재배 증가에 대해 달가워하지 않았음을 알 수 있다. '만주국'으로의 밀수출 상황으로 볼 때 총독부의 저렴한 수납가격이 그 주요 원인이었다. 조선의 재배증가에는 동척(東拓 동양척식주식회사東洋拓植株式會社의 준말)의 역할이 크게 작용하였음을 알 수 있다.

〈표 2-4〉를 보더라도 실제로 조선에서 '만주국' 등 일본 세력권에 아편이 공급되었고 그 수량도 증가하고 있었다. 이미 1930년부터 조선에

98) 西村熊雄, 『滿洲國及北支ニ於ケル阿片麻藥問題ニ關スル視察報告』(1939.5), 5~8 · 13~14쪽.

99) 「外務省關係電報および文書」, 岡田芳政 외 편, 앞의 책, 556쪽.

서 수납된 생아편 가운데 상당량이 대만, 관동주, '만주국'에 수출되었다. 1936년의 경우 수납량의 95% 이상, 1937년의 경우 수납량의 85% 이상이 관동주와 '만주국'으로 수출되었다. 조선의 앵속 재배면적은 1938년부터 1937년에 비해 두 배 이상 증가하였다. 재배지역도 1939년부터는 전남, 충북, 평북을 제외한 전국 각도로 확대되었다. 1938년도에는 수납량 이상(약 140%)의 아편이 관동주와 '만주국'에 수출되었으며, 1939년에는 수납량의 85% 정도가 관동주, '만주국', 대만에 수출되었다. 조선으로부터의 아편 공급 상황은 위의 〈표 2-4〉에 보이는 바와 같이 그 추이가 일본 패망 때까지 지속되었음을 알 수 있다.

요컨대 1차 대전 이후 조선 내에서 마약류가 성행하고 국제기구의 비판이 강화되자 조선총독부는 1930년에 세계 최초로 마약전매를 실시하였다. 처벌규정이 강화되지 않은 채 시행되던 마약전매는 그 성과를 거두기 어려웠다. 5년 후에 가서야 강화된 처벌규정이 포함된 '조선마약취체령'이 공포되면서 성과를 나타내기 시작하였다. 마약문제에 대한 단속이 뒤늦게 강화된 배경에는 조선에서 대량의 아편을 생산할 토대를 마련하기 위해서였다고 생각된다. 즉 일본은 1차 대전기와 마찬가지로 중일전쟁 전후에도 조선을 일본의 식민지 및 점령지에 대한 아편 공급지로 구상하고 활용하였던 것이다.

100) 박강, 「조선에서의 일본 아편정책」, 『한국민족운동사연구』 20, 1998, 323~324쪽.

〈표 2-4〉 조선의 생아편 생산 및 수출 상황[100)]

연도	앵속 재배면적 (ha)	앵속 재배지역	생아편 수납량 (kg)	생 아 편 수 출 량 (kg)		
				관동주 전매국	만주국 전매국	대만 전매국
1930	735		1,400	(2,867)	무	무
1931	1,052	경기 · 강원 · 함남 · 함북	5,654	(2,092)	무	무
1932	1,068		7,634	무	무	〔1,884〕 (1,952)
1933	2,240		14,059	무	무	〔3,235〕 (3,186)
1934	2,177	경기 · 강원 · 함남 · 함북	11,339	무	무	무
1935	(2,531)	〃	18,348 (18,160)	(7,500)	(3,572)	무
1936	(2,497)	〃	27,305 (27,086)	(15,022)	(11,283)	무
1937	(2,608)	〃	28,848 (27,608)	(6,700)	(17,461)	무
1938	(5,110)	강원 · 함남 · 함북 · 평남 · 황해도	27,712 (26,538)	(9,010)	(28,668)	무
1939	(6,729)	전남 · 충북 · 평북을 제외한 전국각도	(26,702)	(8,524)	(4,259)	(10,059)
1940	(7,425)	〃	(32,929)	(12,498)	(8,501)	(7,315)
1941	(8,602)	〃	(30,739)	(20,110)	(17,008)	(11,473)
1942	(6,799)	〃	(25,971)	(16,839)	(11,032)	(8,139)
1943	(7,654)	〃	(39,433)	(17,418)	(8,377)	(4,777)
1944	(7,778)	〃	(37,811)	(12,000)	무	무
1945	불 명	불 명	불 명	무	무	(224)

* 표기 이외에 1944년도 생아편의 일본해군 수출량 (6,011)kg이 있음. ( )는 『極東國際裁判記錄 檢察側證據書類』에서, [ ]는 『日本帝國統計年鑑』에서, 기타는 『朝鮮專賣史』, 『朝鮮總督府統計年報』, 『朝鮮事情』, 「大東亞の特殊資源; 阿片」에서 인용한 통계수치임.

4. 소결

1910년대 조선총독부의 아편정책은 정책에 대한 준비나 방향을 명확히 설정하지 못한 채 무리하게 수익문제와 연계시켜 추진함으로써 시행착오와 정책 실패를 거듭하였다. 당초 조선총독부는 식민지 조선의 아편문제를 방치할 경우 통치하는 데 있어 사회경제적으로 불이익이 초래될 것을 우려하여 단속하고자 하였다. 그러나 대만의 높은 아편 전매수입에 매력을 느껴 조선의 상황을 정확히 파악하지 못한 채 무리하게 아편 전매제를 추진하려다가 무산되었다. 또한, 1차 대전 발발 이후 식민지 조선을 동아시아 지역에 필요한 마약의 공급지로 주목하여 아편 증산정책을 추진하였으나 이 역시 실패로 끝났다. 당시 일본과 조선총독부는 아편을 통한 수익 창출을 위한 정책의 필요에 따라 상황을 조작 내지 자의적으로 해석하였다. 이로써 연이은 실패와 부작용을 초래할 수밖에 없었다. 결국 1910년대 조선총독부의 무리한 정책 추진은 일본과 조선총독부의 아편정책에 대한 신뢰 상실은 물론 1920년대 식민지 조선에 모르핀 중독문제라는 심각한 사회문제를 야기시켰다.

1930년대에 시행된 조선총독부의 모르핀 대책은 표면적으로는 조선의 심각한 사회문제를 해결하기 위한 것으로 보이지만 그 이면에는 일본의 전체 식민지 및 점령지에 대한 아편·마약정책과 연계되어 추진되었음을 알 수 있다. 1차 대전기 유럽산 모르핀의 수입이 곤란한 상황에서 모르핀이 초래할 조선의 심각한 사회문제는 차치하고 오로지 이윤추구만을 목적으로 조선에서 대량의 아편을 생산시켜 모르핀을 제조하도록 하였다. 조선의 심각한 마약문제에 제대로 대처하지 않았던 조선총독부는 1935년에 가서야 강화된 마약 처벌규정을 마련하였다. 이는 단속에 성과가 있었지만, 이 역시 조선의 사회문제 해결보다는 중일전쟁 전후 일본 세력권의 부족한 아편 공급문제 해결이라는 구도 속에서 조선의 모르핀 대책이 구상되었음을 알 수 있다.

3장

식민지 조선의 지방 의료체계와 모르핀 오남용 : 1920년대를 중심으로

1. 들어가며

1920년대 식민지 조선의 사회문제 가운데 모르핀의 확산은 심각한 단계였다. 모르핀의 확산이 심각한 사회문제에 이르기까지 여러 가지 원인이 혼재되어 작용하였다. 그중 조선의 의료체계와 의료인들의 역할에 주목할 필요가 있다.

지금까지 식민지 조선의 모르핀 문제에 관한 연구는 대개 일본의 정책을 통한 접근이었다. 일본의 전체 아편·마약정책과의 관련 속에서 살펴보거나, 조선총독부의 모르핀 대책과 관련하여 연구되었다. 일본의 전체 아편·마약정책 속에서 조선의 모르핀 확산 원인을 파악해보면 일본이 조선을 아편과 모르핀의 생산 공급지로만 생각하고 정책을 추진한 것에 기인함을 알 수 있었다. 조선 내부의 모르핀 대책과 관련하여 모르핀 확산 원인을 살펴보면, 주로 모르핀 관련 법 제정의 미비와 경찰 당국의 단속 부족 등에서 그 요인을 찾아볼 수 있었다. 그 외 조선 내부의 확산 원인으로 의료인들의 모르핀 오남용과 개인

의 성적 쾌락 향유 등이 일부 거론되기도 하였다.[1)]

조선 내부의 원인으로 조선총독부는 당초 개인의 성적 추구를 모르핀 확산의 주요 원인으로 여기고, 그 대책으로 법 제정보다는 여론 또는 사회적 제재를 강조하였다.[2)] 그러나 당시 『동아일보』 등 언론과 지식인, 시민단체 등에서는 개인의 성적 추구에 의한 작용보다는 법 제정의 미비, 경찰 당국의 단속 부족과 더불어 의료인들의 모르핀 주사 오남용 등에 더 주목하였다. 조선총독부의 법 제정 미비와 경찰 당국의 단속 부족에 대해서는 이미 일정한 연구 성과가 있다.[3)] 반면 의료인들의 모르핀 오남용과 관련해서는 아직까지 구체적인 연구가 이루어지지 않았다.

의료인들의 모르핀 오남용 문제를 연구하기 위해서는 우선 식민지 조선의 의료체계를 이해할 필요가 있다. 식민지 시기 조선의 의료체계는 일본과 비교하여 매우 열악한 상황에 놓여 있었다. 열악했던 이유의 하나로 1920년대에 일본의 재정 긴축정책 시행을 들 수 있다. 이러한 상황에 따라 조선총독부의 재정 역시 어려운 상황에 처하게 되

1) 박강, 「1910년대 조선총독부 아편정책의 실상」, 『한국민족운동사연구』 84, 2015 ; 박강, 「1930년대 조선총독부 모르핀 대책의 실상」, 『한국민족운동사연구』 100, 2019 ; 박강, 『20세기 전반 동북아 한인과 아편』, 선인, 2008 ; 조석연, 『한국근현대 마약문제 연구』, 한국외국어대학교대학원 박사학위논문, 2018 ; 구라하시 마사나오 저, 박강 역, 『아편제국 일본』, 지식산업사, 1999.

2) 「全朝鮮刺身鬼 이천칠백여명」, 『동아일보』, 1926년 12월 23일 ; 「漸增하는阿片中毒者 全朝鮮에二萬數千」, 『동아일보』, 1927년 2월 27일 ; 「"모루히네"中毒과當局者의心事」, 『동아일보』, 1924년 10월 29일 ; 「모루히네取締와朝鮮人의生命」, 『동아일보』, 1924년 8월 3일.

3) 박강, 「1910년대 조선총독부 아편정책의 실상」, 『한국민족운동사연구』 84, 2015 ; 박강, 「1930년대 조선총독부 모르핀 대책의 실상」, 『한국민족운동사연구』 100, 2019 ; 조석연, 『한국근현대 마약문제 연구』, 한국외국어대학교대학원 박사학위논문, 2018.

었고, 1910년 지방[4] 거주민의 의료혜택을 위해 전국 13곳에 설치한 자혜의원(慈惠醫院)이 1925년에 도립의원(道立醫院)으로 변경되었다. 도립의원은 도(道)의 운영비로 운영되는 재정자립 병원이었다. 지방의 재정적 어려움은 상존하는 문제였으므로 지방 의료체계의 상황은 더욱 어려울 수밖에 없었다.[5]

1925년 이후 지방 의료체계 상황이 악화되면서 그 피해가 고스란히 지방에 거주하는 조선의 취약계층에게 돌아가는 것은 자명한 일이었다. 게다가 이러한 시기에 지방 의료체계의 미비한 점을 이용하여 돈벌이에 혈안이 된 일부 몰지각한 의료인들이 있었다. 사리사욕을 채우는 데만 급급한 이들 의료인들의 행태는 1920년대 모르핀의 확산과 깊게 관련되어 있다고 생각된다.

몰지각한 의료인들의 모르핀 주사 오남용 문제는 식민지 시기 조선의 지방 의료체계가 미비한 상황과도 밀접한 관련이 있었다. 일본은 조선을 식민지화 하는 근거의 하나로서 조선의 문명개화를 내세웠으며, 대외적 정당성 확보를 위해 서양의학 중심의 선진 의료체계의 보급을 추진하겠다고 공언하였다.[6] 그런데 식민지 시기 조선의 의료체계를 살펴보면 일본과 비교하여 매우 열악하였으며, 지방의 경우는 더욱 낙후되어 있었다. 상대적으로 의료체계 여건이 좋다고 하는 일본의 경우에도 모르핀 중독자 발생의 주된 원인으로 의료인들이 지목되

4) 일반적으로 경성을 제외한 지역을 대상으로 하나, 본 책에서는 郡 이하 지역을 주된 대상으로 한다.

5) 여인석 외 저, 『한국의학사』, 역사공간, 2018, 253~255쪽 ; 박윤재, 「조선총독부의 지방 의료정책과 의료 소비」, 『역사문제연구』 21, 2009, 165~166쪽.

6) 조형근, 「식민지체제와 의료적 규율화」, 김진균 외 편저, 『근대주체와 식민지 규율권력』, 문화과학사, 1997, 176~177쪽.

었다. 의사의 부주의와 의학 지식이 부족한 한지개업의(限地開業醫 의사의 보급이 충분하지 못하여 자격 없는 사람으로 의약에 경험이 있는 경우 당분간 지역과 기한을 제한하여 의업을 허가하는 것) 혹은 부정약업자(不正藥業者) 등의 주사약 남용이 문제를 야기했다고 보는 견해가 있다.[7] 의료체계가 일본에 비해 훨씬 낙후된 조선의 경우 의료체계 미비에 따른 부작용과 의료인의 오남용 문제는 간과할 수 없는 것이다.

따라서 본 장에서는 식민지 조선의 모르핀 문제를 지방의 열악한 의료체계와 의료인들의 모르핀 오남용 문제를 통해 살펴보고자 한다. 시기는 1920년대로 한정하였다. 1920년대는 마약류의 공급에 무방비로 노출된 시기였다. 1919년 조선에서 모르핀을 독점 생산하던 다이쇼(大正)제약주식회사가 1차 대전 종식으로 수출이 어려워지면서 이들이 생산한 모르핀이 조선 내에 공급되기 시작하였다. 여기에 일본 내지에서 과잉 생산된 모르핀까지 조선으로 밀수입되었다. 당연히 심각한 사회문제를 초래할 수밖에 없었지만, 당국의 조치는 미온적이었다. 조선 내 마약문제가 극도로 심각해지고 나서야 조선총독부는 1930년에 마약전매, 1935년에는 '조선마약취체령'을 공포하였다. 이로써 조선 내 마약의 소비문제는 점차 완화되었다.[8] 따라서 본 장에서는 조선 내 마약의 밀매와 밀수상황이 가장 심각했던 1920년대를 중심으로 살펴보고자 한다.

먼저 지방의 의료체계와 모르핀의 오남용 문제를 이해하기 위해

7) 小笠原靜雄, 「モヒ中毒者救濟に就て」, 『醫事公論』 1070號, 1933, 22쪽.
8) 박강, 「1930년대 조선총독부 모르핀 대책의 실상」, 『한국민족운동사연구』 100, 2019, 217~220쪽.

1920년대 지방 의료체계의 문제점에 대해 알아보고자 한다. 지방 의료체계의 미비점 고찰을 통해 지방 의료인들과 관련한 모르핀 오남용 문제가 출현하게 된 배경을 이해할 수 있을 것이다. 이어서 지방 의료체계의 미비라는 상황 속에서 지방 의료인들의 모르핀 오남용 상황과 그 심각성에 대해 살펴보고자 한다. 이를 통해 이 시기 일부 지방 의료인들의 부도덕성과 몰지각함은 물론 모르핀 확산문제를 새로운 관점에서 이해하는 데 도움이 될 것이다.

2. 지방 의료체계의 문제점

일본은 식민지 조선에 대한 의료체계 수립을 통해 식민지 지배의 대외적 정당성을 확보하고자 하였다. 이에 따라 1910년 조선의 중앙에는 조선총독부의원(朝鮮總督府醫院)이, 지방의 13개 도에는 자혜의원(慈惠醫院)이 설립되었다. 지방에 설립된 자혜의원은 저가 혹은 무료 진료를 실시하여 경제적으로 어려운 지방민에게 서양의학에 기초한 의료 혜택을 제공한다는 취지를 내세웠다. 일본의 식민지배에 대한 반감을 감소시키고 동시에 호감을 갖게 하는 효과도 의도한 것이었다.[9)]

9) 박윤재, 『韓末 · 日帝 初 近代的 醫學體系의 形成과 植民支配』, 연세대학교대학원 박사학위논문, 2002, 161쪽 ; 여인석 외 저, 『한국의학사』, 255쪽.

조선총독부의원 전경(출전: 『朝鮮總督府醫院年報』 第13回)

1910년대에 조선총독부가 시행한 지방에 대한 의료정책의 방침은 자혜의원과 공의(公醫)를 설치하여 의료 혜택을 제공한다는 것이었다. 전국 13개 도에 설치된 자혜의원은 지방민에게 의료 혜택을 제공하였으며 순회 진료도 실시하였다. 무료로 진료를 받았던 시료환자(施療患者)의 비율은 1910년대에 총 환자 대비 60~80%에 달하였다.[10)]

10) 여인석 외 저, 『한국의학사』, 255쪽.

청주 자혜의원(출전: 『한국의학사』)

경상북도 도립 대구의원(출전: 『朝鮮道立醫院槪況』)

자혜의원의 설립으로 의료 혜택이 지방민에게 공평하게 적용된 것은 아니었다. 전국 13개 도에 설립된 것이기 때문에 그 혜택은 도청소재지나 군청소재지 등 일부 지역에 한정될 수밖에 없었다. 이를 보완하기 위해 공의제도(公醫制度)가 마련되었다. 공의는 지방의 의료 수요를 충족시키기 위해 1914년에 137명을 선발하였고, 1923년에는 228명으로 그 수가 증가되었다. 이들 공의는 지방의 의료 수요를 충족시키는 주요 업무뿐만 아니라 공중위생 등 지방의 위생사무 전반을 담당해야 했다. 공의들은 주로 자혜의원을 방문하기 어려운 곤궁한 사람들을 진료하였으므로 개업의와 같은 영업이익을 취하기는 어려웠다. 공의의 처우를 보완하기 위해 총독부는 일정한 수당을 제공하였지만 일반 개업의보다 여전히 급여가 낮았다.[11]

이와 같이 설립된 지방 의료기관을 통해 1910년대의 경우 한인보다는 일본인이 더 많은 혜택을 누렸다. 물론 지방에 거주하는 한인들도 의료 혜택을 보았지만 1910~1918년까지의 자혜의원 국적별 이용률 통계를 보면 일본인이 한인보다 14~20배나 높았다. 지방 의료기관의 설립은 전적으로 식민지 한인의 의료 혜택을 위한 것이라기보다는 일본인들의 지방 정착을 보조하는 역할도 컸음을 알 수 있다.[12]

1920년대에 들어오면 재정 긴축에 따라 자혜의원의 운영 방식도 전환되었다. 조선총독부는 일본 정부의 재정 긴축정책에 따라 1923년부터 경비 절약을 시작하였으며, 1925년부터는 재정 긴축의 강도를 한껏 높였다. 이로 인해 전라남도 소록도 자혜의원을 제외한 나머지 각도의 자혜의원이 1925년부터 도(道)의 지방비에 의해 운영되는 도립의원(道立醫院)으로 변경되었다. 그리고 경영 방식이 점차 진료비에 의존

11) 조선총독부 편, 박찬승 외 역, 『국역 조선총독부30년사(상) 시정25년사①』, 민속원, 2018, 204쪽 ; 여인석 외 저, 『한국의학사』, 256쪽 ; 박윤재, 「조선총독부의 지방 의료정책과 의료 소비」, 164쪽.

12) 박윤재, 「조선총독부의 지방 의료정책과 의료 소비」, 164~165쪽.

하는 방식으로 전환되었다. 이로써 경제적으로 곤궁한 지방의 한인들은 일본의 식민지배 초기에 비해 서양의학의 혜택을 받기 더욱 어려워지게 되었다.[13)]

〈표 3-1〉 도립의원 환자 중 시료환자 비율(1910-1928)[14)] (단위: 명)

연 도	1910	1911	1912	1913	1914	1915	1916	1917	1928
수가환자	10,461	40,534	94,446	80,541	92,024	96,385	376,558	404,115	862,272
시료환자	52,723	166,101	187,161	276,565	291,982	336,755	575,543	657,756	143,854
계	63,184	206,635	281,607	357,106	384,006	433,140	952,101	1,061,871	1,006,126
총환자 대비시료 환자비율	83.4%	80.3%	66.4%	77.4%	76.0%	77.7%	60.4%	61.9%	14.3%

위의 〈표 3-1〉을 통해 자혜의원이 도립의원으로 변경된 1925년을 경계로 시료환자의 비율이 확연히 변화하였음을 알 수 있다. 1917년의 경우 시료환자는 657,756명으로 총 환자 대비 61.9%였다. 1910년대 시료환자의 비율은 61.9~83.4%로 상당히 높았다. 반면 도립의원으로 변경된 이후인 1928년의 경우 시료환자 수는 143,854명이고 총 환자 대비 시료환자 비율이 14.3%였다. 시료환자 수는 물론 비율까지도 대폭 감소되었음을 알 수 있다.

또한, 1937년과 1938년에 간행된 『조선도립의원요람(朝鮮道立醫院要覽)』[15)]에 따르면 도립의원으로 전환된 첫해와 둘째 해인 1925년과

13) 박윤재, 「조선총독부의 지방 의료정책과 의료 소비」, 165~166쪽 ; 朝鮮總督府, 『朝鮮道立醫院概況』, 京城: 朝鮮總督府, 1930, 4~5쪽 ; 조선총독부 편, 박찬승 외 역, 『국역 조선총독부30년사(상) 시정25년사①』, 348 · 468쪽.

14) 여인석 외 저, 『한국의학사』, 254쪽.

15) 朝鮮總督府警務局衛生課, 『朝鮮道立醫院要覽』, 京城: 朝鮮總督府警務局衛生課, 1937, 9쪽 ; 朝鮮總督府警務局衛生課, 『朝鮮道立醫院要覽』, 京城: 朝鮮總督府警

1926년의 경우 시료환자 수는 각각 227,010명과 184,347명으로 줄어들었다. 1927년의 경우는 11,327명에 불과하여 1917년의 1.7% 정도였으므로 시료환자를 거의 받지 않았다고 할 수 있다. 1925년 이후 경제적으로 곤궁한 지방민의 의료 상황이 얼마나 악화되었는지를 보여주는 수치이다.

조선의 지방 의료체계가 얼마나 부실했는가는 1930년 의료통계로 그 실상을 확인해 볼 수 있다. 1930년 조선의 전체 의사 수는 2천 명에도 미치지 못하였으며, 인구 1만 명당 의사 수는 겨우 0.9명이었다. 일본의 경우는 인구 1만 명당 의사 수가 7.8명 정도로 조선과 비교하면 8배 정도의 격차가 났다. 게다가 조선의 경우 도시(부 및 부 이외의 도청소재지를 지칭)와 군의 격차도 매우 컸다. 도시에서는 인구 1만 명당 의사 수가 약 8명인 것에 비해 군에는 0.5명에 불과하였다. 이는 도시의 16분의 1에 해당되는 것이었다.[16)]

도별 의사 1인당 인구수를 통해서도 지방의 의료기관과 의사 수가 얼마나 부족하였는가를 알 수 있다. 1929년 『동아일보』에 총독부 경무국 위생과에서 조사한 조선의 의료기관과 의사 수에 관한 기사가 게재되었다. 이 기사에 의하면 조선의 의사 수는 1,620명이고, 한지개업의(限地開業醫)가 148명으로 합계 1,710명이었다. 지역적으로는 의료기관이 구비된 경기도가 의사 수 473명으로 가장 많았다. 가장 적은 곳은 충청북도로 33명에 불과하였다. 일본인 의사는 303명으로 관청에 근무하는 경우가 대부분이었고 한인 의사는 대다수가 개업의였다.

務局衛生課, 1938, 10쪽.

16) 竹內淸一, 「朝鮮に於ける救療事業の擴張,充實を望む」, 『朝鮮社會事業』 10-7, 1932, 32~33쪽.

의사 1인당 인구는 평균 11,798명이었다. 도별 인구수는 아래 〈표 3-2〉와 같다.[17] 경성 인근인 경기도의 경우 의사 1인당 인구수가 4천 명 정도인 데 비해 나머지 12개 도의 평균 의사 1인당 인구수는 16,689명이었다. 의사 1인당 인구수가 중앙과 지방간에 격차가 크게 벌어져 있었음을 알 수 있다. 그 격차는 지방의 의료 환경이 얼마나 열악했는가를 보여주는 것이었다.

〈표 3-2〉 도별 의사 1인당 인구수(단위: 명)[18]

도 별	인 구	도 별	인 구
경기도	4,069	충청북도	25,086
충청남도	19,978	전라북도	19,698
전라남도	20,645	경상북도	21,174
경상남도	10,574	황해도	12,112
평안남도	8,546	평안북도	13,465
강원도	26,048	함경남도	13,326
함경북도	9,611	평균	11,798

여기에서 조선의 병원 이용률을 살펴볼 필요가 있다. 조선의 병원 수는 1930년에 겨우 123개 원(院)으로 인구 약 16만 명에 1개 원(院)의 비율이었다. 일본의 경우는 인구 1만 5천 명에 1개 원이 있었다. 조선과 일본의 병원 1개 원당 인구 비율로 볼 때 조선은 일본의 1/10 수준이다. 병상 수의 경우 조선은 대체로 7천 병상 내외로 파악되고 1상당 인구는 약 3천 명 정도로 추정된다. 이에 비해 일본의 경우 1상당 약 500인으로 조선과 현격한 차이를 보였다. 조선과 일본의 1상당 인구를 비교하면 조선이 일본의 1/6 수준이다.[19]

17) 「醫師一人擔當 萬千七百人의比率」, 『동아일보』, 1929년 12월 22일.
18) 「醫師一人擔當 萬千七百人의比率」, 『동아일보』, 1929년 12월 22일.

조선의 경우 이처럼 병상 수가 적었음에도 불구하고 병상 이용률이 50% 전후에 불과하였다. 1931년 도립의원의 경우는 42% 정도였다. 병상 수가 적은데도 불구하고 이용률이 낮은 것은 무엇을 의미하는 것일까? 조선에서 환자 발생률이 낮았다고 볼 수는 없다. 병상 이용률이 낮은 것은 조선의 많은 환자들이 경제적으로 능력이 부족하여 병원을 이용할 수 없었기 때문이다. 입원 환자의 재원 일수가 짧은 것도 환자들의 경제적 어려움을 반영하는 것이었다. 일본과 비교하면 조선의 입원 환자 1인당 재원(在院) 일수는 매우 짧았다. 1930년 일본의 재원 일수는 공립병원의 경우 23일, 시료병원의 경우 25일, 사립병원의 경우 18일이었다. 조선에서는 도립의원의 경우만 하더라도 16일을 넘기지 않았다. 사립병원의 경우는 이보다 짧다는 것을 쉽게 짐작할 수 있다.[20]

지방의 상황은 더 열악하였다. 군 이하 지방의 의사 1인당 환자 비율이 도시의 1/16 정도에 지나지 않았고, 1925년 자혜의원이 도립의원으로 전환되어 시료환자 비율도 급격히 낮아졌다. 따라서 경제적으로 곤궁한 지방민의 의료 혜택은 더욱 축소되었음을 알 수 있다.

지방의 농촌이나 벽촌과 같이 의료 소외 지역에 대한 의료 혜택을 넓히기 위해 공의제도(公醫制度)가 마련되었지만 열악한 처우로 인해 당초 목적을 거두기 어려웠다. 1910년에 자혜의원이 설립되고 순회 진료가 시행되었지만 지방민에 대한 의료 혜택이 충분히 제공되기 어려운 상황이었다. 이에 벽지를 중심으로 공의가 배치되었다. 의원이 없는 지역의 궁민 중에서 군청이나 경찰서로부터 무료 진료권을 배부받

19) 竹内清一, 「朝鮮に於ける救療事業の擴張,充實を望む」, 33~34쪽.

20) 竹内清一, 「朝鮮に於ける救療事業の擴張,充實を望む」, 33~35쪽 ; 「醫療機關을輕費化하라」, 『동아일보』, 1934년 11월 24일.

은 경우 공의에게 무료 진료를 받을 수 있었다. 공의에게는 제공되는 수당이 너무 부족하였으므로 개업의로서의 활동도 허가해 주었다. 그럼에도 근무지가 산간벽지였기 때문에 개업의 활동을 통한 수입 역시 부진하였다.[21] 따라서 공의제도를 통한 벽지 등 소외 지역에 대한 의료 혜택의 확대는 쉽지 않았다.

일본의 조선 강점 이후 조선총독부는 부족한 서양의학 의사들을 보완하기 위해 한의학을 이용하였다. 일본은 서양의학을 시술하는 자국은 문명국가이며 한의학을 시술하는 조선은 후진성을 나타낸다고 보았다. 그러나 서양의학 의사들이 부족한 현실이었으므로 한의학을 무시만 하기는 힘들었다. 이에 조선총독부는 타협책으로 1913년에 '의생규칙(醫生規則)'을 반포하였다. 1914년도 의사 수 641명으로 1천 5백만에 이르는 인구를 감당하기 어려웠으므로 한의사들을 의료인에 포함시켜 통제하고자 하였던 것이다. 이 규칙에서 한의는 의사가 아닌 '의생(醫生)'으로 지위를 낮췄다. 한시적으로 활동할 수 있도록 하여 한의에 대한 차별을 분명히 하였다. 1914년 당시 의생 수는 5,827명이었다.[22]

1910년 이후 조선총독부는 서양의학 중심의 의료체계를 구축하겠다고 공언하였지만 당시 일반인들의 일상 의료 이용실태는 그다지 변화가 없었다. 일반적으로 병에 걸렸을 경우 집에 사다 놓은 상약(常藥)이나 간단한 매약(賣藥)으로 치료하는 경우가 많았다. 그것으로 치료가 어려운 경우 가장 쉽게 만날 수 있는 의료인은 약종상(藥種商)과

21) 朝鮮總督府 편, 『朝鮮道立醫院概況』, 41쪽 ; 박윤재, 『韓末 · 日帝 初 近代的 醫學體系의 形成과 植民支配』, 연세대학교대학원 박사학위논문, 2002, 176~182쪽.

22) 조선총독부 편, 박찬승 외 역, 『국역 조선총독부30년사(상) 시정25년사①』, 205쪽 ; 박윤재, 「일제의 한의학 정책과 조선 지배」, 『醫史學』 17-1, 2008, 77쪽 ; 여인석 외 저, 『한국의학사』, 275쪽.

한약종상(韓藥種商)이었다. 이들은 간단한 진찰을 하기도 하고, 몇몇 처방을 갖고 약품 제조와 판매를 하기도 하였다. 그래도 치료가 어려운 경우 전문 의료인을 찾았고, 서양의학이 비싸다고 여길 경우 보통 한의와 무속인 등을 찾아갔다. 일반 서민들의 경우 평생 병원을 한 번도 가보지 못하는 경우가 다반사였다.[23]

강원도 도립 강릉의원(출전: 『朝鮮道立醫院槪況』)

23) 여인석 외 저, 『한국의학사』, 280쪽.

〈표 3-3〉 강릉군(江陵郡) 구정면(邱井面) 구정리(邱井里) 주민의 의료 체험[24]

수입별	의생	병원	의사	기 타
하위10호	7호	1호	--	질병 없음1호, 불명1호
중위10호	9호	1호	--	질병 없음1호, 무녀1호
상위10호	10호	3호	2호	
합계	26호	5호	2호	질병 없음2호, 무녀1호, 불명1호

농촌지역인 경우 한의사인 의생의 역할이 더욱 압도적이었다. 조선총독부에서 공간한 자료는 물론 1930년 어느 촌락에 대한 통계자료(〈표 3-3〉)를 통해서 이러한 상황을 유추해 볼 수 있다. 조선총독부에서 편한 자료(사이토 마코토 총독 시기: 1919~1927)에서는 "이에 따라 대다수는 여전히 조선 재래의 의업자(醫業者)인 의생(醫生)의 진료를 따를 뿐인 상태여서 공의의 증치와 의료기관 보급은 지금도 여전히 급무로 남아 있다"[25]라고 하였다. 또한 강릉군에는 도립의원이 위치해 있는데, 조사농가 30호 가운데 병원의 입원 혹은 통원을 경험하거나 의사의 진료를 경험한 농가는 7호로 전체 농가의 1/4에도 미치지 못하였다. 이에 반해 한의사인 의생의 진료 경험을 갖은 농가는 90% 정도에 달하였다. 계층별로 볼 때 상위 10호의 농가는 병원과 의사의 진료를 받은 경험이 절반에 해당되었다. 반면 중하위 계층의 경우 거의 한의사인 의생의 진료에 의존하고 있었다.[26] 이로써 1920년대 조선 농촌의 의료 이용은 거의 의생에 의존하고 있었음을 알 수 있다.

지방 벽촌의 경우 의료 혜택의 실상은 더욱 열악했으며, 의생의 혜

24) 松本武祝, 「植民地期朝鮮農村における衛生・醫療事業の展開 : 植民地的近代性に關する試論」, 『商經論叢』 34-4, 1999, 13쪽.
25) 조선총독부 편, 박찬승 외 역, 『국역 조선총독부30년사(상) 시정25년사①』, 469쪽.
26) 松本武祝, 앞의 논문, 12~13쪽.

택도 쉽지 않았다. 1922년 『동아일보』에 실린 아래 기사를 통해 지방 벽촌의 의료 현실을 일정 정도 이해할 수 있다.

> 도회디에는 의약의설비가 디방보다발달되야 질병을 치료하기에편리한점이잇스나 디방벽촌에는 한번병이나면 십리이십리를 차저가서겨우한방의사의약첩이나지어다먹거나 그러치아니하면 재래그디방에도라다니는 미신뎍예방이나 상약으로병을 치료하다가중대한ㅁ명을 그릇치는폐단도 적지아니하다 근래에경성을 비롯하야 중요한도회디에는 새의약을연구한의사도잇고병원도 잇스나 디방벽촌에는 한면이나두면사이에 겨우한사람의 한방의사나진진구재를 파는 한약국이잇든것도 점점도회디로 옴기어가는까닭에 궁벽한촌락에서는그나마편작가치 의뢰하든 한방의들까지 일허버리게되야 디방농민의의약긔관은점점 업서저가는까닭에 경긔도경찰부 위생과(京畿道警察部衛生課)에서는작년이래로 한디의생면허(限地醫生免許)를더욱힘써 실행하는중이라한다... 그러나 디방에따라서는 조치못한미신의 습관이아즉까지도 류행하야 병이나면약을 먹는것보다 무당이나예방으로병을고치려하는데가만허서 의생이잇스나영업이되지아니하야 의생은결국그곳에장구히잇지못하게되는중 더욱심한곳은 경긔도장단(長湍)군에는 전군을 통하야 의생이 겨우세명밧게업다한다...[27]

도시 지역과는 달리 지방 벽촌의 경우 일본의 식민지배가 10년 이상 지속된 상황에서도 의료 시설은 크게 개선되지 않았다. 궁벽한 촌락의 경우 근대 의료의 혜택은커녕 기존에 있던 한방의까지도 영업이익이 나지 않아 도시로 이주해 나갔다. 군 전체를 통해서도 의생의 수조차도 매우 부족한 상황이었다.

요컨대 일본의 식민지배가 20년 이상 지속된 상황하에서도 조선의

27) 「鄕村의醫療機關」, 『동아일보』, 1922년 6월 3일.

의료 현실은 일본과 비교했을 때 매우 열악하였다. 지방의 의료 현실은 더욱 심각하였다. 군 이하의 지방에서는 미비한 의료체계의 현실로 의사나 공의 등을 통한 서양의학의 혜택은 쉽지 않은 것이었다. 이러한 상황에서 1920년대에 모르핀이 전국적으로 확산되어 심각한 사회문제를 야기하였다. 이 시기 지방의 열악한 의료체계 속에서 직접 환자와 접촉하는 의료인들과 모르핀의 확산은 어떠한 관련성이 있었던 것일까?

3. 지방 의료인과 모르핀 오남용

지방의 열악한 의료체계 현실 속에서 일부 의료인들에 의해 모르핀이 오남용되는 경우가 발생하였다. 당시 사람들 사이에 모르핀은 질병 치료에 효과 있는 것으로 믿어졌고 위험성에 대한 정확한 인식은 부족한 상황이었다. 따라서 의료인이 주사하는 모르핀에 대해 크게 거부감이 없었다.

개항 이후 조선에서 아편이 질병 치료에 효과가 있다고 잘못된 인식을 가진 사람들이 많았듯이 대용품인 모르핀에 대해서도 잘못된 인식이 이어지고 있었다. 의료 혜택이 빈약한 지방을 중심으로 그러한 잘못된 인식은 여전히 남아 있었다. 아편은 개항기 청국과의 통상교류가 증대하면서 청국인을 통해 유입되기 시작하였다. 이 시기 조선에서의 아편 흡연 동기와 관련하여 『각사등록 근대편(各司謄錄 近代篇)』에 수록된 아편 범죄 관련 재판문서들을 살펴보면 질병 치료와의 관련성이 매우 높았다. 아편과 질병 치료와의 관련성은 비단 조선뿐만 아니라 조선보다 아편의 역사가 깊고 사회적으로 만연된 대만과 중국에서도 마찬가지였다.[28] 1920년대에 이르러서도 조선에서는 아편은 물론 아편의 대용품인 모르핀도 질병 치료에 효능이 있다고 믿는 사람들이 여전히 존재하였다. 아래 기사를 통해서도 모르핀의 효능에 대한 군 이하 지방민들의 인식을 살펴볼 수 있다.

Ⓐ 阿片에中毒된江景 임의중독자가오십여명

경찰당국은무엇을하나

충청남도강경(忠南江景)이란곳은 조선삼대시장(三大市場)중의 하나로치는 큰도회더라그런대 그디방에는작년여름에 괴질류행할때부터 아편을먹고 아편연주사를마즈면 괴질병은 물론이요 기타무슨병에도 걸리지아니한다는 일종미신덕 풍절이류행하기 시작하야 한사람두사람식이 아편을빨기시작하던바요사이에 이르러서는 그수효가점차로느러가서 현금 그디방에는 아편을 먹고 도"모루히네(모르핀*필자주)"주사를맛는자가 자못만혀저서 지금은"모루히네"중독자가 거의오십명에갓갑고 그해독은 실로막대하야가는 모양이라는대 당디에잇는 경찰당국에서는 이러한중대한사건이 잇는줄을 모르는지 혹은알고도 모르는체를하는지우금한사람도검거치안하니실로탄식함을마지안는다고당디모 유지자는말하더라ㅁ강경[29]

Ⓑ 배알는다고煙針주어 娼妓中毒慘死

주사준자는경찰에잡히여

잇천부화뎡(仁川府花町)이뎡목일번디 안성화(安聖和 五四)는지난이십사일 오후여섯시반에동디부도뎡(敷島町)삼십번디보영루(寶榮樓)라는 유곽에서 창기노릇을하는 김금홍(金錦紅 一名金草花二0)에게"모루히네"주사를 분

28) 박강, 「개항기(1876-1910) 조선의 아편소비와 확산」, 『한국민족운동사연구』 76, 2013, 10~12쪽.

29) 「阿片에中毒된江景」, 『동아일보』, 1921년 3월 30일.

량이지나게 두번이나하야주어 약삼십분뒤에 죽게한일로방금인천경찰서에 검거되야 엄중한취조를 밧는다는데 전긔피해자 김금홍은 지난이십일부터 배가압흔일로 휴업을하고잇든중 그주인 김준수(金俊守 五五)가 복통에는 "모루히네"주사를마즈면 신효하라하야 이십사일에 동디화뎡(和町)일뎡목 중국인 훈영유(薰永裕 六九)로부터"모루히네"이십전어치를사다가 전긔 안성화로하여곰주사를하야 죽게한것이라더라[30]

Ⓒ 모히(모르핀*필자주)注射로死亡

황해도봉산군서종면단장리(鳳山郡西鍾面丹墻里)박동익(朴東翼)의딸박성녀(朴姓女二八)는"모루히네"주사를맛고 고민을하다가 지난달이십팔일오전세시경에그만절명되엿는데 전긔박성녀가 배가압흐다고하는것을박동익의첩노릇하는고영애(高永愛)가모루히네 주사를하야주엇다가 그가치죽인것이라하야그집식구들은 대개가다중독자라는데 사리원경찰서에서는지난일일에재등(齋藤)공의와가치현장에 출장하야해부를하리라더라[31]

Ⓓ 肺病患者에 "모히"注射

환자는사망하고 가해자는경찰에

개성군성도면남산뎡삼백구십칠번디(開城郡松都面南山町)김종훈(金宗勳)은수년래폐결핵(肺結核)환자로몸이극도로수척하야오든바요사이에와서는더욱그병세가심하야저서 환자자신도그병고를못익이여 할때에김종훈의처남되는김택근(金澤根)은폐결핵병에는"모루히네"를주사하는것이가장신효하다하고환자에게권고하야속히낫기만하엿스면조켓다는생각으로주사하여주기를청하엿든바전긔 김택근은"모루히네"상습환자인개성군송도면경뎡(開城郡松都面京町)황성하(黃聖河四七)를지난삼월삼십일오정에청하야 몹시쇠약한병자의몸에보통"모루히네"환자에게주사하는것과가치 한봉을전부주사케한후김택근은 주사를한번더하면 병이더욱 속히나을것갓치 생각하야 모히상습자

30) 「배알는다고煙針주어 娼妓中毒慘死」, 『동아일보』, 1925년 11월 29일.
31) 「모히注射로死亡」, 『동아일보』, 1926년 3월 3일.

인궁명(宮町)일백이십일번디박종진(朴宗鎭四一)을동일오후세시경에 다시주사를하야 병자는이내정신을차리지못하고잇다가그날밤열시경에아조절명하엿다는바…[32]

Ⓔ 腹痛藥으로阿片먹고서卽死

먹게한犯人은逃走中에 逮捕

開城郡南山町二○四番地에사는모히 中毒者인 劉成東(三九)은지난 九月十八日에 同町六六番地에사는 梁上男의 妻崔黃玉(四九)이가 腹痛으로 苦痛을 當하고잇는것을 治療하야준다고 모히(모르핀*필자주) 注射二回를노아주엇든바 分量의 過多로 因하야 前記崔黃玉은 當日로 中毒慘死를하고말앗는데…[33]

위의 기사를 볼 때 1920년대에도 의료 혜택이 낙후된 군 이하 지역에서는 아편의 대용품인 모르핀이 질병 치료에 효과가 있다고 믿는 사람들이 여전히 있었다. 충청남도 강경에서는 조선 삼대 시장에 꼽힐 정도의 큰 도회지임에도 불구하고 지역 사람들은 아편을 만병통치약 내지 예방약으로 믿고 있어서 아편을 먹고 모르핀 주사를 맞는 사람들이 많았나고 한다(Ⓐ). 모르핀 주사를 맞고 사망에 이르는 환자도 심심치 않게 발생하고 있었다(Ⓑ, Ⓒ). 의료 혜택이 부족하여 의료기관을 찾아가기 힘든 이들 지역에서는 폐결핵, 복통 등 중증이거나 고통이 심한 질병에 걸렸을 때 모르핀 주사를 통해 해결하려다가 불행한 일을 당하는 사람들이 발생했다(Ⓓ, Ⓔ). 지방민들이 가진 모르핀에 대한 잘못된 인식은 의료인들이 쉽게 모르핀을 오남용할 수 있었던 원

32) 「肺病患者에 "모히"注射」, 『동아일보』, 1927년 4월 4일.

33) 「腹痛藥으로阿片먹고卽死 먹게한犯人은逃走中에逮捕」, 『매일신보』, 1929년 10월 18일.

인의 하나로도 작용하였다.

이와 같이 모르핀에 대한 정확한 인식이 부족한 지역에서 의료체계가 미비한 경우 부도덕한 의료인들에 의해 모르핀이 오남용될 가능성이 높았다. 1936년 황해도 위생과장 다나카(田中從之)가 『의사공론(醫事公論)』에 게재한 「황해도마약중독자근절개황(黃海道麻藥中毒者根絕概況)」을 보면, "마약 중독의 동기에 대해 살펴보면, 민지(民智)의 정도가 낮고 또한 의료기관 등이 불충분한 점과 관련이 있다고 느낀다"고[34] 하였다. 일본의 식민지배가 시작된 지 20여 년이 지난 시점에도 지방의 의료기관이 여전히 부족했다는 점을 보면 1920년대의 상황은 더 열악했음을 짐작할 수 있다. 먼저 이 시기 조선의 의료체계 실태와 의료인, 그리고 의료인과 관련한 모르핀 오남용 문제에 대해 당시 언론은 어떤 시선을 갖고 있었는지 살펴보자.

> 社會的衛生團體의出現을望한다 金榮壽
>
> 醫學의理想은疾病을未然에豫防하고不幸히旣發한疾病을治療快愉케함에在한지라前者는一般社會의衛生思想의普及과公衆衛生的社會施設의完備를前提로할것이요後者는善良充實한醫療機關의存在를必要로함이라
>
> 우리社會에는此前提도업고必要機關도無하니醫學이업다하야도過言이아닐것이라이것이余輩의管見일가惑은社會의實相인가?雖管見이나마一理가잇다고假定할진대醫學이업는世上에는醫師의存在를엇지또한認定하리요現今千과百으로算하는朝鮮內의醫生과醫師는結局似而非醫라아니할수업도다.
>
> (……)
>
> 醫라하는名目을帶하고社會의一員으로立한우리의使命이果然무엇인가?

---

34) 朝鮮黃海道衛生課長 田中從之, 「黃海道麻藥中毒者根絕概況」, 『醫事公論』, 1936년 2월 29일.

眞正한自覺下에서理想의實現에努力하야우리의天職을發揮치아니하면似而非醫로一生을誤了할뿐아니라反히蛇蝎에不下할害毒을끼치리라

薄弱한技能으로至重한生命을取扱한다함도潛濫하기가無雙하거늘하물며病魔의侵犯한바가되야苦痛이조금이라도減除하고저吾人의門前에來訪하는可憐한그네들의게一片의同情은姑捨하고傲慢不遜한態度로藥價의持與否를先探하야萬若所持가無하다면그대로放逐하는일이잇다하니이것이우리의使命일가뿐만아니라不貧한人이라면欺瞞誘引하야"모루히네"의漫性中毒을起케함도잇다하니이것은또 抑何心情인가

(……)

半島의保健問題가時急한줄은누구나共認하는바가아닌가少數의醫家로專心奮鬪하드래도猶爲不足이어늘하물며彼岸의火災格으로袖手傍觀함을許오하리요뿐만아니라此等不良分子가또한不少하다함에至하여는實로戰慄을不禁할바이다[35]

모히密賣醫生 두명의처벌

전라남도디방에"모루히네"중독자가 날로만하지는원인은 자긔동족이 멸망함에따라서 자긔몸까지도 결국멸망되고 말것을깨닷지못하고 다만목전의리익을취하기에 눈이붉어 간악한수단을가지고"모루히네"를 밀매하기로 전업을삼는의사와 의생이 각고을에 만히생기이는것과디방경찰당국자의 이에대한 취톄가 다만표면에 지나지못하는까닭임은 누구나 다아는바이오한탄하는바이어니와…[36]

위의 『동아일보』 기사에서는 1920년대 중반 식민지 조선의 의료체계와 의료인 수가 매우 빈약하였음을 보여주고 있다. 부실한 의료기관도 문제였고 의사의 수 역시 태부족인 상황이었다. 거기에 적지 않

35) 「社會的衛生團體의出現을 望다」, 『동아일보』, 1924년 4월 28일.
36) 「모히密賣醫生」, 『동아일보』, 1922년 7월 26일.

은 의사들이 본연의 사명을 망각한 채 의사로서 도저히 용납될 수 없는 일들을 자행하고 있었다. 「사회적위생단체(社會的衛生團體)의출현(出現)을망(望)한다」라는 제목의 신문기사를 보면, 병을 치료해야 할 의사들이 돈 없는 환자는 내쫓고 돈 있는 환자는 모르핀 만성 중독자로 만들어 큰돈을 벌고자 하였음을 알 수 있다. 이와 같이 언론에서는 이 시기 조선의 모르핀 문제는 의료체계와 의료인이 부족한 상황에서 의료인 본연의 소명의식을 망각한 적지 않은 의료인들의 문제까지 겹쳐서 총체적인 난국에 있었음을 밝히고 있다.

또한, 이 시기 모르핀에 대한 가벼운 처벌규정 역시 의료인들이 쉽게 모르핀의 오남용에 빠지는 원인이기도 하였다. 1914년에 공포한 조선경무총감부 훈령을 보면 조선총독부 당국은 아편과 모르핀의 해독을 동일하게 인식하고 있었다. 그럼에도 불구하고 아편에 대해서는 무거운 처벌규정을 적용하면서 모르핀에 대해서는 처벌규정이 가벼웠다. 아편연의 수입과 제조, 판매, 혹은 판매를 목적으로 소지한 자는 6개월 이상 7년 이하의 징역에 처하고, 아편연을 흡식한 자는 3년 이하의 징역에 처하도록 정하였다. 이에 비해 모르핀을 수여한 자는 3개월 이하의 금고 또는 5백 원 이하의 벌금을 규정했을 뿐 모르핀 주사자에 대해서는 어떠한 처벌규정도 없었다. 5년 후인 1919년에 이르러 제정된 '조선아편취체령'에서도 모르핀 등 마약에 대한 처벌규정은 크게 달라지지 않았다.[37]

37) 「鮮人のモルヒネ中毒は世界一の悲慘事」, 『東京朝日新聞』, 1921年 3月 17日 ; 金俊淵, 「朝鮮モルヒネ問題」, 『中央法律新報』 第1巻 第5號, 1921, 8쪽 ; 「朝鮮阿片取締令施行規則」, 大正8年6月 總領第111號, 국학자료원 편, 『日帝下法令輯覽 2권 10집: 衛生 · 警察』, 국학자료원, 2000, 19쪽.

따라서 모르핀에 대한 당국의 소극적인 조치에 대한 비판 글들도 언론에 다수 게재되었다. 앞서 김준연(金俊淵)은 1921년 『도쿄아사히신문(東京朝日新聞)』에 「鮮人의 모르핀 중독은 세계에서 가장 비참한 일」이라는 글을 기고하여 1920년대 모르핀 확산의 주요 원인으로 모르핀 단속에 대한 당국의 가벼운 처벌규정을 강조하였다. 『동아일보』에 게재된 아래 기사들도 모르핀 단속문제에 대한 조선총독부의 대책이 얼마나 허술했는지를 보여준다.

Ⓐ "모루히네"中毒과當局者의心事

(…)

五. 우리의常識으로觀察하면阿片과"모루히네"라고하는것은 그性質上取締에差別을 附할만한理由가업는것임으로 阿片取締規則과"모루히네"取締規則을 現在와가치區別하는 理由를肯定할수업다 그럼으로우리는"모루히네"取締에等閑히하는것은 阿片取締에等閒이하는것과 何等의 內容的差別이업는줄노밋는다 아모리善意로解釋을할지라도 三年以上에亘하야 우리가 力說하며主張하여온것을于今까지不顧에付하고 그患者가只今에는全鮮的으로彌滿하려고하는 現象과對照하야우리는어느道慈惠醫院長이 말한바와가치人道上으로는朝鮮人의 "모루히네"中毒者를取締할지라도政策上으로는必要가업다는말을 聯想하게된다 總督府當局者가萬一이러한無知沒覺한見解를가젓다고는우리가 밋지아니하나 如何間現下의情形을그대로觀察하면當局者는朝鮮人의滅亡을그대로傍觀하는者라고밧게는더달니볼수가업다[38)]

Ⓑ "모루히네"取締와朝鮮人의生命

(…)

◇當局者는말하기를모루히네中毒은法律의힘으로退治하는것보다는社會

38) 「"모루히네"中毒과當局者의心事」, 『동아일보』, 1924년 10월 29일.

的으로ㅣ輿論의힘으로또는社會的制裁로하여야된다고力說하면서演說會까지도任意로못하게하니이것이우리의生命을살리는行動인가엇더케하는行動인가이러한官吏의게生命과財産을一任식히고우리가안심하고生活할수잇슬는지우리는識見이잇고分別力이잇는當局者의게서明確한答辯을듯고십다…[39]

© 各地에散在한刺身鬼 無慮五萬名以上
總督府에서處罰法立案
전남북경북경긔황해각도가우심 비로소놀랜총독부처벌법입안중
警察統計는不過三千名 치료소설치,선뎐에도노력
◇총독부西龜技師談
아편흡연(阿片吸煙)에대한처벌은법령으로 오천원이하의 벌금이나 삼년이하의 징역이라는엄중한처벌법이잇슴으로흡연환자는 조선에서 그리차저볼수가업스나 모루히네주사 취톄에대하야는 벌률로 제명한바업고그단속을각도에 일임하야도령으로혹은 이십원이하의 과료나삼십일이내외구류로처형하는데도잇고엇던도에는거진처벌법이업다십히한데다민심이극도로이완(弛緩)됨을따라갈사록중독자가증가하야경성만하여도일만명은되고 각디방까지합하면 적드라도 오만명이상 십만명이내(그통계는 확실한 것을 어들수업으니 모히환자는 범죄를하든지하야 경찰에신세를 끼치기전에는대개 그존재가나타지 아는까닭이다)는되리라고추측하며 시국이침톄한만큼그환자는격증하여갈뿐이라 하겟는바 이와가치 "모루히네"환자가 넘어만허가는것에놀랜 총독부위생과기사들은 이방지에대한 연구를하여오든바 근일에비로소위생과만의 방지책을세워놋코 총독의인가만잇으면 즉시 실시 하기로하리라는데 그내용은 처벌법을 아편처벌령과가치 오천원이하의벌금형 삼년이하의징역형으로처벌케하고 …

이에대하야 당사자인 총독부위생과서구(西龜)기사는"모루히네환자가 경찰의조사로는 전조선에 삼천명으로되여잇스나 잘못된 통게일것이오 그럿타

39) 「모루히네取締와朝鮮人의生命」, 『동아일보』, 1924년 8월 3일.

고 나역시 몃명이나된다고 도뎌히알수업스나 독단덕추측으로 짐작하면 적어도 이삼만이상은 넉넉히 되리라고밋소 …처벌법도 역시우리만의의견으로는 아편취테가튼 뎡도로하는 것이 조켓다고되여잇스나 성문률(成文律)로되지는 안엇습니다"라고하더라[40]

Ⓐ의 기사에 의하면 아편과 모르핀은 성질상 단속에 차이를 둘 이유가 없었는데도 불구하고 당국은 모르핀의 단속을 등한시하였다. 그에 따라 중독자가 확산되었지만 적극적인 모르핀 중독자 단속 등 강력한 법 제정과 같은 구체적인 조치는 미흡하였다. 총독부의 위생과 직원 역시 모르핀 중독자의 대폭적인 증가 원인이 아편에 비해 지나치게 가벼운 처벌규정에 있다는 사실을 인지하고 있었다. ©기사에 보이는 바와 같이 모르핀 중독자의 수치 역시 경찰 통계 3천 명은 잘못되었으며, 적어도 2~3만 명 이상은 될 것이라고 추정하였다. 예상치 못한 모르핀 문제의 심각성에 총독부 위생과 직원조차 놀랄 정도였다. 당국은 법률에 앞서 여론의 힘이나 사회적 제재로 해결해야 한다고 역설했지만 Ⓑ의 기사에 보이듯이 그러한 활동을 위한 연설회조차 임의로 할 수 없게 하고 있었다. 따라서 해결 방안으로 과거 총독부에서 주장했던 사회적 제재를 통한 퇴치와는 달리 아편과 같은 강력한 처벌법의 적용이 필요하다고 인정할 수밖에 없는 상황이었다. 그리고 모르핀 위반에 대한 가벼운 처벌이 개정되지 않는 한 변화를 기대할 수 없었고, 의료인들에 의한 모르핀의 오남용은 별다른 두려움 없이 지속되었다.

앞서 언급한 바와 같이 모르핀의 오남용은 총체적인 난국 속에 발

40) 「各地에散在한刺身鬼 無慮五萬名以上」, 『동아일보』, 1927년 7월 14일.

생하였다. 모르핀의 효능에 대한 잘못된 인식이 여전히 상존하고 있었고 지방 의료체계는 미비했다. 게다가 모르핀에 대한 처벌규정은 가벼웠다. 또한, 여기에 편승한 부도덕하고 몰상식한 의료인들의 영향이 있었다. 이러한 난국의 원인들은 상호 관련성을 가지고 있었지만, 그 가운데 의료인들에 의한 폐해가 매우 컸다고 할 수 있다. 그런데 그들의 부도덕한 행동들은 기본적으로 가벼운 처벌에 기인하였다. 실제 1920년대 언론에 실린 아래 기사들을 살펴보면 모르핀을 오남용하던 의료인들이 경찰 당국의 단속이나 처벌을 두려워하지 않았음을 알 수 있다.

> 阿片針의跋扈!惡醫師의奸計!
> 滅亡에瀕한全羅南道
> 함평군을필두로해남릉주령암광주등
> 각디방은거의"모루히네"에즁독되고
> … 나날이더심하여가는 그주사는하로를 지내이리사록 더느러갈뿐으로 조금도 진정할쥴을모르는대일편으로 괴악한의사들이 사회의해독과 도덕을 도라보지 안이하고 일개인의 욕심을만족하게 하기위하야 헐갑으로 한 대에 삼사젼씩의돈을밧고거저노아주다십히한듸뒤에는 그주사에 중독이되야 아조주사를 맛지안이하고는 견대지못할만한정도까지만드러놋코는 주사한대에 삼십전내지사십전씩의적지안이한돈을바더 만한재산을 모히엇다는의사가 업지안이한모양이나 그디방의 경찰관은약간의형벌로써 주사를놋는 사람과노아주는 의사를경계하나이와갓치몃주일구류나 몃백원이벌금으로는 도저히이"모루힌"의해독을막아내일수는 업는바이오…[41]

> "모루히네"防毒會

41) 「阿片針의跋扈!惡醫師의奸計!滅亡에瀕한全羅南道」, 『동아일보』, 1920년 9월 6일.

東亞日報光州支局의主催로모루히네防毒講演會를開催함은旣報하얏거니와當地有志諸氏의發起로今般모루히네防毒會가組織되엿는데其趣旨書는如左하다러라

모루히네 防毒會趣旨書醫之於世와 藥之於人에 其恩이 不輕不淺하되 醫不醫하며 藥不藥하야 反害人命者도 或是不無이나 何者가모루히네 密賣醫보다 其罪가 大하며 其毒이 甚하랴 慈惠의 假面으로 初射를 無料로 誘惑하야 中毒을 見하면 私腹을 充하려 多金을 要함은 모루히네 密賣醫의 長技이오 一注二注…[42]

"몰핀"中毒과그防止策

嚴罰이適當

(…)

五 또다시一言하고자하는것은 醫師로써 그職務에關係된法規를惡用하야 巧妙히法網을避하고"몰핀"中毒者를 造出식히는일이다 다시말하면"몰핀"에 이러운手續을要하는故로 醫師는暴利를取하기爲하야 그職務에許諾된 것을 要用할뿐아니라 甚한者는 그私慾에끝니여서 다른患者를"몰핀"中毒者가되게 까지하는者가잇다 이는吾人이 그證據를가지고잇는것이다 그러나 이러한醫師는在來에處罰하는것이輕하엿슴으로 如干한罰金刑을바들지라도 그醫師는 그만한罰金을覺悟하고 그와幾倍或은幾十倍되는利益을爲하야 이惡行을犯하는實例가잇다 그럼 이러한醫師에게는 相當한處罰이 必要한 것이다…[43]

위의 열거된 기사들을 통해 돈에 눈이 먼 일부 의사들의 도덕성이 땅에 떨어졌음을 알 수 있다. 그들이 환자를 중독에 빠뜨리는 방식은 비열하기까지 했다. 처음에는 환자에게 거의 무료에 가까운 정도의 저렴한 가격으로 모르핀을 주사하다가 중독된 뒤에는 비싼 가격에 주

42) 「"모루히네"防毒會」, 『동아일보』, 1921년 6월 30일.
43) 「"몰핀"中毒과그防止策」, 『동아일보』, 1927년 7월 15일.

사하였다. 개인의 이익을 위한 폭리였다. 게다가 이들 의사들은 경찰의 단속이나 처벌을 두려워하지 않았다. 단속이나 처벌에 따른 벌금은 모르핀 주사를 통해 벌어들이는 수익에 비할 바가 못 되었기 때문이다. 그들의 수익은 벌금에 비해 몇 배에서 몇 십 배 컸다.

이러한 부도덕하고 위법한 행위는 의사에 국한된 것이 아니었다. 당시 조선총독부는 조선의 미비한 지방 의료체계를 보완하기 위해 공의와 의생을 활용하였다. 지방의 농촌이나 벽촌에서 의료행위를 하는 공의나 의생들 가운데에서도 의사와 마찬가지로 부도덕한 의료행위 또는 모르핀 밀매를 행하는 자들이 있었다. 이와 관련한 내용들 역시 아래 기사를 통해 살펴볼 수 있다.

> 朝鮮統治改良에對한外國人의觀察(六)
> 朝鮮統治改革(六)
> 新制度에對한批評的積極的觀察 醫師프랭크,따불류,스코필트
> 警察制度의改革
> …目下警察力을騷擾者壓服에集中한結果賭博과鴉片注射갓흔것이盛行하야良民을驚愕케하는도다開城地方엇던公醫는近日"모르히네"液注射로營業이興旺한다하는데現金으로注射할수업는者의게는家具를持來하야注射케한다는說이有하도다…[44]

> "모루히네"密賣하고免職
> 고창공의등강은경찰서에서면직
> 전라북도 고창군읍내(高敞郡邑內)에잇는 공의등강선송(藤岡善松)은"모루히네"를 밀매한다하야 인민의비난이 심할뿐아니라 여러사람의고발로인하야

44) 「朝鮮統治改良에對」한外國人의觀察(六), 『동아일보』, 1920년 4월 28일.

당디경찰서에서는 마츰내 취조한결과 죄상이현저하야 그자는면직되고 다수한"모루히네"도압수하얏다더라[45]

公醫가"모히"密賣

累年來繼續하든日本人

裡里公醫로잇는 回生醫院長要政七이라는 者는 年前에도 公醫의 職을가지고잇스면서 暗暗히"모루히네"를 密賣하다가 警察에 探知한바되야마라성이다가다행히 公醫라는 體面으로보아서 弱少의 罰金刑을 當하엿든터인데이 者는또얼마 前에적지안흔모히 藥品을 全州사는엇든 者에게 密賣하엿다가…[46]

모히密賣醫生 두명의처벌

… 담양군창평면삼천리(潭陽郡昌平面三川里)류긔복(柳基復)과 담양면천변리(川邊里)박용은(朴容殷)이라는두명은 문압헤 의생이라는간판을부치고그안에서 "모루히네""코카인"중독자를 비밀히치료하야 주고폭리를탐하며"모루히네""코카인"을 밀매하다가발각되야 여러번형사처분을 밧앗스나 오히려곳치지아니하고밀매하기를 계속하든중 이사이에또발각되여 류긔복은 금고삼개월벌금백원과 박용은은 금고이개월에즉결언도를불복하고정식재판을청구한결과 류긔복은금고삼개월 벌금은 백원을더하야 이백원으로 박용은은벌금오십원의 처분을밧앗스며 두명이모다자긔의 밥동으로아든 의생의 면허까지 취소되엿나더라[47]

藥品密賣醫生 벌금만내고무사

평안북도강계(平安北道江界)디방에"모루히네"주사자가점점느러일반사회에 큰걱정이 된다함과경찰당국에서는 이를검거 하는중이라함은 별항과 갓

45) 「"모루히네"密賣하고免職」, 『동아일보』, 1921년 7월 30일.

46) 「公醫가"모히"密賣」, 『동아일보』, 1925년 1월 26일.

47) 「모히密賣醫生」, 『동아일보』, 1922년 7월 26일.

거니와중독자보다 더욱가증하고 흉악한자는"모루히네"를밀수입하여파러먹는 의생등인대 경찰서에서는요사이 모모의생을 검거하여벌금에처하엿다는대 이러한악독한무리를 벌금에만 처하는것은너무나 관대한 처분이라고민간의여론이 만타더라[48)]

成川모히撲滅

못된의생의밀매로번성해

男女三名을檢事局에送致

평남성천군(平南成川郡)에는수십년전부터"모루히네"가드러온이래한때는그로인하야 경제상파멸을당한사람도 한두 사람이안이며 심지어 새파란청춘의꼿따운운명이 아침의 이슬과갓치사라진 가련한운명아가 역시한두명이아니엿섯는데 당국자의취톄방침은 엄혹히하야서 일시는그의발호가 숨죽어전멸상태에잇섯는데 수월전에 패악의의생이 한명드러왓든그때 부터는다시금그들의발호를 보게되여당국에서는 다시 그의취톄에손을대여 지난일일부터는 읍내의중독자와밀매자를 일망을타진하야서그중에 심한 남녀세명은평양검사국으로 송치하는동시에다시 개준의 여지가잇는자는 당디경찰서에서 굴에처하엿다더라[49)]

醫生이誤診 婦女를致死

선천군선천면천남동(宣川郡宣川面川南洞)김영준의처류영도(金永俊妻劉永道)가해산하고유종(乳腫)으로알타가지난달팔일밤에광제의원(廣濟醫院)의생김텬호(金天旿)에게서주사한대를맛고즉시 졸도하야 약아홉시간을신음하다가 죽은사실로 선천경찰서에서는의생의오진(誤診)인듯하다하야 죽은당일에 시톄를해부하고 실험표본 수종을따서평북도 위생과에보내어 화학뎍실험을하게한다함은 이미 보도한바어니와 위생과에서 실험한결과는"모루히네"주사를노하서중독되어 죽은것이라고 판명되어지난칠일에 의생김텬호를 구

48) 「藥品密賣公醫」, 『동아일보』, 1922년 9월 8일.

49) 「成川모히撲滅」, 『동아일보』, 1927년 8월 7일.

인하야엄중히 취됴하는중이라는데 전긔김텬호는 전과사범으로평소에도 의업계의 신용을타락케한일이 만핫다하야 일반은처치여하에 심히 주목하고 잇다더라[50)]

위의 기사에서 보이듯이 지방 의료체계의 공백을 메우기 위해 배치된 공의와 의생들 중에서도 모르핀을 오남용한 경우가 있었다. 이들 공의와 의생은 의료 소외 지역에 의료 혜택을 제공하기 위해 배치된 경우이다. 이들 공의와 의생의 불법행위는 지역 사회에서 비난을 받을 정도로 도를 넘어서기도 하였다. 모르핀 주사를 남발하는 것은 예사였고 밀매도 자행하였다. 현금이 없으면 집안의 물건이라도 가져오게 하였다고 한다. 의료 소외지역에 배치되어 수입이 적다고 하더라도 의료인으로서의 기본 소명을 망각한 채 모르핀을 오남용한 것에 대해서는 변명의 여지가 없다. 이들 역시 모르핀 주사나 밀매를 행하다가 단속되더라도 가벼운 처벌을 받을 뿐이어서 단속을 그다지 두려워하지 않았다. 심지어 모르핀 밀매를 했음에도 공의라는 체면을 고려해 가벼운 벌금형으로 처리되기도 하였다.

이상 내용을 통해 볼 때 지방의 미비한 의료 현실 상황에서 몰상식한 의료인들의 모르핀 오남용은 이 시기 심각한 사회문제인 동시에 모르핀 확산에 한 원인으로 작용하고 있었다. 부도덕한 의료인과 모르핀 확산과의 관련성은 앞서 인용한 의료인들의 오남용 관련 기사뿐만[51)] 아니라 다양한 기록이 남아 있다. 앞서 인용했던 '모루히네 방독

50) 「醫生이誤診 婦女를致死」, 『동아일보』, 1929년 3월 14일.

51) 「"모루히네"防毒會」, 『동아일보』, 1921년 6월 30일 ; 「사회적 위생단체의 출현을 망한다」, 『동아일보』, 1924년 4월 28일 ; 「各地에散在한刺身鬼 無慮五萬名以上」, 『동아일보』, 1927년 7월 14일.

회'의 조직 취지서, 동아일보 칼럼, 조선총독부 위생과 기사의 담화 내용 외에도 아래와 같이 동아일보의 또 다른 칼럼과 조선총독부 위생과장의 담화 내용 등을 통해서 관련 내용을 살펴볼 수 있다.

> 醫師의惡德
>
> 地方論壇 醫師의惡德 公州一記者
>
> …近來에京鄉을 莫論하고刺身鬼도日加月增하려니와 따라서阿片또는모히等의不治의魔醉劑를密賣하야 享樂의材料를그것으로엇드며自身의私腹을채우기爲하야 이런行動을躊躇업시敢行하는이들이우리社會群가운대 만히잇슴을目睹하며 또는紙上의 紹介로알게된다 …인간의生理的生命을救助함이그들의天職이오使命이라할것이어늘 가장紳士的地位를 點하고잇는 醫師라는者들의(모루히네)等의 密賣事件의 暴露야말로 더욱우리들로하여곰 驚駭아니할수업스며 正義感에서 우러나는憤慨를 禁할수업게된다…[52]

> 모히取締改正 今六日부터施行
>
> (…)
>
> 關水衛生課長談
>
> 朝鮮에在한"모루히네"의 注射及服用의 弊風을 一掃함은 朝鮮의 開發上忽諸에 附치못할 重要한 事項인바 從來取締規定이 嚴重치못하야 不良한 醫師等은 此種의 藥品을 入手함이 容易함을 奇貨로하야 此를 一般에게 使用케하며 又는 供給하야 莫大한 不正利益을 得하는 者이 不少함으로 如斯한 狀況을 根本的으로 防止할 目的으로 曩者에 取締規則을 改正하야…[53]

위의 기사들을 볼 때 의료인들 가운데 모르핀 오남용을 통해 막대한 수익을 얻는 자들이 적지 않았음을 알 수 있다. 처벌법이 가벼운

52) 「醫師의惡德」, 『동아일보』, 1926년 12월 16일.

53) 「모히取締改正 今六日부터施行」, 『동아일보』, 1923년 6월 6일.

상황에서 의료체계가 미비한 지방 의료인들의 오남용은 더욱 심각했다. 1923년에 의료인들의 모르핀 오남용을 인지한 조선총독부 위생과장이 이를 개선하기 위한 대책을 마련한 적이 있었다. 이에 따라 「모르핀, 코카인 및 그 염류(鹽類) 취체(取締)에 관한 부령(府令)」이 공포되었지만 중독자는 오히려 증가하였다.[54] 1927년 위생과 니시가메(西龜) 기사(技師)의 인터뷰를 보면 1923년의 개선책은 전혀 효과가 없었으며 새로운 개선 방안으로 아편과 동일한 수준의 모르핀 처벌법이 필요하다고 제안하였지만 현실화되지 않았음을 알 수 있다. 이처럼 1920년대 의료인들의 모르핀 오남용 단속과 관련한 총독부 위생과의 대책은 실효성이 없었다. 따라서 모르핀의 확산은 제어되지 않았다.

요컨대 모르핀의 효능에 대한 잘못된 인식이 여전히 남아 있는 상황에서 지방 의료체계의 미비와 모르핀에 대한 가벼운 처벌규정, 그리고 이에 따른 단속의 부족 등은 일부 지방의 의료인들에 의한 모르핀의 오남용을 불러왔다. 특히 의료 혜택이 취약한 지방의 농촌이나 벽지의 경우 그 실상이 더욱 심각하였다. 의사가 부족하여 그 대안으로 파견된 공의나 의생에 의한 모르핀의 오남용 내지 밀매행위 또한 발생하였다. 이와 같은 지방 의료인의 모르핀 오남용은 1920년대 모르핀 확산의 주요 원인의 하나로 작용하고 있었다.

54) 朝鮮總督府專賣局, 『朝鮮專賣史』 제3권, 朝鮮總督府專賣局, 1936, 571쪽 ; 滿鐵經濟調査會第5部, 『朝鮮阿片麻藥制度調査報告』(1932), 22쪽.

4. 소결

일본은 조선을 식민지화 하면서 서양의학 중심의 선진 의료체계의 보급을 공언하였지만 1920년대 지방의 의료체계는 여전히 미비하였고, 오히려 일부 몰지각한 의료인들이 거리낌 없이 모르핀을 오남용하는 환경을 제공하는 결과를 낳았다. 모르핀의 효능에 대한 잘못된 인식이 여전히 남아 있는 상황에서 지방 의료체계의 미비는 몰상식한 의료인들로 하여금 모르핀의 오남용 유혹에 쉽게 빠질 수 있게 하였다. 여기에 모르핀에 대한 당국의 가벼운 처벌규정, 그리고 단속의 부족 역시 모르핀의 오남용을 부추겼다. 적지 않은 지방 의료인들에 의한 모르핀 오남용은 1920년대 모르핀 확산의 주요 원인의 하나로 작용하였고 사회적 심각성을 더하였다.

4장

식민지 시기 만주 이주 한인과 아편
: 마적, 비적과의 관련을 중심으로

1. 들어가며

일본의 조선 강점기에 들어와서 많은 한인들이 고향을 등지고 만주 및 연해주로 이주하였는데 이들의 상황은 녹록치 않았다. 1920년대 국내 언론에서도 마적으로부터 많은 피해를 당한 이주 한인들의 소식들이 속속 보도되곤 하였다. 사실 1920년대 이주 한인들은 만주에서 상당히 곤란한 상황에 처해 있었다. 당시 만주는 장쭤린(張作霖) 동북군벌의 지배하에 있었으나 행정력이나 치안력이 주변지역에까지는 미치지 못하였다. 여기에 일본의 대륙침략이 노골화되면서 자의든 타의든 일본의 '신민(臣民)'이 되어버린 한인에 대해 동북군벌정권은 침략의 빌미가 될 것을 우려하여 한인들을 고운 시선으로 바라보지 않았다. 만주의 중국인 역시 일본영사관의 비호하에 있는 이주 한인들을 경계하였다. 이러한 상황에서 마적까지 횡행하는 만주나 연해주에서 이주 한인들은 어떻게 살아갔을까?

1920년대 만주 및 연해주 지역의 마적과 이 지역 이주 한인 관련 사료들을 살펴보면 일부 연관되는 부분들이 눈에 들어온다. 마적이나 이주 한인들은 대체로 국경지역 또는 그 인근지역에서 마적활동을 행하거나 이주하여 생활하는 경우가 많았다. 또한 국경지역 마적의 주요 수입으로 아편 수입을 무시할 수 없었는데, 이 지역 한인 관련 사료에서도 아편 관련 언급들이 눈에 띤다. '만주사변' 이전 마적과 한인, 그리고 아편은 상호 어떤 연관성이 있었던 것일까?

1935년 10월 23일 『조선일보』에는 다음과 같은 기사가 실렸다. "만주에잇서 조선인의 아편재배는 벼농사에 다음가는 중요한 농업의하나로 그수익(收益)도 막대한바잇서 …….”[1] 1930년대에도 만주지역의 아편문제와 한인과 관련된 기사들이 국내 언론에 자주 등장하였다. '만주사변' 이전부터 이미 국내 언론 보도에서는 이러한 기사가 자주 보도되고 있었다. 그렇다면 1920년대 동북군벌정권 시기에 성행했던 농촌지역의 한인과 아편 관련 문제는 1930년대 일본의 만주 지배하에서는 어떠한 양상으로 변화되었을까?

'만주사변' 이후 '만주국' 건국 초기에도 비적(匪賊)과 한인, 그리고 아편이 상호 연관된 언론기사나 관련 자료들을 찾아볼 수 있다. 여기서 비적이란 일본에 반대하는 모든 항일세력을 의미하는 것으로,[2] '만주사변' 이후부터 보이는 특정 의미의 명칭이었다. 공문서 등에서 이

1) 「阿片栽培地變更으로 在滿同胞大恐慌, 熱河以外의栽培는從此禁止. 數十萬住民死活問題」, 『조선일보』, 1935년 10월 23일.

2) 만주에서는 다양한 세력의 匪賊이 활동하였는데, 크게 土匪와 政治匪의 두 세력으로 구분할 수 있다. 토비는 재물의 약탈을 직접적인 목적으로 하는 세력이다. 정치비는 그들이 추구하는 사회를 실현하기 위해 정치목표를 내걸고 투쟁하는 세력이다. 정치비는 다시 張學良, 反吉林軍, 馬占山系를 주축으로 하는 反滿抗日匪와 중국공산당의 지령을 받는 共匪로 양분된다 [滿洲國史編纂刊行會 編, 『滿洲國史 各論』, 東京: 滿蒙同胞援護會, 1971, 304쪽].

미 기록된 마적이라는 용어를 제외하고 새로이 기록하는 경우 일본 측에 반대하는 모든 집단을 토비(土匪) 혹은 비적(匪賊)이라고 칭하였다.[3)]

1930년대 '만주국' 건국 이후 항일세력에 대한 일만군경(日滿軍警)의 지속적인 토벌 과정에서 일본은 비적의 재원과 아편 수입과의 관련성에 주목하였다. 이 지역은 1920년대에 이미 한인이 많이 이주했으며, 마적의 활동이 성행했던 압록강 · 두만강 대안 변경지역의 경우 아편 재배가 성행했던 지역이었다. 따라서 1930년대 일만군경의 비적 토벌 과정에서 아편 재배와 한인과의 관련성을 배제하기 어려웠을 것이다.

본 장에서는 이와 같은 의문점에서 출발하여 1920~1930년대 만주 등지로 이주한 한인들의 삶의 모습을 마적과 비적, 그리고 아편과 관련하여 살펴보고자 한다. 먼저 1920년대 국경지역 또는 변경지역에서 활동한 마적과 이주 한인과의 관계, 그 속에서 아편은 어떠한 관련성이 있었는지 등을 고찰해 보고자 한다. 이를 위해 1920년대 만주지역 마적의 실체와 그들의 다양한 수입활동에 대해 알아보고자 한다. 또한 마적의 은거지 및 활동지역과 이주 한인과의 관계, 그리고 마적의 아편 수입 문제 고찰을 통해 마적과 아편과의 관계는 물론 이주 한인과는 어떤 관련성이 있었는지 고찰해보고자 한다. 이를 통해 1920년대 굴곡진 시대 상황 속에서 고향을 등지고 경계지역으로 이주했던 한인들의 다양한 삶의 모습을 이해하는 데 도움이 될 것이다.

이어서 1930년대 '만주국' 초기 농촌 거주 이주 한인들의 삶의 모습을 아편 전매제도 시행과 비적과 관련하여 살펴보고자 한다. 이를 위해 '만주국'의 초기 아편 전매제도를 알아보고, 전매제도 시행과 관련

3) 渡邊龍策, 『馬賊』, 東京: 中央公論社, 1964, 109쪽.

하여 1930년대 한인지역의 아편 재배 허가 상황과 재배 상황, 그리고 재배 허가에 대한 당국의 의도를 고찰해 보고자 한다. 또한, 한인의 아편 재배가 많았던 압록강·두만강 대안 거주 한인의 아편 재배와 비적과의 관계를 살펴보고자 한다. '만주국' 초기 한인의 아편 재배와 비적과의 관계 등을 통해 낯선 이국 농촌에 이주했던 한인들의 고된 삶의 모습을 일정 정도 이해할 수 있을 것이다.

2. 1920년대 마적과 한인, 그리고 아편

1) 마적의 횡행과 다양한 수입원

중국 근대사에 있어서 만주하면 빼놓을 수 없는 것 가운데 하나로 마적(馬賊)을 들 수 있다. 도대체 마적은 어떤 존재인가?『마적과 만주(馬賊と滿洲)』라는 책을 쓴 엔도(遠藤一二)는, 마적은 단순히 말을 탄 강도가 아니라고 하였다. 마적은 만주와 중국의 정치, 군사, 사회와 관계가 깊을 뿐만 아니라 중국의 국가 기관이나 사회 조직, 지방 자치와도 관련성이 있기 때문이었다. 그는 중국과 만주는 사실상 마적의 천하였다고까지 주장하였다.[4] 이처럼 마적은 단순히 말을 타고 약탈 행위를 일삼는 도적에 머무르지 않고, 다방면에 걸쳐 만주 사회와 깊은 연관이 있는 집단임을 알 수 있다.

그렇지만 마적은 하나의 통일된 집단이 아니었다. 따라서 마적은 다양한 형태를 띠고 있었다. 가장 대표적인 경우로 영리를 전문으로

[4] 遠藤一二,『馬賊と滿洲』, 奉天: 小山陸雄, 1932, 1쪽.

한 마적을 들 수 있다. 영리를 목적으로 하여 마적을 직업화한 경우로서 대다수의 마적이 여기에 해당되었다. 또한 악덕관료(惡德官僚)나 토호열신(土豪劣紳)으로부터 양민을 보호하려는 일종의 의적(義賊) 성격의 마적도 있었다. 이들은 도적이나 비적의 무리와는 달리 늘 민중의 편에 서서 관헌에 저항하였다. 이러한 마적들은 부호들을 습격하였지만 가난한 사람에 대해서는 오히려 시혜를 베풀었으므로 의적 성격의 마적이라고 칭해졌다. 이들은 기율이 엄격하였으며 토착민으로부터 신뢰를 받고 있었다. 이들이 바로 자위 조직의 모체가 되었던 정통 마적의 원형이었다.[5)]

또한 마적이 된 경로도 다양하였다. 대무관(大武官)이 되고자 한 야심에서 출발하여 마적이 된 경우도 있었으며, 관헌의 체포를 피하기 위해 마적에 투신한 경우, 급료가 제대로 지급되지 않아 병사에서 마적에 투신한 경우 등이 있었다.[6)]

마적은 언제부터 어떤 환경에서 출현하였는가? 처음에 마적은 북만주의 길림과 흑룡강 방면에서 출몰하였다. 길림성의 마적은 주로 산악 지대에 은거하고 있었다. 산악은 밀림으로 덥혀있어 관헌의 눈을 피하기 유리하였다. 함풍제(咸豊帝 1850-1861) 말년에서 동치제(同治帝 1861-1875) 초년은 마적의 피해가 격증한 시기였다. 당시 마적은 성경(盛京 현재의 심양)지방에 다수 출현하였다. 이러한 현상은 태평천국운동으로 인해 만주의 주방팔기(駐防八旗)까지 관내로 출동하면서 만주의 치안력이 하락한 것과 관련이 깊었다. 1870년에 성경장군(盛京

5) 渡邊龍策, 『馬賊社會誌』, 東京: 秀英書房, 1981, 83~84쪽.
6) 渡邊龍策, 앞의 책, 84~86쪽.

將軍)에 의해 본격적으로 마적이 토벌되었으나 근절에 이르지는 못하였다. 러일전쟁 시기에는 마적 역시 러시아제 무기를 사용하면서 세력이 강해져 토벌이 더욱 힘들게 되었다.[7)]

1897년 8월 28일에 행해진 동철철도 건설공사 기공식
(출전: 『圖說 滿鐵: '滿洲'の巨人』)

마적의 증가는 농업의 풍흉작과도 관계가 깊었다. 흉작 혹은 기근이 든 해에는 대량의 궁민(窮民)이 발생하였고, 그들이 유민화 되면서 마적에 가입하는 경우가 많았다. 농업 이외에 동청철도(東淸鐵道)와 같은 경제적 요인도 마적의 증가에 영향을 미쳤다. 철도 건설 공사가

7) 小峰和夫, 『滿洲: 起源 · 植民 · 覇權』, 東京: 御茶の水書房, 1991, 221~223쪽.

진행되는 동안에는 대량의 노동력이 만주와 화북지역에서 모집되었지만 공사가 종료되면서 실업자가 대거 발생하자 마적에 가입하는 경우가 늘어났다. 러일전쟁 때도 마적의 증감 현상이 있었다. 전쟁 시기 다수의 노동자들이 일본과 러시아에 고용되자 마적이 일시적으로 급감하였다. 그러나 전쟁이 종결되자 다시 증가하는 현상이 나타났다.[8)]

마적들의 횡행은 1910년대에서 1920년대 전 중국에 퍼져있던 토비(土匪)활동의 증가와 궤를 같이한다. 토비활동의 증가는 군벌통치 시기에 전란이 끊임없이 이어지면서 병사의 수가 증가한 것과 연관이 있었다. 즉 잦은 전란으로 인해 병사들의 탈영과 패전에 따른 부대 해산 등으로 사병들이 무기를 들고 토비 집단에 가담하기도 하였고, 때로는 독자적으로 부대를 창설하기도 하였다. 전란으로 인한 경제 파탄 역시 토비 증가의 원인이 되었다. 토비활동은 모든 성(省)에 있어 전통적으로 통치력이 잘 미치지 않는 변경지구로부터 내부를 향해 번져나갔다. 과거 주변지역에 한정되었던 불안정한 생활조건이 군벌 지배하의 경제 파탄과 폭력적인 권력 쟁탈전의 영향으로 내부에까지 미치면서 토비활동 역시 중심부에까지 도달하였던 것이다.[9)]

1920년대 만주지역 마적의 횡행 역시 동북지역의 군벌통치라는 환경과 함께 변경지역이라는 지리적 위치와 관계가 깊었다. 1918년 7월에 북경 정부로부터 동삼성 순열사(東三省巡閱使)에 임명되어 만주의 패권을 장악한 장쭤린 동북군벌은 1920년대에 들어와서 수차례에 걸쳐 군벌 간의 전쟁을 치렀다.[10)] 뿐만 아니라 북경에까지 입성하면서

8) 小峰和夫, 앞의 책, 221~223쪽.

9) 필 빌링슬리 저, 이문창 역, 『중국의 토비문화』, 일조각, 1996, 58~59쪽.

10) 常城, 『現代東北史』, 哈爾濱: 黑龍江教育出版社, 1986, 9~13쪽.

장쭤린 동북군벌
(출전: 『圖說 滿洲帝國』)

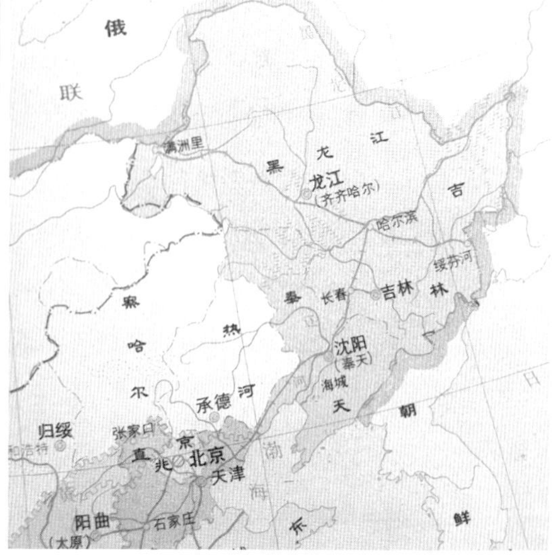

북양군벌 통치시기 장쭤린 관할구역인 동북삼성
(출전: 『中國近代史稿地圖集』)

동북군벌 정권의 재정적 어려움은[11] 물론 만주의 정치적 공백 등이 발생하여 마적이 횡행할 여지가 생겨났다.[12] 아울러 군벌 지배하의 관리들 역시 마적들의 아편 밀매나 인질 납치에 대해 뇌물을 받고 눈감아 주는 경우가 많았다. 뿐만 아니라 관군 가운데서도 봉급을 제대로 지급받지 못하여 마적에 귀화하는 경우도 있었으며, 직봉전쟁(直奉戰爭)이 시작되면서 전쟁에 참여하기를 기피하여 마적에 투신하는 경우도 있었다.[13] 한편 만주지역의 경우 한반도, 러시아와 인접한 국경

11) 박강, 「9·18사변 이전 중국 동북정권의 아편정책」, 『한국민족운동사연구』 32, 2002, 235~236쪽.

12) 「北滿洲에馬賊橫行憂慮」, 『동아일보』, 1922년 5월 4일 ; 「吉林에馬賊猖獗」, 『동아일보』, 1924년 4월 9일 ; 「馬賊의出沒과私設警隊募集」, 『동아일보』, 1924년 11월 15일 ; 「奉軍出戰으로馬賊等大跋扈」, 『동아일보』, 1928년 5월 14일 등.

선 주변 그리고 그 일대의 은신처를 이루는 산맥과 농사에 부적합한 기후 등 자연적 특징들이 마적 활동과도 관련이 깊었다. 여기에 경기 불황과 농업 흉작으로 인해 마적에 가담하는 사람들이 속출하는 경우도 많아졌다.[14] 이로써 만주에서 마적활동의 영향이 가장 적었던 곳은 정치 중심지인 봉천성이며, 가장 많던 곳은 길림성이었다.[15]

길림성에서 특히 마적의 활동이 활발했던 구체적인 원인은 무엇이었을까? 재하얼빈(在哈爾賓) 다카하시 중좌(高橋中佐)의 조사서 「만주 마적에 관해서(滿洲馬賊に就て)」에는 북만의 마적, 특히 길림성 마적의 발생 및 발달에 관해 특수한 조건들이 있었음을 지적하고 있다. 그것은 이 지역의 특수 재원과 방만한 정책 등의 복합적 환경에 대한 것이었다. 먼저 채금(採金)을 기대하고 만주에 들어온 사람들과 채금을 엄격히 단속하기 위해 이들을 토벌하는 관헌과의 대립 속에서 마적이 출현한 경우가 있었다. 채금적(採金賊)의 창궐이 일단락되자 앵속(아편) 재배로 인해 길림성 내에 다시 마적이 들끓게 되었다. 또한 길림성 내 무성한 삼림자원은 삼림지역을 본거지로 둔 마적에 대한 관군의 토벌을 어렵게 하였다. 게다가 삼림 벌채 사업이 점차 번창해지면서 삼림업자에 대한 마적의 물자 강탈도 빈번하였다. 노동자의 유입도 마적 증가의 한 요인이었다. 당시 산동과 하북의 노동자 가운데 뚜렷한 계획 없이 만주에 들어오는 경우가 많았다. 정부 당국의 방만한

13) 「官兵이馬賊에歸化」, 『동아일보』, 1921년 7월 10일 ; 「三省人心洶洶 官兵이馬賊으로突變」, 『동아일보』, 1926년 6월 17일 ; 「馬賊에投하는官兵 국경방면불온」, 『동아일보』, 1922년 5월 27일.

14) 「吉長地方大凶 馬賊橫行이藉甚」, 『동아일보』, 1920년 6월 13일.

15) 필 빌링슬리 저, 이문창 역, 『중국의 토비문화』, 47쪽 ; 高橋捨次郎, 「滿洲馬賊に就いて」, 伊藤武雄 외 편, 『現代史資料 32 滿鐵』, 東京: みすず書房, 1966, 796쪽.

정책으로 인해 실업자가 증가하면서 이들 가운데 고향으로 돌아가지 못하고 마적에 가담하는 경우도 있었다. 아울러 무기 구입의 용이함은 마적 창궐의 계기가 되기도 하였다. 자위단(自衛團), 상단(商團), 개인 민가에서는 자위용으로 관의 허가를 받아 무기를 구입하였는데, 허가받은 수보다 더 많은 무기를 구입하여 마적에게 매각하는 경우도 있었다. 관군이 이익을 위해 마적에게 무기를 매각하기도 하였다. 이외에도 마적이 당국에 귀순할 때 이들에게 상당히 높은 관직을 주었던 것도 마적을 증가시켰다. 당시 사람들은 당국이 귀순한 마적에게 높은 관직을 주자 마적이 곧 일종의 높은 직책으로 나아가는 등용문처럼 인식하는 경향까지 있었다. 나아가 마적은 외부의 원조를 받기까지 하였다. 직봉전쟁과 같은 동삼성의 대외 관계로 인해 외부에서 마적을 원조해 주는 경우도 있었다.[16)]

이러한 마적의 횡행과 증가에 대해 동북정권에서는 여러 가지 대책을 세워 추진하였지만 쉽지만은 않았다. 군대를 파견하여 토벌을 시도하였으나 계획대로 잘 이루어지지 않았다. 관군 중에 마적 출신도 많았고 관리들의 부패로 인해 토벌에 대한 의지도 약했기 때문이다. 마적이 은거하는 지역의 지형 역시 산림지역이 많아 토벌이 힘들었다. 또한, 토벌에 따른 비용문제 역시 충당에 어려움이 많아 해결이 쉽지 않았다. 심지어 마적의 출현이 빈번한 지역에는 고량재배를 금지시키기도 하였다. 이는 마적이 고량 수확기에 고량 밭을 엄폐물로 이용하여 활동하였기 때문이었다. 마적의 주요 수입 가운데 아편 수입이 있었으므로 아편 엄금을 통해 마적의 약화를 기대하기도 하였다. 또한,

16) 高橋捨次郎, 「滿洲馬賊に就いて」, 796~798쪽.

많은 실업자들이 마적에 가담하고 있어 일자리 창출을 통해 마적의 증가를 억제하고자 하였지만, 이는 많은 투자가 동반되어야 하였으므로 효과적인 방법이 아니었다.[17]

이와 같이 만주에서 횡행했던 마적들은 주로 어떤 수입을 통해 그 집단을 유지해 나갈 수 있었을까? 정치적 기타 특별한 목적이 없는 마적에게 있어서 인질 납치활동은 주요 수입의 하나였다. 마적이 인질을 납치하는 목적은 금품을 강탈하기 위한 수단이라는 것은 누구나 알고 있다. 인질의 대상을 선정할 때에는 자산의 다과, 현금의 보유고, 인질로서의 가치, 인질 납치 후 집안 또는 지방의 영향 유무 등 다양한 측면들을 고려하였다. 따라서 인질의 대상은 지사(知事)나 부호(富豪) 등 당사자 혹은 그들의 자식, 부모 등으로, 인질로 잡혀갔을 때 가장 고통을 느낄 수 있는 대상을 선택하였다. 인질을 납치하는 경우 10명 이하의 인원으로 은밀히 계획을 세워 결행하였으며, 인질의 대상이 여행하거나 외출했을 때 혹은 학교에 통학하는 도중을 노려 납치하는 경우가 많았다. 폭력적 방법을 이용할 경우 어두운 저녁때를 선호하였다. 갑자기 집에 침입하여 권총을 들이대고 위협하는데, 관헌에 신고하거나 타인에게 급히 알릴 경우 가족들을 참살하고 집에 불을 질러 위협하였다. 인질을 납치한 경우 대개 가족들은 보복이 두려워 신고하지 못하였다. 인질을 납치한 후 마적은 반드시 몸값을 요구하였다. 인질로 하여금 "매일 매일의 학대를 참아내기 힘드니 서둘러 구출

17) 「馬賊討伐의 中國巡防軍隊」, 『동아일보』, 1921년 5월 25일 ; 「吉黑兩省의馬賊對策」, 『동아일보』, 1922년 6월 20일 ; 「馬賊을豫防코자고량재배금지」, 『동아일보』, 1923년 4월 22일 ; 「阿片取締嚴重」, 『동아일보』, 1924년 5월 30일 ; 「馬賊討伐에地方民怨嗟」, 『동아일보』, 1925년 4월 26일 ; 高橋捨次郎, 「滿洲馬賊に就いて」, 803쪽.

해주시오"라는 의미의 편지를 쓰게 하고, 마적은 "금전 얼마를 몇 월 며칠까지 어느 장소에 지참하고 오면 인질을 석방할 것이오, 관헌에 고할 때에는 일가족을 몰살할 것이요"라는 의미의 편지를 써서 이 두 통의 편지를 인질의 가족이 있는 집에 보냈다. 몇 번의 요구에도 응답이 없을 경우 손, 발, 귀 등 신체의 일부를 그 집에 보내 위협하면서 협상하였다. 경찰기관이 충실한 곳을 제외하고 기타 도회나 촌락의 경우 주민들은 마적의 인질이 되는 것을 가장 두려워하였다. 외국인 납치의 경우 외국의 항의로 마적단에 대한 관헌의 강경한 토벌을 초래할 가능성이 높았기 때문에 대마적단의 경우 외국인 납치는 계획하지 않았다. 소마적단의 경우는 이 점에 대해 다소 무지하여 내외인국을 가리지 않고 납치행각을 벌였다.[18]

마적이 인질을 납치하는 주된 목적은 금품을 취득하기 위한 것이었으므로 납치의 대상 역시 일반 대중이 아닌 소수의 부유한 사람들이었다. 마적은 인질이 자신들에게 반항하지 않는다면 오히려 친절한 태도를 취하곤 하였다. 대체로 납치의 대상은 일반 대중이 아니고 극히 소수의 재산이 있는 사람들에 한정되었으므로 일반 대중들의 마적에 대한 인식은 그리 적대적이지 않았다. 마적을 좋아할 리야 없지만 적어도 우리가 상상하는 정도로 마적을 미워하거나 두려워하지는 않았다.[19] 하지만 재산 있는 사람들이 점차 농촌지역에서 이탈하면서 납치 대상이 부유한 사람에서 중하층으로도 확대되기도 하였다. 따라서 현성(縣城)이나 기타 도시에서는 성문의 단속과 경계를 철저히 하

18) 角和善助, 「滿洲馬賊匪賊事情」, 『朝鮮及滿洲』 298號, 1932, 66쪽 ; 高橋捨次郎, 「滿洲馬賊に就いて」, 800~801쪽.

19) 遠藤一二, 앞의 책, 53~57쪽.

였다.[20)]

마적의 또 다른 수입원으로 촌락(村落)이나 현성(縣城), 대도시(大都市)의 습격을 통한 재물의 강탈을 들 수 있다. 촌락을 약탈하는 경우에는 병력을 사용하는 경우가 적지 않았다. 그것은 촌락들도 자기 방어를 위해 무기를 갖고 마적의 습격에 대비하는 경우가 많았기 때문이다. 이러한 경우 최후의 수단으로 야간 기습을 통해 병력의 손실을 최소화하면서 금품과 무기 등을 강탈하였다. 저항이 심할 경우에는 방화하여 재물을 약탈함과 함께 마을을 폐허로 만드는 경우도 있었다.[21)]

현성이나 대도시에 대한 습격은 촌락에 비해 훨씬 위험성이 높았기 때문에 다양한 전술이 요구되었다. 현성과 대도시는 촌락과 달리 경찰과 보위단, 상단이 무력을 소유하고 있었다. 따라서 마적들은 정면 공격보다는 다양한 방법을 동원하여 약탈을 꾀하였다. 도시와 현성 내부에 첩자를 두고 그의 안내에 따라 잠입하여 상무회(商務會)에 금품을 강요하거나 현지사(縣知事), 부호(富豪), 신상(紳商)들을 직접 협박하는 방법을 취하기도 하였다. 본인 또는 근친을 납치하는 것도 마적의 상투적인 수단 가운데 하나였다. 그것으로도 기대한 만큼의 금품을 취득하지 못하였을 경우 무력으로 습격하기도 하였다. 도시와 현성을 습격할 경우에 무조건 공격하는 것이 아니라 치밀한 계획하에 공격이 진행되었다. 도시와 성내에 여행객 기타 일반민으로 위장한 마적 몇 명을 잠입시켜 내부 사정을 염탐하여 보고토록 한 후, 그 정

---

20) 角和善助, 「滿洲馬賊匪賊事情」, 朝鮮及滿洲』 298號, 1932, 66쪽 ; 필 빌링슬리 저, 이문창 역, 『朝鮮及滿洲』, 229쪽.

21) 角和善助, 「滿洲馬賊匪賊事情」, 『朝鮮及滿洲』 298號, 1932, 66쪽.

보에 근거하여 성내외(城內外)에서 실제 마적 수보다 수배에 달하는 큰 세력이 습격하는 것처럼 선전활동을 펼쳤다. 이를 통해 주민들의 불안감을 고조시켰다. 한편으로는 협박장을 보내 몇 월 며칠까지 요구에 응하지 않으면 습격, 방화, 학살, 약탈을 자행하겠다고 위협하였다. 더욱이 부근의 촌락을 방화, 약탈하고 그 상황을 과대 선전토록 하여 사람들을 공포에 빠지게 하였다. 그래도 요구에 응하지 않을 경우 이미 잠입한 마적과 연락하여 일제히 급습을 단행하였다. 인근 각 현으로부터 경찰대, 또는 군대의 지원 병력이 도착하기 전까지 성내를 서둘러 점령하여 철저히 약탈한 후 지사, 부호, 신상을 인질로 삼아 가능한 한 빨리 후퇴하였다.[22]

마적의 소득원과 관련해서 불가분에 관계에 있는 것으로 아편 수입을 들 수 있다. 특히 길림, 흑룡강 일대에 발호하는 마적과 아편은 그 관계가 더욱 긴밀하였다. 마적들이 아편을 직접 재배하거나 혹은 밀재배자를 비호하는 두 가지 경우가 있었다. 아편 밀재배자가 삼림지대에서 재배하는 경우 보호 명목으로 일정 부분을 마적에게 상납해야 했다.[23] 다카하시 도시오(高橋利雄)가 저술한 『만주마적(滿洲馬賊)』에서는 "아편 밀매자 등이 말하는 바에 의하면 길림성, 봉천성의 아편은 흑룡강성 및 시베리아로부터 산출되는 것보다 훨씬 품질이 떨어지고, 뿐만 아니라 만주에서는 조선인이 대부분 이것을 재배하고 있다"라고[24] 하면서 한인과 아편 재배, 그리고 마적과의 관계가 밀접하였음을 시사하였다.

22) 角和善助, 「滿洲馬賊匪賊事情」, 『朝鮮及滿洲』 298號, 1932, 66~67쪽.
23) 渡邊龍策, 『馬賊社會誌』, 177~179쪽 ; 遠藤一二, 『馬賊と滿洲』, 27쪽.
24) 高橋利雄, 『滿洲馬賊』, 東京: 白永社書房, 1928, 253쪽.

2) 마적과 한인, 그리고 아편과의 관계

만주의 마적 역시 중국의 역사에서 토비 세력이 창궐했던 곳과 유사한 지역에서 활동하였다. 중국 역사에서 토비 세력들은 2개 이상의 성(省)이나 현(縣)이 인접한 접경지역에서 많이 활동하였다. 공권력이 미약해지는 지역이기 때문이었다. 지방 관원들의 입장에서 볼 때 토비들이 자기 관할권 밖으로 벗어나게 되면 더 이상 자기 쪽에는 책임이 없다고 생각하여 토벌을 지속하지 않았다. 이러한 여건으로 인해 접경지역은 오래 전부터 불법자들에게 피난처가 되고 토비의 활동 거점이 되었다. 더욱이 접경지역의 지형이 산악이나 삼림으로 이루어졌을 경우 토비들의 활동 범위는 훨씬 확대되었다. 만주지역의 경우 타국과 국경을 접한 지역에서도 국내 접경지역과 유사한 이유로 마적의 활동이 창궐하였다. 특히 식민지 조선, 러시아와 국경을 맞댄 지역이 그러한 곳이었다. 그리고 완전한 은신처를 이루는 산맥과 농사에 부적합한 기후 등은 마적 활동에 크게 영향을 미쳤다.[25] 이와 관련하여 1920년대 『동아일보』에 게재된 기사를 통해서도 마적들의 활동지역에 관해 알 수 있다.

> 昨一年의馬賊損害
> 두디방에서일백사십여번
> 죽은자만이백여명에달해
> 엇더한방면의 조사를듯건대 작년오월이래로 본년사월까지 일개년동안에 간도 압록강방면에서이러난마적의 피해한 회수는일백이십오회로서 그디방인민으로살해된사람이일백구십칠명인바 그중에 조선인과일본인으로살해를

25) 필 빌링슬리 저, 이문창 역, 『중국의 토비문화』, 32~33쪽 · 47쪽.

당한수효과 오십구명이요부상당한사람이 이십구명인중 일본사람한명이잇스며 잡혀간사람이 삼백십사명이요 재산의피해로는소가마흔두마리요 도야지가 열아홉마리며 현금으로 빼앗간돈이 삼십삼만팔천여원이나되는대 피해한디방은 당백(長白)림강(林江)통화(通化)안동(安東)관뎐(寬甸)봉성(鳳城)몽강(朦江)등여러고을 인바 당백현과 집안(輯安)현 두고을의피해가 더욱현저하며 또두만강방면에서 마적피해한건수는 이십삼건인대 살해된사람이 사십명이요 상한사람이 삼십명이라 현재가장 세력이 강성한마적은 두만강연안에잇서서 아라사와 중국국경에잡목한 고산(靠山)이란자인대 부하가 삼천명이나되며 은근히 장작림(張作霖)의명령을바닷노라고 떠드는중이며 그다음에는 두목구강(九江)이라는자가 거느린 마적이며 압록강건너편으로는 몽강현에 두목 김항신(金項臣)이란자가 거느린마적이 뎨일강성한대 김석신(金晳臣)이라는자를고문으로두고 수천의부하를 거느리엇스며 모국으로부터 크게무긔의 공급을 밧는중이라더라[26)]

對岸馬賊被害 집안현이가장만허

륙월중에 압록강대안의 마적에게 피해를당한회수는집안현(輯安縣)에 이십회가뎨일만코림강(臨江)당백(長白)두현의각삼회와통화(通化)현의일회등기타각디의회수를 통합하면 합계이십칠회에 이르럿는대 그피해통계는 조선사람의살해된수가 두명이요 중국사람의 잡히어간수효가 칠십이명이요 현금이이만이천백십원이요 소가 네 마리이며그외에도 중국경비대영문을 태워바린일이잇다더라[27)]

今後가危險한間島
마적의횡행은가을철부터
일본에서는내각회의까지

근일 간도(間島)일대의 형편에대하여모처로부터 탐문한즉 간도디방은 배

26) 「昨一年의馬賊損害」, 『동아일보』, 1921년 6월 14일.
27) 「對岸馬賊被害」, 『동아일보』, 1921년 7월 30일.

일조선인과 마적의횡행이 의연히심함으로 이대로두면 불가하겟슴으로 일본정부ㅁㅁ응급취톄수단을 강구하는동시에 중국편에대하야도 엄중한경고를 발하고자내각회의에서 결뎡하리라는대 혼춘(琿春)을 중심으로하는 북간도일대의형편은 여러 가지방면으로 판단하건대 근일에 조금침식한모양이 잇다고할지니 ... 그러나 종래의 경험으로써보건대 그방면의 마적단은매년구월상순경까지는성대하게아편을 재배하는곳을 도라다니면서 아편을강탈하고 구월중순부터는 차차촌으로 낫타나되혼춘백초구(百草溝)등디와가튼산골도서 방비가약하고 비교뎍부호가만히사는 디방을 습격하야략탈을 일삼는일이 잇슴으로간도방면에서 마적의위험은도로혀 금후에더욱 심할지며이에대하야 미리뎍당한 조처를하야 달나는것은 결코라유업는일은 아니라 ...[28]

馬賊朝鮮人을拉去

연해주의조션인칠십명을

마적단이습래하야잡어가

최근연해주(沿海洲)일대에 마적의출몰이 더욱심하야"니코리스크"부근에 잇는 "만석동"이라하는 조선사람의사는 부락에무장한 일백팔십여명의 마적단이습래하야 부자와학교의 선생생도칠십여명을 산중으로 잡아다가 신분을 조사하야 재산이잇는사람은 가두어놓코 금전과무긔를내이라고한다더라(동경특뎐)[29]

위의 기사들을 통해 볼 때 마적들이 주로 두만강 대안, 압록강 대안, 만주와 국경을 접한 러시아 연해주 일대에서 약탈을 일삼았다. 그 가운데 압록강 대안에서는 집안지역의 피해가 가장 컸고, 두만강 대안에서는 간도지방, 러시아 연해주 지방에 대한 피해가 컸음을 알 수 있다. 이들 국경지역에서의 피해는 중국인과 함께 한인에게도 적지 않았으

28) 「今後가危險한間島」, 『동아일보』, 1921년 9월 16일.

29) 「馬賊朝鮮人을拉去」, 『동아일보』, 1921년 8월 3일.

며, 마적들의 활동 가운데 살인과 납치, 금전과 무기 약탈 외에 아편의 강탈이 주목되었다.

위의 『동아일보』 기사를 종합해보면 당시 마적의 규모와 그 피해가 상당했음을 알 수 있다. 1920년 5월에서 1921년 4월까지 1년이라는 기간 동안 간도, 압록강 부근에서 발생한 마적에 의한 피해 건수는 125회에 달했고 살해된 현지인이 197명이었다. 1921년 6월 중 압록강 연안의 집안현에서만 20회의 피해 건수가 있었다. 게다가 마적의 규모는 3천에서 수천에 달했다고 하니 그 위력과 두려움이 대단했음을 알 수 있다. 뒤에 인용할 것이지만 1926년 6월 5일자에는 8천 명의 마적 규모가 확인된다. 숫자가 많지 않아도 연해주 일대에 한인이 사는 부락에 무장한 마적 180명이 습격하였다는 상황도 매우 위협적인 상황이었을 것이다. 간도지방에서는 9월 상순까지 넓고 접근이 쉬운 아편 재배지에 극성을 부리던 마적이 9월 중순부터는 방비가 약하면서 부자가 있는 촌락까지 진출하였다. 이후 마적이 깊은 산골까지 약탈을 일삼았으므로 이 지역에 대한 마적의 약탈이 얼마나 극심했는가를 알 수 있다.

이와 같이 마적의 활동이 활발한 만주지역은 일본이 조선을 강점한 1910년 이후 한인들의 이주가 본격화된 지역이었다. 사실 한인의 만주 이주는 그 역사가 매우 오래되었으며 이주의 요인도 다양하였다. 1905년 이전까지 한인의 만주 이주는 대체로 경제적인 빈궁이 주요 요인을 이루었다. 1905년 이후에는 경제적인 요인과 함께 정치적인 요인도 점차 증가하기 시작하였다. 1910년 일본에 의해 조선이 강점된 이후부터 본격적인 한인의 만주 이주가 시작되었다고 해도 과언이 아니다. 그러나 한인의 만주에서의 생활은 순탄할 수 없었다. 대체로 1910년 조선이 일본에 강점된 이후 중국의 관헌 중 일부 지방관헌은 한인에 대해 동정을 보이기도 하였지만 이러한 분위기가 주도되지는 않았다. 일본이 한인을 자국의 '신민(臣民)'이라고 하여 보호하였고, 한인을 빌미로 중국의 주권을 침해하는 경우도 자주 발생하였다. 이로 인해 중국 관헌들은 한인을 감시하고 제한하기에 이르렀다. 특히 1925년 봉천정부 경무국장 위쩐(于珍)과 조선총독부 미쓰야 미야마쓰(三矢宮松) 경무국장 사이에 삼시협정(三矢協定)이 체결되어 만주에서 활동하던 한인 민족주의자들을 체포하기 시작하면서 한인 이주민에 대한 압박은 더해갔다.[30)]

도강하여 만주로 이주하는 한인들의 모습
(출전: 『사진으로 보는 만주지역 한인의 삶과 기억의 공간』)

30) 박강, 「'만주사변' 이전 일본과 재만한인의 아편 · 마약 밀매문제」, 『한국민족운동사연구』 35, 2003, 306~307쪽.

1910년 이후 만주 이주 한인에 대한 중국 측의 제한과 압박이 더해갔음에도 불구하고 한인 이주 인구는 계속 증가하였다. 초기 이주자들은 한반도와 인접한 국경지역에 거주하는 경우가 많았다. 1926년 일본영사관 조사에 의하면, 만주 이주 한인 인구수는 542,869명, 조선총독부는 553,000명, 동양협회는 736,266명, 만철(남만주철도주식회사)은 783,187명이라고 보고하였다. 일본영사관과 만철, 조선총독부의 조사가 54만여 명에서 78만여 명까지 편차가 나지만 실제 이주 인구는 이보다 많았을 것으로 추정된다. 왜냐하면 이들의 조사는 일부지역에 한정되었고 오지는 조사 대상에서 누락되었기 때문이다.[31]

1920년대까지 한인의 만주 이주 인구 가운데 가장 많은 인구가 밀집되어 있는 지역은 두만강 대안인 간도이다. 한인의 만주 이주가 급격히 증가한 것은 1907년 이후로서 한청(韓淸) 간의 간도 귀속문제가 그대로 지속되고 있었지만 통감부가 간도에 파출소를 설치하고 '간도를 조선영토로 간주한다'고 선언하면서 간도로 이주한 인구가 급격히 증가하였다. 이후 1909년에는 간도가 청에 귀속되었으나 한인의 거주와 기득토지소유권이 인성되었다. 따라서 간도는 만주의 타지역에 비해 한인의 인구 증가가 현저하게 나타났다. 1907년에 간도지역 이주 인구가 71,000명이었던 것이 1926년에는 356,016명으로[32] 약 20년 사이에 5배 정도 증가하였다.

한인의 만주 이주는 범위가 넓어져 두만강 대안뿐만 아니라 압록강 대안과 흑룡강성으로도 이주하기 시작하였다. 압록강 대안은 1912년

---

31) 박강, 「'만주사변' 이전 일본과 재만한인의 아편 · 마약 밀매문제」, 308쪽.
32) 현규환, 『한국유이민사(상권)』, 어문각, 1967, 160~161쪽.

안봉선(安奉線 안동-봉천)이 개통된 이후 교통이 편리함에 따라 철도를 이용하여 이동하기 시작하였다. 봉천, 관동주, 장춘, 하얼빈 등지에까지 진출하게 되었다. 또 다른 만주 진출로는 하바로프스크-블라디보스토크 간 철도를 이용하는 방법이었다. 한반도 동북지방에서 해로로 블라디보스토크에 도달한 후 다시 철도편으로 하바로프스크를 경유하여 길림성 동부의 광활한 지역과 흑룡강 남단의 수원, 요하, 수동 등지에 도달할 수 있었다. 1924년 동북 삼성의 한인 이주 상황을 보면 봉천성, 길림성, 흑룡강성의 이주 인구가 각각 169,514명, 379,876명, 5,500명으로[33] 길림성으로의 한인 이주 인구가 가장 많았다. 봉천성과 비교해도 2배 이상이었다.

〈표 4-1〉 1920년대 만주 한인 이주민의 분포[34]

관동주 및 남만주 철도지대				일본 영사관 구역					
지역	인원(명)	지역	인원(명)	지역	인원(명)	지역	인원(명)	지역	인원(명)
關東州	1,527	本漢湖	63	牛 莊	942	頭道溝	94,267	帽兒山	13,005
瓦房店	58	安 東	8,280	奉 天	8,968	타오르	3,131	鐵 嶺	9,541
大石橋	71	撫 順	1,515	通 化	50,798	長 春	83	鄭家屯	1,663
營 口	187	鐵 嶺	136	安 東	31,977	吉 林	29,880	農 安	167
鞍 山	237	開 原	2,687	龍井村	152,507	齊齊哈爾	308	哈爾濱	14,240
遼 陽	72	四平街	423	局子街	72,472	遼陽	217	滿州里	103
奉 天	937	公主嶺	123	百草溝	27,639	新民府	1,865	合 計	590,355
		長 春	1,044	琿 春	49,335	海龍	11,414		

33) 현규환, 앞의 책, 164~165쪽.

34) 현규환, 앞의 책, 165쪽.

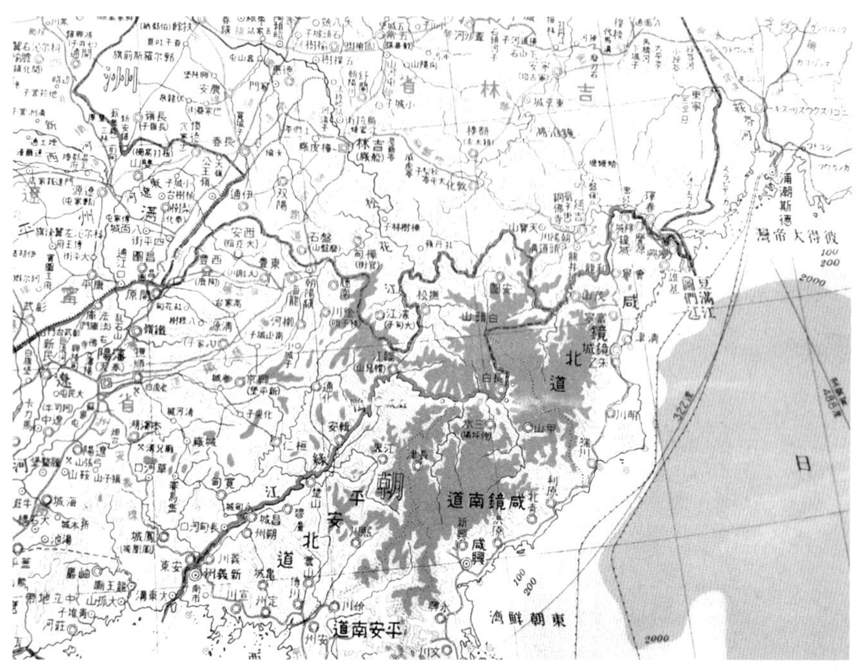

조선과 만주간 국경지역 지세 및 교통지도(출전: 『日本地理大系-滿洲及南洋篇』)

이와 같이 1920년대 만주 이주 한인들은 두만강 대안인 간도지역과 압록강 대안에 많이 거주하였다. 일본 외무성 아세아국이 발표한 〈표 4-1〉를 통해 만주 내 한인 이민의 분포를 대략적으로 살펴볼 수 있다. 두만강 대안지역인 용정촌(龍井村), 국자가(局子街 延吉), 훈춘(琿春), 두도구(頭道溝)만 하더라도 이주 한인 인구는 30여만 명으로 만주지역 내에서 가장 많이 밀집해 있는 지역임을 알 수 있다. 또한 압록강 대안인 안동(安東), 통화(通化), 모아산(帽兒山 臨江)에 10만 정도의 한인이 이주하여 거주하고 있었다. 〈표 4-1〉에 나타난 만주 이주 한인 인구 59만 가운데 50% 정도의 한인이 두만강 대안에 이주하였으며,

17% 정도의 한인이 압록강 대안에 거주하였음을 알 수 있다.

만주와 국경을 이루고 있는 지역은 식민지 조선만이 아니었고, 길림성의 동쪽지역은 러시아 연해주와 맞닿아 있으며 그 지역에도 한인이 이주하여 거주하고 있었다. 러시아 연해주 거주 한인들은 1860년 중국 청조와 러시아 사이에 북경조약이 체결되면서 본격적으로 이주하기 시작하였다. 연해주로의 한인 이주 역시 만주지역과 같이 경제적 빈궁이 주요 원인이었다. 일본이 조선을 강점한 이후에는 정치적 요인도 작용하기 시작하였다. 1920년대 연해주 이주 한인의 분포를 보면 연해주 각 지역으로 많이 확산되어 있었다. 1927년의 통계에 의하면, 블라디보스토크와 그 주변에 약 48,000명, 우수리스크시 부근 일대에 약 52,000명, 남부 우수리지방 기타에 약 50,000명이 거주하였다. 연해주를 제외한 시베리아에 거주하는 한인 약 50,000명을 더하면 시베리아 거주 한인은 약 20만 명에 달하였다.[35] 시베리아 가운데 연해주 지역은 중국 길림성 동부지역과 접해 있어 중국과 쉽게 왕래할 수 있었다.

이렇듯 만주나 연해주 이주 한인들은 고국과 지리적으로 인접한 국경 인근 지역에 많이 거주하였다. 만주와 식민지 조선, 만주와 러시아 연해주와 인접한 국경 부근 지역은 마적들의 활동이 활발한 곳이기도 하였다. 마적들이 경계지역인 국경지역에서 활동하는 것은 앞서 언급했듯이 단속이 취약하기 때문이며 더욱이 길림성 동부지역에는 삼림지역이 많아 당국의 토벌이 쉽지 않았다. 이주 한인들은 주거지가 마적들의 활동지역과 인접해 있어 많은 어려움을 겪을 수밖

35) 박강, 『20세기 전반 동북아 한인과 아편』, 선인, 2008, 225~226쪽.

에 없었다.

한편 앞장에서 잠깐 언급했듯이 아편은 마적의 주요 소득원 가운데 하나였다. 다카하시 도시오(高橋利雄)가 저술한 『만주마적(滿洲馬賊)』에 의하면, 만주지역의 아편 생산이 한인과 밀접하다고 하였고 마적과 아편 수입과의 관계는 물론 한인과의 연관성도 시사하였다. 그렇다면 아편을 매개로 마적과 한인은 어떤 연계성을 갖고 있었다는 것인가?

우선 중국과 식민지 조선 간의 국경지역인 압록강 대안과 두만강 대안지역을 무대로 활동했던 마적들은 정말로 아편 수입을 주요 소득원의 하나로 삼고 있었던 것일까? 이와 관련하여 언론에 게재된 관련 기사를 보면 아래와 같다.

> 討伐隊馬賊對峙
>
> 一日朝京城某所着間島情報에依하면馬賊討伐次로大甸子方面에出動中인干旅長은目下紅旗河附近에駐屯하야大馬賊團과對峙하얏는바馬賊의勢力은頭目串江龍의四百東山의百五十頭目不詳의三百名이主要한者로總數一千五百이라傳하는대此等은奧地에栽培한阿片의第一回收穫이不作임으로越年이困難하리라하야各頭目이連絡하야主要地를襲擊할 計劃임과如하더라[36]

> 阿片採取를妨害하면縣城을一擧擊滅
>
> 馬賊頭目一虎의恫喝
>
> 撫松縣下에蟠躍하는馬賊頭目一虎는安圖撫安兩縣에서小馬賊團全部團體의統一을圖하야官憲의 討伐에對抗할만한實力을備하려고劃策中인바발서團結된듯하야今年度阿片採取를妨害하는때에는配下八千名을引率하야一擧縣

36) 「討伐隊馬賊對峙」, 『동아일보』, 1923년 9월 3일.

城을擊滅한다는脅迫文을各縣知事에게送하야官憲의行動을牽制하는中이라더라[37]

馬賊猖狂은 阿片不作

某所着電에依하면 對岸安圖縣西坡子仙頭山附近을根據로同地附近에서阿片採取中인馬賊의主力은例年에比하야降雨量이減少하야收穫이如意치못함으로間島地方의豊作을엿보고此를掠奪코자仍頭山附近의根據地○○一部만남기고大部分은人家가稠密하고比較的警備力이薄한和龍縣界方面에移轉하야目下盛히劃策中이라더라[38]

仲秋를期하야各都市襲擊

오백명대원을사대로편성

馬賊團頭目會議決定

국경대안일대에서도량하는마적은그수가이천여명이된다는데전번봉텬성은이를토벌하기위하야테이십구사단을출동식혀극력그소탕에노력한결과전긔마적단들은비상한타격을바더아편재배도할수업슴으로관군에대하기위하야최근각디의두목이규합하야련합마적단두목회의를로흑산(老黑山)에개최하고협의한결과마적단오백명을좌기의사개대로편성하고총두목으로진속산(陳東山)을추대하고중추의시절에일제히도시습격을행하기로하엿다더라(모처정보)...[39]

對岸의馬賊團都市襲擊準備

아편농사가못되여도회습격

馬賊總勢三千餘名

국경대안 마적단들은 금년의 아편재배가 흉년을 당하엿슴으로두목들이

37) 「阿片採取를妨害하면縣城을一擧擊滅」, 『동아일보』, 1926년 6월 5일.
38) 「馬賊猖狂은 阿片不作」, 『매일신보』, 1926년 10월 14일.
39) 「仲秋를期하야各都市襲擊」, 『동아일보』, 1927년 8월 10일.

얼마전에 모히여 각도시습격할것을 결의하고 차차실행할모양을보임으로연길진수사(延吉鎭守使)는 북간도 국자가(北間島局子街)주둔병사백사십명과 돈화현(敦化縣)주둔병 약오백오십명에 대하야 출동명령을하엿다하며 다시 봉텬(奉天)으로부터 다수한응원병이 파견되리라는바 마적의발호를따라불원간대충돌이될것을예상하고...전마적수는삼천내지 사천에 갓가운형편인데 그들의두목과근거디별로보면 다음과갓다하며 그밧게산포(山砲)도가지고잇다러라...[40]

위의 기사들을 볼 때 두만강, 압록강 대안의 국경 주변 일대에서 활동하는 마적들은 대체로 아편 수입과 밀접한 관련성이 있었음을 확인할 수 있다. 각지의 마적 두목들은 소기의 목적을 가지고 연합하여 현성이나 도시 또는 주요지역에 대한 습격을 계획하기도 하였다. 그들의 목적은 아편 수입의 확보였다. 따라서 아편 수확이 기대에 미치지 못하였거나, 관군의 토벌로 아편 재배가 불가능하게 될 것이 예상되거나, 관헌이 아편 채취를 방해할 것을 사전에 차단하고자 할 때 연합활동을 펼쳤다. 이러한 연합이 이루어진 것을 보면 마적에게 있어 아편 수입이 얼마나 중요한지 이해할 수 있다.

40) 「對岸의馬賊團都市襲擊準備」, 『동아일보』, 1927년 9월 7일.

백두산의 서남쪽에 위치하고 있는 1930년대 장백현의 전경
(출전: 『사진으로 보는 만주지역 한인의 삶과 기억의 공간』)

한편 만주의 국경 일대에 거주하는 한인들의 아편 재배와 마적과의 관련성도 언론 보도를 통해 확인해 볼 수 있다. 아래 『동아일보』의 기사들을 통해 살펴보자.

> 出沒無常한馬賊團 六十餘同胞拉去
> 사십명은노히고십팔명은남아
> 長白縣下人心洶洶
> 지난십일일한낫에 중국장백현십오도구덕수동(中國長白縣十五道溝德水洞)에칠십여명의마적단이출현하야 그곳에잇는동포김재텬(金在天)외사십여명을랍거(拉去)한바이소문을들은중국관병(官兵)팔십여명은 즉시출동하야

마적과교전(交戰)한결과 마적단편에서 한명이총살을당하고 마적단일행은 그대로도망하야 종적을 감추엇고잡혓든동포 사십여명만 풀속에서긔어겨우 돌아왓는데 지난십삼일에 또다시 출현하야 동포열여덜명을 잡어간바 방금 아편채취시긔임으로 그를탐하야 그와가티잡어간듯하다하며 아즉십팔명의 동포는 노히지안하 장백현일대의인심은자못흉흉하다더라[41]

長白縣에馬賊 朝鮮村襲擊

농작물을함부로략탈해가

生還한同胞九名

이즈음에중국장백현 십륙도구소덕수동서곡(中國長白縣十六道溝小德水洞西谷)에 마적단이출현하야 동수노동변두,상산호,충강호(首腦東邊頭,上山好,忠江好)등이부하 팔십여명을인속하고 조선인의 농작물을략탈하며 아편(阿片)시가수천원어치를 빼서가고농부구명을랍거(拉去)한것을 중국륙군영장(中國陸軍營長)방진고(房振庫)가 군인 오십여명으로 마적을토벌한결과 농부구명은 무사히돌아왓고 마적단밀명 왕청산(王靑山)은포살(捕殺)되엇다더라[42]

馬賊이襲擊二十戶에衝火

농사지은것은모조리뺏긴

中露國境의朝鮮村

【장춘】 근일중로국경(中露國境)에서 중국마적에게 동포가중상을 당하고 일촌락이 방화(放火)를당한일이 잇다는바 이제그사실을 듯는바에의하면 중로국경인 협피구(夾皮溝)에 십여년전부터 삼십여호가 사는바그곳에서 서쪽으로 삼십리가량되는 산곡에 오십일경의 아편을 재배하엿든바 금년은례년보다 결실이 잘되어 례년보다배이상의 수확을 엇게되어지난칠월 말일까지 아편채취를다마친바 중국마적(中國馬賊)륙십 여명이그동포들의잇는촌을

41) 「出沒無常한馬賊團 六十餘同胞拉去」, 『동아일보』, 1928년 8월 20일.

42) 「長白縣에馬賊 朝鮮村襲擊」, 『동아일보』, 1928년 8월 23일.

습격하야 아편과 돈과 의복등을 전부략탈하야가는 동시에 동포를구타하야 삼명의 중상자를내이고 동포집이십호에다 불을노하서전부전소케하고 다라낫다는데이사변을당한동포들은 먹을것도업고 잘집도업고어대를갈래야갈로비도 업서 오도가도 못하고 가로에서 허매고 잇다는바그딱한정경은 참아볼수가 업다고한다[43]

위의 기사들에 의하면, 마적들은 아편 채취 시기에 맞춰 아편을 재배한 한인 농가들을 습격하였다. 아편과 농작물 등을 약탈하는 데 그치지 않고 많은 재물을 노리고 인질을 납치하거나 가옥까지 방화하는 등 온갖 악행을 자행하였다. 위의 기사에 보이는 지역들인 장백현 15도구 덕수동, 16도구 소덕수동의 서곡과 같은 지역은 백두산의 깊은 산골이거나, 중국과 러시아 국경지대의 깊은 산속 계곡이다. 이를 통해 깊은 산속에서 아편을 재배하던 한인 농민들은 마적의 주된 약탈 대상이 되어 왔음을 알 수 있다.

이 시기 아편을 매개로 두만강, 압록강 대안의 국경지역 거주 한인과 마적과의 연계성 여부에 관해 당시 일본은 어떻게 파악하고 있었는가? 이와 관련하여 현지 영사관의 보고를 근거로 일본 외무성 통상국과 외무성 조약국에서 각각 1925년과 1928년에 편한 『지나에서의 아편 및 마약품(支那ニ於ケル阿片及魔藥品)』, 『각국에서의 아편취체 상황(各國ニ於ケル阿片取締狀況)』을 살펴보자.

間島 오지는 산악이 중첩된 지역으로 삼림이 무성하고 교통이 불편할 뿐 아니라 마적의 도량이 심하여 관헌의 토벌 위력이 충분히 미치지 못한다.

43) 「馬賊이襲擊二十戶에衝火」, 『동아일보』, 1930년 9월 24일.

때문에 아편 원료인 앵속의 재배에 있어 최고의 적지이다. 土民은 마적과 연락하거나 또는 마적 자신들이 그것의 재배에 종사한다. 그리고 지방 군경은 마적 토벌 혹은 앵속재배 단속을 칭하고 출동하여도 단순히 이름만 토벌 단속일 뿐 실제는 앵속 수확의 분배를 얻는 것에 지나지 않는 것으로... 특히 근년 마적 및 부정 군경의 앵속밭 보호가 더욱 주도면밀해 지고, 양민에 이르기까지 파종으로부터 수확까지 겨우 3개월이라는 단기간에 이 같이 높은 이익을 얻는 것은 아편 이외에서는 구하기 힘든 것으로, 마침내 이들 마적 및 군경과 통모 연락하여 부업으로 재배하기에 이르렀다. 따라서 그 재배면적도 점차 증가하는 경향에 있고... 본년도 각 현 주요 재배지의 면적 및 아편생산액은 대략 좌와 같이 예상되는데... 적어도 좌의 3배 이상에 달할 것이라고 한다.

縣地方別	재배면적(평)	생아편생산액(관)
延吉縣(蛤蟆塘, 延吉崗, 廟兒溝地方)	20,000	240
和龍縣(二道溝靑山峰蜜溝地方)	25,000	300
汪淸縣(市大浦, 荒溝, 羅甸溝地方)	30,000	360
琿春縣(巨港城, 他順溝地方)	35,000	420
撫松縣	40,000	480
安圖縣(二道溝地方)	40,000	480

오른쪽 가운데 撫松, 安圖 양현은 그 가운데 관헌의 威令이 행해지지 않는 지방으로... 유명한 아편생산지였다. 오른쪽의 재배자는 모두 중국인, 조선인과 관계되며 전업으로 하는 경우와 부업으로 하는 경우로 구분되며...[44]

최근 간도지방에서 마적이 갑자기 극성스럽게 창궐하는 것은 그 원인이 많다고 하더라도 아편원료인 앵속의 재배가 두드러지게 증가하고, 금령의

44) 「間島總領事館管內ニ於ケル阿片及魔藥品」, 外務省通商局, 『支那ニ於ケル阿片及魔藥品』, 外務省通商局, 1925, 9~11쪽.

취지와 반대의 현상이 드러나는 것도 역시 주요 원인의 하나인 것은 의심 없는 바이다. 마적의 창궐은 또한 앵속의 밀재배로 하여금 더욱 용이하게 하는 결과를 불러온다. 즉 산중에 근거를 갖는 마적은 ... 앵속재배자 및 밭을 보호하고 그 보수금(약 4백평 마다 아편 50문을 징수)을 얻거나 앵속밭을 습격하여 그것을 탈취 혹은 마적과 군경 사이에 수확분배의 밀납을 맺고 밭을 보호하거나 혹은 마적 자신이 재배에 종사하는 등 여러 가지 방법에 의한 수입으로 團資에 충당하여 匪勢의 확대를 도모한다. 그 결과 재배면적도 확대되고 마침내 오늘날과 같은 수습하기 어려운 상태에 빠지게 된 것으로...[45]

당 관내에서의 앵속의 파종은 예년 4월로서 수확은 7,8월 된다. 그 재배는 관헌의 눈을 피하기 위해 모두 사람이 드문 오지방면 삼림지대에서 행한다.... 재배자는 무릇 마적 또는 그것과 비슷한 무뢰의 무리 및 토민들이다. 소위 재배의 번성기에는 시정으로부터 매년 다수의 쿠리가 일하러 가는 것을 본다. 또한 不逞鮮人으로 재배에 종사하는 것이 점차 증가하는 경향으로...보통 중국인 조선인의 앵속 재배자의 많은 경우는 마적과 협조를 유지하며 수확분배의 약속을 하고 賊團의 보호에 의존한다...[46]

吉林省城에서 멀리 떨어진 오지 및 심산유곡에 거주하는 농민이, 앵속 재배에 종사하는 경우가 많다. 흔히「烟匪」라고 칭하는 것이 그것이다. 관헌은 그들을 단속한다고 하더라도 형식에 지나지 않고, 오지에 있는 縣의 경우는 省城으로부터 거리가 멀고 교통이 불편함으로 각 해당 縣知事 등은 그들의 근친자로 하여금 烟匪와 연락케 하여 뇌물을 수수한다. 또한 각 해당 현내 주둔군 警保衛團 등은 토비토벌 앵속제거 등을 구실로 산에 들어가, 많은 경우는 烟匪와 통하고 烟汁 수확의 보호를 하고 그 보수로서 아편을 수수한다...[47]

45) 「間島總領事館管內ニ於ケル阿片及魔藥品」, 外務省通商局, 『支那ニ於ケル阿片及魔藥品』, 21쪽.

46) 「局子街分館管內ニ於ケル阿片及魔藥品」, 外務省通商局, 『支那ニ於ケル阿片及魔藥品』, 38쪽.

47) 「吉林地方ニ於ケル阿片取締ノ現狀ニ關スル調査報告」(1928.10.17 在吉林 川越總

오지 人煙稀少로서 교통 불편한 산간 밀림 속에는 왕왕 대규모의 재배가 있다. 明月溝(老頭兒溝 敦化 사이의 중간역 甕聲磖子로부터 正北에 있는 삼림지대), 長仁江地方(頭道溝의 正西, 장인강은 海蘭河의 지류로서 두도구 부근에서 해란하에 합류한다)에서는 甕聲磖子 및 노두구 거주 중국인 대지주로서 관변에 잠재력을 갖는 2,3인이 약 30日晌(1晌은 일본의 1,000평)을 예년 밀재배하고, 그 수확을 재배자와 지방 경찰관헌과 절반한다고 칭해진다

간도의 서방 산악지대 즉 安圖, 撫松 양현 경내 및 그것과 인접하는 지방에서는 馬賊團 및 지방 거주 중국인, 조선인은 대규모로 재배하고 있는 것은 일반 주지의 사실이다. 그리고 지방군대 및 보위단은 예년 그것의 금지 및 제거를 위해 출동하여도 오히려 그들의 뇌물을 받고 심할 때는 수확의 10분의 2 내지 5의 증여를 받는 밀약을 체결하고 돌아온다. 증여를 받거나 몰수하여 얻은 아편의 대부분은 더욱이 鎭守使, 道尹, 縣知事 등에게 증여된다. 따라서 그들 군경 간에는 재배지로의 출동을 아편토벌 또는 恒例祭라고 칭하며 기뻐하는 태도를 보인다고 말한다[48]

위의 조사 내용들에 따르면, 간도지역을 중심으로 마적이 창궐하는 것은 간도지역 오지의 아편 생산과 관련이 있었다. 아편은 단기간에 큰 이익을 볼 수 있는 작물이기 때문에 농민과 마적, 부정한 군경 모두 아편의 수익에 관심이 높았다. 따라서 깊은 산속에서 아편을 재배하는 농민을 대상으로 많은 경우의 상황이 벌어졌다. 마적은 보호세 명목으로 수확한 아편의 일정부분을 징수하거나, 아편 재배자의 아편을 약탈하였다. 혹은 마적과 부정 군경이 함께 결탁하여 보호세를 분배하기도 하였고, 마적이 직접 아편을 재배하기도 하였다. 다양한 방

領事報告), 外務省條約局, 『各國ニ於ケル阿片取締狀況』, 外務省條約局, 1932, 43쪽.

48) 「間島地方ニ於ケル阿片取締ノ現狀ニ關スル調査報告」(1929.3.28 在間島 鈴木總領事報告), 外務省條約局, 『各國ニ於ケル阿片取締狀況』, 50쪽.

법을 통해 아편은 마적단의 재원으로 활용되었다.

또한 간도지역의 경우 한인 거주 비중이 높은 지역으로[49] 산림지역의 아편 재배자 역시 여러 인용문에 보이듯이 중국인과 더불어 한인 비중이 적지 않았다. 마적과 연계하여 산속에서 아편을 재배한 한인 농민의 실상에 대한 1934년 『동아일보』 기사를 살펴보면 다음과 같다. "이 마적굴에 사는 동포들은 무슨 자미로 사느냐 하면 거기는 여러 가지 낙이 잇다한다. 농사는 조곰색하고 밀림 속에서 전부 아편을 경작하는 것이다... 대개 이곳에 온 이들은 조선 땅에서 화전을 경작하던 궁민들이고 압록강을 건너선지 십년 이십년 되는 이들이라... 구구히 조선 땅에서 헐벗고 굶주리고 살리보다 땅이 넓고 자유로운 이천지에서 마적과 함께 사는 맛도 그럴듯하리라".[50] 이 기사에 따르면 아편을 재배한 한인 농민들은 대체로 식민지 조선에서 헐벗고 굶주렸던 궁민들이었다. 이들은 일반 작물보다 높은 수익을 얻을 수 있다는 것에 위험을 무릅쓰고 깊은 산속에서 마적과 연계하여 아편을 재배하였다. 요컨대 만주의 산악지역에서 아편을 재배한 한인들 가운데는 앞의 『동아일보』 기사와 같이 마적의 비호 없이 아편을 재배하다가 약탈대상이 된 경우도 있지만, 마적과의 거래를 통해 일정 부분을 보호세의 성격으로 납부하는 경우도 있었음을 알 수 있다.

만주와 인접한 러시아 연해주 지역은 어떠했을까? 이 지역도 마적과 아편 수입과의 관계는 물론 한인의 아편 재배와 마적과의 관계도

49) 이 시기 간도지역의 인구분포를 보면 중국인이 약 10여 만 명, 조선인이 약 40만 명을 차지하고 있다(「間島地方ニ於ケル阿片取締ノ現狀ニ關スル調査報告」(1929.3.28 在間島 鈴木總領事報告), 外務省條約局, 『各國ニ於ケル阿片取締狀況』, 54쪽).

50) 「白頭山을 안고도는 馬賊窟의 大秘密(三): 九死一生으로 脫出한 金鳳哲氏의 實談」, 『동아일보』, 1934년 2월 2일.

밀접했던 것일까? 이와 관련하여 아래 『동아일보』 기사를 보면 다음과 같다.

沿海縣의 阿片栽培禁止

海蔘威革命委員會는突然히沿海縣에서阿片栽培를絕對로禁止할旨를命令第三十三號로써發布하야同地方在住의朝鮮人은多大한打擊을蒙한터인바今日沿海縣의阿片栽培가盛行케된것은"멜크루푸"政府時代에同政府가財源을得할目的으로一"데사친"에對하야五十留의稅金을徵收하고 何人에게던지栽培를許可하야此로因하야沿海縣一帶에阿片耕作이盛大하얏는바就中朝鮮人及中國人은最히此栽培를力行하야在住朝鮮人約十萬人中半은阿片栽培에從事하는狀態이더니今般此의禁止함에至한主要原因을聞한즉第一, 阿片을植付하는土地는非常히荒廢하는事第二, 附近의 普通作物의生育을妨하는事第三, 阿片花에集하는蜜蜂이死滅하야西伯利名物의養蜂事業을害하는事第四, 阿片은人道上問題인事第五, 阿片의收穫期에는馬賊이橫行하야財政上目的을達함에障害가有한事等이라하며若此에犯하는者는一"데사친"에罰金百圓又는三個月의苦役에處한다는바突然히禁止를當하야朝鮮人側에서는其衣食에窮한人이多하며一方果物蔬菜의輸入稅加重에 依하야園藝業이保護되는中임으로一部는其方面에轉業하는同時에他面에는水田經營에移하는 外에手段이無한다더라[51]

阿片栽培禁止

沿海州勞農政府發令

沿海州勞農政府는阿片栽培는土地의賃貸에依한不當利得으로因하야富裕農民을發生식힐뿐아니라馬賊의橫行을招來하야密貿易을盛하게하고外國貨幣를國內에流入식힌다는見解下에其栽培를 禁止하고犯하는者는三百留以下의罰金三個月以內의拘留에處한다고發令하엿더라[52]

51) 「沿海縣의 阿片栽培禁止」, 『동아일보』, 1923년 3월 10일.

52) 「阿片栽培禁止」, 『동아일보』, 1926년 6월 9일.

위의 기사를 통해 연해주 지역의 아편 재배와 관련한 한인과 마적과의 관계는 만주 국경지역과는 그 양상이 다르다는 것을 알 수 있다. 만주에서의 아편 재배는 불법이었는데 반해 연해주 지역에서는 블라디보스토크(海蔘威) 혁명위원회에서 아편 재배 금지 명령이 발포되기 전까지 합법적이었다. 만주에서는 산림지역에 거주하는 한인 가운데 마적과 연계하여 아편을 재배하는 경우가 있었다. 이는 아편 재배가 불법이었기 때문에 비호세력이 필요했기 때문이었다. 연해주지역의 경우는 아편 재배가 합법적이었기에 마적의 보호가 필요하지 않았다. 다만 한인과 중국인이 아편을 재배함에 따라 그 수입을 노리고 마적이 널리 횡행하는 문제가 발생하였다.

1920년대에 들어와서 블라디보스토크 혁명위원회와 연해주 노농정부가 아편 재배를 금지하자 한인의 아편 재배 역시 어렵게 되었다. 금지 발령 이전 한인의 아편 재배와 마적과의 관계는 구체적으로 어떠하였을까? 이와 관련된 내용을 아래의 조사서를 통해 살펴볼 수 있다. 이것은 시베리아 간섭의 일환으로 출병했던 일본군이 작성한 한인의 아편 재배 관련 조사서이다.

> 당 지방에 이주하여 농업에 종사한 鮮人 등은 땅이 비옥하고 수확이 풍요롭기 때문에 크게 생활의 안정을 구가하였다. 그렇지만 明治40년(1907년) 경부터 점차 수확이 감소하고 곡류가격이 떨어지면서 빈곤에 빠지게 되어 마침내 새로운 농업지로 이주할 것을 계획하기에 이르렀다.
>
> 우연히 중국인이 露中國境 뽀그라니치나야 부근에서 아편재배를 시작한 것을 보고 부업으로 그것을 재배하였는데 의외로 좋은 결과를 얻었고... 특히 大正3년(1914년) 유럽대전이 발발하여 남부 러시아방면으로부터 중국에 대한 아편의 수입이 두절되자 전쟁 전 1근에 2,3원에 매매하던 아편의 가격

이 일약 1근에 12원 내지 15원으로 폭등... 현재 尼市(니콜스크시, 현재의 우수리스크*필자주), 스파스카야 부근의 평지는 물론 우수리철도 동쪽 산간벽지에 산재하는 鮮人부락에서도 그것의 재배를 보이지 않는 곳이 없다. 그 작부면적을 보면 이번 연도는 작년의 2배 내지 3배로 확대되어 성황을 드러내고, 尼市에 거주하는 유력한 鮮人은 모두 그것의 거래에 관계하고, 지금 尼市는 러시아령 유일의 아편집산지화 되고 그 품질은 양호하여 상해시장에서도 니콜스크 아편의 명성이 자자하다고 말한다...

이 때 아편재배로 인해 큰 이익을 얻는 자가 생겨남으로써 갑자기 전체 鮮人 사이에 보급되어 지금 鮮人 경작지의 대부분은 아편경작지로 변하였고 그것의 豊凶은 鮮人 생활의 목숨을 손아귀에 쥘 정도로 성황을 이루었다...

馬賊은 러시아인 부락을 습격하는 일은 드물었고 늘 鮮人부락을 위협한 것은 鮮人부락의 자위력이 취약한 원인이 있다고 하더라도 그 최대원인은 약탈할 목적물의 여하에 있다. 즉 러시아인 부락에는 곡류, 가축류만 있는 것에 반해 鮮人부락에는 그들의 최대 기호물인 아편이 있기 때문이다...

아편의 재배는 농민에게 일시적으로 다액의 금전을 얻게 함으로써 그 제품을 판매하기 위해 尼市에 체류하는 동안... 중국인 도박장에 흡수되어 그것 때문에 오히려 생활이 곤궁한 경우가 자못 많다... 더불어 不正官憲의 誅求, 馬賊의 被害도 있어 부유한 생계를 영위하면서 오히려 빈곤자가 증가한 상태가 되었다...

이들 마적은 대체로 그 활동범위를 정해 그 구역 내에서 아편경작의 면적을 조사하여 면적에 따라 거의 租稅的으로 아편의 징발을 강제로 요구하고, 그것에 응하지 않을 때에는 약탈을 행하였다. 최근 러시아 정부의 威令이 쇠약하여 철저하게 토벌을 하지 못하면서 그들은 더욱더 맹위를 떨쳐 아편을 약탈할 뿐만 아니라 주민을 납치하여 금품을 강탈하고 그들의 생활을 위협하는 것이 심하였다. 아군의 보호를 받지 못하는 지방에 散在하는 鮮人은 약탈을 참아내지 못하고 안전지대로 피난하는 경우도 많다... [53]

53) 尼市特務機關, 「大正十九年九月 第十一師團駐屯區域內 鮮人阿片栽培事業調査書」, 倉橋正直 編解說, 『二反長音藏 アヘン關係資料』, 東京: 不二出版, 1999, 87~97쪽.

위의 조사서를 볼 때, 연해주 이주 초기의 한인 농가들은 비옥한 농토로 인해 안정적인 생활이 가능하였으나 점차 농업 환경이 악화되면서 또다시 이주를 걱정하게 되었다. 그러나 1차 대전의 영향으로 아편 가격이 폭등하고 중국인의 영향을 받으면서 많은 한인 농가들이 아편을 재배하기에 이르렀다. 처음 부업으로 시작한 아편 재배는 곧 전업으로 전환되었고, 아편 생산의 풍흉 여부는 농가 경제에 심각한 영향을 줄 정도가 되었다.

우수리스크 전경(출전: 『러시아지역 한인의 삶과 기억의 공간』)

우수리스크 근처 한인 마을의 도리깨질 하는 한인과 아이들
(출전: 『러시아지역 한인의 삶과 기억의 공간』)

아편 재배는 한인 농가에게 빈곤으로부터의 탈출이라는 긍정적인 측면만을 가져다주었던 것은 아니었다. 도박장의 유혹과 함께 부정 관헌들의 주구, 마적의 피해 등으로 인해 빈곤한 상황으로 전락되기 일쑤였다. 특히 마적의 경우는 러시아 정부의 위령이 쇠약해지면서 해마다 농가에 아편을 요구하였다. 이에 불응할 때에는 강탈과 주민 납치 등으로 위협에 시달려야 했다. 결국 연해주에서의 한인 아편 재배는 아편 재배 금지가 발포되고 러시아 정부의 위령이 쇠약한 시점에 이르러서 마적의 약탈 대상이 되었다. 마적으로부터 매년 보호세 성격의 아편 요구가 있었으며 여기에 불응할 경우 아편 강탈 및 인질 납치 행위 등에 시달려야만 했다. 이때에 이르면 이 지역에서 아편을 재배하는 한인과 마적과의 관계 역시 만주지역과 크게 다르지 않은 양상이 되었다.

3. 1930년대 만주지역의 아편 재배와 한인, 그리고 비적

1) '만주국'의 아편 재배지역과 한인

일본 관동군은 1931년 '만주사변'을 일으킨 다음 해 '만주국'을 수립한 후 이 지역에서 아편 전매정책을 추진하였다. 그것은 기왕에 대만, 관동주에서 실시한 것과 같이 점금주의(漸禁主義)에 근거한 아편정책이었다. 그 추진 배경을 '만주국' 아편법 공포에 임해 1932년 11월 30일에 발표된 국무총리의 포고 내용을 통해 살펴볼 수 있다. 그것에 따르면 만주에서 아편의 흡연은 그 유래가 오래되었고 일상 습관에 침투한 바가 깊기 때문에 그 오래된 폐단을 교정하기 위해서는 점금주의에 근거한 점금방책(漸減方策)을 채택할 수밖에 없다는 것이었다. 그 실천 방법으로, 일반에게는 흡연을 엄격히 금지하고 오직 중독에 빠진 자에 한해 치료를 목적으로 흡연을 인정함과 함께 치료 기관을 특설하여 중독자 치료에 노력해야 한다고 하였다.[54]

54) 박강, 『20세기 전반 동북아 한인과 아편』, 선인, 2008, 153~154쪽 ; 禁煙總局, 『阿片及麻藥關係法令集』, 禁煙總局, 1941, 1~2쪽.

만주국 정부의 최고 행정기관인 국무원 청사(출전: 『圖說 '滿洲'都市物語』)

그런데 점금정책이 채택된 또 다른 이유가 있었다. 즉 '만주국'에서 아편에 대한 엄금정책(嚴禁政策)을 취하지 않고 점금정책을 채택한 데에는 다른 식민지에서 그랬던 것과 같이 아편전매에 따른 이익을 포기하기 어려웠다는 상황이 존재하고 있었다. 일본은 후진 제국주의 국가로서 자금의 여유가 없었다. '만주국' 건국 직후에도 일본은 공장 설비와 관영화 사업의 추진으로 정부 자금의 여유가 없는 상황이었다. 정책 시행의 비용 측면에서 엄금정책을 시행할 경우 많은 경비가 지출될 수밖에 없다. 반면 점금정책을 취할 경우 아편 전매를 통해 이익을 창출할 수 있었다. 따라서 점금정책은 자금여력이 부족한 일본에게 있어 매력적인 방식이었다. '만주국' 건국 초기 전체 세입(歲入) 예산 6,400만 엔 가운데 아편 전매 수입예산이 1,000만 엔을 차지하였다는 사실을 통해서도 이를 알 수 있다.[55]

---

55) 박강, 『20세기 전반 동북아 한인과 아편』, 155쪽 ; 專賣總局, 『滿洲國阿片專賣制度概要』, 專賣總局, 1938, 2쪽 ; 南滿洲鐵道株式會社經濟調查會, 『滿洲國專賣制度の現狀』, 南滿洲鐵道株式會社經濟調查會, 1935, 8쪽.

'만주국'에서는 1932년 11월 30일에 아편법과 아편법 시행령을 공포하여 아편정책 시행을 준비하였다. 그 주된 내용을 보면, 일반에게는 아편의 흡연을 금지하며, 중독에 빠진 자에 한해 치료를 목적으로 흡연할 수 있도록 하고 있다. 아편의 재배는 허가제로 하고, 생산된 아편은 직접 혹은 수매인을 통해 정부에 납부하도록 하였다. 정부에 납부된 아편은 아편 도매인을 통해 소매인에게, 아편 소매인을 통해 다시 아편 흡연자에게 양도하는 방식이었다. 아편 도매인은 전매공서장(專賣公署長)이, 아편 소매인은 관할 성장(省長)이 지정하도록 하였다. 이로써 '만주국'은 건국 초기에 아편 재배자→수매인→전매서→아편 도매인→아편 소매인→아편 흡연자로 이어지는 '준 아편전매제도(準阿片專賣制度)'의 형식을 갖추었다.[56)]

아편 관련 법령을 공포한 다음해인 1933년부터 '만주국'의 아편 전매제도가 적용되면서 전매아편에 필요한 아편의 재배지역 및 지정 면적이 포고되었다. 아편의 재배지역 및 면적은 매년 전매공서장이 정하며, 해당 구역 내에서 아편을 재배하고자 하는 자는 서류를 제출하여 허가를 받도록 하였다. 생산 아편에 대해서는 일정한 기일까지 그 수량을 성장(省長) 및 전매공서장에게 보고하고, 그것을 전매공서장이 지정한 장소에 제출하거나 아편 수매인에게 매도하도록 규정하였다.[57)]

아편전매 실시 첫해인 1933년도의 재배에 관해서는 전매공서에서 당해 예상 아편 수량을 약 15만 관(1,500만 냥)으로 하고, 그 가운데 13만 관 정도를 열하성 및 흥안성 생산으로, 나머지 2만 관 내외를 종래 아

56) 박강, 『20세기 전반 동북아 한인과 아편』, 155~157쪽.

57) 南滿洲鐵道株式會社經濟調査會, 『滿洲國專賣制度の現狀』, 70쪽.

편을 재배했던 지역으로서 양질의 아편을 생산했던 길림성에서 충당하도록 계획하였다. 이에 대해 1933년 3월 7일부 전매공서 포고 제1호로서 〈표 4-2〉와 〈표 4-3〉과 같이 재배지역 및 그 면적을 공포하였다.[58]

〈표 4-2〉 1933-1938년 아편 재배지역 지정 면적 및 수납 비율

(단위: 경=100무, 수납량은 兩, 1兩은 36g)[59]

연도	지정 면적(경)	수납 비율(%)	『滿洲帝國煙政概要』의 정부 수납량
1933	9,410	37	4,763,335
1934	10,591	97	9,184,654
1935	6,800	106	10,557,297
1936	8,800	95	14,316,587
1937	10,300	49	9,099,893
1938	7,200		8,584,723

* 지정 면적은 『滿洲建國十年史』에 의거한 수치임.

** 비율은 정부 수납 예상량에 대한 수납 실적 비율

〈표 4-3〉 1933년도 아편 재배지역 및 지정 면적(무)[60]

아편 재배지역(省)	아편 재배지역(縣)	지정 면적(무)
熱河省	--	580,000무(종래 재배한 면적)
興安省	--	(종래 재배한 면적)
吉林省	延壽縣, 依蘭縣, 富錦縣, 密山縣, 虎林縣, 勃利縣, 寶淸縣, 撫遠縣, 方正縣, 樺川縣, 同江縣, 饒河縣	361,000무

58) 南滿洲鐵道株式會社經濟調査會, 앞의 책, 70~75쪽.

59) 專賣總局, 『滿洲國阿片專賣制度概要』, 21쪽 ; 專賣總局, 『阿片事業概況』, 專賣總局: 1938, 21~22쪽 ; 滿洲帝國政府 編, 『滿洲建國十年史』, 復刻本, 東京: 原書房, 1969, 275-276쪽 ; 山田豪一, 『滿洲國の阿片專賣』, 東京: 汲古書院, 2003, 772쪽.

60) 南滿洲鐵道株式會社經濟調査會, 앞의 책, 70~71쪽 : 專賣總局, 『阿片事業概況』, 15쪽.

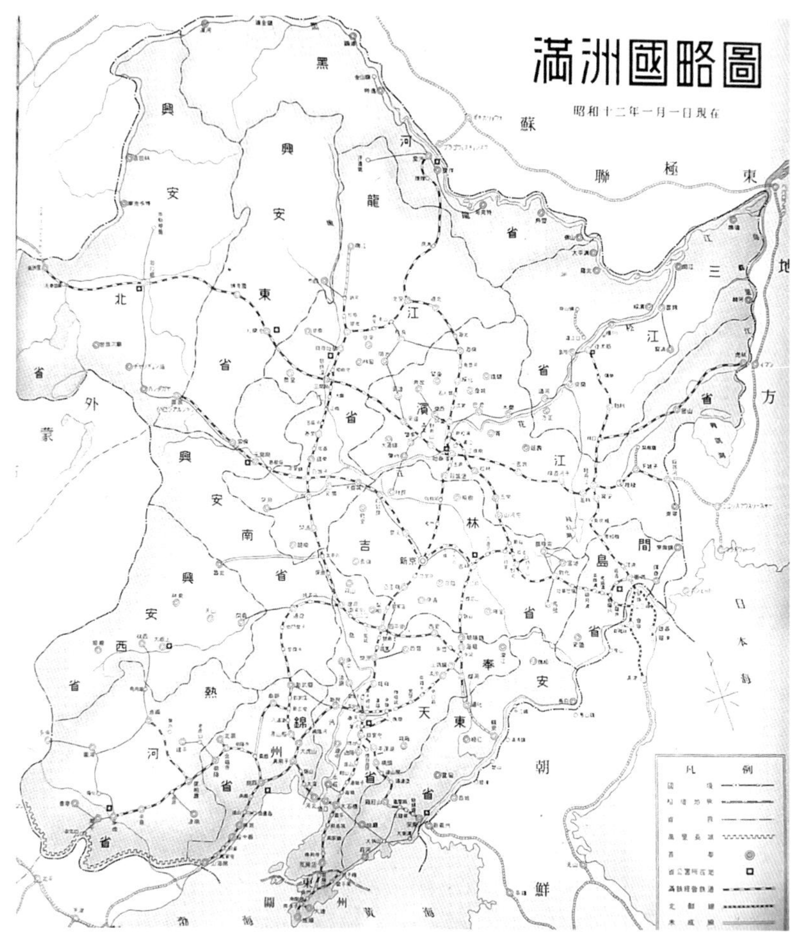

1937년 1월 만주국의 만철노선도(출전: 『圖說滿鐵: '滿洲'の巨人』)

즉 〈표 4-2〉와 〈표 4-3〉를 통해 볼 때 열하성과 흥안성은 종래 재배했던 면적 580,000무, 길림성은 연수현(延壽縣) 외 11개 현에 361,000무를 지정하였음을 알 수 있다. 그런데 재배 실적을 보면 당국에서 지정한 지역은 물론 봉천성, 흑룡강성 등과 같이 금지구역에서도 아편이 많이 재배되면서 만주 도처에서 아편이 재배되는 모습을 보였다. 종래 비교적 아편이 적게 재배되었던 봉천성의 경우도 재배하지 않은 현은 겨우 수개 현에 불과하였고, 합계 192,780무 정도의 밀재배가 이루어졌다.[61]

이와 같이 만주 전 지역에 걸쳐 밀재배가 성행하였던 것은 다음의 두 가지 요인과 관련이 있었다. 하나는 법령의 공포 시점이 늦었을 뿐만 아니라 공포된 법령 역시 제대로 전달되지 않았기 때문이었다. 따라서 이미 군벌시대와 같이 만주 도처에서 아편이 재배되었던 것이다. 다른 하나는 1933년 시점의 상황이 작용하였다. 이 해는 북만지역이 수재를 겪은 다음해이며, 일반 농산물 가격 또한 하락한 시점이었다. 더욱이 '만주사변' 이후 비적들의 피해 등으로 일반 농민들의 삶 역시 극도로 피폐해져 있던 상황이었다. 따라서 종래 아편의 재배로 생활해 온 지방은 물론 기타 지방 역시 경작상 이익이 많은 아편의 재배를 선호하게 되면서 밀재배가 널리 확산되었던 것이다. 대체로 과거 군벌정권 시기에는 일반 농작물의 부작(不作), 혹은 전란이나 비적의 피해 등으로 농민들이 피폐한 경우 오히려 당국에서 아편의 재배를 묵인하곤 하였다. 재배의 묵인을 통해 세금의 징수를 용이하게 하는 한편 이를 일반 농민의 구제책으로 활용했던 것이 당시의 관례였다. 이러한 환경에 따라 '만주국'의 아편 전매제도 시행 첫해의 아편 재배는 당국의 의도와는 달리 각지에서 밀매 아편이 재배되었던 것이다.[62] 결국 시행 첫해부터 행정력의 부족을 보여주는 것이었다. 이로써 〈표

61) 南滿洲鐵道株式會社經濟調査會, 『滿洲國專賣制度の現狀』, 70~75쪽.
62) 南滿洲鐵道株式會社經濟調査會, 『滿洲國專賣制度の現狀』, 76~77쪽.

4-2〉에 보이듯이 아편의 밀재배가 성행하였고, 정부의 수납 예상수량에 대한 수납 실적 비율이 절반에도 못 미치는 37%라는 참담한 결과를 낳게 하였다.

1934년도의 아편 재배지역 및 면적 지정에 대해서는 전년도와 같은 오류를 범하지 않기 위해 당국에서는 만전을 기하고자 하였다. 1933년도의 재배 실적은 전매 당국의 의도에서 크게 벗어난 결과 1934년도 재배 면적 지정의 경우 충분한 고려하에 신속히 재배 계획을 진행시켰다. 또한 전매공서에서는 1934년도 생산 아편의 수납 필요량을 약 1천만 냥(10만 관)으로 정하였다. 종류별 수요량은 과거 반년 동안의 판매 실적에 비추어 서토(西土) 60%, 동토(東土) 40%의 비율로 수납 필요량을 계산하였다. 이와 같은 계획하에 1933년 12월 28일에 1934년도 재배지역 및 면적이 〈표 4-4〉과 같이 공포되었다.[63]

〈표 4-4〉 1934년도 아편 재배지역과 지정 면적 및 생산 수납 예상량(1兩은 36g)[64]

종류	재배지역	재배면적(무)	생산예상량	수납예상량	비고
서토	열하성 일원	460,000	11,500,000	5,750,000	수납예상량은 생산예상량의 50%
	흥안서분성 일원	40,000	1,000,000	500,000	
	합계	500,000	12,500,000	6,250,000	
동토	봉천성 4현	80,600	965,000	577,000	수납예상량은 생산예상량의 60%
	길림성 17현	491,100	5,891,000	3,530,000	
	합계	571,700	6,856,000	4,101,000	

* 봉천성 4현은 臨江, 長白, 撫松, 安圖縣, 길림성 17현은 和龍, 延吉, 琿春, 汪淸, 寧安, 東寧, 穆稜, 密山, 勃利, 依蘭, 寶淸, 虎林, 富錦, 同江, 饒河, 撫遠, 樺川縣
** 북만(길림성) 三江地方에 해당되는 현은 부금, 동강, 요하, 무원, 보청, 화천, 의란, 호림, 밀산, 발리 / 동만(길림성) 간도지방에 해당되는 현은 영안, 동녕, 목릉, 화룡, 연길, 왕청, 훈춘

63) 南滿洲鐵道株式會社經濟調査會, 『滿洲國專賣制度の現狀』, 80~83쪽.

그 결과로 1934년도의 재배에 대해서는 '만주국'의 행정력이 미치는 범위 내에서는 90%의 성공을 거두었다고 평가받았다. 즉 이해는 파종 전부터 밀재배에 관해 엄격한 단속 공작이 행해져 파종 후 6월까지 이미 3회에 걸쳐 각지에 대한 순시가 진행되었다. 이 과정에서 밀재배를 발견한 즉시 아편 밭을 제거하였으며, 밀재배한 범인에 대해서는 처벌(3개월~2년 형기)을 가하였다. 개화기에는 항공기를 이용하여 감시하고, 밀재배지에 대해서는 폭탄을 투하 하는 등 상당히 위협적인 단속 방법을 사용하여 선전 내지 실행하였다. 따라서 밀재배지는 전년도에 비해 많이 감소되었으며, 아편의 재배 역시 비교적 양호한 결과를 얻었다. 그렇다고 하더라도 치안력이나 단속력이 미치지 않는 벽지 또는 산간지역에서 행해진 밀재배에 대해서는 어쩔 수 없는 상황이었다.[65] 그럼에도 불구하고 전매총국(專賣總局)에서도 〈표4-2〉에 보이는 바와 같이 1934년도의 수납 예상량에 대한 수납실적 비율을 97%로 나타낸 것을 보면 성공적이었다고 하겠다.

그러나 여전히 밀재배와 관련된 제반 문제들이 해소된 것은 아니었다. 전매총국에서 이 해의 실적에 대해 "금년도는 간도 4현을 제외한 다른 지역은 모두 수매인을 이용하여 간접수납 하였으며 대략 예상량에 가까운 실적을 얻었다"[66]라고 평가하였으나 간도지역을 예외로 한 것을 보면 이 지역의 문제가 상존하였음을 엿볼 수 있다.

'만주국'의 1934년도 아편 재배지역 지정에 있어 한인이 많이 거주하는 압록강과 두만강 대안인 봉천성과 길림성의 국경지역이 포함되

64) 南滿洲鐵道株式會社經濟調査會, 앞의 책, 80~83쪽.

65) 南滿洲鐵道株式會社經濟調査會, 『滿洲國專賣制度の現狀』, 86쪽.

66) 專賣總局, 『阿片事業概況』, 20쪽.

만주국 경찰이 밀재배한 앵속을 제거하는 장면
(출전: 『滿洲國警察小史-(第一編)滿洲國權力の實態について』)

만주국 경찰이 밀재배한 앵속 모종을 뽑는 장면
(출전: 『滿洲國警察小史-(第一編)滿洲國權力の實態について』)

어 있었는데, 아편 재배지역 지정과 한인의 아편 재배와는 어떤 관련성이 있었던 것일까? 1934년도 아편 재배지역으로 지정된 봉천성과 길림성의 21개 현은 모두 치안상황이 좋지 않았다. 당초 '만주국'이 아편법을 시행할 때 농촌지역은 서서히 시행하고, 그리고 치안이 좋지 않은 변경지역은 당분간 아편령을 시행하지 않을 방침이었다.[67] 그럼에도 불구하고 이들 봉천성과 길림성의 국경지역을 재배지역으로 지정한 것은 어떤 배경에서였을까? 이들 지역에는 한인이 많이 거주하였는데, 당국의 아편 재배 지정과 어떤 관련이 있었던 것일까?

당초 '만주국'은 치안이 안정된 지역을 중심으로 아편법을 시행할 계획이었지만 변경하였다. 변경된 이유는 무엇이었을까? 원래 아편법은 치안이 확보된 철도연선의 주요 도시만 시행하고, 농촌과 치안이 좋지 않은 국경지역에 대해서는 당분간 시행하지 않을 방침이었다. 그런데 이들 국경지역은 '만주사변' 이전에 이미 아편이 많이 재배되었던 지역으로 아편 재배의 경험이 풍부한 지역이었다.[68] 따라서 '만주국' 초기 아편 전매제도 시행에 필요한 아편을 쉽게 확보할 수 있는 지역으로 판단되었다. 또한 압록강 대안과 간도지역과 같은 치안이 안정되지 않은 국경지역에 대해 아편 재배를 허가해 줌으로써 이 지역 재배 농민과의 적대적인 관계의 해소는 물론 국경지대의 치안 안정에도 도움이 될 것으로 판단하였기 때문일 것이다. 전매공서의 일본인 관리들은 모두 "아편 재배가 가져다주는 이익은 실로 농민들이 군침을 흘리지 않을 수 없다"[69]라고까지 하였다. 아편 재배가 농가 소

67) 山田豪一, 『滿洲國の阿片專賣』, 777쪽.
68) 山田豪一, 앞의 책, 778쪽.
69) 山田豪一, 앞의 책, 778쪽.

득에 매력적이었던 만큼 지역의 치안 안정을 기대할 수 있었다.

그런데 한인들이 많이 거주하는 봉천성의 4개 현과 간도지방의 아편 재배지역 지정 배경에는 약간의 차이가 있었다. 빈궁한 한인들이 많은 봉천성의 안도, 장백, 임강, 무송의 4개 현에 대해 재배구역으로 지정한 것은 아편 재배의 은혜를 베풀어 일본 측으로 회유하고자 하였던 것이었다. 반면 간도지방의 아편 재배 지정은 치안 대책과 연관되어 있었다. 간도지역의 재배지역 지정은 군 당국의 요청에 의해 이루어졌다. 이 지역은 1933년부터는 조선총독부에 의해 한인 항일 게릴라, 간도 빨치산의 양도(糧道) 차단을 위해 산간 벽지의 한인 농가를 이주시켜 집단부락(안전촌)의 건설을 진행하고 있었다. 1934년부터는 군 당국이 집단부락의 건설을 이어받아 진행하고 있었기 때문에 군 당국은 집단부락 건설과 이전가옥 신축을 위한 대부금의 변제에 아편 수확 대금의 5할을 충당한다는 방침을 가지고 재배지역의 지정을 요청하였던 것이다. 여기서 치안 대책과 연계된 아편 재배지역 지정이 이루어졌음을 알 수 있다.[70]

한편 1935년도 아편 재배지역과 지정 면적의 경우 전년도에 비해 대폭 감소되었다. 지정 면적이 10,591경에서 6,800경으로 축소되었으며 북만과 동만의 재배가 허가된 현도 전년도의 21개 현에서 15개 현으로 줄었다. 그러나 한인이 많이 거주하는 안동성의 장백현과 간도지역은 계속해서 아편 재배지역으로 지정되었다. 이 해의 전체 재배 지정 면

70) 山田豪一,『滿洲國の阿片專賣』, 777~778쪽 ; 滿洲國史編纂刊行會 編,『滿洲國史 各論』, 332쪽 ; 滿洲國軍事顧問部 編,『國內治安對策の硏究』, 影印本, 東京: 株式會社大安, 1964, 27~35쪽.

71) 專賣總局,『阿片事業槪況』, 17쪽.

<표 4-5> 1935년도 아편 재배지역 및 면적[71)]

아편 재배지역		면적(무)
省 名	縣 城	
熱河省		310,000무
興安西省		10,000무
錦州省	朝陽, 阜新	30,000무
安東省	長白	10,000무
間島省	延吉, 汪淸, 和龍, 琿春, 安圖	145,000무
濱江省	東寧, 密山, 虎林	50,000무
三江省	勃利, 寶淸, 饒河, 撫遠, 同江, 富錦	135,000무

적은 전년도의 10,591경에서 6,800경으로 많이 축소되었지만, 수납량은 전년도의 9,184,654냥에서 10,557,297냥으로 증가되었다. 수납 예상량에 대한 수납실적 역시 작년의 97%에서 106%로 상승하였다. 이와 같이 수납 실적이 상승하였던 원인에 대해 전매총국에서는 "전년도와 같이 수매인에 의한 전면적 간접 수납(간도만은 일부 특수취급)을 실시했다. 개시 당시 치안이 불량하였으나 수납 말기에 이르러 치안이 회복되어 소기의 수납량을 확보할 수 있었다"라고 하였듯이 일부 특수취급을 한 간도지역을 제외한 지역들의 치안이 회복된 상황이 중요한 요인이었음을 엿볼 수 있겠다.

요컨대 '만주국' 건국 초기 압록강과 두만강 대안 한인 이주지역의 아편 재배 허가는 이 지역 치안의 불안에도 불구하고 당초 아편 재배 경험지역이라는 점, 그리고 국경지역 농민들의 회유라는 점 등이 작용하였다. 특히 간도지역의 경우 항일세력의 활동이 활발한 지역으로 아편재배 허가는 치안 대책과 밀접한 관련 하에 진행되었다. 그런데 이러한 한인 이주지역은 1936년도 이후 아편 재배 허가가 갑자기 취소되었다. 이러한 변화는 어떤 배경에서 이루어진 것일까?

2) 아편 재배 금지와 비적(匪賊)

'만주국' 초기에는 한인이 많이 거주하는 압록강과 두만강 대안의 국경지역에 아편의 재배가 허가되었다. 당시 당국의 아편 재배 허가에 대해 한인들의 입장은 어떠하였을까? 이와 관련하여 1933년 4월 9일 『동아일보』 기사를 보면 아래와 같다.

> 지난 一일 만주국 지령으로 장백현시(長白縣市)에는 아편경작(阿片耕作)을 허가한다는 포고서(佈告書)가 붙엇다.
>
> 그 자세한 내용을 알어보면 경작자는 누구든지 보증인만 세우면 세금도 별로없이 경작한다는데 그아편은 장백전매국(長白專賣局)에서 취급하게 된다고 한다.
>
> 장백현에는 이주동포들이 서로아편을 경작하려고 三일 동안에백여명이 지원 하엿다고 하는데해마다 국경일대에는 아편때문에쟁탈이 많다고하며 아편을 빼아스려고 마적이 횡행하면 동포의안위가 자못 염려 된다한다.[72)]

위의 기사를 볼 때 압록강 대안 장백현으로 이주했던 한인들의 경우 '만주국'의 아편 전매제도 시행 직후 이 지역의 아편 재배 허가에 대해 환영하였음을 알 수 있다.[73)] 즉 아편 경작 신청이 간단하고 세금

---

72) 「長白縣阿片許可 耕作志願數百名」, 『동아일보』, 1933년 4월 9일.

73) 본문 〈표 2〉에 보이는 바와 같이 南滿洲鐵道株式會社經濟調查會에서 편한 『滿洲國專賣制度の現狀』과 專賣總局에서 편한 『阿片事業概況』에서는 1933년도 아편재배허가 지역 또는 예정지역에 장백현이 포함되어 있지 않았으나 『동아일보』의 「長白縣阿片許可 耕作志願數百名」(1933년 4월 9일)과 「阿片栽培를禁止하라」(1935년 9월 3일) 두 기사를 볼 때 1933년에 아편재배 허가지역에 포함되었음을 가능성이 높다.

에 대한 부담 역시 별로 없어 이주 한인들의 지지를 받았다고 할 수 있다. 그러나 '만주사변' 이전과 같이 아편 재배에 대한 마적의 강탈 위험이 여전히 상존하고 있어[74] 우려하는 마음 역시 적지 않았다.

장백현의 경우 실제 아편 재배로 인한 마적의 위협과 관련된 기록들이 남아 있다. 그 위협의 심각성에 대해서 1935년『동아일보』에 게재된 아래의 기사들을 통해 살펴볼 수 있다.

> "阿片二千兩不納하면 放火後全部銃殺"
> 마적단들의 가혹한착취법
> 長白同胞村마다脅迫狀
>
> 【혜산】 백두산밑 깊은숲속에소굴을 정하고 수백 수천명이 웅거하여 인간을 인질로잡어다 돈을 털어먹는 악착한 직업을 가진마적단!
>
> 그들은 여름이면 산중으로부터들로나와 살인,방화를 마음대로하거니와 지난二十三일에는 장백현(長白縣)一대 각도구(各道溝)각촌낙에는 패두(牌頭)구장(區長)에게 격문이왓다는데 그내용인즉 "이동리에서 아편(阿片)二천량을바치라 만일 바치지아는데는너의들동리는 불을노코 전부총살할터이다."이러케 무서운 격문이 오고보니 동포들이 심은아편도 그三분一은 마적의 손으로 들어가고야말것이라한다.
>
> 동포들은 아편 예매(豫賣)한것을 주어야하고 마적단에 주어야하니 과연 무엇으로 살어갈것인가고 一반은 우수에 싸혓다고한다더구나 장백전현을 통하여 수만원어치의 아편이 마적단에 들어가야할 형편이라하니 실로피해는막대하다고한다.
>
> 官房子崔區長談
> 이마적단사건에 관방자 최구장을 만나무르니
>
> "우리동리에는 二천양을 바치라는글이왓습니다. 그래서 현공서(縣公署)에다 사정을 말하고관병을 파견해달라고햇드니 보내지못하겟다고합니다.

---

[74] 玄圭煥,『韓國流移民史』, 語文閣, 1967, 182쪽.

그러니 어찌합니까 안주자니 그곳에서 살 수 없고-우리동리에서는 "이회"를 열고 매호에 얼마씩배당하야주기로작정햇습니다"운운[75]

馬賊들이등쌀

【함흥】 함남경찰부 착전에의하면 장백현(長白縣)과 임강현(臨江縣)내의 밀림지대에 근거를둔 문명군(文明軍)마순(馬順)연합마적등은 현지각처를 유동하며만주인부락은 물론 이주조선인촌락도 시시로 습격하야 식량금품아편등을 강탈하는동시 납거사건도 종종잇엇고 더욱이 방금 아편취채긔를 당하야 재주조선농민들은 전전긍긍한 상태에 잇다고 한다.[76]

馬賊團大跋扈 二十餘名拉去

十三道溝市街地襲擊도劃策

阿片收穫期의咸南對岸

【함흥】 二十일오후十一시 함남경찰부착전에 의하면 연합마적단백수十명은 十九일밤 十三도구오지에 파견하야 금품의강탈과 인질의 납거를감행중으로 현재동마적단에 납거동행하고잇는 만주인과 이주조선동포가 二十여명에 달한다하며...

그리고 十五도구오지에 잠거하고잇는 점산호(占山好)의 一당十五명은 二十일오전九시경 十四도구 동덕리에 이동하야 동지조선인가옥을 모조리수색하고 생아편三백몬메를 강탈한후 이주조선인 이광익(李光益)(五三)을 납치하여가지고 오지방면으로 도주하엿다하며 이외에도 아편수확기를이용하야 마적들의 등살에 주민은 이중의 괴롬을 받고잇다한다.[77]

阿片採取期에馬賊星火로 千與同胞避難中

재배한 아편을 안주면 죽인다고

75) 「阿片二千兩不納하면 放火後全部銃殺」, 『동아일보』, 1935년 7월 28일.

76) 「馬賊들이등쌀」, 『동아일보』, 1935년 8월 16일.

77) 「馬賊團大跋扈 二十餘名拉去」, 『동아일보』, 1935년 8월 23일.

不安한長白縣一帶

마적단은 아편채취기를 당하여횡포무쌍한 행동을하며 각지로출몰하야 그피해는 실로 막심하다한다.

장백현십팔도구패두 강석우(長白縣十八道溝牌頭 姜錫禹)씨에게마적단으로부터 아편三천양을 가저오라고 글발이 온것은 벌서 한달전이고 그 후 무장한 마적단들이 때때로 와서 수십양 혹은 수백양씩 약탈해가고 그리고도 부족하여 전기 三천양을 안가저오면 가옥에다 방화하고 전부 총살한다고 위협함으로 동포들은 금년에 심은 아편경작의 성저거이 조치안허서 줄것도 없을뿐아니라이제 겨우 아편액을 채취하는중인데 마적의 성화에 견대기도 어렵고 생명이 위험함으로 전기 十八도구일대 영화동 득영동 서가동(永華洞 得英洞 徐哥洞)에 거주하는 二백三十여호 二천四백여동포들은 집과 농사지은것 전부를 내여버리고 남부여대하고 지난 八월二十三,四일 정처없이떠낫다고 한다. 장백시내(長白市內)와 신흥가(新興街)에는 집집이 피란민으로 대만원을 일우엇다.

요사이의 압녹강두에는 피란민으로인하여 눈물과 서름에 석겨때때로 비극이 연출되고 잇다.[78]

위의 기사들을 통해 마적에 의해 압록강 대안 장백현 일대 이주 한인들의 피해는 실로 막대하였음을 알 수 있다. 이 지역에 거주한 한인들은 식량과 금품의 강탈은 물론 인질 납치 등으로 늘 마적들에게 시달려야만 했다. 특히 아편 수확기를 맞이할 때면 마적들의 아편 강탈로 인해 생명까지 위협받을 정도였다. 이러한 마적들의 횡포에 대해 보호를 받을 여지는 적었다. 현공서(縣公署)에 신고하여 관병의 파견을 요청하여도 들을 수 있는 대답은 파견이 어렵다는 것이었다. 이것은 이 시기 '만주국' 당국의 치안력에 한계를 보여주는 것이기도 하였

78) 「阿片採取期에馬賊星火로 千與同胞避難中」, 『동아일보』, 1935년 8월 28일.

다. 마적의 피해가 막심하여 더 이상 견디지 못한 많은 한인들은 자신의 집과 농사지은 것을 버리고 정처 없이 떠나는 경우까지 있었다.

백두산 서남쪽에 위치하고 있는 장백현 전경(1939년). 현의 남쪽은 북한의 혜산, 삼수, 후창 등지와 접하고 있다(출전: 『사진으로 보는 만주지역 한인의 삶과 기억의 공간』)

이곳 장백현 지역 한인들 가운데 얼마나 많은 농가들이 아편 재배에 종사하였던 것일까? 앞서 장백현 지역은 '만주국' 초기 아편 재배가 허가된 지역으로 많은 한인들이 아편을 재배하였으나 마적들의 강탈로 그 피해가 심각한 지역이었다. 이 지역 한인과 아편과의 관계가 실제 어느 정도인지 1933년 『동아일보』 기사를 통해 살펴보자.

鴨綠江을 隔한 惠山鎭對岸長白縣에는 滿洲國建設以後 벌서 連三年이나 阿片栽培가 許可되여 耕作中이다.

長白縣內에 移住한 同胞數가 五千一百七十一戶을算하며 여기에阿片을 專賣惑은 副業으로栽培하는 農家戶數가 三千六十六戶라하며 栽培坪數 三百萬坪을 超過한다.

前記統計에依하면 農家戶數의 八割强이 阿片栽培戶이며 每戶當千坪以上의 耕作이니 移住同胞거의全部가 斯業에 從事하고잇는것을알수잇다.

어찌그뿐이랴 山間森林地帶에密作者와 仲商者를 加하면 長白縣內에 阿片關係者는 實로累萬에達할것이다.

이러케 多數한 窮民이 阿片에 "生"을 이어갈뿐아니라 住民安定上 莫大한 關係를 가지고 잇는 現狀이니 이에 際하야 檢討해보려한다.[79]

위의 기사를 통해 볼 때 압록강 대안의 장백현 이주 한인 농가들은 거의 대다수가 아편업에 종사하였다고 해도 과언이 아니었다. 이 지역의 이주 한인 농가 호수 가운데 8할 이상인 3,066호의 농가가 300만 평 이상의 토지에서 아편을 재배하였다. 산간 산림지대에서 밀재배와 중계상에 종사하는 자까지 포함하면 장백현 내 아편과 관련한 일에 종사하는 한인들은 매우 많다는 것을 알 수 있다. 이와 같이 이 지역에 거주하는 많은 한인 궁민들은 아편으로 생계를 이어가고 있었고 동시에 안전문제에 있어 커다란 위험에 노출되어 있었다고 하겠다.

그렇다면 이들의 생계와 안전의 문제는 어느 정도의 상황이었을까? 장백현 지역의 많은 한인들이 '만주국' 당국의 허가하에 아편을 재배하였는데, 이 시기 아편 재배가 이주 한인들에게 어떤 상황을 제공하였을까? 아편의 성격상은 물론 장백현 지역의 치안문제 등을 감안해

79) 「阿片栽培를禁止하라」, 『동아일보』, 1935년 9월 3일.

볼 때 이곳의 한인에게 주어진 상황은 결코 녹록하지 않았다고 생각된다. 1935년 9월 3일자 『동아일보』에는 장백현의 아편 경작 폐해에 관한 내용이 실려 있다.

長白縣은 비록 許可作이라고하나 이로 말미암아 掠奪,强盜,嫉視,爭鬪가 일어나서 때때로慘劇이 演出되는것이다.

阿片耕作의 弊害를 列擧한다면

첫째 農民이 本業을 忘却하고自己의努力은 적게 들이고 一攫千金하겟다는 僥倖心을 助長하는것...

阿片耕作에만 置重케 됨으로自然히 農事에 等閑케하고 阿片으로여간 생긴돈은 卽時消費되고 食糧不足으로 饑餓線上에서困窮莫甚케된다.

그다음은 山間馬賊의 跋扈이다. 長白一帶에 잇어서 今夏처럼 馬賊이 盛行한 적은 없엇다. 從來에도 馬賊이 橫行치 안은것은아니나 七八月의 阿片採取期를 當해서 그 齷齪한行動은 實로 言語道斷의 慘變이엇다.

長白縣 六月一個月間 馬賊出沒件數를 보면

事件數 出沒數 七二三名 殺傷 七名 拉去 三五名 放火 三個所 被害額 千二百圓 物品 五四九點 이것은 아직 阿片이 出廻치아니한 六月 卽 平時의 統計다

七八月은 六月보다 殺害,拉去放火被害額이 實로 十倍에 相當하리라한다. 그리고 世上에 나타나지아니한 山間事件은 그數를알수없다고한다. 이것의 大部分이阿片關係의 被害라고 생각할때에吾人은 嗟歎恐懼함을 마지안는者이다.

長白縣內에 散在한 馬賊總數는 實로 一千五百名에 不下하며이에對한 警備員은 不過二百名이니 地廣林盛한 此地는 馬賊의 獨舞臺로 되어잇다. 村村이 擔銃한 馬賊이 守直하고서서 阿片을 奪去하고 毆打 放火를 敢行케되엇으니 暴惡無雙한 그들이야 私情이나 잇으랴 仄聞한바에依하면 某村某里에서는 몇千몇百兩式 馬賊에게 바첫다고한다. 누구는 夜半에襲擊을當햇으며 누구는 道中에서 빼앗기고 痛哭하는者를 筆者도도 目擊한바이다.

阿片을 만히다름으로 中毒者가 激增된다. 더욱 寒心한일은 將來가 먼 有望한 靑年中毒者가 簇出하는것이다...

또한 阿片을 심어노코 窮民은거의全部가 歇價로 豫賣해버린다…

이상에 列擧한 點으로보아 阿片은 本業을 忘却하고 僥倖心을 助長하는것 馬賊과 中毒者를 大量産出하고 謀利輩의배를 불리는것 모든 悲喜劇을 演出하는 張本이되는것等 百害는잇슬지언정 一利는 없지안은가 그나마 治安이 完全히 維持된 地域이면 別問題일것이나 馬賊의 巢窟化한 長白縣에서 生ㅁ財産의 保障이없이 阿片栽培를 ㅁㅁㅁ는것은 危險을自作自招하는 愚事가 아닐가 百害無益의 阿片을 山間地帶에 耕作케한 當局者의 本意가 那邊에 잇는가[80]

위의 기사를 볼 때 아편을 재배한 한인의 폐해는 매우 심각하였다. 아편의 재배는 한인들에게 일확천금을 노리는 요행심을 조장하였을 뿐만 아니라 이 지역에 산재한 1,500명 정도 대규모 마적에 의한 극심한 피해를 불러오는 결과를 초래하였다. 또한 아편의 재배로 장래가 유망한 청년들이 아편 중독에 빠질 위험이 매우 높았다. 게다가 궁민들은 아편을 심고 나서 싼 가격으로 사전에 매각해 버림으로써 모리배들의 배만 채워주는 결과를 초래할 수밖에 없다. 따라서 치안이 확보되지 않은 마적의 소굴에서 아편을 재배하는 것은 백해무익한 것으로 산간지역인 이 지역에 아편의 경작을 허가한 당국의 의도를 의심할 수밖에 없다고 하겠다.

이와 같이 이들 지역에서의 아편 재배가 이주 한인에게 부정적인 측면이 많았음에도 불구하고 1936년 당국이 아편 재배를 취소한 것에 대해 이곳 한인들은 심각한 문제로 받아들이고 있었다. 아편 재배 취소에 대한 한인의 입장을 아래 1935년 10월 『매일신보』와 『조선일보』의 기사내용을 통해 살펴볼 수 있다.

80) 「阿片栽培를禁止하라」, 『동아일보』, 1935년 9월 3일.

死活問題에 直面한 長白縣朝鮮人 阿片栽培禁止로

長白縣內의各地集團地移住朝鮮人等은阿片栽培가드듸어明年度부터禁止되어栽培指定地를熱河地方으로移定한다는旨를十日對岸各關係廳에通牒이잇섯슴으로이것은朝鮮에對한死活問題라고 復活을嘆願하고저協議中인데그推移는重視되고잇다 그런데前年度에收買한長白縣內의阿片은 三十六萬兩으로日貨五十萬一千餘圓 또本年度는十六日까지의買上이三十七萬兩 五十五萬二千餘圓 年末까지의買收豫定收量은日貨八十五萬圓內外라고한다[81]

阿片栽培地變更으로 在滿同胞大恐慌, 熱河以外의栽培는從此禁止. 數十萬住民死活問題

만주국에서는 아편재배의 지정지를 렬하(熱河)지방으로 옴기게되야 간도동변도(東邊道)기타 만주각지의 조선인이 지금까지 재배하여오는 아편재배는 금지를 하게되엇다한다 만주에잇서 조선인의 아편재배는 벼농사에 다음가는 중요한 농업의하나로 그수익(收益)도 막대한바잇서 례를들면 장백현(長白縣) 한현에서만도 실로 년산액 오십만원 내지 팔십만원의 거액에 달하야 각처에서 조선인이 집단적(集團的)으로 아편재배를 만히 하여 오던 터에 이번에 돌연 재배금지를 당하게되야 재만조선인중 수십만명의 아편재배업자에게는사활문제로되엇다한다 아모리 만주국의산업정책에 의한 재배지의 지정을 변경하는것이라하여도 다년간재배하여오는 인민의 생업(生業)을 일조일석에 빼앗는다는것은 너무과도한 처치라하야 이주조선인은 대책을 강구하는중이라한다[82]

위의 기사 내용을 통해 보면 한인의 아편 재배는 마적으로부터의 위협 등 극심한 참극이 벌어짐에도 불구하고 기본적으로 만주 한인에게 있어 벼농사 다음으로 중요한 작물이며 생업수단이었다. 그 재배

81) 「死活問題에 直面한 長白縣朝鮮人 阿片栽培禁止로」, 『매일신보』, 1935년 10월 24일.

82) 「阿片栽培地變更으로 在滿同胞大恐慌, 熱河以外의栽培는從此禁止. 數十萬住民死活問題」, 『조선일보』, 1935년 10월 23일.

수익도 막대할 뿐만 아니라 각지의 재만 한인 수십만 명이 집단적으로 아편 농사를 지어 왔음도 알 수 있다. 이와 같이 한인에게 있어 아편 농사는 사활이 걸린 문제였고 다년간 재배해 온 아편 농사를 갑자기 금지하는 것은 과도한 처사라고 여겼다.

두만강 대안의 간도지역 역시 오랫동안 아편 재배 경험이 있었고 '만주국' 수립 초기 재배가 허가된 지역이었으나 1936년도에 들어와서 갑자기 재배가 취소되었다. 간도지역의 경우 1934년부터 1935년까지 군 당국이 치안 대책과 연계하여 집단부락(集團部落)을 건설하였으며, 집단부락 건설과 이전가옥(移轉家屋) 신축을 위한 대부금의 변제를 위해 아편 재배를 허가하였다. 1934년과 35년도의 '만주국' 아편 수납 실적은 수매인을 통한 간접수납을 실시하여 수납 예상량의 97%, 106%라는 높은 실적을 거두었다. 그런데 앞에서 간도지역만은 특수 취급을 통해 수납되었다고 언급된 것을 보면 다른 지역에 비해 치안문제가 심각한 상황임을 짐작할 수 있다.

본래 간도지역은 비적, 즉 항일세력 가운데 공산 유격대의 활동과 관련이 깊은 지역이었다. 지역 주민의 80%가 한인으로 구성된 간도지역은 만주지역 공산주의 운동의 발상지이기도 하였다. 만주에서 공산당이 조직적으로 활동하기 시작한 것은 1926년경부터로 간도를 중심으로 한 한인 공산주의자 운동이 출현하였고, 대련으로부터 점차 북진해온 중국 공산당의 운동이 있었다.[83] '만주국' 성립 이후 1932년 11월에는 왕청현 유격대대(汪淸縣遊擊大隊)가, 다음해 1월에는 연길현 유

83) 滿洲國史編纂刊行會 編, 『滿洲國史 各論』, 306쪽 ; 滿洲國軍事顧問部 編, 『滿洲共産匪の硏究』, 滿洲國軍事顧問部, 1936, 1~3쪽.

집단부락 공작의 강행: 1시간의 여유 시간을 주고 가재를 빼내게 한 후 민가를 소각하는 모습(출전: 『滿洲國警察小史-(第二編)滿洲國の地下組織について』)

집단부락의 흙담에 설치된 토치카(1935년 안동성 삼각지대)
(출전: 『滿洲國警察小史-(第二編)滿洲國の地下組織について』)

격대대(延吉縣遊擊大隊)가, 같은 해 봄에는 화룡현 유격대대(和龍縣遊擊大隊)와 훈춘현 유격대대(琿春縣遊擊大隊)가 잇달아 조직되어 간도 지역이 항일유격대의 병참기지 역할을 하였다. 이로써 일본의 치안숙정지구(治安肅正地區)로 선정되었던 것이다.[84)]

1936년부터 '만주국' 정부가 아편 재배지를 열하지역으로 집중시켰던 것은 압록강과 두만강 대안 등 변경지역의 치안이 불안했기 때문이었다. 전매공서장(專賣公署長)은 1935년 9월 열하성의 현참사관회의(縣參事官會議)에서 앞으로 모든 아편의 생산을 열하지역에 집중한다는 계획을 표명하였다. 이에 근거하여 전매공서에서는 재배지를 열하로 집중한다는 방침을 세웠다. 따라서 1935년 말의 재배지역 지정에서 삼강지방의 6현을 제외하고 동만의 동녕현, 간도성의 5현과 장백현의 재배지역 지정이 취소되었다.[85)]

〈표 4-6〉 1936년도 아편 재배지역 및 면적[86)]

아편 재배지역		면적(무)
省 名	縣 城	
熱河省	全省	600,000
興安西省	林西, 克什克騰旗	50,000
三江省	富錦, 同江, 撫遠, 饒河, 寶清	200,000
濱江省	虎林	30,000

'만주국'에서 아편 재배지역을 열하지역으로 집중시킨다는 방침 변

84) 윤휘탁, 『日帝下 '滿洲國'研究』, 일조각, 1996, 292쪽.

85) 山田豪一, 『滿洲國の阿片專賣』, 818 · 849쪽 ; 「명년만주아편재배구역발표」, 『조선일보』, 1935년 10월 20일.

86) 專賣總局, 『阿片事業概況』, 18쪽.

경은 관동군의 항일세력 토벌이라는 치안 대책과 관련이 깊었다. '만주국'은 사실상 관동군이 지배하는 국가였다. 관동군의 작전 계획은 군사 기밀이었기에 정부당국의 일계(日系) 관리에게도 제대로 설명되지 않았다. 정책의 변경 역시 군참모(軍參謀)의 독단으로 결정되었다. 무엇보다 군사적 판단이 우선시 되면서 군사 행동의 편의에 근거하여 변경되었다. 아편 재배지의 지정이나 취소 역시 군사·치안숙정계획의 변경에 따라 움직였다. 실제로 '만주국' 건국 이후에도 일본의 만주 지배에 저항하는 비적, 즉 항일세력이 군사력에서 압도적으로 앞선 일만군(日滿軍)에 대항해 항전하였는데, 그것은 항일세력이 농민의 지원을 받으면서 기동력 있게 싸웠기 때문에 가능하였다. 군은 이들을 토벌하기 위해서는 이들의 휴식과 보급의 근거지인 산간의 가옥들을 제거하는 길 외에는 방법이 없다고 판단하였다. 따라서 항일세력의 보급 거점인 산간에 산재한 농가를 모아 집단부락을 건설하여 무주지대화(無住地帶化) 계획을 세웠다. 즉 '비민분리(匪民分離)'를 강행한 것이었다. 치안숙정작전과 병행하여 실시된 집단부락의 설치도 현지의 성현기공서(省縣旗公署)에 사전 설명 없이 실시되었다.[87)]

1936년부터 '만주국'에서는 치안숙정 3개년 계획이 군의 명령으로 진행되고 집단부락 건설에 정부의 예산이 투입되면서 군의 아편 재배 장려 방침에도 변화가 생겼다. 군은 산간 벽지에서 재배되는 아편은 모두 항일세력의 자금원으로 보고, 아편재배 장려에서 단호한 박멸로 방침을 바꿨다. 이와 관련하여 1935년 12월 16일 민정부(民政部), 몽정부(蒙政部), 재정부(財政部)는 「앵속밀작(罌粟密作)에 관한 포고」를

87) 山田豪一, 『滿洲國の阿片專賣』, 854~856쪽 ; 滿洲國史編纂刊行會 編, 『滿洲國史 各論』, 332쪽.

신경(장춘)에 있는 관동군사령부 건물(출전: 『圖說 '滿洲'都市物語』)

발표하였는데, 그 내용을 보면 다음과 같다. "아편의 밀작(密作)은 고래로 비적(匪賊)의 생존과 밀접하여 불가분의 관계에 있었다. 아국의 비적은 양민(良民)에 대해 협박적으로 재배의 보호에 임하거나 혹은 스스로 그 일부를 재배하거나 또는 사토(私土)의 밀매 등의 방법을 통해 기생충적 생존을 계속하여, 비적 절멸의 일대 장애가 되었다."[88] 포고문의 내용과 같이 '만주국' 당국에서는 아편이 비적의 중요한 재원이 되어 왔으므로 비적의 토벌을 위해서는 비적과 아편과의 연결고리를 끊는 것이 중요하다고 인식하였다. 따라서 지금까지 집단부락 건설의 차입금 변제를 위해 아편 재배를 장려해 왔던 간도지방의 훈춘, 왕청, 연길, 화룡, 안도현은 물론 빈강성의 동녕, 안동성의 장백현에 대해서도 재배지정을 취소하였던 것이다.[89]

88) 山田豪一, 『滿洲國の阿片專賣』, 857쪽.
89) 山田豪一, 앞의 책, 856~857쪽.

비적을 토벌하는 봉천 경관대(奉天警官隊)(출전: 『新滿洲國: 寫眞大觀』)

비적(중국군)을 토벌하는 일본군(출전: 『新滿洲國: 寫眞大觀』)

마적을 호송하는 모습(출전: 『馬賊物語』)

신경(新京)유격경찰대의 비적 토벌 출동 장면(출전: 『滿洲國警察小史-(第一編)滿洲國權力の實態について』)

이로써 '만주국' 당국은 집단부락 건설과 함께 1936년부터 압록강·두만강 대안지역을 아편재배 허가지역에서 금지지역으로 변경시켰다. 그것은 아편 재원이 비적들의 재원으로 되는 것을 차단하기 위한 것이었다. 마적이 아편을 약탈하여 필요한 재원을 충당하였던 것처럼 공산유격대 역시 유격구 안에 있는 농민으로 하여금 근거지 부근이나 힘이 미치지 않는 산간 벽지에 아편이나 기타 농작물을 재배하게 해서 수확금의 일부를 확보하였다. 그 밖에 재배한 아편에 대한 아편 매각금 혹은 아편세 등을 통해 물자 구입비를 마련하기도 하였다.[90] 이러한 평가들을 볼 때 1936년 이후 실시된 간도지역의 아편 재배 금지는 공산유격세력을 포함한 모든 항일세력에 대한 치안공작과 관련이 깊었다.

요컨대 1936년 이후 압록강과 두만강 대안 한인 이주지역의 아편 재배 금지는 비적을 둘러싼 '만주국'의 치안숙정공작과 연관되어 있었다. '만주사변' 직후 아편 재배를 허가했던 이들 지역에 대해 1936년부터 열하지역을 중심으로 아편 재배를 집중시켰던 것은 아편이 이 지역 마적과 공산유격대 등 비적의 주요 재원이 되었다고 파악하였기 때문이다. 따라서 이들 국경지역 아편의 재배 금지는 비적 토벌을 통한 치안 확보와 관련이 깊었으며, 특히 간도지역의 경우는 항일세력 가운데 공산유격대의 토벌과도 밀접한 관련이 있었다고 하겠다.

4. 소결

1920년대 만주와 연해주의 국경 또는 변경지역으로 이주한 많은 한인들은 고국에서 겪던 일본의 수탈을 피할 수 있었지만 현지에서는 또 다른 형태의 어려움들이 기다리고 있었다. 1920년대 군벌통치 시대라는 상황 속에서 만주와 연해주 지역에는 마적들이 횡행하였다. 한인들이 많이 이주한 국경지역은 바로 마적의 활동지역과 겹치는 지역이었다. 이들 지역에서 활동한 마적의 주된 수입원 가운데 하나가 아

90) 윤휘탁, 『日帝下 '滿洲國'研究』, 90~91쪽.

편 수입이었으며, 이 지역으로 이주한 한인 궁민 가운데도 일부 아편 재배에 관여하는 사람들이 있었다. 따라서 이 시기 마적과 한인은 아편을 매개로 자의든 타의든 연계되어 있었음을 알 수 있다. 마적과 한인이 아편을 매개로 연계되었던 것은, 거주 또는 활동영역이 서로 겹치는 상황에서 마적은 관군의 토벌을 피해 손쉬운 재원 마련을 위해 활동하였고, 일부 이주 한인 궁민들은 타국이라는 어려운 환경 속에서 생계 유지의 일환으로 아편을 재배하였다는 것에 있었다.

1930년대 '만주사변' 이후 압록강과 두만강 대안 국경지역의 이주 한인들은 치안 불안이라는 환경 속에서 '만주국' 당국의 일관성 없는 아편 전매제도 시행으로 생업에도 늘 불안정한 상황에 놓여 있었다. 당초 '만주국' 당국은 이 지역이 과거 아편 재배의 경험이 있는 지역이었고, 경제적으로 빈궁한 지역이었기에 비적의 활동이 활발한 지역이었음에도 불구하고 아편 재배지역으로 지정하였다. 그것은 전매에 필요한 아편의 확보를 위해, 지역 주민에 대한 높은 수익 제공과 당국에 대한 불만 완화, 그리고 집단부락 건설과 관련한 대부금 변제 등이 고려된 결과였다. 그러나 곧 군 당국의 치안숙정계획에 따라 비적, 즉 항일세력의 수입원 차단과 연계되어 압록강 · 두만강 대안지역의 아편 재배가 갑자기 금지되었다. 이로써 벼농사 다음으로 만주 이주 한인 농촌 사회의 중요 생업 수단이었던 아편 재배가 금지되었고, 한인 농촌 사회에 심각한 동요를 불러 일으켰다. '만주사변' 이전 동북군벌 통치하의 낯선 이국땅에서 마적의 위협을 감수하면서도 생계유지를 위해 아편을 재배했던 일부 한인 궁민들은 1930년대 일본의 '만주국' 수립 이후에도 당국의 일관성 없는 정책 변화로 인해 어떠한 하소연도 못한 채 타국에서 고된 삶을 꾸려 나갈 수밖에 없었음을 알 수 있다.

5장

식민지 시기 중국 화북 이주 한인과 아편 · 마약 밀매문제 : 청도(靑島)를 중심으로

1. 들어가며

일본의 조선 강점 이후 많은 한인들이 해외로 이주해 가기 시작하였다. 중국으로 이주한 한인의 역사를 살펴보면 만주지역에 관한 연구는 이미 많이 이루어졌지만, 화북에 관한 연구는 최근 들어 그 성과를 보이고 있다. 화북지역에 대한 기왕의 연구는 주로 북경과 천진에 집중되어왔다.[1] 중일전쟁 이전 산동반도에 위치한 청도(靑島)지역에도 한인들이 많이 거주했음에도 불구하고 아직까지 이 지역에 관한

1) 손염홍, 『근대 북경의 한인사회와 민족운동』, 역사공간, 2010 ; 김광재, 「중일전쟁기 중국 화북지방의 한인 이주와 '노대농장'」, 『한국근현대사연구』 11집, 1999 ; 김주용, 「해방 이전 화북지역 한인이주와 '생활체험'」, 『만주연구』 35집, 2003 ; 박강, 「화북이주 한인과 아편마약 밀매」, 『한국민족운동사연구』 55집, 2008 ; 신주백, 「1920, 30년대 북경에서의 한인 민족운동」, 『한국근현대사연구』 23집, 2002 ; 손과지, 「1920 · 30년대 북경지역 한인 독립운동」, 『역사와 경계』 51집, 2004 ; 김광재, 「중일전쟁 이후 북경지역의 한인단체 연구」, 『한국독립운동사연구』 23집, 2004 ; 박환, 「1920년대 전반 북경지역 한인 아나키즘」, 『한국민족운동사연구』 37집, 2003 ; 황묘희, 「침략전쟁시기 천진의 친일한인조직연구」, 『문화전통논집』 13집, 2006 등 다수의 논문이 있음.

연구는 매우 부족한 실정이다.

1914년 독일 조차지였던 청도지역을 일본이 점령하면서 일본인은 물론 일부 한인들도 기대를 품고 이곳으로 이주하기 시작하였다. 비록 1922년에 다시 중국으로 반환되었지만 지리적인 인접성 등으로 인해 많은 한인들이 이곳으로 이주하여 경제활동을 하였다. 중일전쟁 발발 직전까지 화북 이주 한인 가운데 북경·천진과 더불어 많은 한인들이 이곳 청도에 거주하였다.

지금까지 청도지역 한인 이주사에 대한 연구는 주요 관심의 대상이 아니었다. 그것은 중국 관내 지역 가운데 한인 독립운동과의 관련성이 적었던 지역이었기 때문으로 생각된다. 본 장에서는 중일전쟁 발발 직전까지를 대상으로 청도지역의 한인에 관해 살펴보고자 하는데 주로 아편·마약 문제에 초점을 맞추어 접근해 볼 것이다. 그것은 이 지역의 한인 관련 사료가 아편·마약의 밀매 등 부정업(不正業) 관련 내용이 많이 언급되고 있을 뿐만 아니라 이 시기 중국의 주요 사회문제로도 부각된 것이기 때문이다. 따라서 아편·마약 문제를 중심으로 청도지역 한인의 생활 및 그 이미지(像)를 이해하는 것은 적절한 접근방식이라고 생각된다. 또한, 연구 시기를 중일전쟁 발발 직전까지로 설정한 것은 중일전쟁 이전 청도는 화북의 3대 한인 거주도시라고 할 수 있었는 데 반해, 중일전쟁 발발 이후에는 북경·천진에 비해 크게 뒤처졌으며 심지어 석가장(石家莊)에 비해서도 인구가 적어 화북의 한인 이주지역으로서의 중요도가 상대적으로 감소하였기 때문이다.[2)]

2) 북경주재 일본대사관 조사에 의하면 1939년 3월 말 북경의 한인 인구는 8,516명,

청도지역의 아편·마약 문제와 한인과의 관계를 살펴보기 위해 먼저 한인들이 청도지역에 이주하기 시작했던 1914년 점령지 청도에서 일본이 어떠한 아편정책을 시행했는가에 관해 알아보고자 한다. 이를 통해 일본의 아편정책과 청도지역 아편·마약 확산과의 관계에 대해 이해할 수 있을 것이다. 1922년 일본이 청도를 중국에 반환한 이후에도 지속된 청도지역의 아편·마약 문제는 물론 일본영사관의 암묵적인 비호하에 다수의 한인들이 일본인과 함께 관계했던 아편·마약의 밀매문제를 이해하는 데도 도움이 될 것이다. 이어서 중일전쟁 발발 직전 시기까지 청도지역의 아편·마약 밀매와 한인과의 관계에 대해 그 실태를 살펴보고자 한다. 이를 통해 중일전쟁 이전 청도에 거주한 한인들의 삶의 환경과 그 실상을 이해하는 데도 도움이 될 것이다. 한인들의 아편·마약 문제를 통해 더 나아가서는 항일에 있어 한중간의 협력문제, 그리고 중일전쟁 시기 이 지역 친일 연구에도 단서를 제공할 것으로 기대한다.

2. 일본의 청도 점령과 아편정책

1914년 청도를 점령한 일본군은 이 지역에서 아편 흡연을 승인하였다. 이는 인도적인 차원의 결정이라는 명분을 내세웠지만 실은 재원

천진의 한인 인구는 7,833명, 석가장의 한인 인구는 2,260명인데 비해 청도의 한인 인구는 1,882명에 불과하였다[朝鮮總督官房外務部,『中華民國在留朝鮮人概況』, 京城: 朝鮮總督官房外務部, 1939, 2~10쪽]. 즉 북경, 천진과의 인구 격차가 3~4배 이상 크게 벌어졌다.

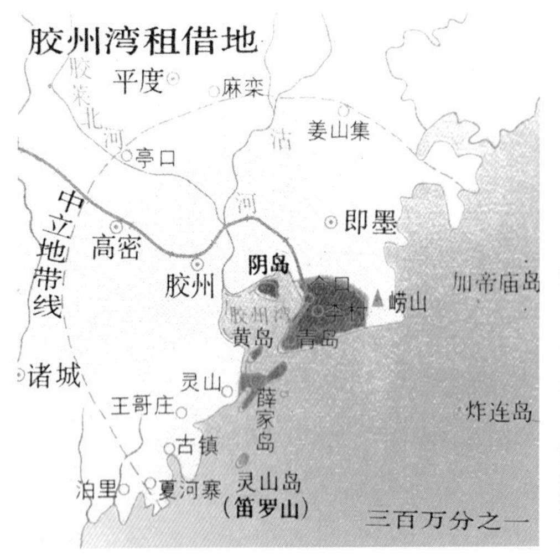

독일의 교주만 조차지
(출전: 『中國近代史稿地圖集』)

일본군이 독일의 조차지 교주만을 점령한 후 발행한 엽서(출전: 『青島舊影』)

확보를 위한 차원에서 추진된 것이었다. 1차 대전 발발 이후 일본은 영일동맹에 근거해 독일이 통치하던 중국의 청도를 공격하여 점령하였다. 그리고 일본군은 이 지역에서 중국인의 아편 흡연을 허가하였다. 이러한 결정에는 다음과 같은 명분들이 작용하였다. 앞서 청도를 통치했던 독일 역시 이 지역의 아편 흡연을 금지하지 않았던 점, 그리고 점령 당시 아편의 밀매와 밀수가 성행하여 아편 흡연자의 수가 증가한 상황이었다는 점이다. 게다가 다년간 아편 흡연의 악습에 만연된 사람들에게 갑자기 금지시키기란 쉽지 않다는 인도적인 명분도 있었다. 이에 따라 점령 초기 일본군이 내세운 인도적인 명분은 곧 이 지역의 통치 재원이 부족했던 일본에게 있어 재원확보라는 관점에서 아편정책의 수립으로 제안되었다.[3)]

청도에 입성하는 일본군(출전: 『日本の戰爭』)

청도지역에 대한 일본의 본격적인 아편제도는 1915년 4월 1일부터 시작되었다. 일본은 이 지역에서 인도적인 명분을 내세워 아편의 흡연을 점차 금지시킨다는 점금제도(漸禁制度)를 기본정책으로 하였다. 그리고 이들에게 필요한 아편의 공급을 위해 특정 상인에게 아편의 판매를 독점케 하는 특허 전매제도를 채택하였다.[4)]

3) 外務省通商局, 『華盛頓會議參考資料 阿片問題』, 外務省通商局, 1921, 305쪽 ; 桂川光正, 「青島における日本阿片政策」, 『二十世紀研究』 3권, 2002, 24~25쪽.

4) 桂川光正, 앞의 논문, 25쪽.

1906년 독일이 청도에 건설한 독일 교오총독 관서(膠澳總督官署). 1914년 일본이 청도를 점령한 후 일본 수비군사령부 건물로 사용됨(출전: 『靑島舊影』)

청도수비군(靑島守備軍) 당국은[5] 아편 흡연 습관에 중독된 자에 대한 인도적 도의적 관점에서 잠정적 조치임을 강조하면서 점금주의를 내세웠다. 이에 따라 흡연을 원하는 자는 스스로 군정서(軍政署)에 출두하여 허가증 발급에 필요한 요금만 납부하면 흡연 허가를 받을 수 있었다. 연고(煙膏)[6]를 구입할 때에는 허가증을 지참해야 하며 허가

5) 1914년 11월 19일 일본 점령군은 제1호 군령을 내려 청도지구에 靑島와 李村에 두 개의 軍政署 세운다고 선포하였다. 27일에 일본 천황은 청도에 守備軍司令部를 성립시키고, 守備軍司令官을 천황 직속으로 하여 청도지역의 최고 책임자로 임명하였다. 1915년에 청도군정서와 이촌군정서를 합병하여 靑島軍政署로 바꾸고, 李村을 分署로 변경하였다. 일본군 점령시기 청도의 행정관리는 1917년 9월 이전의 軍政시기와 그 후의 民政시기로 구분되어 진다. 1917년 9월 29일 수비군사령부에 民政部가 설치되고 10월 1일 아키야마(秋山雅之介)가 초대 민정장관에 임명되었다[陸安, 『靑島近現代史』, 靑島: 靑島出版社, 2001, 44쪽 ; 欒玉璽, 『靑島の都市形成史: 1897-1945』, 東京: 思文閣出版, 2009, 45쪽 ; 本庄比佐子, 「膠州灣租借地內外における日本占領地統治」, 本庄比佐子 편, 『日本の靑島占領と山の東社會經濟 1914-1922年』, 東京: 東洋文庫, 2006, 1~4쪽].

증에 일시와 수량을 상세히 기입해야 했고, 판매소는 매월 판매량을 제출해야 했다. 아편 밀매, 사설 아편연관(鴉片煙館), 아편의 밀흡연은 엄금되었기에 위반자는 엄벌에 처하도록 되었다. 그러나 당국에서는 아편 밀매의 폐해를 단속하기 어렵다는 이유로 특허인에게 자택이 없는 흡연 면허자를 위한 공간으로 아편연관을 공인해 주었다. 또한 당국에서 아편의 판매는 흡연이 습관화되어 생명의 위험이 있는 자에 한해서만 인정한다고 강조하였지만, 그에 따른 철저한 조치는 병행되지 않았다. 결국 대만에서와 같이 의사의 진단 없이 쉽게 흡연 허가증을 입수하는 것이 가능했으며, 중독자 근절시한 역시 명시하지 않았다. 따라서 청도수비군 당국의 점금주의라는 것은 아편의 흡연을 사실상 허용하는 제도였던 것이다.[7)]

이러한 점금주의 아편제도 사업과 관련하여 청도수비군은 아편 특허 전매제도를 통해 아편사업의 주도권을 장악하고자 하였다. 청도의 아편 특허 전매제도는 청도수비군 당국이 유자산(劉子山)이라는 중국인 상인(점명店名은 부상호扶桑號)과 계약하여 부상호(扶桑號)로 하여금 원칙적으로 연고의 판매만을 담당하도록 하였다. 즉 청도수비군 당국이 이 지역에서의 아편사업을 직접 담당하고 중국인 유자산에게는 원칙적으로 아편의 판매만을 인정하고자 하였던 것이다. 이를 통해 일본은 청도에서 아편사업의 주도권을 장악하고자 하였다.[8)]

그러나 실제 청도의 아편제도 운용 과정에서 청도수비군 당국의 주도권 장악은 제대로 이루어지지 못하였다. 청도수비군 당국은 애초

6) 생아편을 가공한 흡연용 아편.
7) 桂川光正, 「青島における日本阿片政策」, 26~28쪽.
8) 陸安, 『青島近現代史』, 50쪽 ; 桂川光正, 앞의 논문, 26쪽.

대만산 연고를 청도시장에 독점 공급할 계획을 갖고 있었다. 이 계획은 1915년 1년 동안만 유효하였고 1917년 이후는 인도산, 페르시아산 생아편에 압도되었다.[9] 즉 관헌이 밀수품으로 몰수한 아편을 정제하여 판매하기 위해서는 연고의 품질을 높여야 했고 이를 위해서는 인도산과 페르시아산 생아편을 배합용 원료로서 일정량을 수입해야만 했다. 이로써 대만산 연고의 수입과 소비를 계획한 방침은 불과 1년만에 파기되었다. 또한, 부상호의 역할도 변화되었다. 즉 1915년 이후 유자산은 직영 아편연관을 개설했을 뿐만 아니라 다른 중국인들도 유자산의 가게의 지점을 명목으로 아편연관을 개설하였다. 이들 가게는 도매업과 소매업을 겸업하고 있었다. 따라서 전매권을 특허받은 유자산은 청도지역의 모든 아편의 도매업과 소매업, 그리고 아편연관 경영자의 정점에 위치하고 있었다. 따라서 유자산은 하청업자가 아니라 아편의 생산과 유통, 그리고 판매의 실권을 장악하는 존재로, 결국 청도수비군은 유자산의 활동영역을 제한하지 못하였음을 알 수 있다.[10] 이와 같은 결과는 청도수비군 당국이 청도지역을 완전히 장악하지 못한 상황에서 서둘러 현지 아편 상인을 배제하고 아편사업의 주도권을 장악하고자 하였기 때문일 것으로 생각된다.

청도지역에서 일본의 아편제도가 시행된 지 4년 정도 만에 일본은 새로운 입장을 밝혔다. 1919년 1월 18일에 일본 각의는 청도, 관동주, 대만의 아편제도를 5년 후 폐지하도록 결정하였다. 이러한 결정이 내려지게 된 원인을 살펴보면, 먼저 중국에서 아편 금연운동이 전개됨에 따라 대만과 관동주, 청도에서 시행되는 일본의 아편제도는 비난을 받

9) 外務省通商局, 『華盛頓會議參考資料 阿片問題』, 148쪽.
10) 桂川光正, 앞의 논문, 29~31쪽.

는 상황이 되었다는 점이다. 아울러 중국 본토에서의 아편류 거래에 일본인이 관계하고 있다는 것 등으로 인해 일본에 대한 중국인과 외국인의 비난이 격화되고 있었기 때문이었다. 폐지라는 일본 각의의 결정이 내려짐에 따라 1919년 2월 13일 대만, 관동주, 청도지역의 각 민정장관(民政長官)과 척식국장관(拓殖局長官)이 모여 이 문제를 협의하였다. 그 결과 각 지역에서 아편 밀수입의 단속을 한층 엄격히 하겠다는 점과 관헌이 발급하는 증명서가 없는 자에 대한 흡연을 허가하지 않는다는 등 현상 유지를 확인하였을 뿐 커다란 변화는 없었다.[11)]

일본 정부는 1920년 9월 7일 재차 청도와 관동주의 아편제도를 1921년 3월 말까지 폐지할 것을 각의에서 결정하였다. 이번 결정의 배경에는 아편문제로 인한 국제사회와 중국의 대일 비난이 크게 작용하였다. 일본은 1912년 헤이그 아편조약에 조인하였는데 베르사이유조약 조인국은 자동적으로 헤이그 아편조약에 비준한 것으로 되어 정부로서는 이행의무가 생겼다. 또한, 이 시기 중국에서는 청도에서 아편이 밀수출되고 있다는 보도가 있었고, 이와 관련하여 중국 정부 차원에서 일본 정부에 항의가 있었다. 뿐만 아니라 중국의 일부에서는 청도의 아편문제를 국제연맹에 제소하고 구미 제국에 알려 압박을 가할 계획도 갖고 있었다. 더욱이 중국 신문을 통해 아편문제가 자주 보도되면서 산동문제와 기타 중일 양국 간 현안의 해결을 국제연맹에 기대하는 형세가 강해지고 있었으므로 일본 정부는 각의의 위엄과 외교의 방향 유지라는 입장에서도 폐지 결정이 중요하였다.[12)] 그러나 이 같은 일

11) 桂川光正, 「青島における日本阿片政策」, 33쪽 ; 外務省通商局, 『華盛頓會議參考資料 阿片問題』, 448~449쪽.

본 각의의 결정에도 불구하고 청도수비군과 관동청의 비협조로 인해 결국 일본 정부는 현행 아편제도를 철폐하더라도 인도적 차원에서 중독자에게 아편을 공급하는 구제치료 유지라는 것은 어쩔 수 없는 것이라고 인정하였다. 또한, 지방관헌의 감독하에서 아편을 특정한 약업자가 취급하는 것도 인정하였다. 결국 외견상 현행 제도에 약간의 수정이 가해졌을 뿐 특허 전매제와 점금주의는 그대로 존속되었다. 이 정도의 조치를 통해 일본 정부는 대외 비난을 모면하고자 하였을 뿐이었다.[13)]

수정된 청도의 아편제도는 일본의 청도 반환과 연계되어 1922년 봄에 갑자기 철폐되었다. 즉 1922년 2월 '산동현안(山東懸案) 해결(解決)에 관한 조약(條約)' 등이 조인되어 청도가 중국에 다시 반환되고 일본군의 철수가 결정되었다. 이에 따라 특허상 지정이 취소되고 생아편과 연고 등이 모두 소각 처분되었다. 이러한 일본의 처리는 앞서 청도 아편제도에 대한 중국 측의 비난이 있었기 때문에 반환 후 양국 사이에 발생할 분쟁의 소지를 미리 방지하고자 하는 뜻이 반영되었다고 볼 수 있을 것이다.[14)]

일본의 청도수비군 당국이 이 지역에서 아편제도를 실시하는 동안 일본의 민간인들 역시 아편 관련 업종에 깊이 관여하였을까? 독일이 청도를 점령한 당시 청도에 거주한 일본인은 겨우 400명 정도에 불과하였으나 일본이 청도를 점령한 이후 만주, 조선 그리고 일본 본토로부터 청도에 모여든 일본인은 다수에 이르며 1917년에는 1만 8천 5백

12) 外務省通商局, 앞의 책, 469~470쪽 ; 구라하시 마사나오 저, 박강 역, 『아편제국 일본』, 지식산업사, 1999, 33~34쪽.

13) 桂川光正, 「青島における日本阿片政策」, 34~35쪽.

14) 桂川光正, 앞의 논문, 36쪽 ; 陸安, 『青島近現代史』, 51 · 56쪽.

1915년 일본에 의해 약학산(若鶴山 저수산 貯水山)에
세워진 '청도신사(青島神社)' (출전: 『青島舊影』)

여 명, 그 후에도 해마다 증가하여 1922년 청도 반환 시점에서는 2만 4천여 명에 달하였다. 이들 일본인들은 지리적으로 청도와 인접하여 내왕하는 자가 많았으나 대부분 중국인의 호감을 사지는 못하였다. 이 시기에 건너온 일본 상인들은 대체로 일확천금을 꿈꾸는 몰락한 상인에 가까운 사람들이 많았다. 또한, 맨손으로 폭리를 취하려는 무리와 기녀 등이 파죽지세로 만주와 조선, 일본에서 대거 몰려들었다. 게다가 군대의 힘을 빌려 산동의 중국인들을 압박하거나 정당하지 못한 행위를 일삼으면서 중국인의 원한과 증오를 불러오기도 하였다.[15)]

15) 在青島日本帝國總領事館 編, 『青島概觀』, 青島: 青島日本帝國總領事館, 1924, 13쪽 ; 陸安, 앞의 책, 47쪽 ; 이준희, 『침략과 통치: 근대 독일과 일본의 산동성 식민지경영』, 제이앤씨, 2005, 114~123쪽 ; 本庄比佐子, 「膠州灣租借地內外における日本占領地統治」, 本庄比佐子 편, 앞의 책, 9~10쪽.

이들 일본인 가운데는 아편의 판매에 관여한 자들도 많았다. 1917년에 청도지역 초대 민정장관으로 부임한 아키야마(秋山雅之介)에 의하면, 그가 청도에 부임하기 이전부터 자주 일본인들이 아편판매에 관여하고 있었는데 일본인의 아편문제 관여가 여러 가지 폐해를 초래하고 혹은 국제적인 문제를 일으킬 가능성이 있어 1918년 4월을 기해 일본인의 아편판매를 일절 금지했다고 하였다. 즉 1918년 3월 말까지 청도에서 아편에 관여한 일본인들은 거의 소매상이었고 주로 유통과 판매망의 최말단에서 활동했을 뿐 중심적인 역할은 아니었다는 것이다.[16)]

그러나 이 시기 일본과 관련한 아편·마약의 밀수와 판매에 대한 중국인과 외국인의 비난은 매우 컸다고 할 수 있다. 당시 중국 정부는 중영아편금지조약(中英鴉片禁止條約)[17)]이 만기 되기 이전에 중국에 수입된 잉여아편 수백 상자를 소각시키기도 하였다. 중국 내에서 아편 금연운동이 한창인 상황에서 일본이 식민지에서 시행한 아편제도와 일본인의 부정거래는 중국인과 외국인의 비난의 초점이 되었다. 이로 인해 중국 각지의 외국어 신문과 중국 신문 등에 일본의 아편문제를 공격하는 기사들이 자주 게재되었다.[18)] 이 가운데 상해에서 발행된 『노스차이나 데일리뉴스(North China Daily News)』(1918. 12.19)에 실린 기사를 보면 다음과 같다.

---

16) 桂川光正, 앞의 논문, 31~32쪽.

17) 중국 청조와 영국은 1907년에 中英鴉片禁止條約을 맺어 중국의 아편근절 노력에 따라 1908년부터 1917년까지 영국이 인도산 아편의 중국수출을 완전히 중지할 것을 약속하였다[于恩德, 『中國禁煙法令變遷史』, 臺北: 影印本, 文海出版社, 1973, 115~122쪽].

18) 外務省通商局, 『華盛頓會議參考資料 阿片問題』, 448쪽.

모르핀 무역은 일본의 대중국 무역 중 이익이 많은 것으로 해마다 수천만 원에 이른다. …… 그 수입은 주로 소포우편을 통한 것이며, 재중국 일본 우편국은 그것의 분배기관이다. 그 수량은 해마다 무려 18톤에 이르며 일본인의 증가에 따라 증가하고 있다. 大連에서 살포하는 것은 만주부근으로, 青島에서 살포하는 것은 산동, 안휘, 강소에, 臺灣에서 살포하는 것은 아편과 함께 복건, 광동 등으로 분배되었으며, 그들은 일본 治外法權의 보호를 받는다. 山東鐵道沿線 사건이 그 사례이다. …… 전 중국에서 일본 賣藥商은 모르핀 매매를 주요 利益源으로 하며 모르핀 판매는 일본 작부와 함께 전 중국에 걸쳐 있다. 지금 모르핀은 유럽에서 구입하기 어려워 일본은 조선, 만주, 대만에서 그것의 생산을 보호하고 있다. 즉 이들 지역이 모르핀의 공급지인 셈이다. 일본은 또한 인도아편을 구입하거나 혹은 대만에서 모르핀 제조용으로 공급하고 혹은 고베로부터 다시 청도로 轉輸하여 막대한 이익을 얻고 있다. 청도에 수입된 아편은 다시 일본지배 하에 있는 철도를 통해 산동에서 상해 및 양자강 유역으로 밀수입된다. 본년 1월 이후 9월 말까지 인도로부터 고베를 거쳐 青島에 수입된 금액은 약 2천만 원에 이른다. …… 특히 青島에서는 중국세관이 모두 일본의 손에 맡겨져 있었으므로 일본정부가 간섭하는 무역에 대해서는 금제품인지 여부를 따지지 않고 모두 세관을 통과하며 …… 또한 青島에 수입되는 아편의 대부분은 軍用品이라고 새겨진 상자에 담아 이들 상자는 현재 산동철도연선의 일본 賣約店 도처에서 발견되고 있다고 한다.[19]

위의 기사 내용을 볼 때 청도는 수입 모르핀의 분배지이자 아편의 밀수 창구였다. 즉 청도는 대련과 대만의 역할처럼 우편을 통해 수입되는 모르핀을 산동 · 안휘 · 강소 등지로 분배하는 중심지였다. 또한, 아편이 산동과 상해 및 양자강 유역으로 밀수되는 창구 역할을 하였다. 청도에 수입되는 아편의 대부분은 군용품이라고 새겨진 상자에

19) 外務省通商局, 『華盛頓會議參考資料 阿片問題』, 454~455쪽.

담아 운반되어 세관을 통과하는데 전혀 문제가 되지 않았다. 중국에서 아편 금연운동이 전개되는 상황에서도 청도에서의 일본인과 군의 아편·마약 밀수와 판매는 소포우편 방식과 군용품 위장으로 제재 없이 진행되었다. 이러한 청도 상황은 일본인에 대한 중국인의 반감을 고조시키기에 충분하였다.

한편 일본의 청도 점령은 일본인뿐만 아니라 지리적으로 인접한 한인에게도 관심을 불러 일으켰다. 이 시기에 이주한 한인 수를 정확히는 알기 어렵지만, 일본이 청도를 점령한 초기 기대에 부푼 마음으로 일부 한인들이 청도로 건너왔던 것이 사실이다. 이와 관련하여 『매일신보』에 게재된 「청도의 조선동포」라는 글을 통해 그 일단을 살펴볼 수 있을 것이다.

> 대정3년(1914년) 11월 7일에 일독전쟁의 결과는 결국 덕국(德國)인 독일이 패하여 '청도 함락'이라는 소식이 온 천하에 전파되자 조선 사람의 상업 경영자와 ●●뜻하고 건너간 자가 구름같이 모여들어 대정4년(1915년) 2,3월까지는
>
> ▲ 삼백여 인에 달하던 바 영업자는 소소한 자본금으로 예산이 당초에 틀린 까닭에 도로 귀국하는 자와 혹은 '大連 奉天' 등지로 옮겨도 가고 또 노동자는 支那 산동성에 제일로 산되는 인부가 품삯의 적음에 눌려 자기 한 몸도 호구키 어려워 도로에 방황하는 자가 적지 않으나 쉽게 돌아올 가망이 없더니 다행히 청도 '軍政署'의 보호로 많이 돌아왔고 작년 가을 이래로 나머지 떨어져 있는 자가 불과 4-50인인데 생활하는 것은 더욱 곤란하여 겨우 목숨만 보전하던 중 11월 10일 어대전(대정천황의 즉위식*필자주) 봉축 명절을 당하여 천황폐하의 신민 된 경의를 표하기 위하여 노동자 14인이 진심으로
>
> ▲ 출연 모집한 금액 22원 30전을 '青島新報社' 소개로 군정서를 거쳐 '官民共同奉祝會'에 기부하여 정성을 극진히 한 결과로 대표자는 '徽章'을 받아

차고 그 회에 참석할 뿐이라. 관민간의 칭예가 적지 않더니 본년 봄에는 각기 활동으로 산동철도연선 각지에 흩어져 일을 하는데 일본말과 청국말을 능히 함으로 수삼십 원의 월급을 타서 가히 고진감래라고도 하겠고 청도 시내에 있는 조선인은 남녀 합하여 20인 내외인데 육군 관속은 수비군

▲ 보병 소위 한 사람과 병의 창고원 한 사람이 있어 성적이 좋으며 기타는 상점 혹은 요리점에 고용하여 생활하나 그 중 근검절약하는 자는 다소의 적금도 있고 또 '醜業婦'(작부*필자주)●명은 내지인의 집에서 세상사의 관념이 없이 춘풍추우로 세월을 보내는 모양이오. …[20]

청도로 이주해온 한인들의 정착은 쉽지 않았다. 상업을 목적으로 온 자들은 기대했던 것과 달라 귀국하거나 만주로 옮겨가기도 하고, 노동자들도 어려움에 직면하여 귀국한 자가 많았다. 일부 정착한 한인들도 상황이 좋지 않았다. 이들 중에는 일본 또는 일본군과 연계되면서 상황이 개선되기도 하였고 기타 상점 혹은 요리점에 고용되거나 작부로 일하는 경우 등 힘겹게 살아가고 있었음을 알 수 있다. 즉 일본의 조선 강점으로 삶이 힘든 한인 가운데 혹시나 하는 희망을 갖고 낯선 청도로 이주한 자들도 있었지만, 이 지역 역시 식민지 주민에게는 힘겨운 곳이었다.

특히 일본의 청도 점령시기 이주한 한인 중에는 한인 여성들을 작부로 고용하는 등 부정업에 종사하는 자들이 많았다. 이에 관해 1920년 『동아일보』(1920.7.11)에 게재된 권태용(權泰用)이 쓴 「중국여행기」를 보면 다음과 같다.

'나' 親友인 인천지국 기자 李汎鎭 군을 만나 '나'일기를 貴報에 託 하여

20) 『매일신보』, 1916년 3월 29일.

건방진 말로 우리 반도의 實業諸氏에 만분지일이라도 참고될까 하노이다.……

靑島方面의 朝鮮人 生活狀況

靑島市 新町을 시찰하여 우리 朝鮮人의 현황을 말하자면 실로 悲慘한 일. '나'의 두뇌에 感되는 것? 어떠한 料理店 앞을 '나'는 무심코 통과할 때 붉은 기와 2층에 白紅의 화려한 朝鮮服으로 '여보시오'朝鮮兩班이어거든 올라오시오 하는 한 美人이 제일착 '나'의 시선이 相接하였소. …… '나'는 그 부인에게 대하여 貴女何故로 '나'를 초대하였는가 하면서 그 부인의 역사를 問하였다. 그 여자는 慶南 昌原郡의 출생으로 幼時는 無男獨女로 金枝玉葉과 같이 그의 부모에게 受養하였다. 13의 年을 迎할 春에 불행히 부모 두 분이 一去不歸의 黃泉에 돌아간 후 소녀의 몸이라 어찌할 수 없어서 자기의 삼촌叔되는 李某와 같이 3, 4년 전(日獨戰後 즉시) 산동방면을 渡하여 博山硝子製造所 직공으로 일가족이 현상을 유지하여 糊口하여 오던 중 同年 9월 15일 夜 중국 馬賊에게 피살된 자기의 삼촌 숙을 別하고 전전하여 40圓의 身代로 4년간의 계약으로 여자의 지옥이라 하여도 과언이 아닌 이러한 곳으로 4년간 선고를 받아 있는 가련한 현상이라. ……

이와 같이 가련하게 된 우리 조선 사람 간에 非人道를 감행하는 일 허다하도다. ……

靑島에 우리 조선 사람 소위 해외에서 사업한다는 양반은 모두 이와 같이 非人道의 폭행적 사업 외에 전무하다 하여도 과언이 아니올시다.

그러면 '나'는 여하한 사업을 하여 해외에서 활동하는가요? 이같이 요리업을 하는 사람에게 공격하오니 절대로 이들 업에는 종사하지 말라는 것은 아니오나 조금 개량하여 非人道를 敢爲하지 하는 자로 각성하여 仁義正道로 귀순함을 바라며 天賦의 人性正道와 吾人의 양심으로 대륙의 특산물 '天産物'은 물론 기타 허다한 사업이 있지 아니한가?[21]

위의 여행기에도 언급되었듯이 일본의 청도 점령 시기 조선에서 청도로 건너간 사람 가운데는 많은 사람들이 정상적인 직업보다는 비인

21) 『동아일보』, 1920년 7월 11일.

도적인 부정업에 많이 종사하였다. 그것은 앞서도 언급되었듯이 넉넉하지 못한 자본과 특별한 기술 없이 이주해 온 사람들이 낯선 중국 땅에서 찾을 수 있는 일이 별로 없었기 때문이었다. 따라서 많은 한인들은 사업의 인도적 여부를 가릴 여유 없이 부정업에 종사하는 경우가 많았다. 청도가 중국으로 반환된 이후에는 일본의 비호하에 아편과 마약의 밀매까지 관여하게 되었다고 하겠다.

3. 일본의 청도 반환과 한인의 아편·마약 밀매

1922년 10월 10일 '산동현안(山東懸案) 해결에 관한 조약'에 근거하여 청도가 중국정부에 반환되었다. 1897년부터 17년간 독일에 점령되고 이어 일본에 점령되었던 8년을 합해서 25년간 외국에 점령당했던 청도는 다시 중국의 관할하에 들어오게 되었다. 청도를 접수한 북경정부는 교오조차지(膠澳租借地)를 교오상부(膠澳商埠)로 개편하고 중앙정부에 직속시켰다. 동시에 도시의 행정을 관리하는 기관으로 교오상부독판공서(膠澳商埠督辦公署)를 성립시켰다. 1925년 7월에는 봉계군벌(奉系軍閥)인 장쫑창(張宗昌)이 산동성 독군(督軍)으로 있으면서 교오상부독판공서를 교오상부국(膠澳商埠局)으로 변경하고, 이 기구를 산동성 정부 관할로 변경시켰다. 그 후 1928년 6월에 남경국민정부가 북경에 입성하여 전국을 통일한 후 다음 해 4월에 청도를 접수하였다. 이때 교오(膠澳)라는 명칭을 청도특별시(靑島特別市)로 변경하고 남경국민정부 행정원 관할하에 직속시켰다. 다음 해인 1930년 9월에 가서 다시 청도특별시를 청도시(靑島市)로 개칭하였다.[22)]

청도가 중국에 반환된 이후 한인들의 이주 상황에 대해 정확히는 알 수 없으나 청도 역시 중국 화북에 속하므로 대체로 화북지역 한인들의 이주 상황과 유사하였을 것으로 생각된다. 1910년 일본에 의해 조선이 강점된 이후 한인의 화북 이주가 증가하기 시작하였는데, 북경과 천진지역이 그 중심이었다. 1919년 3·1운동을 계기로 다시 이주인구가 증가하면서 북경으로 이주한 한인의 수는 1천여 명에 달하였다. 천진지역의 경우 1898년 일본의 조계지가 설립되면서 일본인의 이주가 확대되고 있었는데, 1920년대 후반 세계적인 경제불황으로 인해 식민지 조선에서 천진으로 건너간 한인 역시 증가하였다. '만주사변' 이후에는 이주가 급격히 증가하는 모습을 보였다. 특히 1935년 화북에 기찰정권(冀察政權 기찰정무위원회冀察政務委員會)이 수립된 이후에는 지리적 인접성에 따라 만주지역으로부터의 이주가 더욱 활발하게 일어났다. 중일전쟁 발발 직전인 1937년 6월 말의 일본 측 통계자료에 따르면 화북 이주 한인 8,125명 가운데 1천 명이 넘는 한인이 거주하는 도시는 북경과 천진 그리고 청도 세 지역뿐으로, 북경 거주 한인은 2,063명, 천진은 1,962명, 청도는 1,268명에 달하였다.[23]

이들 화북 이주 한인들은 이주 시기에 따라 그 성향에도 다소 차이가 존재하였다. 일반적으로 중국 관내 거주 한인들은 민족주의자와 부정업자가 대부분을 차지하였던 것으로 보고 있다. 화북지역의 경우 초기에는 비슷한 양상을 보였지만 '만주사변' 이후의 변화는 상이함이

22) 陸安, 『青島近現代史』, 61쪽 ; 欒玉璽, 『青島の都市形成史: 1897-1945』, 59~60쪽.

23) 朝鮮總督府北京出張所, 『在北支朝鮮人概況』, 東京: 朝鮮總督府北京出張所, 1940, 1~4쪽 ; 小林元裕, 「天津なかの日本租界」, 天津地域史研究會 편, 『天津史』, 東京: 東方書店, 1999, 188·198쪽.

있었다. 1910년 일본의 조선 강점과 1919년 3·1운동의 전개에 따라 일본에 비분강개한 한인들이 대거 북경·천진을 비롯하여 내몽골, 만주, 화중, 화남 구미 등 지역으로 이주하여 항일활동을 전개해 나갔다. 그러나 '만주사변' 이후 일본 세력이 화북으로 영향력을 확대시켜 나가면서 많은 항일세력들이 상해·남경 방면으로 이동하였다. 따라서 1930년대 화북지역 한인들 가운데 민족주의자들의 비중은 현저히 떨어지는 상황이 되었다.[24]

1922년 12월 10일 청도가 중국에 반환된 당일 개관된
태평로에 위치한 일본총영사관(출전: 『青島舊影』)

24) 박강, 『20세기 전반 동북아 한인과 아편』, 선인, 2008, 194~196쪽.

이 가운데 청도지역의 상황은 더 암담했다고 할 수 있다. 즉 1922년 중국으로의 반환 이후에도 일본의 영향력이 일정 정도 유지되고 있었다. 비록 청도에 주둔해 있던 일본 수비군사령부가 철수하였지만 청도에는 수백 명의 경찰과 헌병을 보유한 일본영사관이 있었고 거류민단의 무장력 역시 무시하기 어려웠다. 1만여 명의 일본 교민으로 조직된 일본 거류민단은 수천 자루의 총기를 보유하고 있었기 때문이다. 또한, 일본 해군은 여전히 교주만을 군항으로 사용하면서 이곳에서 군사훈련을 실시하기도 하였다. 1923년 3월 27일 『신보(申報)』에 실린 「청도 현상의 관찰」이라는 글에 의하면, 청도가 중국에 반환된 이후에도 반환 이전과 같이 일본의 경제침략하에 있다고 하였다. 이는 청도가 중국에 반환된 이후에도 일본의 영향력에서 크게 벗어나지 못하였음을 보여주는 증거이다.[25] 이곳에서 일본 국적인들은 치외법권의 특권을 누릴 수 있었다. 따라서 부정업에 종사하는 사람들에 대한 중국 정부의 단속이 매우 어려운 상황이었음을 알 수 있고 이 지역 이주 한인들이 부정업에 쉽게 종사할 수 있는 환경이 되었음을 보여주는 것이기도 하다.

청도가 중국 북경 정부로 반환된 이후 이 지역의 아편 · 마약 상황은 어떠했을까? 청도가 중국에 반환되면서 일본이 시행했던 아편 전매제도가 폐지된 이후 이 제도를 대신할 새로운 제도나 기관이 없는 상황에서 현지 관리와 상류 인사들을 중심으로 아편의 흡연이 더욱 증가되고 있었다. 1924년 4월 전임 독판(督辦)인 숑빙치(熊炳琦)에 이어 까오언홍(高恩洪)이 독판(督辦)에 취임하자 절대 금연(禁煙)을 기

25) 陸安, 앞의 책, 63 · 66쪽.

해 동년 8월 금연을 단행하는 포고를 공포하고 동시에 금연국(禁煙局)을 설치하였다. 금연국에서는 3개월의 기간을 설정하여 점차 계연(戒煙)한다는 계획하에 법을 만들고 중독자 및 연고(煙膏)판매자, 연관(煙館)에 대한 엄격한 단속을 가하였으나 별다른 성과를 거두지 못하였다. 까오언홍 독판에 이어 1927년 말 장쫑창 산동 독판은 아편의 금지를 명목으로 전매제도를 통해 공인(公認) 연관(煙館)을 설치하여 수익을 도모하였다. 1928년 5월 장쫑창 독판의 몰락으로 동 제도도 자연히 철폐되면서 아편문제에 대한 철저한 단속은 어렵게 되었다.[26]

상류사회에 아편 흡연이 증가하고 있었던 반면 하류사회를 중심으로는 마약이 성행하였다. 일반 상류 가정 사이에서는 아편의 흡연이 상당히 유행하였으나 하류사회에서는 아편 흡연자가 비교적 적었다. 이는 중독자가 적었다는 것이 아니라 아편을 대신해 마약이 사용되고 있었기 때문에 나타난 현상이었다. 하류사회에서는 고가인 아편의 흡연을 감당하기 어려웠다. 따라서 값이 저렴하면서도 효과가 큰 마약을 선호하였던 것이다. 1924년에 재(在)청도 일본영사관에서 보고한 내용에 의하면 아편의 흡연을 감당하기 어려운 하류사회 사람들은 효과가 쉽게 나타나는 모르핀 주사를 사용하는 경우가 많았다고 하였다.[27] 또한 1928년 재청도 영사관 보고에 의하면 청도지역 마약의 밀수입 품목 가운데 헤로인이 가장 많이 차지하였으며, 코카인과 모르핀이 그 다음을 이었다고 하였다. 이들 마약의 밀수입자는 일본 국적인

26) 「青島領事館管內ニ於ケル阿片及魔藥品」, 外務省通商局, 『支那ニ於ケル阿片及魔藥品』, 東京: 外務省通商局, 1925, 254~256쪽 ; 「青島地方ニ於ケル阿片取締ノ現狀ニ關スル調査報告」, 外務省條約局, 『各國ニ於ケル阿片取締狀況』, 東京: 外務省條約局, 1929, 104~105쪽.

27) 「青島領事館管內ニ於ケル阿片及魔藥品」, 外務省通商局, 앞의 책, 254~256쪽.

이 약 90%를 차지하고 있었다. 수년 동안 거듭된 정치적 혼란으로 인해 재정적으로 피폐된 현지 주민들 가운데 많은 중독자들이 아편을 대신하여 이들 마약류를 많이 사용하고 있었던 것이다. 그 가운데 헤로인을 주성분으로 정제된 약제를 사용하는 경향이 있었다. 이러한 마약류의 사용이 증가하면서 일본은 청도지역에서 마약류의 수입이 더욱 증가할 것으로 전망하고 있었다.[28]

실제로 청도에 거주하는 한인과 일본인 중에는 낭인이나 무뢰한들이 많은 편이었으며 이들은 대개 불법적인 업종에 많이 종사하고 있었다. 1932년 중국의 민간 거독단체인 중화국민거독회(中華國民拒毒會)가 발행한 『거독월간(拒毒月刊)』에 실린 「청도지역 일본 낭인의 생활(青島日本浪人之生活)」을 보면 아래와 같다.

> 청도시 日人 거류 僑民은 모두 약 1만 5천여 명으로 朝鮮僑民은 약 2천여 명이다. 그 가운데 낭인은 약 백분의 15 내지 20을 차지한다. 이들 많은 일본 낭인과 무뢰 韓僑 중에 비교적 본분을 약간 지킨 것은 대체로 妓館을 개설하여 영업하거나 혹은 소규모 전당포를 설립하여 가난한 중국인을 착취한 경우이다. 그 나머지는 武器를 판매하고, 마약을 판매하고, 지폐를 위조하는 것을 그들 생활의 원천으로 삼았다. 따라서 체포된 위조지폐 사건, 마약판매 사건, 무기밀거래 사건 등등에서 일본 낭인과 무뢰 한인들은 직접 간접적으로 이들 사건과의 관계에서 벗어나지 못하였다. …… 솔직히 한마디 말하자면 모모 약방이라는 간판을 건 일본 가게 혹은 모모 상점을 표방한 韓僑 잡화점의 십중 칠팔은 모르핀, 헤로인 등의 마약 판매장소이다. 작년에 공안국이 조사하여 공포한 수가 총 57곳이 넘는다.[29]

28) 「青島地方ニ於ケル阿片取締ノ現狀ニ關スル調査報告」, 外務省條約局, 앞의 책, 104~106쪽.

29) 谷香, 「青島日本浪人之生活」, 『拒毒月刊』 57期, 1932, 39~40쪽.

위의 내용에 따르면 '만주사변' 전후 청도에 거주한 한인은 2천여 명이었으며 일본인은 1만 5천여 명이었다. 이들 가운데 약 15% 내지 20%에 해당되는 사람들이 부정업에 종사하였다는 것이다. 비인도적인 기관(妓館)이나 소규모 전당포를 운영하는 것은 그나마 나은 편에 속한 것이었고, 나머지는 대체로 불법적인 일에 종사하였다. 위폐제조, 무기밀거래와 함께 마약판매에 관련된 것들이 그 불법적인 일들에 해당되었다.

拒毒月刊
第七十四期
OPIUM A NATIONAL ISSUE
NO. 74
鴉片
麻醉品
PUBLISHED BY
THE NATIONAL ANTI-OPIUM ASSOCIATION OF CHINA
中華國民拒毒會

1924년부터 중국의 전국적인 민간거독단체인 중화국민거독회가 발행한 잡지의 표지 (출전: 『拒毒月刊』)

특히 청도지역의 마약 관련 종사자는 일본인보다 한인이 많았다. 이러한 사실은 청도 공안국과 청도시 정부가 공표한 표를 통해서 살펴볼 수 있다. 1932년 1월 『거독월간』에 실린 「청도 일본인이 중국인에게 해독을 끼친 것에 관한 조사(青島日人毒害華人調査)」에서 최근 청도시 공안국이 조사하여 공개한 일본인과 한인의 마약점 일람표(〈표 5-1〉)를 보면 청도 내 한인과 일본인이 운영하는 마약점은 75곳이었다. 그 가운데 한인이 운영하는 곳은 51곳으로 일본인보다 훨씬 많은 약 70%에 가까운 다수를 차지하고 있었다.

그런데 한인의 마약점이 수적으로 많았다는 것은 외형적인 모습이고 위의 표를 좀 더 분석해 보면 한인들이 열악한 환경에 처해 있었음을 찾아볼 수 있다. 즉 한인이 운영하는 마약점은 51곳 가운데 80%가 넘는 42곳이 주택이고 9곳만이 상점이었다는 점이다. 이에 비해 일본인이 운영하는 마약점은 24곳 가운데 절반에 가까운 11곳이 약방, 전당포 등 상점이었다. 한인들의 마약점이 일본인 마약점에 비해 수적으로는 많았을지 모르겠지만 판매장소가 상점이 아닌 주로 주택이었음을 감안해 볼 때 한인 마약 판매자들의 경제 상황이 일본인에 비해 대체로 열악하였음을 엿볼 수 있다.

〈표 5-1〉 청도시 공안국이 조사한 일본인과 한인의 마약점 일람표[30)]

성명	국적	상호 혹은 주택	주소	마약 종류
鄭尙久	조선	주택	山西路25號	헤로인
中家	일본	中家商店	黃島路50號	헤로인
白基三	조선	주택	黃島路15號	헤로인
鳥源淳	일본	주택	黃島路64號	헤로인
金一祥	조선	주택	黃島路8號	헤로인
趙秉鍊	조선	주택	芝罘路88號	헤로인
伊藤英雄	일본	주택	廣州路37號	헤로인, 모르핀
八坂高治	일본	주택	廣州路32號	헤로인, 모르핀
金鷄立	조선	주택	雲南路1234號	모르핀
鄭春景	조선	주택	雲南路125號	모르핀
白珊玉	조선	주택	石村路2號	모르핀
張景致	조선	주택	南村37號	헤로인, 모르핀
林時記	조선	주택	西廣場299號	모르핀

30) 「靑島日人毒害華人調査」, 『拒毒月刊』 55期, 1932, 11~15쪽에 의거하여 작성.

성명	국적	상호 혹은 주택	주소	마약 종류
朴宜達	조선	주택	雲南路67號	헤로인
朴東海	조선	주택	鄒縣路37號	헤로인
李松仁	조선	주택	鄒縣路22號	헤로인
雲蒼文植	조선	주택	壽張路53號	헤로인
崔光明	조선	주택	東平路新26號	헤로인
崔相金	조선	주택	壽張路36號	헤로인
金明坤	조선	주택	寗陽路3號	헤로인
李均商	조선	三合盛	易州路37號	헤로인
吉金士	조선	주택	膠州路118號	헤로인
金亨根	조선	振興園	海泊路17號	헤로인
安井玄治	일본	주택	海泊路13號	헤로인
方振國	조선	주택	芝罘路55號	헤로인
李太元	조선	주택	滄口路50號	헤로인
洪維憲	조선	信昌號	濟寗路60號	헤로인
龜井政秀	일본	주택	茌平路4號	헤로인
張德宗	조선	大陸號	芝罘路33號	헤로인
金泰樹	조선	朝日屋	武城路新6號	헤로인
振昌	조선	振昌	聊城路新6號	헤로인
吉田德三郎	일본	德興昌	招遠路20號	헤로인
大坪一喜	일본	大坪藥房	陽穀路22號	헤로인
吉村英雄	일본	星大藥房	招遠路23號	헤로인
下田惣市	일본	德海吳服店	市場3路42號	헤로인
白尙元	조선	義州洋行	惠民路19號	헤로인
張時納	조선	주택	金鄉路38號	헤로인
徐載璜	조선	鮮時洋行	平陰路17號	헤로인
金亨奎	조선	泰德號	邱縣路22號	헤로인
崔貴鎔	조선	주택	靑城路6號	헤로인
張用範	조선	주택	靑城路11前	헤로인, 모르핀
洪義升	조선	주택	長山路16	헤로인
長谷川振一	일본	주택	長山路40號	헤로인
久保田	일본	주택	鐵山路20號	헤로인

성명	국적	상호 혹은 주택	주소	마약 종류
趙隆周	조선	주택	鐵山路21號	헤로인
金平秀	조선	주택	樂陵路新2號	헤로인, 모르핀
李炳道	조선	주택	樂陵路新3號	헤로인, 모르핀
洪靑生	조선	주택	樂陵路新4號	헤로인, 모르핀
申錫君	조선	주택	樂陵路新5號	헤로인, 모르핀
白成立	조선	주택	樂陵路63號	헤로인, 모르핀
白元國	조선	주택	泰山路47號	헤로인, 모르핀
趙天福	조선	주택	大港1路8號	헤로인, 모르핀
谷村政市	조선	주택	大港1路14號	헤로인, 모르핀
權益三	조선	주택	靑海路寶興里	헤로인, 모르핀
嚴承坤	조선	주택	博興路48號	헤로인, 모르핀
張明元	조선	주택	博興路49號	헤로인, 모르핀
內田敬二	일본	一月堂	和興路55號	헤로인
浦田初太郎	일본	福源酒店	和興路33號	헤로인
井山堅藏	일본	香水堂	威海路50號	헤로인
出不直	일본	車和號	台東6路15號	헤로인
金岱連	조선	주택	福寺路新1號	헤로인, 모르핀
北山榮	일본	주택	台東7路66號	헤로인
佐筒	일본	大昌洋行	威海路128號	헤로인
程譚秋	조선	주택	靑海路新3號	헤로인, 모르핀
菖蒲池晉	일본	淺淸園當舖	道口路15號	헤로인, 아편
姜利順 등 4명	조선	주택	莘縣路77號	헤로인
張永年	조선	주택	李村河北	아편
桂義澤	조선	주택	市場2路85號	아편
秋山傳太郎	일본	주택	미상	헤로인
奧田卯之助	일본	주택	미상	헤로인
三木三元	일본	주택	미상	헤로인
山口德藏	일본	주택	미상	모르핀
木方義雄	일본	주택	미상	헤로인
李正姑	조선	주택	미상	헤로인
李太春	조선	주택	미상	헤로인, 모르핀

〈표 5-2〉 청도에서 일본인이 운송·판매한 마약을 압수한 일람표 (청도시 정부 보고)[31]

연월일	범인성명	국적	압수 마약품 수량	교섭경과
1930.4.24	金守萬	조선	모르핀 14포	일본 영사관에서 이미 엄벌했다고 답신
1930.2.26	昌隆藥房	일본	모르핀 1포, 백환 26알	일본 영사관에서 약방 영업 면허증을 이미 취소했다고 답신
1930.7.1	張昌明	조선	모르핀 반병과 4포, 煙泡*1개	일본 영사관에서 범죄자가 영업하는 약방을 폐쇄했다고 답신
1930.7.1	李德明	조선	헤로인 95포	
1930.6.30	崔光明	조선	헤로인 25포와 6냥	일본 영사관에서 안건을 교부
1930.7.14	尼杭慶	조선	모르핀 · 헤로인 모두 40포	일본 영사관에서 답신 없음
1930.8.21	大陸號	일본	헤로인1포	
1930.10.25	高甲生	조선	헤로인 · 모르핀과 아편 약간	일본 영사관에서 이미 처벌했다고 답신
1930.11.18	韓明倫	조선	헤로인 5개 작은 포	일본 영사관에서 증가가 없어서 처벌하기 힘들다고 답신
1930.11.4	豊川藥房	조선	헤로인 1개 작은 포	일본 영사관에서 답신 없음
1930.11.4	伊藤洋行	일본	헤로인 1개 작은 포	일본 영사관에서 상세한 조사를 했으나 증거가 없다고 답신
1930.11.3	秋山富太郎	일본	헤로인 10포, 정제하지 않은 아편 1포, 아편을 태운 찌꺼기 1포	일본 영사관에서 이미 처벌했다고 답신
1930.8.21	香水堂	일본	헤로인 3포, 모르핀 7포	
1930.8.21	李經臣	조선	헤로인 3포	

31) 중화민국국민정부외교부 편, 박선영 옮김, 『중일문제의 진상: 국제연맹 조사단에 참여한 중국대표가 제출한 29가지 진술(1932년 4월~8월)』, 동북아역사재단, 2009, 624~626쪽.

연월일	범인성명	국적	압수 마약품 수량	교섭경과
1930.8.21	洪義臣	조선	헤로인 1포	이상 3개의 안건은 일본 영사관에 교섭에 대해 응답하지 않았다.
1930.9.13	金平秀	조선	모르핀 · 헤로인 여러 포	일본 영사관에서 이미 처벌했다고 답신
1930.8.24	出木商店	일본	헤로인 소량	일본 영사관에서 교섭에 대해 응답하지 않았음
1930.10.8	大昌號	일본	헤로인 160 작은 포	일본 영사관에서 답신 없음
1930.10.16	棉打植	일본	헤로인 소량 16포	일본 영사관에서 이미 처벌했다고 답신
1930.10.7	崔佐信	조선	헤로인 소량 16포	일본 영사관이 이미 처벌했다고 답신
1930.10.19	李化東	조선	헤로인 소량	일본 영사가 교섭했으나 증거가 충분하지 않아 처벌이 어려워 그 상점을 엄중하게 감시 중이라고 답신
1930.10.22	趙炳國	조선	모르핀과 모르핀 바늘 6개 작은 포	일본 영사관에서 이미 처벌했다고 답신
1930.10.6	奧田卯之助	일본	헤로인 1포 약 15량	일본 영사관에서 이미 처벌했다고 답신
1930.12.24	金天班	조선	모르핀 바늘 1개, 헤로인 75포	일본 영사관에서 이미 본국으로 축출했다고 답신
1931.1.26	金泳達	조선	헤로인 약 120포	일본 영사관에서 이미 처벌했다고 답신
1931.2.10	金一等	조선	헤로인 · 모르핀 · 백환약 37포	일본 영사관에서 이미 처벌했다고 답신
1931.3.30	姜男兒 등	조선	모르핀 77포	일본 영사관에서 이미 처벌했다고 답신
1931.3.24	李文植	조선	모르핀 · 헤로인 13포	범죄자의 마약 판매에 대해 일본 영사관이 교섭에 대해 응답하지 않았음

연월일	범인성명	국적	압수 마약품 수량	교섭경과
1931.3.30	鄭尙久	조선	헤로인 73포	일본 영사관에서 답신 없음
1931.4.23	姜利順	조선	헤로인 216포	범죄자가 마약 판매한 것에 대해 일본 영사관이 교섭에 대해 응답하지 않았음
1931.4.17	菖蒲池晉	일본	아편기구 여러 개	범죄자가 개설한 아편관을 이미 처벌
1931.5.13	朴誼達	조선	白헤로인 21개 작은 포, 黃헤로인 2개 작은 포	범죄자가 마약 판매한 것에 대해 일본 영사관에서 교섭하여 이미 처벌했다고 답신
1931.6.27	洪鎭瑾	조선	헤로인 74개 작은 포	범죄자가 마약 판매한 것에 대해 일본 영사관에서 교섭하여 이미 처벌했다고 답신
1931.7.6	李正海	조선	헤로인 36포	일본 영사관 답신 없음
1931.7.13	韓基福	조선	모르핀 88개 작은 포	범죄자가 마약 판매한 것에 대해 일본 영사관에서 이미 처벌했다고 답신
1931.7.22	張繼賢	조선	헤로인 104개 작은 포, 모르핀 바늘 2개	범죄자가 모르핀 판매한 것에 대해 일본 영사관에 교섭에 대해 응답하지 않았음
1931.7.22	趙在坤 등	조선	헤로인 89포	범죄자의 마약품 판매에 대해 일본 영사관에서 답신 없음
1931.7.24	金亨植	조선	헤로인 1개 작은 포	일본 영사관에서 답신 없음
1931.7.29	崔光明	조선	헤로인 66개 작은 포	일본 영사관에서 답신 없음
1931.7.29	崔尙楫	조선	헤로인 24포	일본 영사관에서 답신 없음
1931.8.2	權益三	조선	모르핀 7포, 모르핀 바늘 1개	일본 영사관에서 답신 없음

연월일	범인성명	국적	압수 마약품 수량	교섭경과
1931.811	金學九	조선	헤로인 11포, 마취약 1포	일본 영사관에서 답신 없음
1931.8.10	朴賀義	조선	헤로인 5포	일본 영사관에서 답신 없음
1931.8.13	金學鎭	조선	헤로인 13포	일본 영사관에서 답신 없음
1931.8.18	洪義臣	조선	헤로인 60포	일본 영사관에서 답신 없음
1931.12.16	佐藤安憙	일본	헤로인 4포	일본 영사관에서 답신 없음
1931.12.27	金忠興	조선	煙泡 5개, 아편기구 여러 개	일본 영사관에서 답신 없음
1932.2.23	石井萬次郎	일본	아편기구 여러 개	石井이 영업하는 아편관은 일본 영사관과 교섭하여 이미 처벌했다고 답신
1932.3.6	首藤實	일본	아편기구 여러 개	일본 영사관에서 답신 없음
1932.3.14	韓庭樹	조선	헤로인 4개 작은 포, 2개 큰 포	일본 영사관에서 답신 없음
1932.3.25	山口康熙	일본	아편을 태운 찌꺼기 소량과 아편기구 여러 개	일본 영사관에서 답신 없음
1932.4.15	平田覺次郎	일본	아편기구 여러 개, 고약 모양의 생아편 약간	일본 영사관에서 답신 없음
1932.4.27	吳家根	조선	고약 모양의 생아편 약간과 헤로인 1포, 정제하지 않은 아편 한 덩어리, 아편기구 여러 개	일본 영사관에서 답신 없음
1932.6.29	宗繼賢	조선	헤로인 2포, 아편기구 여러 개	일본 영사관에서 답신 없음

* 연포(煙泡)는 담뱃대에 넣어 피울 수 있도록 환(丸)으로 된 아편

또한, 1930년 4월부터 1932년 6월까지 청도지역에서 마약을 운송·판매하다가 압수된 사건에 관해 청도시 정부가 보고한 일람표를 보

더라도 일본 국적인 가운데 압도적인 다수가 한인이었음을 알 수 있다. 〈표 5-2〉에 의하면 총 52건의 사건 가운데 한인이 범인인 사건은 38건으로 73%를 차지하였으며, 일본인이 범인인 사건은 14건으로 27%에 머물렀다. 사건 수에서 뿐만 아니라 압수된 마약품 거래량을 보더라도 한인이 운송 또는 판매하다가 압수된 수량이 훨씬 많았다. 모르핀의 경우 한인은 461포, 일본인은 8포, 헤로인의 경우 한인은 654포, 일본인은 19포, 헤로인 작은 포의 경우 한인은 294포, 일본인은 177포 정도로 한인에 의한 마약 거래량이 일본인의 거래량을 압도하고 있었다.

청도지역에서 한인이 이와 같이 중국 관헌의 단속을 두려워하지 않고 마약거래에 많이 종사할 수 있었던 것은 일본 영사재판권의 보호를 받을 수 있었고 동시에 일본영사관의 처벌이 가벼웠기 때문이었다. 〈표 5-2〉에 보이는 교섭 경과를 통해 중국 관헌의 단속결과가 일본영사관에 의해 어떻게 처리되었는가를 살펴볼 수 있다. 내용 가운데 가장 높은 빈도를 보인 것은 '일본영사관에서 답신 없음'으로 총 52건 가운데 29건으로 약 56%에 해당되었다. 이어서 '일본영사관에서 이미 처벌했다고 답신'이 16건으로 전체 사건 건수 가운데 31%를 차지하였다. 그러나 일본 영사의 처벌에도 불구하고 한인의 마약범죄 사건이 줄어들지 않은 것은 일본 영사들의 관대한 처벌과도 관계가 깊다고 할 수 있다. 중국은 1908년에 이미 모르핀에 관한 처벌조례를 반포하였으며 민국시기에 들어와서도 역시 1914년과 1921년에 이어 모르핀 위반에 대한 처벌 수위(유기징역과 벌금 병행)를 계속해서 높여갔다. 그러나 중국 거주 일본 국적인의 경우 중국에서 누릴 수 있는 치외법권으로 인해 중국 관헌의 단속을 피할 수 있었다. 마약 등을 밀매하다가 적발

될 경우 일본영사관에 보내졌는데 일본영사관령(日本領事館令)의 아편 및 기타 마약류에 관한 단속벌칙은 지나치게 가벼웠다. 최고 형량이 고작 구류 30일 또는 벌금, 과료 50원 이하에 처하는 것이었다. 이에 따라 일본인은 물론 한인 역시 이 같은 특권을 이용하여 중국에서 손쉽게 마약을 거래할 수 있었던 것이다.[32)]

이와 같이 청도를 비롯한 화북 거주 한인의 아편·마약 판매행위가 일본에 의해 용인되고 이용되었다는 측면이 있었지만 한인들이 중국의 아편·마약 금지법을 무시하고 중국인에게 심각한 위해를 가한 측면도 간과할 수는 없다. 『거독월간』에 실린 내용과 재중국 한족항일동지회 집행위원회(在中國 韓族抗日同志會 執行委員會)에서 1937년 7월 화북 거주 한인동포에게 고한 글을 살펴보면 그 상황을 일정 정도 이해할 수 있을 것이다.

> 현재 일본인은 동북의 중국인을 毒化하는 정책의 성과가 매우 좋다고 여겨 화북으로까지 추진하였다. 한편으로 한국인을 이용하여 판매하였으므로 만약 체포되더라도 한국인에게 책임을 미루었다. 마치 그들과 관련이 없는 것처럼 하였다.[33)]

> 동포들이여! 중국에서는 販毒 吸毒하는 자에게 死刑을 判處한다. 그리하여 이미 아편 헤로인으로 인하여 사랑하는 부모처자도, 인간행복의 희망도, 그 인연을 끊고 총 끝에 烟灰로 化하여 버린 生靈이 얼마나 되는지를 생각하느냐 우리가 그에게 향하는 일부의 동정으로 죽음에서 삶으로 구제하지 못한다 할지언정 반하여 죽음의 길로 强迫히 인도하는 것은 참으로 인류 도

32) 박강, 『20세기 전반 동북아 한인과 아편』, 92~93쪽.
33) 『拒毒月刊』 87期, 1935, 5쪽.

덕상 절대로 하기 어려운 일이다. 즉 아편 헤로인 等 毒物은 중국인에게 주는 사형장이며 비상과 같은 藥사발이다. 隣國의 法律을 破格시키며 무수한 생명을 無理히 희생시켜 가면서 부도덕한 毒品販賣 밀수입으로 모은 재산이 얼마나 자손만대에 전하여질 것이며 목구멍으로 順便히 먹어 넘어 갈 수 있을 것이냐 남의 피를 빨아먹는 毒血鬼는 그 피 人毒으로 죽을 것이며 불의의 財産을 승계한 자는 그 재산의 殃禍를 반드시 받을 것이다. 이것이 결코 허무한 神論의 말이 아니라 이성적으로 그러한 것이다. 뿐만 아니라 毒品販賣密輸入은 倭 帝國主義者의 침략정책상 관용하는 수단이라 동북사변 당시에 그러하였고 현재 북평 천진에 또 그러하지 않는가 이것이 倭 帝國主義者의 조선인에게 주는 선물로 韓中 감정의 排發 國際道德의 破壞 朝鮮民族의 陷穽이다. 寧死언정 이와 같은 선물이야 받을 수 있을 것이며 반만년 찬란한 역사를 가진 조선민족으로 어찌 不共戴天之讎의 日本帝國主義에게 충실한 犬馬의 役의 할 수 있을 것이냐? 인하여 中日戰爭이 발생된다면 그대들은 數대로 도살되고 말 것이다.[34]

위의 글들을 통해 당시의 상황을 살펴보면, 청도를 비롯한 화북 거주 한인의 아편·마약 밀매는 일본이 자국으로 향하는 중국인의 비난을 모면하기 위해 일본의 영사재판권을 통해 한인들을 이용하였음을 알 수 있다. 일본은 또한 한인의 아편·마약 판매를 통해 항일에 있어 한중간의 협력을 저해하고자 하는 효과도 의도하였음을 이해할 수 있겠다. 이러한 정황에 처해 있었다고 하더라도 중국에서 아편·마약의 판매가 법으로 금지되고 있으며 중국인의 생명을 위해하는 부도덕한 행위임을 알면서도 한인들이 그 행위를 한 것은 삶의 고난 여부를 떠나 비난으로부터 자유롭기 힘들다.

34) 韓族抗日同志會 執行委員會, 「在住華北同胞에게 告함 : 特히 北平 天津에 在留하는 친애한 동포들에게」(1937.7), 국사편찬위원회 편, 『한국독립운동사 자료 3』, 517~518쪽.

실제로 청도시의 마약 단속의 문제점과 한인 관계에 대해 언급한 글이 1935년도에 『거독월간(拒毒月刊)』에 「청도시에서 기한을 정해 마약을 숙청한다(靑市府限期肅淸烈性毒品)」라는 제목으로 실렸다. 그 내용을 보면 아래와 같다.

> 靑島通訊 靑島가 일본 관리시대에 있었을 때 각종 마약이 공개적으로 판매되고 흡식되었으며 관청은 금지시키지 않았다. 따라서 청도시는 일찍이 毒窟이라는 칭호가 있었다. 우리나라에 반환된 이후 비록 역대 당국의 엄격한 제재가 있었지만 이전 환경으로 인해 성과가 미미했다. 청도시의 毒品 판매점은 모두 朝鮮人(간혹 日人도 있다)들이 영사재판권의 보호에 의지해 불법영업을 해왔다. 공안국은 그 위법성을 알면서도 직접 조사하여 체포할 수가 없었다. 반드시 일본 영사관에 알려 일본 영사관이 파견한 일본 경찰과 함께 처리해야만 했다. 일본 영사는 이들 사건에 대해 단지 벌금을 부과하고(단 벌금 5元) 즉시 석방하였다. 이로써 鮮人이 개설한 毒品店은 감소되지 않을뿐더러 오히려 나날이 늘어났다. 청도시 전체의 독품점을 조사한 바에 의하면 4백여 곳을 밑돌지 않았다. 한 곳의 흡식 손님을 20명으로 계산하면 시 전체의 독품 흡식자는 이미 8천여 명에 달하니 놀랍다고 할 수 있다. 또한 이 사건의 흡식객은 대다수 하층계급에 속하는 사람들이었고 한번 맛을 들이면 평생토록 타락하므로 만약 서둘러 구제할 방법을 모색하지 않는다면 장래 사회의 앞날에 적지 않은 영향을 미칠 것이다.[35)]

위의 내용에 의하면 일본이 청도를 점령하여 통치하면서 마약이 확산되기 시작하였으며, 중국에 반환된 이후에도 일본 통치시대의 영향으로 단속의 성과를 거두기 어려웠음을 알 수 있다. 청도시의 마약 판매점은 거의 한인들이 운영하였으며, 공안국이 단속하고자 하여도 일

35) 「靑市府限期肅淸烈性毒品」, 『拒毒月刊』 86期, 1935, 33쪽.

본영사관의 비호로 제대로 단속할 수 없었다. 설령 일본영사관이 처벌한다고 하여도 지나치게 가벼운 처벌을 내림으로써 그 효과가 미미하였음을 알 수 있다. 뿐만 아니라 이들 마약은 대개 하층계급에 속하는 사람들에 의해 소비되었고 짧은 기간에 중독되므로 그 부작용의 심각성이 우려되었다. 즉 한인의 마약판매는 청도 지역사회에 심각한 악영향을 미칠 것으로 예상되고 있었다. 이러한 한인의 상황은 이 지역 당국은 물론 일반 중국인의 한인에 대한 인식에 부정적인 영향을 미치는데 크게 작용하였을 것으로 생각된다.

4. 소결

결국 청도 이주 한인의 마약업 종사는 일본이 이용한 측면도 있었지만, 한인에 의해 마약 판매가 확산되면서 다수의 중국 하층 사람들에게 심각한 고통을 안겨 주게 되었다. 물론 한인의 마약업 종사를 이 시기 한인 사회 전체로 일반화할 수 없으며, 일본의 조선 강점으로 인해 해외로 떠날 수밖에 없었던 이주 한인들의 사회 구조적인 문제도 분명 고려해야 할 것이다. 그렇다고 하더라도 당시 한인 사회에 끼친 부정적인 이미지 또는 영향력은 무시할 수 없을 것이다. 그것은 결국 한인에 대한 중국인의 인식에 부정적인 영향을 제공함은 물론 항일을 위한 한중간의 협력에도 일정한 악영향을 미쳤다고 생각된다. 비록 윤봉길 의거가 한인의 부정적인 이미지를 개선하는 데 일정 정도 긍정적인 영향을 미쳤다고 하지만, 일본의 비호하에 마약밀매에 관여했던 정황으로 한인에 대한 부정적인 이미지의 개선은 쉽지 않았을 것이다. 일본과 연계된 청도지역 이주 한인 사회의 부정적인 측면은 이후 중일전쟁 기간 청도지역의 친일문제를 연구하는 데도 많은 실마리를 제공할 것으로 기대된다.

6장

식민지 시기 재일 한인과 마약문제
: 1930년대 도쿄부(東京府)를 중심으로

1. 들어가며

일본의 조선 강점 이후 1920~1930년대 조선의 모르핀 확산은 심각한 사회문제였다. 1919년 조선에서는 다이쇼(大正)제약주식회사가 모르핀을 독점 생산하고 있었다. 1차 대전이 일본의 예상과는 달리 일찍 종식됨에 따라 수출이 어려워지자 이들이 생산한 모르핀은 조선 내에 판매되기 시작하였다. 여기에 일본에서 과잉 생산된 모르핀마저 조선으로 밀수입되면서 심각한 사회문제를 불러왔다. 김준연(金俊淵)은 1921년 조선 내 마약 중독자 수를 1만 명 이상으로 보았고,[1] 일본의 아편 전문가로 알려진 기쿠치 유지(菊池酉治)는 1927년 중독자 수를 7만여 명 이상으로 추정하였다.[2] 『동아일보』는 1927년 기사에서 조선 내 모르핀 중독자 수를 5만 명 이상에서 10만 명 이내로, 1927년 조선총독부 위생과의 니시가메(西龜) 기사(技師)는 적어도 2, 3만 명 이상

1) 金俊淵, 「朝鮮モルヒネ問題」, 『中央法律新報』 1권 9호, 1921년 6월, 7쪽.
2) 구라하시 마사나오 저, 박강 역, 『아편제국 일본』, 지식산업사, 1999, 183쪽.

으로 보았다.[3] 1930년대에 이르러 조선총독부는 세계 최초로 마약전매를 실시하였는데, 처벌규정을 강화하지 않은 채 시행하면서 별다른 성과를 거두지 못하였다. 1935년에 처벌규정이 강화된 '조선마약취체령'이 공포되면서 조선 내 마약문제는 비로소 그 심각성이 완화되기 시작하였다.[4]

이러한 시점인 1920~1930년대에 경제적인 이유로 일본으로 건너가는 한인들이 해가 갈수록 늘어났다. 1917년에 도일 한인 수는 1만 4천여 명이었는데, 1924년 이후 대폭 증가하여 10만 명대를 꾸준히 유지하였다. 일본 당국이 시행하는 한인에 대한 도일정책이 변화함에 따라 증감이 있었지만 1938년까지 한 해 도일자 수는 10만 명대가 지속되었다.[5]

이 시기 도일하는 한인 가운데는 조선의 남부지역(경상남북도, 전라남북도) 사람들이 다수를 차지하고 있었다.[6] 그것은 지리적 인접성이 가장 큰 이유였다. 그런데 이들 남부지역은 1920~1930년대 마약문제가 심각한 지역이기도 하였다. 1927년의 경우 조선에서 모르핀의 해독이 가장 심한 지역은 전라남북도, 경상북도, 황해도, 경기도 등 5개 도였다.[7] 조선총독부 당국에 의하면 1929년 조선의 마약 중독자 수는 4천 백여 명이었는데, 그 가운데 전라남도의 중독자 수가 가장 많았

3) 「各地에散在한刺身鬼 無慮五萬名以上」, 『동아일보』, 1927년 7월 14일.

4) 박강, 「1930년대 조선총독부 모르핀 대책의 실상」, 『한국민족운동사연구』 100, 2019, 220 · 223 · 240쪽.

5) 김광렬, 『한인의 일본이주사 연구: 1910-1940년대』, 논형, 2010, 119쪽.

6) 도노무라 마사루 저, 신유원 · 김인덕 역, 『재일조선인 사회의 역사학적 연구』, 논형, 2010, 73쪽.

7) 「各地에散在한刺身鬼 無慮五萬名以上」, 『동아일보』, 1927년 7월 14일 ; 「漸增하는阿片中毒者 全朝鮮에二萬數千」, 『동아일보』, 1927년 2월 27일.

고, 이어서 경기도와 전라북도 순으로 나타났다.[8] 1932년의 마약중독 등록자 수는 4천 4백 명이었는데, 그 가운데 전라북도가 가장 많았고, 전라남도가 그 다음을 차지하였다.[9] 이상과 같이 조선총독부가 조사한 1920~1930년대 지역별 마약 중독자 수를 보면 남부지역에 중독자 수가 가장 많았다는 것을 알 수 있다.

이와 함께 이 시기 조선으로부터 일본으로 도항한 한인들의 마약 중독문제 역시 주목받았다. 당시 국내 언론에서는[10] 이 시기 일본 내 다수 한인의 마약 중독자 증가는 마약문제가 심각한 조선 내 한인의 일본 도항과 관련이 깊은 것처럼 보도되었다. 이러한 기사들을 어떻게 평가할 것인가가 본 장의 주요 관심사이다.

지금까지 일본의 조선 강점기 한인의 일본 이주사 연구 및 재일 한인 사회 연구에서[11] 마약문제 연구는 관심 밖에 있었다. 앞서 언급했

8) 「朝鮮刺身鬼 四千百餘名」, 『동아일보』, 1929년 8월 7일.

9) 「痲藥類의中毒者 登錄만 四千四百」, 『동아일보』, 1932년 11월 27일.

10) 「下關에서護送될 모히患者八十名」, 『동아일보』, 1925년 11월 6일 ; 「모히中毒治療 일본에까지가서」, 『동아일보』, 1926년 5월 18일 ; 「痲藥中毒防止 명고옥동포가」, 『동아일보』, 1934년 7월 28일 ; 「中毒者收容코저 尹柱聲氏活動」, 『동아일보』, 1934년 12월 9일 ; 「阿片中毒防止會」, 『동아일보』, 1926년 7월 21일 ; 「宗敎家事業家로組織된 痲藥中毒者救護會」, 『동아일보』, 1934년 1월 13일 ; 「中毒者退治코저 救護會活動」, 『동아일보』, 1934년 8월 9일 ; 「大阪在留同胞中 阿片中毒千餘」, 『동아일보』, 1926년 5월 29일.

11) 김광렬, 『한인의 일본이주사 연구: 1910-1940년대』, 논형, 2010 ; 도노무라 마사루 저, 신유원 · 김인덕 역, 『재일조선인 사회의 역사학적 연구』, 논형, 2010 ; 청암대학교 재일코리안연구소 편, 『재일코리안 디아스포라의 형성: 이주와 정주를 중심으로』, 선인, 2013 ; 김인덕, 「1920년대 후반 재일조선인의 생활실태 연구」, 『한국근현대사연구』 5, 1996 ; 이승희, 「식민지 시기 재일조선인에 대한 일본 치안당국의 인식」, 『한일관계사연구』 44, 2013 ; 김광렬, 「전간기 일본도항 조선인의 특질」, 『일본학보』 46, 2001 ; 김광렬, 「20세기 전반 한인의 일본 이주와 정착: 이주 현지의 사회적 영향을 중심으로」, 『역사학보』 212, 2011 ; 김인덕, 「역사 속 재일조선인 의료와 복지의 한계」, 『한일민족문제연구』 40, 2021.

듯이 1920~1930년대는 조선에서 마약문제가 사회적으로 문제가 된 시기였고,[12] 특히 남부지역은 더욱 심각한 상황이었다. 게다가 국내 언론을 통해 일본 내 한인 마약문제가 국내와 관련이 있는 듯 보도되고 있었다. 이에 본 장에서는 한인의 도일이 활발했던 1930년대 재일 한인의 마약문제에 대해 살펴보고자 한다.

지금까지의 연구에서도 이 문제는 조선의 마약문제와 연관지어 왔다. 구라하시 마사나오(倉橋正直)는 『아편제국 일본』[13]에서 한인 모르핀 중독자가 대거 일본으로 건너오면서 모르핀의 수요 증가가 예상되었으며, 더욱이 한인과 일본인이 섞여 살고 있었기에 일본인 사이에서도 점차 모르핀 중독이 퍼져간 것은 자연스러운 일이었다고 하였다. 즉 재일 한인의 마약중독 원인을 한인 모르핀 중독자의 도일과 관련짓고 있음을 알 수 있다. 이러한 견해는 기본적으로 상황에 따른 개연성에 기초한 것이었다. 따라서 도일 한인 마약 중독문제의 주요 원인이 조선 내 마약 중독문제와 관련이 깊은 것인지, 아니면 일본 내부 상황과 더 관련이 깊은 것인지 구체적으로 그 주요 원인을 살펴볼 필요가 있다. 이를 위해 재일 한인 마약 중독자의 실태와 원인 규명에 주목하고자 한다.

본 장에서는 1920~1930년대 한인의 도일문제를 토대로 1930년대 재일 한인 마약 중독자의 실태와 원인에 대해 도쿄부(東京府)[14]를 중심

12) 박강, 「1910년대 조선총독부 아편정책의 실상」, 『한국민족운동사연구』 84, 2015 ; 박강, 「1920년대 조선의 지방 의료체계와 모르핀 오남용」, 『한국민족운동사연구』 104, 2020 ; 박강, 「1930년대 조선총독부 모르핀 대책의 실상」, 『한국민족운동사연구』 100, 2019.

13) 구라하시 마사나오 저, 박강 역, 『아편제국 일본』, 지식산업사, 1999, 185~187쪽.

14) 도쿄부(東京府)는 도쿄도(東京都)의 전신으로 1868년부터 1943년까지 존재했던

으로 살펴보고자 한다. 도쿄부는 1925년 일본 거주 한인의 직업별, 지역별 인구 조사에서 오사카부, 후쿠오카현에 이어 3위를 차지하였으며, 1930년 조사에서는 오사카부에 이어 2위를 차지할 정도로 한인의 이주가 높은 지역이었다. 또한, 1927년 나고야 거주 한인의 이주 희망지를 조사했을 때 장래 귀국 희망자를 제외한 나머지 사람들의 절반 가까이가 도쿄부로의 이동을 희망하였다.[15] 이와 같이 도쿄부는 한인의 이주가 많았을 뿐만 아니라 이주 희망지로도 부상하고 있었던 지역이었다. 또한, 오사카부에 비해 재일 한인의 마약문제 관련 자료가 집중되어 있었으므로 도쿄부 지역에 주목하게 되었다. 도쿄부의 한인 마약문제를 살펴보기 위해 먼저 1920~1930년대 일본의 한인에 대한 도일정책과 도일 실태, 그리고 마약문제와의 관련성도 살펴보고자 한다. 이어서 도쿄부 내 한인 마약 중독자의 실태와 원인에 대해 규명해보고자 한다. 재일 한인의 마약문제를 통해 일본의 조선 강점기 재일 한인에 대한 일본 당국의 태도와 한인의 생활 실태를 새롭게 이해하는 데도 도움이 될 것이다.

2. 1920~1930년대 한인의 도일과 마약문제

일본의 식민지배 이후 1920~1930년대 조선의 농촌에서는 농민들의 이농현상이 많이 나타났다. 1918년까지 토지조사사업이 실시되고

일본 府県의 하나. 1943년 7월 1일부로 도쿄도로 변경됨.

15) 김광렬, 『한인의 일본이주사 연구: 1910-1940년대』, 206~207 · 226 · 228쪽.

1920년대부터 산미증산계획이 대대적으로 추진되면서 농촌사회의 계층 분해가 가속화되었다. 1930년대 전반에 이르러서는 자기 소유 토지가 없는 소작농이 전체 농가의 절반을 넘었다. 대다수의 농민들은 만성적인 적자에서 벗어나지 못하는 상황이었으므로 이를 타개하기 위해 농촌을 떠나 새로운 살길을 모색할 수밖에 없었다.[16)]

농촌의 이농자들 가운데 특히 일본과 지리적으로 가까운 남부지역의 이농자들은 일본으로 건너가 저임금 노동에 종사하는 경우가 많았다. 〈표 6-1〉에 나타난 바와 같이 일본에서 받는 한인 노동자의 임금이 조선보다 약 1.5~1.8배 높았기 때문에 일본으로 건너가는 것을 선호하였다. 일본의 자본가 중에서도 일본인 노동자에 비해 임금이 저렴한 한인 노동자들을 선호하는 사람들이 존재하였다.[17)] 그 외에도 조선 내부의 몇 가지 요인을 지적할 수 있다. 조선 내 노동시장에서 저임금을 무기로 한 중국인 노동자의 진출이 한인 노동자의 고용에 위협이 되었다는 것이다.[18)] 또한, 한인들 사이에 일본 내지 문화에 대한 동경과 일본으로 건너가 경제적으로 성공을 거두고자 하는 희망 역시 도일의 요인으로 작용하고 있었다.[19)]

16) 김광렬, 앞의 책, 19 · 47쪽 ; 도노무라 마사루 저, 신유원 · 김인덕 역, 앞의 책, 34쪽 ; 朴在一, 『在日朝鮮人に關する綜合調査研究』, 東京: 新紀元社, 高麗書林影印本, 1992, 2~7쪽 ; 박경식, 『일본제국주의의 조선지배』, 청아출판사, 1986, 256~262쪽 ; 현규환, 『한국유이민사(하)』, 삼화인쇄출판부, 1976, 423~424쪽.

17) 朴在一, 『在日朝鮮人に關する綜合調査研究』, 9~11쪽 ; 「在神半島民族の現狀」(神戸市役所社會課 1927年9月), 朴慶植 編, 『在日朝鮮人關係資料集成(第1卷)』, 東京: 三一書房, 1975, 595쪽 ; 김광렬, 앞의 책, 25~26쪽 ; 도노무라 마사루 저, 신유원 · 김인덕 역, 앞의 책, 34쪽 ; 박경식, 『일본제국주의의 조선지배』, 267~268쪽.

18) 김광렬, 앞의 책, 37~46쪽 ; 「中國勞働者 入國問題」, 『동아일보』, 1929년 1월 10일.

19) 도노무라 마사루 저, 신유원 · 김인덕 역, 앞의 책, 38~39쪽.

〈표 6-1〉 1921년 조선과 일본에서의 한인 노동자 임금 차이[20]

직 종	일본(圓)	조선(圓)	직 종	일본(圓)	조선(圓)
農作夫	1.64	0.92	染物職	1.90	1.25
洗濯職	1.80	1.20	煙草製造職	1.61	0.93
手人足	1.70	0.90	土工	2.30	1.30
荷役夫	2.50	1.60	坑夫	2.20	1.30
職工	1.80	1.10	雜役	1.20	0.70

이러한 배경하에서 1920~30년대에 많은 한인들이 일본으로 건너가고자 하였는데, 한인의 도일에 대해 일본 당국은 어떻게 대처하였을까? 도일 한인에 대한 일본 당국의 주된 대처 방안, 즉 도일 한인에 대한 일본 당국의 정책적 목적은 일본 내지 노동력 수급의 안정과 치안 유지에 있었다.[21] 1920~1930년대 한인의 도일 상황과 도일 한인에 대한 일본 당국의 정책은 일본 내지의 경제 상황과 실업 상황 및 치안 상황과 연계되어 결정되었다. 먼저 1920~30년대 도일 한인의 상황을 1920년대와 1930년대로 구분하여 살펴보자.

1920년대의 경우 조선에서 도일하는 한인이 급격히 증가하였다. 이에 일본 당국은 한인 노동력의 수급을 조절하고자 고심하였다. 1916년까지는 몇천 명에 불과했던 재일 한인 수가[23] 〈표 6-2〉의 재일 한인의 도일 인구 증감에 보이는 바와 같이 1917년 14,000명대를 시작으로 도일 인구가 증가하였음을 볼 수 있다. 1차 대전 시기인 1919년까지는

20) 현규환, 앞의 책(하), 427쪽.

21) 도노무라 마사루 저, 신유원 · 김인덕 역, 『재일조선인 사회의 역사학적 연구』, 39쪽.

22) 「社會運動の狀況」(內務省警保局, 1939年), 朴慶植 編, 『在日朝鮮人關係資料集成(第4卷)』, 東京: 三一書房, 1976, 202~204쪽 ; 현규환, 앞의 책(하), 461~462쪽.

23) 현규환, 『한국유이민사(하)』, 461쪽.

〈표 6-2〉 재일 한인의 인구 추이(1917-1938년)[22)]

연 도	도항인구	거주인구	연 도	도항인구	거주인구
1917	14,012	14,502	1928	166,286	238,102
1918	17,910	22,411	1929	153,570	275,206
1919	20,968	26,605	1930	127,776	298,091
1920	27,497	30,189	1931	140,179	311,247
1921	38,118	38,651	1932	149,597	390,543
1922	70,462	59,722	1933	198,637	456,217
1923	97,395	80,415	1934	175,301	537,695
1924	122,215	118,162	1935	121,141	625,678
1925	131,273	129,870	1936	115,866	690,501
1926	91,082	143,798	1937	118,912	735,689
1927	138,016	165,280	1938	161,222	799,878

1920년대 오사카 항에 상륙하는 한인들
(출전: 『역사교과서 재일 한국인의 역사』)

일본 경제가 호황을 맞이하는 시기였으므로 도일 한인 인구 역시 증가하였음을 알 수 있다. 1919년 4월부터 일본 당국은 '여행증명서제도'를 만들어 도일하는 한인을 관리 조절하고자 하였다.[24] 이 제도를 도입한 주된 목적은 1919년 3·1운동으로 조선의 치안이 악화하였던 상황에 대처하기 위한 것이었다. 그러나 조선 농촌에서 이탈한 노동력의 일본 이주 추세를 막지 못하였다. 게다가 3·1운동 이후 일본이 내세운 '문화정치'의 흐름 속에서 이주 제한에 대한 한인들의 비판이 크게 제기되었고 1922년 12월에 '여행증명서제도'는 폐지되었다.[25]

'여행증명서제도'가 폐지된 이후 〈표 6-2〉에 보이는 바와 같이 1922경부터 3년간 도일 한인이 급격히 증가하였다. 이에 일본 내에서 한인의 도일을 경계하는 움직임도 일어났다. 이 시기 도일 한인이 급증한 배경으로는 앞서 언급했던 조선 농촌의 내부 요인이 심화하였던 점과 관련이 깊었다. 이 당시는 일본에서도 실업문제가 심화되고 있던 상황이었으므로 일본인 노동자들 사이에서 배외주의 풍조가 발생하고 있었다. 여기에 1923년 9월 관동대지진(關東大地震)이 발생하였고, 그 직후 일본 당국은 한인 노동자의 도일을 제한하였다. 그것은 대지진 직후 간토(關東) 지방의 자경단 및 군대와 경찰에 의해 자행된 한인 학살 사건이 한민족 전체에 반일 감정으로 비화할 것을 우려한 조치였다. 그럼에도 불구하고 조선 농촌의 인구 유출 요인이 여전히 심각하였으므로 한인의 이주는 계속 증가추세였다. 한인의 주요 이주 지

24) 「朝鮮人ノ旅行取締ニ關スル件」(朝鮮總督府警務總監令第3號 1919年4月), 朴慶植 編, 『在日朝鮮人關係資料集成(第1卷)』, 36쪽.

25) 「在京朝鮮人勞働者の現狀」(1936年), 朴慶植 編, 『在日朝鮮人關係資料集成(第3卷)』, 東京: 三一書房, 1976, 994쪽; 현규환, 『한국유이민사(하)』, 439쪽 ; 김광렬, 『한인의 일본이주사 연구: 1910-1940년대』, 80~81쪽.

관동대지진이 일어난 도쿄 니혼바시 부근의 모습
(출전: 『역사교과서 재일 한국인의 역사』)

"우물에 독을 풀어 넣었으니 주의해라", "조선인을 경계하라"는 등의 전단지가 각 파출소에 나붙었고 벽보로도 게시되었다(출전: 『학살의 기억, 관동대지진』)

역인 연해주와 만주에서도 이 시기 한인의 이주를 거부하고 제한하려는 움직임이 있었다. 이러한 상황에서 일본 내무성은 한인의 도일을 저지할 방도를 고심하게 되었다.[26)]

이로써 1925년 이후 무분별한 한인의 도일을 저지하기 위해 일본의 행정당국은 여러 가지 대책을 강구하였다. 우선 도일자 선별제도를 확립하여 관리하고자 하였다. 이를 위해 1925년 10월부터 부산 수상경찰서가 도일을 희망하는 한인에 대한 조사를 개시해 다음 사항에 해당하는 자는 도항을 금지시켰다. '① 무허가 노동자 모집에 응하여 도항하는 자 ② 내지에서의 취직이 불확실한 자 ③ 일본어를 모르는 자 ④ 필요한 여비 이외의 소지금이 10원 이하인 자 ⑤ 모르핀 중독자에 해당하는 경우 도일이 저지되었다.[27)] 이에 따라 〈표 6-2〉에 보이듯이 1926년 한인의 도일 인구는 급속히 감소하였다. 여기에서 주목되는 점은 도일이 저지되는 사항에 모르핀 중독자가 포함되었다는 사실이다. 이것은 그만큼 1920년대 조선의 모르핀 중독문제가 심각하였다는 것을 반영한다. 또한, 한인 모르핀 중독자의 도일로 일본에 모르핀이 확산될 것을 경계하였음도 알 수 있다.

1928년 7월부터는 이른바 '도항증명서'를 각 지역의 경찰이 발급하였다. 따라서 그것을 소지하지 않은 자는 항구에서 출발을 저지당하는 체제가 만들어졌다. 증명서 지급의 구체적인 조건을 살펴보면 아래와 같다. ① 일본에 일자리가 확실하다고 인정되는 자, ② 선박료 기

26) 도노무라 마사루 저, 신유원 · 김인덕 역, 앞의 책, 47쪽 ; 김광렬, 앞의 책, 84~85쪽 ; 현규환, 앞의 책(하), 440쪽.

27) 도노무라 마사루 저, 신유원 · 김인덕 역, 『재일조선인 사회의 역사학적 연구』, 48쪽 ; 内務省警保局, 「社會運動の狀況」(内務省警保局 1930年), 朴慶植 編, 『在日朝鮮人關係資料集成(第2卷)』, 東京: 三一書房, 1975, 189쪽.

타 여비로서 필요한 금액을 제외하고 10원 이상의 준비금을 휴대한 자, ③ 모르핀 주사 상습자가 아닌 자, ④ 브로커의 모집을 통하지 않은 자라는 네 가지 사항이 있었다.[28] 이들 조건을 갖춘 사람만 지역 경찰이 소개장을 발급해 주도록 하였다. 이때의 도항증명서 발급 요건에서도 역시 모르핀 중독자의 일본 도항을 금지하였다. 이러한 상황을 통해 볼 때 일본은 조선의 모르핀 중독이 심각하다고 보고 도일 한인을 통한 일본 내 모르핀의 확산을 경계했음을 재차 확인할 수 있다.

나아가 일본 내무성은 1929년 5월 7일부로 각 청부현 앞으로 「조선인 노동자 모집에 관한 건」이라는 통달을 보내, 기업이 일본 내지에서 모집 인원을 채울 수 없는 경우만 한인의 모집을 허가하도록 지도하라고 하였다.[29] 1920년 후반 일본 당국은 일본 내지에서 필요한 인력만큼만 한인 노동력을 도일시키려는 정책을 시행하고자 하였으나 그다지 성공적이지 못했다. 억제력은 일시적이었고 실상은 그 이상의 한인들이 일본으로 유입되었다.

1920년대 후반 일본 당국에 의해 취해진 일련의 한인 도항 제한 대책에도 불구하고 한인의 도일이 지속해서 증가하였다. 1930년대 들어와서 일본 당국은 더욱 구체적인 억제책을 내놓았다. 그것은 1920년대 말부터 일본 내에서 한인 노동자의 유입에 반대하는 요구들이 눈에 띄게 높아졌기 때문이었다. 이와 함께 1931년에 발발한 '만주사변'과

28) 「朝鮮人勞働者內地渡航保護取締狀況」(「高等警察報」 第3號所收, 1933年), 朴慶植 編, 앞의 책(第2卷), 894쪽 ; 「渡航者取締 更一層嚴重」, 『동아일보』, 1928년 8월 11일 ; 현규환, 『한국유이민사(하)』, 440쪽.

29) 「朝鮮人勞働者內地渡航保護取締狀況」(「高等警察報」 第3號所收, 1933年), 朴慶植 編, 앞의 책(第2卷), 894쪽 ; 김광렬, 앞의 책, 86~89쪽 ; 현규환, 앞의 책(하), 440쪽.

1932년 '만주국'의 건국도 한인의 도일 억제에 영향을 미쳤다.[30)]

'만주사변'이 발생하고 '만주국'이 성립되자 일본은 도일 한인에 대한 억제책의 일환으로 도일 한인의 이주지를 전환하는 방식을 세웠다. 이에 내지로 도항하려는 한인을 만주로 이주시키는 기본 방침을 확립하였다. 1934년 10월 30일에 「조선인 이주대책의 건」이 일본 각의에서 결정되었다. 그 내용을 보면 "(1) 조선 내에서 조선인을 안주시킬 조치를 강구할 것 … (2) 조선인을 만주 및 조선 북부에 이주시키는 조치를 강구할 것 ① 농업 이민의 보호 조성에 대해 적당한 시설을 강구하고, 특히 인구가 조밀한 조선 남부지방의 농민을 만주 및 조선 북부에 이주시킬 것, 만주 이민에 대해서는 만주국과의 관계 및 일본 이민과의 관계를 고려하고 관계 여러 기관과 연락하여 실시할 것 ② 만주 특히 그 동부지방 및 조선 북부에 있어서의 각종 토목공사에 종사하는 노동자에 대해서는 가능한 한 조선 남부지방 농민 중에서 이를 공급할 것… (3) 조선인의 일본 도항을 한층 감소시킬 것… (4) 일본에서 조선인의 지도 향상 및 그 융화를 꾀할 것"이라고 하였다.[31)] 이들 내용을 통해 볼 때 일본의 실업 상황 및 취업이 어려운 상황에서 도일 한인의 증가 및 유입은 부담스러운 것이었다. 이에 조선 남부지역에서 도일하려는 한인들을 조선 내에 안주시키거나 만주로 이주시키는 방식으로 한인의 도일문제를 해결하고자 하였다.

동시에 종래와 같이 현지 경찰의 '도항증명서' 발급과 부산 등 출항

30) 도노무라 마사루 저, 신유원 · 김인덕 역, 앞의 책, 48~52쪽.

31) 「朝鮮人移住對策ノ件」(1934年10月30日閣議決定), 朴慶植 편, 앞의 책(제3권), 12쪽 ; 현규환, 앞의 책(하), 442~443쪽 ; 김광렬, 「아시아태평양전쟁기 일본제국의 도일 한인에 대한 정책」, 청암대학교 재일코리아연구소 편, 『재일코리안 디아스포라의 형성: 이주와 정주를 중심으로』, 선인, 2013, 127~128쪽.

전 조사를 지속해 도일을 억제해 나갔다. 이로써 만주로 향하는 한인 이주민은 1934년 이후 계속 증가하였으며, 도일 한인이 가장 많았던 경상도, 전라도에서도 만주로 이동하는 수가 늘어났다.[32)]

그러나 도일 한인의 수가 반전된 것은 아니었다. 도일 한인에 대한 일본 당국의 정책 시행에도 불구하고 1930년대에 이르러서도 계속 많은 인구가 일본으로 건너갔다. 지리적으로 일본과 가까운 남부지역 사람들이 여전히 큰 비중을 차지하고 있었다. 〈표 6-2〉의 연도별 재일 한인의 거주 인구 추이를 보면 1920년에 3만여 명이던 인구가 1925년에는 4.3배 증가하였으며, 1930년에는 1925년에 비해 2.3배 정도 증가하였다. 1935년에는 1930년에 비해 2.1배 정도 늘어난 625,678명이었다.

또한 〈표 6-3〉의 1940년도 주요 도부현별 한인 출신 도별 인구 비율을 통해서도 일본으로 도항하는 한인 가운데 지리적으로 일본과 가까운 조선 남부 출신이 많았으며, 그중에서도 경상남북도와 전라남북도가 가장 많았음을 알 수 있다. 전국적으로 경상남도 출신 한인이 37.10%로 가장 많았다. 그다음이 경상북도 24.60%, 전라남도 19.20%, 전라북도 6.50% 순이었다. 도부현별로 보면 오사카부의 경우만 전라남도, 경상남도, 경상북도, 전라북도 순으로 출신지역 비율이 나타났을 뿐 도쿄부 등 대다수 지역의 경우는 경상남도, 경상북도, 전라남도, 전라북도 순이었다.

이와 같이 1920~1930년대 한인의 도일에 대한 일본의 여러 조치에

32) 도노무라 마사루 저, 신유원 · 김인덕 역, 앞의 책, 53~54쪽.

33) 도노무라 마사루 저, 신유원 · 김인덕 역, 『재일조선인 사회의 역사학적 연구』, 73쪽.

〈표 6-3〉 주요 도부현별(都府縣別) 한인 출신 도별(道別) 인구 비율[33]

출신지	전 국	홋카이도	도쿄부	가나가와현	교토부	오사카부	효고현	아이치현	후쿠오카현
경기도	1.60	1.80	4.20	2.10	1.10	1.80	1.00	0.80	1.40
충청북도	2.90	5.00	3.20	2.20	2.60	2.90	2.00	2.40	3.30
충청남도	3.90	10.00	3.80	3.50	4.50	3.80	1.50	4.80	4.60
전라북도	6.50	8.40	7.30	2.00	5.20	8.70	7.30	3.40	7.80
전라남도	19.20	13.70	16.60	7.90	13.70	36.50	16.80	11.90	12.90
경상북도	24.60	28.60	21.30	34.00	26.30	14.70	24.10	28.80	28.50
경상남도	37.10	27.30	26.10	44.80	41.00	27.60	44.40	47.10	39.50
황해도	0.60	0.50	2.30	0.40	0.30	0.80	0.40	0.20	0.40
평안남도	0.60	0.80	2.70	0.40	0.50	0.60	0.20	0.10	0.20
평안북도	1.00	1.30	3.70	1.60	0.80	0.80	1.40	0.20	0.50
강원도	1.00	1.30	2.00	0.70	3.30	0.90	0.40	0.30	0.60
함경북도	0.40	0.40	2.30	0.30	0.30	0.30	0.30	0.10	0.10
함경남도	0.70	1.00	4.50	0.20	0.40	0.50	0.30	0.10	0.20

* 內務省警保局, 『社會運動の狀況』, 1940년 판.

도 불구하고 많은 한인들이 일본으로 건너갔다. 이들 한인 중에는 조선에서 모르핀 문제가 심각한 남부지역 출신들이 가장 많았다. 이와 관련하여 1920~1930년대 『동아일보』 기사를 보면 아래와 같다.

> Ⓐ 大阪在留同胞中 阿片中毒千餘 경긔도에서 창제한약을주문
>
> 경긔도(京畿道)경찰부위생과조사에의하면 일본대판부하(大阪府下)에사는조선사람은 만여명에달하는그들은 대부분이 전라남북도(全羅南北道)경상남북도(慶尙南北道)의출생이만흔관게로"모루히네(모르핀*필자주)"중독자들도만하서현재천오백여명이나되는모양임으로 …[34]

34) 「大阪在留同胞中 阿片中毒千餘」, 『동아일보』, 1926년 5월 29일.

Ⓑ 苦學生이三千名 失職勞働者가萬五千

大阪在住者엔教育機關貧弱 東京大阪在住朝鮮人

동경방면에 출장중이든 지전(池田)경무국장은 三일 오후三시二十분에 귀임하엿는바 금번출장중에 동경,대판양지방의 조선사람상황을 시찰하고 그 상황을다음과같이 말하엿다.

현해탄을 건너가서 사는 조선사람의 총수는 四十五만인에 달하는데 그중에서 동경에 거주하는 사람이 四만三천인이오 大阪에 거주하는 사람이 十七만인에 달한다.

그런데 동경안에 거주하는 四만三천인중에 실직(失職)한 노동자가 一만五천인이라는 다수에 달하고 학생의 총수가 五천인인데 그중에는 苦學하는 학생이 三천인에나달한다.

그리고 항상 문제를 일으키고잇는 것은 "모히(모르핀*필자주)중독"환자인데 동경에만 잇는 조선사람의 중독자가 三천인이나 된다고한다. 동경방면은 조선과같이 엄혹한 취체를하지못하는 관계로 밀매하는 것이 성행하고 잇어 그취체가곤란한 형편이나...[35]

위의 기사들을 볼 때 1925년 이후 한인 모르핀 중독자의 도일을 금지하였음에도 불구하고 오사카(大阪), 도쿄(東京)에 모르핀 중독 관련 한인들이 적지 않았다는 것을 알 수 있다. 또한, 기사 Ⓐ에서는 경기도 경찰부 위생과에서 조사한 의견에 의하면 도일 한인 중에 오사카부에 사는 한인은 모르핀 중독문제가 심각한 전라남북도와 경상남북도 출신이 많은 관계로 모르핀 중독자가 1천 5백여 명이나 된다고 보았다. 1926년 오사카의 한인 중에 모르핀 중독자가 15%를 차지하고 있었다. 1930년대에 들어와서는 도쿄 지역만 하더라도 한인 거주인구 4만 3천 명 가운데 7%에 해당하는 3천 명이 모르핀 중독자였다. 여기서 도쿄,

35) 「苦學生이三千名 失職勞働者가萬五千」, 『동아일보』, 1935년 2월 5일.

오사카의 모르핀 중독문제를 언급하면서 그 원인을 도일 한인과의 관련, 또는 모르핀 문제가 심각한 조선 남부 출신 한인과의 관련성을 배제하지 않았다.

Ⓐ, Ⓑ 두 기사는 재일 한인의 실태를 현상적으로 판단했다는 공통점을 가지고 있다. 여기에서 두 기사가 실린 시점이 크게 차이가 난다는 점을 간과해서는 안 된다. 1926년 기사인 Ⓐ의 경우 현상적 인식이 현실과 크게 다르지 않았다는 것을 인정할 수 있다. 즉 1925년 한인 도일자 선별제도가 시행되면서 1926년 도항 인구가 크게 감소된 점에서 이전 한인 중독자들이 도일했다는 상황을 부정할 수 없다.

반면 Ⓑ는 1935년의 기사이고 당시는 재일 한인의 인구가 60만 명대에 달하는 상황이었다. 1925년 도일자 선별제도가 시행되고 1928년부터는 도항을 위해서는 도항증명서를 발급받아야 했다. 이러한 상황에서 벌어지는 재일 한인의 중독문제를 1920년대 전반기 재일 한인 인구가 최저 3만에서 최고 12만 명 정도이고 일본의 도일자 선별제도가 시행되고 있지 않은 상황과 동일한 시각으로 바라보았다는 것은 합리적이지 않다. 1920년대 후반의 재일 한인문제는 보여지는 현상과 현실 사이의 괴리가 크다는 점을 간과해서는 안된다. 따라서 이 시기에 이르러서의 재일 한인의 문제는 그들이 처해 있는 일본 내부의 상황에서 그 원인을 분석할 필요가 있다.

그럼에도 불구하고 위의 Ⓑ 기사와 같이 구라하시 마사나오의 분석도 여전히 현상적 시각을 벗어나지 못하였다. 구라하시 마사나오는 그의 책 『아편제국 일본』에서 일본 내 한인 모르핀 중독자의 증가는 조선으로부터의 이주가 주요 원인이며, 이것이 일본 내지 모르핀 중독자의 확산에도 영향을 미쳤다고 보고 있다. 이와 관련하여 관련 내용을 살펴보면 다음과 같다.

> 앞서 언급한 바와 같이 고국인 조선에서 그들 가운데 상당수가 이미 모르핀에 중독되어 있었다. 조선인은 그야말로 10만 명 단위로[36] 일본으로 이주해 왔다. 사람 수가 너무 많았기 때문에 일본 측이 모르핀 중독자를 점검하여 이주를 금지하려고 해도 그것은 사실상 불가능하였다. …이로써 일본에 온 조선인 가운데는 상당한 비율의 모르핀 중독자가 섞여 있었다.…그리고 이주해 온 조선인의 증가에 비례하여 일본 국내에서도 모르핀 중독자와 그 예비군을 이루는 조선인이 증가해 갔다. 더욱이 조선인과 일본인은 섞여 살고 있었기 때문에 일본인 사이에서도 점차 모르핀 중독이 퍼져간 것은 자연스러운 일이었다.[37]

위와 같이 구라하시 마사나오는 일본 내지 한인 모르핀 중독의 주요 원인은 모르핀 문제가 사회적으로 심각한 조선으로부터의 이주와 관련이 깊으며, 그것이 일본 내 모르핀 확산에도 자연스럽게 영향을 미쳤을 것으로 보았다. 앞서 언급한 바와 같이 이러한 시각은 현상적 개연성에 근거한 안일한 분석이라고 할 수 있다.

재일 한인의 문제를 정확하게 인식하기 위해서는 그들이 일본에서 어떠한 상황에 있었는가를 살펴보는 것이 선결되어야 할 것이다. 그렇다면 1920~1930년대에 힘들게 도항한 이들 이주 한인들은 일본에서 주로 어떤 일에 종사했을까? 1920년과 1930년 일본 내각통계국(內閣統

[36] 구라하시 마사나오(倉橋正直)가 쓴 일본어판 『日本の阿片戰略』(共榮書房, 1996)의 본문 197쪽과 한국어 번역판 『아편제국 일본』의 본문 185쪽에 모두 100만 명으로 표기되어 있으나 10만 명의 誤記이다. 1924~1938년까지 매년 한인 도항인구는 10만 명 단위였다. 〈표 6-2〉 재일 한인의 인구 추이(1917~1938년) 참조.

[37] 구라하시 마사나오 저, 박강 역, 『아편제국 일본』, 185~186쪽.

計局)의 『국세조사보고(國勢調査報告)』에 나타난 재일 한인 직업별 인구수 및 비율에 의하면 가장 많은 사람들이 단순노동에 종사하였음을 알 수 있다. 단순노동의 경우 대체로 저임금에 장시간 노동이 수반되었다. 여기에 위험성까지 더해지면서 일본인 노동자들도 기피하는 분야였다. 1920년의 경우 광업, 공업일반, 토건업, 운수업 등에 종사하는 한인의 비율이 82.8%이었다. 1930년에는 광업, 공업일반, 운수업의 비율이 67.6%로 감소하였다. 반면 상업 종사 비율은 1920년의 경우 3.4%였던 것에 반해 1930년의 경우 6.9%로 거의 배 이상 증가하였다. 상업 일반이 1920년의 1,215명에서 17,892명으로 증가하였으나 업주는 3,323명에 지나지 않았다. 대다수는 노점상, 행상 등 영세 상인에 해당되었다.[38] 이와 같이 1920년과 1930년에 재일 한인의 대다수는 일본에서 저임금을 받으며 가장 힘든 노동에 종사하고 있었다.

〈표 6-4〉에 보이는 바와 같이 전체 재일 한인과 마찬가지로 도쿄 거주 한인 역시 계속 증가하고 있었다. 직업적으로는 노동에 종사하는 인구 비율이 상대적으로 차츰 하락하였다. 반면 상업에 종사하는 인구수와 비율이 급속히 상승하고 있었다. 그러나 상업 종사 분야를 세밀히 들여다보면 보통상인은 12%에 지나지 않고 나머지 대부분은 영세 상인으로 노점 및 행상에 종사하였다. 또한, 무직자의 인구수와 비

38) 朴在一, 앞의 책, 54~56쪽 ; 재일 한인 인구는 전국 경찰이 조사한 호구조사, 즉 내무성 경보국의 조사와 국세조사가 있다. 호구조사보다는 국세조사가 더 정밀도가 높다고 생각되지만 이 조사는 매년 실시하는 조사가 아니다. 경보국 조사와 국세조사는 상당한 격차가 있는 부분도 있지만 대략의 추이는 비슷하다(도노무라 마사루 저, 신유원·김인덕 역, 『재일조선인 사회의 역사학적 연구』, 60쪽).

39) 「在京朝鮮人勞働者の現狀」(1936年), 朴慶植 編, 앞의 책(第3卷), 1004~1006쪽에 의거하여 표 작성.

<표 6-4> 도쿄 거주 한인 연도별 직업 조사표[39]

	1927년 12월말	1930년 6월말	1934년 3월말
有識的 職業	62(0.4)	104(0.3)	158(0.4)
官公吏	13	10	20
군인	3	3	1
諸학교 교사	-	-	3
의사, 약제사, 변호사	6	8	8
기자	7	3	6
승려, 목사	3	6	40
사무원	30	74	80
학생	2,483(15.4)	2,802(9.3)	2,747(7.0)
소학아동	-	479(1.6)	1,579(4.0)
상업	39(0.2)	173(0.6)	2,746(6.9)
보통상인			326
노점 및 행상인			2,420
농업	-	-	25(0.1)
노동	11,264(70.0)	20,798(68.7)	20,870(52.8)
雇人	84	229	492
수상취로자	-	-	36
직공잡공	2,021	3,021	13,876
광갱부	-	-	-
일용인부	8,907	17,094	3,646
교통운수	-	-	1,338
기타노동자	252	454	1,483
접객업자,예창기	26(0.2)	-	234(0.6)
무직	2,152(13.4)	5,778(19.1)	10,947(27.7)
在監者	58(0.4)	125(0.4)	216(0.5)
계	16,084(100.0)	30,260(100.0)	39,522(100.0)

율이 급속히 상승하고 있는 것도 우려스러운 상황이었다.

원래 도쿄는 한인 노동자가 선호하는 이주지역이 아니었다. 지리적으로 오사카, 고베(神戶) 등의 대도시에 비해 조선에서 먼 지역이었고 상공업의 발달이나 노동력의 수요라는 점에서도 매력이 떨어진다는 점이 그 주된 이유였다. 초기에 한인 노동자들은 거리와 시간, 여비 등을 고려하여 조선에서 가까운 규슈(九州) 혹은 간사이(關西)의 여러 도시를 선호하였다. 도쿄에 머물던 한인 노동자들은 엄밀한 의미에서 말하면 도호쿠(東北), 홋카이도(北海道) 등의 노동시장으로 갔던 노동자들이 겨울철의 혹한을 피할 목적이나 광산, 개간 노동의 휴한 등으로 비교적 따뜻한 도쿄로 모여들었던 사람들이었다. 한편으로는 노동이 한가한 틈을 이용하여 어느 정도 교육받은 젊은 노동자들이 근대적 문화의 교양을 접하려고 도쿄로 이동하기도 하였다.[40] 이러한 흐름과 함께 1920년대 후반부터는 일용인부, 직공 등의 일자리가 늘고 유학생이 증가하여 한인 거주자 수가 늘어났다. 1930년에 이르면 오사카에 이어 두 번째로 한인이 많은 지역이 되었다.[41]

대지진 이후 시바우라 쯔끼미 쵸의 한인 마을에 지어진 조선식 가건물들
(출전: 『역사교과서 재일 한국인의 역사』)

40) 「在京朝鮮人勞働者の現狀」(1936年), 朴慶植 編, 앞의 책(第3卷), 1002~1003쪽 ; 「在京朝鮮人勞働者の現狀」(1929年), 朴慶植 編, 앞의 책(第2卷), 950쪽.
41) 김광렬, 『한인의 일본이주사 연구: 1910-1940년대』, 229쪽.

해방 전 도쿄 테시마(豊島)구에 있는 재일 한인 집단 거주지
(출전: 『역사교과서 재일 한국인의 역사』)

1930년대 도쿄지역의 한인 노동자들도 여타 일본의 한인 노동자와 마찬가지로 고된 노동에 종사하고 있었다. 이와 관련하여 1934년 『동아일보』 기사와 1936년 도쿄부 사회과(社會課)에서 조사한 「재경 조선인 노동자의 현상」을 살펴보면 아래와 같다.

◎ 東京大阪等地에散在한 四十萬同胞의慘狀
總督府에서도救濟策講究 失業地獄에서彷徨中
일본내지각처에 재주하는 조선인은四十만이라는 놀라운 수짜를보이고 잇는데 그들은 대부분이 노동자로 최근심각한 불경기로인하야 그들은 대개 실업지옥으로 전락하고 경솔히 도항한 사람은 가는곳마다 비극을 연출하는

바 특히 동경(東京),대판(大阪)에 잇는 주재조선인의 궁핍상태는 상상 이상인 것을 지난번 동경에갓던지전(池田)경무국장이 실정을 조사하고 귀임하는 즉시로 조선인구제책의 급무를 진언하기로 되엿다고 한다.[42]

Ⓓ 그런데 최근에 이르자 東京에서도 조선인 노동자의 사회적 근거가 확정되어 노동자로서의 지위도 향상되어 온 일은 움직일 수 없는 사실이다... 그러나 그것은 최근 경향의 일부분으로 대다수의 조선인 노동자는 대도시에서 훌륭한 산업 노동자로서의 존재는 아니고 최하급 노동자로서의 입장에서 꿈틀거리고 있는 것이 각 지방 공통적인 사실이다. 조선인 노동자는 東京에서의 失業 대중의 주된 존재로서 등록노동자의 상당 부분을 점하고 있는 현상이다.[43]

위의 두 인용문에 나타난 바와 같이 도쿄 거주 일부 한인 노동자의 지위가 향상되는 면이 있기도 했지만, 대다수 노동자들은 여타 일본 지역의 한인 노동자와 같이 여전히 최하급 노동자로서 힘들고 고된 일에 종사하고 있었다. 더욱이 경기불황이 심각한 상황에서 도쿄 거주 한인의 실업문제가 '실업지옥'으로 표현될 만큼 나쁜 상황이었음을 알 수 있다.

요컨대 1920~1930년대 일본 당국의 한인 도일 관리 정책에도 불구하고 많은 한인들이 일본으로 건너갔다. 이들 한인들의 출신지역을 보면 일본 전 지역은 물론 도쿄 거주 한인들도 조선 남부지역 출신이 가장 많았다. 남부지역은 당시 조선에서 모르핀 문제가 심각한 지역이기도 하였다. 이로 인해 재일 한인의 모르핀 중독 원인을 조선으로

42) 「東京大阪等地에散在한 四十萬同胞의慘狀」, 『동아일보』, 1934년 2월 3일.
43) 「在京朝鮮人勞働者の現狀」(1936年), 朴慶植 編, 앞의 책(第3卷), 1003쪽.

부터의 이주에서 찾으려는 시각들이 있었다. 이러한 시각은 현상적 개연성일 뿐 구체적인 논증이 진행된 것은 아니었다. 특히 1920년대 후반의 경우는 일본 내지 상황에서 그 주요 원인을 분석할 필요가 있다. 이 시기 도일 한인들은 도쿄는 물론 일본 전 지역에서 일본인들이 힘들고 위험하다고 기피하는 최하층 노동에 종사하는 사람들이 많았다. 재일 한인이 처한 이 같은 상황에 대한 이해를 바탕으로 다음 장에서는 1930년대 도쿄부 지역 한인 마약 중독자의 주요 중독 원인을 정확히 분석하기 위해 한인 마약 중독자의 실태와 그 원인에 대해 살펴보도록 하겠다.

3. 재일 한인 마약 중독자의 실태와 원인

일본 내지의 모르핀 등 마약에 대한 단속규정 및 처벌은 조선과 동일하게 시행되었다. 1920년 일본 내무성령(內務省令)으로 모르핀 등 마약에 대한 단속령이 발표되어 규정을 위반한 자에 대해서는 조선과 동일하게 징역 3개월 또는 벌금에 처하도록 하였다. 무거운 아편법 위반에[44] 비해 처벌이 가벼웠음에도 불구하고 일본의 경우 마약 확산이 심각하지 않았다. 그 주요 원인은 일본에서 마약류의 공급이 잘 통제되고 있었던 것에서 찾을 수 있다. 이에 비해 조선의 경우 마약 확산

44) 아편연을 수입, 제조 또는 판매 혹은 판매를 목적으로 소지한 자는 6개월 이상 7년 이하의 징역에 처한다. 아편연을 흡식한 자는 3년 이하의 징역에 처한다[外務省通商局, 『華盛頓會議參考資料 阿片問題』(1921), 122~126쪽 ; 金俊淵, 「朝鮮モルヒネ問題」, 『中央法律新報』 第1卷第5號, 8쪽]. 아편법 위반에 관한 처벌 내용은 일본과 조선 모두 동일하다.

이 사회적으로 심각하였는데, 그 주요 원인 가운데 하나로 조선이 일본 마약류의 밀수입지였다는 점을 간과해서는 안 된다. 따라서 일본과 달리 조선의 경우는 1930년에 세계 최초로 마약전매가 시행되었으며, 1935년에는 마약의 밀매, 밀수의 경우 5년 이하의 징역 또는 5천원 이하의 벌금으로 처벌규정이 대폭 강화되었다.[45)]

일본의 경우 가벼운 마약 위반 처벌규정이 유지되는 상황에서 마약문제가 심각한 조선으로부터 한인의 도항이 증가해 갔다. 한인 모르핀 중독자의 도일을 금지한 1925년 10월 이후 재일 한인 모르핀 중독자의 상황은 어떠하였을까? 이와 관련하여 1925년 직후 재일 한인 모르핀 중독자의 실태와 일본 당국의 대처방법에 대해 『동아일보』 기사를 통해 그 대략을 살펴보면 아래와 같다.

> Ⓐ 下關에서護送될 모히患者八十名 모다원적디로돌려보낼터
>
> 일본하관(下關)에는조선사람의"모루히네"중독자가매우만타하야하관경찰에서는 경상남도(慶尙南道)에교섭하야그들을 모다원적디로 돌려보내기로하엿는데이에대하야 그첫번으로 하관경찰서로부터 경상남도에 통지한 "모히"중독자의수효를보면모다팔십일명으로 그중에는 경상북도출생이 삼십팔명이오 경상남도출생이이십구명이며 그밧게는 경긔도충청북도 충청남도전라북도 전라남도 황해도함경남도등디의 출생으로 그들의년령은 대개이십오

45) 外務省通商局, 앞의 책, 82~84 · 122~124쪽 ; 金俊淵, 앞의 논문, 8쪽 ; 박강, 「1930년대 조선총독부 모르핀 대책의 실상」, 『한국민족운동연구』 100, 2019, 219~222쪽 ; 박강, 「중일전쟁 이전 중국의 마약확산과 일본정부의 태도」, 『중국사연구』 32, 2004, 281쪽 ; 賀來佐賀太郎, 「日本帝國の阿片政策」, 菊地酉治 외저, 『阿片問題の研究』, 東京: 國際聯盟協會, 1928, 138~141쪽 ; 「모히患者를 根絶하라」, 『동아일보』, 1932년 11월 5일 ; 朝鮮總督府專賣局, 『朝鮮專賣史』 제3권, 京城: 朝鮮總督府專賣局, 1936, 501~505쪽 ; 「麻藥取締令에 대하야」, 『동아일보』, 1935년 4월 27일 ; 「宗教家事業家로組織된 痲藥中毒者救護會」, 『동아일보』, 1934년 1월 13일.

세이상 삼십오세까지청년장명들이구활이상이라는데 이것은 중대한사회문뎨임으로 그들을 각기자긔의원적디로 돌려보내는것만은 하등구제의 의미가 업다하야 부산부(釜山府)에서나 혹은 디방비중에서 경비만허락되면 부산에다가 료양소(療養所)를 설치하고 점감요법(漸減療法)으로 전치하여주랴고 목하 연구하는 중이라는데 경상북도에서는"모히"환자가 하도만흠으로 도령(道令)으로 자긔의몸이나혹은다른사람의몸에모히를주사하는환자는 삼개월이하의규류에 처한다"는 법령까지 발포하야 "모히 "환자들을 엄중히 단속하는중이라하며 하관에서전긔"모히"중독자들을건너보낸다하면일주일전으로 통지가잇슬모양임으로 그들을 각기본적디로 돌려보낸다하여도 약륙백사십여원의 비용이 들겟다하야 경상남도에서는빈약한디방비로 그것을 지출할수가업다고 목하총독부에 그지출방법을 교섭중이라더라[46]

Ⓑ 모히中毒治療 일본에까지가서

조선안에"모루히네"중독자의치료긔관을 최근에이르러 그를치지도외하든 당국자들도 그의다소 주의를하야 그치료긔관을몃개소에 상설하고 목하치료중그성적이 량호하야 얼마의성공이라고도 볼수잇다하야 당국자들은 일층치료의범위를 넓히여일본에 재류하는조선인 중독자들에게까지 그치료를 주고저하야 복강(福岡)당긔(長崎)병고(兵庫)산구(山口)대판(大阪)각조선인의 대다수가 거류하는부현에 조회하야 조선인의수와 모루히네 중독자들을 조사하는중이라는데 그조사가 끗나는대로대범위로 구뎨덕방법을 세우고구제치료에 착수하리라더라[47]

Ⓒ 大阪在留同胞中 阿片中毒千餘 경긔도에서 창제한약을주문

경긔도(京畿道)경찰부위생과조사에의하면 일본대판부하(大阪府下)에사는조선사람은 만여명에달하는그들은 대부분이 전라남북도(全羅南北道)경상남북도(慶尙南北道)의출생이만흔관게로"모루히네"중독자들도만하서현재천

46) 「下關에서護送될 모히患者八十名」, 『동아일보』, 1925년 11월 6일.
47) 「모히中毒治療 일본에까지가서」, 『동아일보』, 1926년 5월 18일.

오백여명이나되는모양임으로 대판부당국에서도 그를구제코저이래뎐변(田邊)의학박사가맨든"칼사ㅁ"으로치료를하여왓스나 그효과가 적음으로최근에 이르러서는 경긔도위생과당주방(周防)씨의맨든"안지몰"을시험뎍으로 사용코저 도위생과에교섭을 하엿스나 아즉설비가완전치못하야 도내에서 쓰는약을맨들러 겨우쓸뿐이요 대량생산은못함으로 그청구에 응치못하고장래설비가 완성되는 대로조선은물론 일본까지라도"모루히네"중독자를대대뎍으로 구제할게획을 가지고 시긔를긔다릴뿐이라더라[48]

위의 기사와 같이 1925년과 1926년도에 이미 재일 한인의 모르핀 중독자 문제가 표면화되어 있었다. 조선에서는 1910~1920년대 조선총독부 당국의 모르핀 대책의 실패로[49] 모르핀이 심각한 상황이었다. 따라서 일본은 한인을 매개로 일본에 모르핀이 전파될 것을 우려하여 모르핀 중독자의 도일을 금지하는 조치를 취하였다. 그 첫 조치는 중독자를 귀국시키는 것이었다. Ⓐ 기사와 같이 도일 한인 모르핀 중독자에 대해 시모노세키 경찰 당국은 치료보다는 조선의 원적지로 돌려보내기 급급하였다. 이와 같은 조치는 오로지 일본 사회의 보안 혹은 형사 정책상 또는 국민 위생상의 필요에 기인한 것이었다. 이로 인해 시모노세키 경찰 당국은 조선 언론의 비난을 사게 되었다.[50] 일본의 경찰 당국은 한인 모르핀 중독자들이 본적지에 돌아가서 어떻게 되든 상관하지 않고 오로지 조선으로의 구축이 목적이었다.

48) 「大阪在留同胞中 阿片中毒千餘」, 『동아일보』, 1926년 5월 29일.

49) 박강, 「1910년대 조선총독부 아편정책의 실상」, 『한국민족운동사연구』 84, 2015, 79~80쪽 ; 박강, 「1930년대 조선총독부 모르핀 대책의 실상」, 『한국민족운동사연구』 100, 2019, 223쪽 ; 滿鐵經濟調査會第5部, 『朝鮮阿片麻藥制度調査報告』, 滿鐵經濟調査會第5部, 1932, 4쪽.

50) 「"모히"中毒者送還을 보고」, 『동아일보』, 1925년 11월 29일.

다음 해인 1926년 조선총독부는 조선 내 치료기관을 설립하는 동시에 치료 범위를 확대하려고 하였다. 조선 내뿐만 아니라 재일 한인 모르핀 중독자를 조사하여 치료와 관련하여 구체적인 준비에 착수한다고 하였다.(Ⓑ 기사). 당시 경기도 경찰위생과의 조사에 따르면 오사카부에 거주하는 한인은 1만여 명으로 그들 가운데 모르핀 중독자가 1,500여 명에 달하였다. 그리고 이들 대부분이 전라남북도와 경상남북도 출신이었다. 오사카부 당국에서는 이들 중독자를 치료하기 위해 자체적으로 치료를 시행해 보기도 하고, 아직 완성되지는 않았지만 경기도 위생과와 교섭하여 그곳에서 개발 중인 치료약이 완성되는 대로 구입하여 구제할 계획을 세웠다.(Ⓒ 기사).

마약중독자구호회 수용소 전경. 왼쪽 인물은 나마에 다카유키 상무이사, 오른쪽은 나가오 한페이 이사장(출전: 『日本の阿片戰略』)

위의 기사들을 통해 재일 한인의 모르핀 중독문제가 표면화되는 1925~1926년의 상황은 조선의 마약 확산과 무관하지 않았음을 살펴볼 수 있다. 이에 일본은 1925년 한인 모르핀 중독자의 도일 금지 조치를 단행한 것이었다. 이러한 조치는 꾸준히 시행되었으므로 1925년 이후의 상황은 다른 시점에서 바라볼 필요가 있다.

본 논문에서 주목하는 도쿄부 지역 재일 한인의 마약 중독문제 역시 심상치 않았다. 아래 『마약중독자구호회연보(痲藥中毒者救護會年報)』와 『동아일보』의 기사를 통해 1930년대 도쿄 거주 재일 한인 마약 중독자의 실태를 살펴보면 다음과 같다.

> Ⓓ 현재 일본 국내에서 마약중독자(그 대부분인 조선인 노동자)의 실제 수치에 대한 정확한 통계가 없다고 하는데, 쇼와7년(1932년)에 이 분야의 권위자들이 조사한 바에 따르면, 도쿄 시내에 거주하는 조선인 4만 명 가운데 중독자는 실제로 3천 명에 달하였다.[51)]

> Ⓔ 宗敎家事業家로組織된 痲藥中毒者救護會
> 在東京朝鮮人中의中毒者를爲해 各方面으로活動中
> 동경시(東京市)에 거주하는 조선인은 七년도의 조사에 의하면 三만四천四백여명인데 마약중독자가 약 三천명에 달하야 그곳에 거주하는 조선사람의 신용이 이로인하야 날로 타락하는것을 유감으로생각하고 종교가 사회사업가등 다수한인사가 작년도부터 마약중독자 구호회(痲藥中毒者救護會)를 조직하고 八월부터 三十三명의 조선인환자를 수용하야방금 구호중인바 일전에 동회의조성기(趙晟基)씨와 빈전격(濱田格)양씨가 조선에 건너와서 조선내의 마약중독자와 당국의 구호책을 시찰한바 잇엇다고 한다.

51) 痲藥中毒者救護會 편, 『昭和九年度痲藥中毒者救護會年報』(1935.8), 1쪽(구라하시 마사나오 저, 박강 역, 『아편제국 일본』, 186쪽에서 재인용)

동회의 조성기씨의 말을들으면 동경시내에서 일본인 중독자는 二백명에 불과하나 조선인의 중독자는 三천명이란 놀라운수자를 보이고 잇는데 동회에서는 이앞으로 좀 더 규모를 넓히어 다수한 조선인중독자를 수용하고자방금 내무성에 보조교섭을 진행중이라고한다.[52]

Ⓕ 中毒者退治코저 救護會活動

동경조선인 중독자도수용 生江氏募金次로朝鮮에

일본여자 대학교수(日本女子 大學敎授) 마약중독자구호회 이사(痲藥中毒者救護會 理事) 생강효지(生江孝之)씨는 七일오전十시경에본사를 내방하엿섯는데 씨의이번조선에 건너온 목적은 씨가관계하는동경마약중독자 구호회의 사업확장에 관한확장비모집을위함이라는바 전기 구호회경영의 수용소에 수용된조선인 중독자만이 二十一명이요 작년十二월부터 금년五월까지 전치된사람이 三十명이라는데 동회의 조사에의하면 동경(東京)에 재주하는 조선인중에아편중독된 사람이 三천명(昭和七年現在)된다는 놀라운 통게라고한다.◇본사내방생강씨[53]

위 인용문들에 의하면 1932년 조사에서 도쿄시에 거주하는 한인은 3만 4천여 명 또는 4만 명으로 그 가운데 마약 중독자가 3천 명이었다. 도쿄 한인을 최대 4만 명으로 계산했을 때 마약 중독자 비율은 7.5%로 상당한 비율이다. 이로 인해 일본 내 한인에 대한 신용이 나날이 추락하고 있었다. 이에 따라 뜻있는 종교가, 사회사업가 등 인사들이 모여 1933년에 민간단체로 '마약중독자구호회(痲藥中毒者救護會)'(이하 '구호회'라고 간칭함)[54]를 조직, 구호활동을 시작하였다. 또한, 이들 회원

52) 「宗敎家事業家로組織된 痲藥中毒者救護會」, 『동아일보』, 1934년 1월 13일.

53) 「中毒者退治코저 救護會活動」, 『동아일보』, 1934년 8월 9일.

54) 마약중독자구호회는 일본인 독지가 마지마 유타카(馬島僴), 나마에 다카유키(生江孝之 1867-1957)와 재일 한인 조성기가 뜻을 합하여 재일 한인 마약 중독자 구

중 조성기(趙晟基)[55]와 하마다(濱田格), 나마에 다카유키(生江孝之)[56]는 조선을 방문하여 조선 내 마약 중독자와 중독자 구호책을 시찰하거나 구호비용 모집을 추진하였다. 특히 도쿄 시내에서 일본인 중독자는 2백 명에 불과한 데 비해 한인 중독자는 3천 명에 달한다는 사실의 심각성을 인식하고 동회에서는 앞으로 한인 중독자 구제를 위해 내무성과도 교섭을 진행한다고도 하였다.

호를 주요 목적으로 설립한 민간 구호단체이다[生江孝之先生口述, 『わが九十年の生涯』, 生江孝之先生自敍傳刊行委員會, 1958, 156~157쪽 ; 구라하시 마사나오 저, 박강 역, 『아편제국 일본』, 206~209쪽].

55) 구라하시 마사나오가 쓴 책(『아편제국 일본』)에서는 마지마 유타카의 책(『激動を生きた男』, 日本家族計劃協會, 1971, 178쪽)에 의거하여 조성기는 '東亞會' 會長을 맡고 있다고 언급하였다(구라하시 마사나오 저, 박강 역, 『아편제국 일본』, 지식산업사, 1999, 204쪽) ; '구호회'의 중요 설립 멤버였던 마지마 유타카(馬島僩)의 자서전에 의하면, 그는 東亞會라는 한인 폭력단체의 회장을 맡고 있었으며 다른 한편으로는 조선의 독립을 마음 속에 품고 있었던 인물이라고 기술되어 있다(구라하시 마사나오 저, 박강 역, 앞의 책, 204쪽) ; 또한 나마에 다카유키의 자서전에 의하면, 조성기는 '구호회'의 구호와 관련하여 불행한 소송문제에 걸려서 집행유예를 받은 후 나마에의 추천으로 1938년 만주로 가서 촉탁으로 1년간 마약 구호활동을 하였으며, 그 후 다시 중국으로 건너가 일본대사관의 후원 하에 대대적인 마약 중독자 구호활동에 종사하였다고 기술되어 있다(生江孝之先生口述, 『わが九十年の生涯』, 162~167쪽).

56) 나마에 다카유키는 젊은 시절 목사를 경험하고 미국에서 사회사업을 전문적으로 공부한 인물로 오늘날 "사회사업의 아버지"라고 불린다(구라하시 마사나오 저, 박강 역, 『아편제국 일본』, 198쪽).

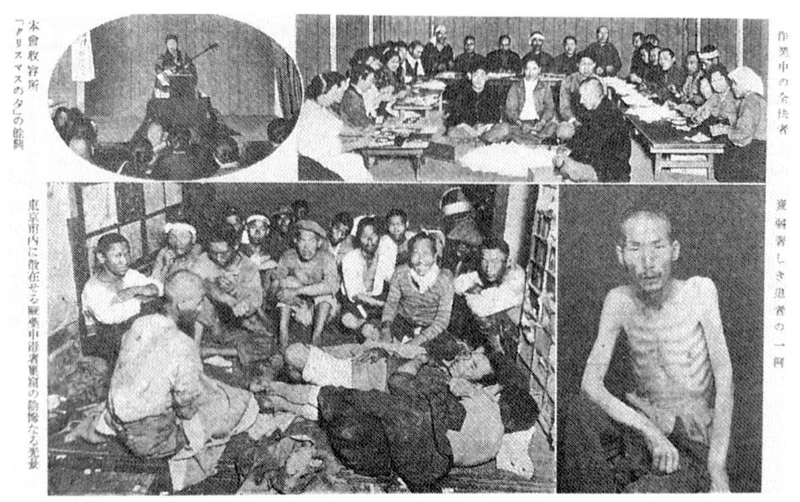

마약중독자구호회에 수용된 마약 중독자들(출전: 『日本の阿片戰略』)

그러나 사실 1930년대 도쿄지역 한인 마약 중독자 문제에 대해 일본 관헌은 대체로 수수방관하는 태도를 취하였다. 1933년 오가사와라가 『의사공론(醫事公論)』에 실은 글을 통해 당시 상황을 어느 정도 이해할 수 있다.

> Ⓖ 官憲의 단속
>
> 그들에 대한 관헌의 단속 상태는 각 경찰서마다 다소 차이가 있으나 대체로 모히(모르핀*필자주) 중독자는 일종의 특별한, 소위 치외법권적으로 취급하는 모습이 있다. 가여운 병자로서의 연민의 정과 함께 때로는 행로병자와 같은, 때로는 도둑과 같은, 혹은 정신병자와 같은, 동일인으로서 자주 변화가 있고, 또한 단속의 번거로움을 감내하기 어려운 점도 있으나 일반 관헌은 관할 바깥으로 이동해줄 것을 희망하고 있다…
>
> … …
>
> 收容法은 없는가?

현재 세상에 사회사업 기타 구호법 등이 발포되고 있으나 이에 해당되고 적용될 수 있는 법이 있는가? 眞島씨는 이 구호법의 적용을 희망하고 관헌과 교섭하였으나, 그들은 만족할만하게 호적이 정리되어 있지 않기 때문일까? 혹은 또한 거짓 이름과 실제 거주지를 잊고 있는 자도 있기 때문에 불가능하다는 것이다. 그렇다면 정신병과 행로병으로 수용하여 구호하는 방법은 없겠는가? 실제 문제로서 아무래도 소속 불가능으로 관청도 다룰수 없는 것 같다. 관헌에게 누누이 사기와 절도죄로, 그들이 유치될 때에는 난폭함과 울음을 크게 터트리고, 특히 금단증상의 경우에는 죽음에 임박하여 혹은 예의 없고, 떠들어 대고 불결하고, 말로 표현할 수 없을 정도이다.[57]

위의 글을 통해 볼 때 한인 마약 중독자에 대한 일본 관헌들의 태도는 다소 차이가 있었지만 대체로 방관자였다고 할 수 있다. 중독자들이 병자와 가벼운 범죄자, 정신병자 등 여러 모습을 하고 있어 단속하기 번거로웠고 서로 관할 밖으로 이동해 주기를 바랬다. 또한, 이들을 수용하여 치료할 수 있는 곳을 찾는 것도 불가능했다. 이들은 대체로 호적문제, 이름과 거주지 등을 확인하기 어려워 사회사업이나 기타 구호법으로도 구제하기 힘들었다. 중독자들이 사기와 절도죄로 유치될 경우 감정통제가 어려운 데다가 금단증상까지 보일 경우는 상태가 더욱 심각하여 관청에서 도저히 다룰 수 없을 정도였다고 하였다.

재일 한인의 마약문제를 외면하지 못한 일부 뜻 있는 사람들이 1933년 '구호회'를 설립하여 구호활동을 펼쳤지만 한계가 있었다. '구호회'는 1933년에 시설을 갖춘 이래 수용 중독자 중 60%를 완치시키는 성과를 거두었다. '구호회'의 자료는 나마에 다카유키가 책임자로 있던 1933년부터 1940년까지 남아있다. 그 자료에 의하면 전체 수용자는 637명으

57) 小笠原靜雄, 「モヒ中毒者救濟に就て」, 『醫事公論』 1070호, 1933년 1월 21일, 22쪽.

로, 그중 한인은 60%인 377명이었고, 일본인은 40%인 260명이었다. 그 가운데 완치자는 380명으로 60% 내외에 달하였다. 높은 완치율이 가능했던 것은 이곳 구호소의 경우 6개월을 수용하고 치료와 동시에 여러 가지 직업교육과 운동, 놀이 등 다양한 프로그램을 제공한 결과에 기인한다고 할 수 있다.[58] 그럼에도 불구하고 한인 마약 중독자만도 3천 명 내외라는 도쿄의 현실 속에서 7년간 완치된 사람이 377명이라는 수치는 많다고 할 수 없다. 이러한 수치는 정부 당국이 중독자 구호를 외면한 상황에서 민간차원에서 추진된 구호활동의 한계라고 할 수 있을 것이다.

한편 『소화9년도마약중독자구호회연보(昭和9年度麻藥中毒者救護會年報)』에 의하면 1934년도의 '구호회' 한인 수용자 113명(남성 92, 여성 21) 가운데 조선의 전라남도 출신이 50명(남성 43, 여성 7)이었고, 경상북도 출신이 20명(남성 15, 여성 5)으로 전체 수용자 가운데 이 두 지역 출신이 압도적으로 많았다.[59] 그런데 '구호회'에서 치료한 도쿄 거주 한인 가운데 조선 남부지역 출신이 가장 많았다고 하여 이들 지역에서 마약 중독자가 이주해 왔다고 보기는 어렵다. 〈표 6-5〉에 나타난 바와 같이 도쿄 지역에 이주한 한인 가운데 조선 남부지역을 원적지로 둔 한인이 가장 많았기 때문에 중독자 역시 많았다고도 볼 수 있기 때문이다.

58) 生江孝之先生口述, 『わが九十年の生涯』, 165~166쪽.

59) 구라하시 마사나오 저, 박강 역, 『아편제국 일본』, 212쪽.

60) 「在京朝鮮人勞働者の現狀」(1936年), 朴慶植 編, 앞의 책(第3卷), 1076~1077쪽에 의거하여 표 작성.

〈표 6-5〉 도쿄 거주 한인의 원적지 조사[60]

원적지	세대주	독신자	합계	비율(%)
경기도	51	56	107	2.9
충청북도	58	57	115	3.1
충청남도	69	59	128	3.5
전라북도	58	80	138	3.7
전라남도	248	231	479	12.9
경상북도	567	559	1,126	30.4
경상남도	757	443	1,200	32.4
황해도	29	45	74	2.0
평안북도	9	34	43	1.2
평안남도	23	47	70	1.9
강원도	27	55	82	2.2
함경북도	23	35	58	1.6
함경남도	14	62	76	2.1
간도		3	3	0.1
합계	1,933	1,766	3,699	100.0

이와 같이 1930년대에 들어와서도 재일 한인은 물론 도쿄 거주 한인 역시 매년 증가하는 상황에서 한인 마약중독의 주요 원인은 무엇이었을까? 1933년에 오사가와라 시즈오(小笠原靜雄)는 도쿄 거주 한인의 마약중독 배경과 그것이 일본 사회에 미치는 폐해에 대해 『의사공론(醫事公論)』에 게재한 글을 통해 다음과 같이 언급하였다.

Ⓗ 내가 얘기하는 문제는 이웃 중국이 아니고 우리 동포, 특히 제국 수도의 중심에 이같이 가공할 중독자 수천 수백을 헤아리며, 전국적으로는 무려 수만 명을 헤아리기에 이른 것은 두렵다고 하지 않을 수 없다...

발생의 원인

첫째, 醫師의 부주의에 의한 것

둘째, 의학적 지식이 부족한 限地開業 醫生라고 칭하는 사람들의 주사에 의한 것(대부분 그들은 복통, 두통, 감기, 脚氣 등의 치료에 모르핀 주사 혹은 투약을 행함)

셋째, 일반인 즉 중독자 자신이 경험한 도취감의 체험을 가지고 타인으로 하여금 고통 제거에 사용토록 하면서 점차 중독에 이르게 한 것

넷째, 不正藥業의 약품 공급에 의한 것

그들의 생활

현재의 중독자 가운데 內地人은 별도로 하고, 일반 중독자라고 칭하는 것은 조선 사람들로서, 대부분은 노동자 계급에 속하는 자가 많다. 물론 직업별로는 다양하지만 중독자는 모두 한낱 룸펜으로 인생을 마감한다. 그리고 중독자는 놀라운 인격적 변환을 가져와 보통 사람이 상상하기 어려운 사기적 기만행위와 허언을 예사로 행하는 자들이다. 따라서 모르핀의 금단현상이 일어나는 경우 모르핀을 얻기 위해서라면 어떠한 장애도 난관도 배은망덕한 행위도 예사롭게 행한다. 그 수단 방법은 실로 교묘하여 의표를 찌른다.

지금 약 3천 명의 모르핀 환자의 필요수량은 평균 최저 약 1천 5백 그램이다. 이 금액은 약 2천 원으로 매일 절대적으로 필요하다. 이 이외로 그들의 충분 필요량은 약 2배인 3천 그램, 즉 4천 원 혹은 그 이상인지도 알 수 없으나 그 이하는 절대 아니다. 그리고 이에 필요한 대금은 어디에서 염출할 수 있을까, 이것이 즉 盜品한 물건에 의한 물품이 이것으로 대체되는 것이다. 그러면 우리 東京 시민은 매일 4천 원 이상의 손해를 입고, 적어도 1년에 백수십만 원의 실질적인 피해를 입으며 중독환자의 희생이 되지 않을 수 없다...[61]

위의 글에서는 도쿄 거주 한인의 모르핀 중독 원인에 대해 먼저 언급하고, 이어서 한인 중독자의 직업과 그들 중독자의 폐해에 관해 소

[61] 小笠原靜雄, 「モヒ中毒者救濟に就て」, 『醫事公論』 1070호, 1933년 1월 21일, 22쪽.

개하고 있다. 모르핀 중독 발생의 원인을 네 가지로 구분하는데, 가장 먼저 의사의 부주의를 꼽았고 다음으로 의학적 지식이 부족한 의료인의 약물 남용을 언급했다. 그리고 이미 중독을 경험한 사람들의 마약 추천과 부정 약업자의 약품 공급에 기인함을 들었다.

여기에서 첫 번째와 두 번째로 꼽은 의사의 부주의와 오남용이라는 원인들에 주목할 필요가 있다. 이 두 가지 원인에서 보면 재일 한인의 중독문제는 주로 일본 현지에서 발생한 내재적인 문제라는 점이다. 1925년부터 조선 내 마약 중독자들의 도일이 금지되었음에도 불구하고 재일 한인 중에 중독자가 증가하였다는 사실도 그에 부합된다. 일본 의사들의 부주의 내지 오남용과 함께 그들의 비도덕성이 마약 중독자를 증폭시켰던 것이다. 이들의 비도덕성과 관련해서는 '구호회'를 설립한 인물 중 한 사람인 나마에 다카유키(生江孝之)가 구술하여 남긴 『나의 90년 생애(わが九十年の生涯)』를 통해 구체적으로 살펴볼 수 있다.

① 당시 어떻게 해서 조선인이 이같이 다수의 마약 중독자가 되었는가를 조사해 보니 그것은 악랄한 조선인이 일본의 醫者, 藥劑士와 결탁하여 조선인를 마약 중독자로 만들어 냈다고 해도 무방할 것이다. 그것은 당시 東京에 약 4만 명의 조선인이 살고 있고, 각지에도 산재하고 있으나 풍토가 다르고 음식도 달랐기 때문에 병에 걸리기 쉽고, 그 병에 걸렸을 때 일본의 의사에게 치료를 사정하는 일은 경제적으로도 불가능하며, 소지하고 있는 약을 사용하여도 생각대로 회복되지 않는 경우가 적지 않다. 그때를 틈타 의사가 마약에 대한 처방전을 쓰고 그것을 약제사가 조제하여 조선인 브로커에게 건내고 그것을 다수의 사람을 써서 조선인으로 병에 걸린 사람을 찾으면 무료로 제공한다. 그렇게 되면 그들은 마약에 의해 어느 정도의 어떠한 병에도 일시 치료가 되면 무료로 제공한다는 외면상의 호의에 감사하고, 병에 걸

리면 마약을 공급받게 된다. 그렇게 되면 마약은 강한 중독성을 갖고 있기 때문에 수회 주사하면 병은 치료되나 중독증상을 드러나게 되고, 상시 마약을 사용하지 않으면 매우 고통을 느끼기에 이른다. 이 같은 상태가 되면 브로커는 마약을 무료로 제공하지 않게 되고 중독자는 어쩔 수 없이 상당 다액의 요금을 지불하지 않을 수 없고, 차차 중독증상이 심하게 된다. 이처럼 해서 조선인은 곳곳에서 그 유혹에 빠져 급속히 환자가 증가하고, 최후에는 스스로의 직업을 잃게 되는 이유가 된다.[62]

위의 내용에서도 재일 한인 마약중독의 원인으로 일본인 의사, 약제사와 재일동포 브로커가 결탁하여 한인 마약 중독자를 만들어 냈다고 하였다. 나마에의 구술에서는 악랄한 한인 브로커를 중심으로 언급했지만 사실 이들 브로커의 역할은 일본의 의사와 약제사의 협조 없이는 불가능한 것이었다. 브로커에게 처방전을 써주고 조제해 준 의사와 약제사의 비도덕도 그 이상의 비난을 받아야 한다. 이들의 수법은 악랄한 것이었다. 당시 일본에 거주한 한인들은 풍토와 음식이 다른 환경에서 질병에 취약할 수밖에 없었다. 게다가 그들은 경제적인 문제로 병원에 가는 것이 쉽지 않았다. 이렇게 취약한 한인에게 의사와 약제사, 그리고 재일 한인 브로커가 접근하여 마약을 처방하고 무료로 치료해 주었다. 물론 이것은 중독에 빠뜨리려는 악의적인 의도가 있는 것이었다. 여러 번 무료로 치료를 받다가 중독에 걸리게 되면 브로커는 비싼 값을 받고 마약을 제공하였다. 이런 방식으로 한인 마약 중독자들이 급속히 늘어나게 되었고 중독자들은 결국 직업까지 잃는 상황으로 몰렸다.

62) 生江孝之先生口述, 『わが九十年の生涯』, 157~158쪽.

오가사와라가 재일 한인 마약중독의 주요 원인으로 지적했던 일본 의료인들의 마약 오남용은 조선 내 몰상식한 의료인들의 모르핀 오남용 방법과 상당히 유사하였다.[63] 게다가 일본의 경우는 가장 취약한 계층에 대한 무자비한 착취라고 해도 과언이 아니다. 여기에 한인 브로커는 힘겹게 타국살이 하는 동포를 돕기는커녕 오히려 일본 의료인들과 공모하여 악용하면서 한인 모르핀 중독자 수를 증가시켰다.

또한, 오가사와라의 글에 따르면 모르핀 중독에 빠진 한인은 직업적으로 노동자가 가장 많았다. 그리고 중독자들은 모르핀을 얻기 위해 수단 방법을 가리지 않고 기만행위와 거짓말을 일삼았다. 당시 도쿄에 거주하는 한인 모르핀 중독자 약 3천 명이 필요로 하는 1일 수량은 평균 최저 약 1,500g이었다. 금액으로는 약 2천 원이며 충분 필요량은 약 2배인 3,000g이고, 금액으로는 4천 원에 달하였다. 이들이 필요로 하는 대금은 대부분 절도와 관련되므로 도쿄 시민이 적어도 1년에 백 수십만 원의 피해를 입고 있었다.

오가사와라의 글에서 모르핀 중독자의 다수가 한인 노동자 계급에 속한다고 했던 것과 같이 도쿄 거주 한인의 다수는 직업적으로 최하급의 노동에 종사하고 있었다. 앞의 〈표 6-4〉에 보이듯이 1927년에 도쿄 거주 한인은 1만 6천여 명이었는데 3년 뒤인 1930년에는 두 배 가까운 3만여 명으로 증가하였다. 다시 3년여 뒤인 1934년에는 4만 명 가까이 늘어났다. 이들이 직업적으로 가장 많이 종사한 분야는 노동으로 늘 50% 이상을 차지하였다. 28% 정도의 무직을 제외하면 가장

63) 「阿片針의跋扈!惡醫師의奸計!滅亡에瀕한全羅南道」, 『동아일보』, 1920년 9월 6일 ; 「"몰핀"中毒과그防止策」, 『동아일보』, 1927년 7월 15일 ; 박강, 「1920년대 조선의 지방 의료체계와 모르핀 오남용」, 『한국민족운동사연구』 104, 2020, 173~175쪽.

많은 한인들이 노동에 종사하였음을 알 수 있다. 이들 한인이 종사하는 노동은 대부분 직공, 잡공, 일용인부 등으로 가장 위험하고 힘든 노동 분야에 있었다.

이들 가운데 일부 모르핀 등에 중독되는 자들에 대해 1929년도에 내무성경보국(內務省警保局)에서 작성한 「사회운동의 상황」에서는 다음과 같이 언급하였다. "특히 조선인 노동자 가운데 많은 사람은 토목공사에 종사하는데 공사 종료와 함께 집단적으로 다른 곳으로 이동하였으며, 그 환경은 도의위생(道義衛生)의 관념을 함양할 기회가 부족하여 자연 방종 무절제의 폐해에 빠졌다. 그중에는 「모루히네」, 「코카인」 등을 기호하는 자가 있어 건강을 해치고 마침내 부랑의 무리가 되는 경우를 적지 않게 보게 된다".[64] 앞서 오가사와라의 글에도 언급된 바와 같이 위험하고 힘든 노동에 종사하는 한인 가운데 모르핀 등에 중독되는 경우가 있었음을 알 수 있다.

요컨대 도일 한인을 통해 일본에 마약이 확산될 것을 우려한 일본 당국은 1925년 이후 모르핀 중독자의 도항을 금지시켰지만 그럼에도 일본 내 한인 마약 중독자의 실태는 심상치 않았다. 1932년 도쿄의 경우 한인 인구 3만 4천 또는 4만 명 가운데 마약 중독자는 3천 명에 달하였다. 이들 한인 마약 중독자 중에는 일본인들이 힘들고 위험하다고 기피하는 최하층 노동에 종사하는 사람들이 많았다. 이들은 대체로 일본 관헌들의 무관심과 방관 속에서 구호받기 어려웠다. 일부 민간 구호단체의 도움이 있었지만, 그 성과는 크다고 할 수 없었다. 이들 1930년대 도쿄 거주 한인 마약 중독자의 주된 중독 원인으로는 돈

64) 「社會運動の狀況」(內務省警保局 1929年), 朴慶植 編, 앞의 책(第2卷), 74쪽.

에 눈이 먼 부도덕한 일본인 의료인들의 모르핀 오남용을 우선 들 수 있으며, 경제적으로 어려운 동포들의 상황을 악용하여 일본인 의료인들과 협잡을 일삼은 한인 브로커가 여기에 한 몫을 보탰다고 하겠다.

4. 소결

일본의 조선 강점 이후 1920~1930년대 조선 남부지역(전라남북도, 경상남북도) 출신을 중심으로 많은 한인들이 일본으로 건너갔다. 이들의 대부분은 경제적인 요인 등으로 도일하였고 인접성으로 일본을 선호하였다. 도쿄를 포함하여 일본 전 지역에 산재한 재일 한인의 출신지역을 조사해 본 결과도 조선 남부지역 출신이 가장 많았다. 그리고 이 시기 도일 한인들의 직업은 일본인들이 기피하는 저임금에 힘들고 위험한 최하층 노동직이 가장 많았다. 당시 일본 내지의 경제 상황, 실업 상황, 치안 상황 등을 감안하여 도일 관리정책을 실시하였음에도 불구하고 한인들의 도일은 지속적으로 증가하였다.

재일 한인 가운데 조선 남부 출신이 가장 많았고 당시 조선 남부에서 모르핀 문제가 심각했다는 사실은 일본에게 우려를 주었다. 일본은 1920년대 조선 내 마약문제의 심각성을 인식하고 도일 한인을 통한 일본 내 모르핀의 전파 및 확산을 우려하여 1925년 이후 모르핀 중독자의 도항을 금지시켰다. 모르핀 중독자의 도항 금지는 지속되었고 한인의 도일 규모는 지속적으로 증가하였다. 1920년대 전반 10만 이하이던 재일 한인은 1930년대에 수십만으로 늘었다. 그런데 재일 한인의 모르핀 중독문제는 여전히 심각한 상황이었다. 1932년 도쿄의 경우 모르핀 중독자는 한인 인구의 7~7.5% 정도인 3천 명에 달하였다고 보도되었다.

1932년 도쿄 거주 한인 마약 중독자 문제는 심각한 상황이었으며 이들 한인 마약 중독자 가운데는 일본인들이 힘들고 위험하다고 기피하는 최하층 노동에 종사하는 사람들이 많았다. 이들 중독자들은 대체로 일본 관헌들의 무관심과 방관으로 인해 제대로 구호받기도 어려웠다. 일부 민간 구호단체의 구호 혜택을 받기도 하였지만, 일본 당국의 외면으로 그 성과는 크다고 하기 어려웠다. 이들 재일 한인 마약 중독자의 주요 중독 원인에 대해 조선과 도일 한인과의 관련 속에서 찾으려는 시각이 존재하였다. 그러나 지금까지 살펴본 결과 주요 원인은 마약문제가 심각한 조선과의 관련성보다는 일본 국내 상황과 더 관련이 있었음을 알 수 있다. 즉 돈에 눈이 먼 부도덕한 일본인 의료인들의 모르핀 오남용이 주요 원인으로 작용하고 있었다. 여기에 경제적으로 어려운 한인 동포들의 상황을 악용하여 일본인 의료인들과 협잡을 일삼은 한인 동포 브로커가 한 몫을 보탰다고 하겠다.

7장

해방 이후 이주 한인의 귀환과 아편·마약문제 : 중국지역 귀환 한인을 중심으로

1. 들어가며

아편과 마약문제는 식민지 해방으로 간단히 단절될 수 있는 사항이 아니었다. 조선의 많은 한인들이 일본 식민지하에서 이미 아편과 마약에 노출되어 있었으며, 해방 직후에도 아편과 마약의 그림자는 한국 사회에 여전히 드리워져 있었다. 당시 언론에서는 해방 직후 한국 사회의 아편·마약문제를 지속시키는 주요 원인과 관련하여 패전 후 일본 관리들의 불법적인 아편·마약 유포와 만주·화북 등지로부터 귀환한 한인 마약 중독자·밀수입자들을 지목하였다.[1] 사실 중국의 화

1) 「阿片中毒患者」, 『동아일보』, 1947년 6월 18일 ; 「麻藥中毒十五萬」, 『동아일보』, 1949년 1월 14일 ; 「阿片(아편)쟁이버려둘셈?各道麻藥係廢止」, 『동아일보』, 1949년 9월 25일 ; 「아편밀수출도 무역풍의 일종」, 『경향신문』, 1948년 11월 26일 ; 「阿片中毒者收容」, 『동아일보』, 1947년 2월 6일 ; 「늘어나는 麻藥患者 厚生部에서 根絕策講究」, 『동아일보』, 1947년 2월 9일 ; 「國家民族을 亡치는 麻藥 京畿道內 患者만 十萬突破 市·國民厚生會서 撲滅에 蹶起」, 『동아일보』, 1947년 2월 23일 ; 「仁術의看板아래麻藥窟보라! 亡國病助長하는惡德醫師」, 『경향신문』, 1948년 9월 15일 ; 「亡國의本麻藥患者 서울에만十數萬名」, 『동아일보』, 1947년 11월 27일.

북과 만주에서는 아편과 마약문제가 심각하였고, 일본 패전 이전까지 그러한 상황이 지속되었다. 특히 화북의 경우 중일전쟁 발발 이후 많은 한인들이 마약 밀매업에 종사하고 있었고 중독에 걸린 자들도 많았다.[2)]

해방 직후 미 군정하에서 일본의 식민지배 청산이라는 목표하에 마약 단속이 이루어졌지만 혼란한 정국으로 인해 제대로 성과를 거두기 어려웠다. 곧이어 한국전쟁이 발발하자 혼란이 거듭되었다. 또한, 반공이 우선시되면서 마약문제는 제대로 된 대처보다는 반공주의와 권력에 의해 정치적으로 이용된 측면이 강하였다.[3)] 1960년대 군사 정부가 들어선 이후에야 경제개발 계획이 추진되면서 이전과 차별되는 마약정책이 시행되었다.

일본의 조선 강점기의 아편 · 마약 확산은 일본의 식민지 지배정책과 관련이 깊었던 반면 해방 직후와 1960년대 군사 정부 시기의 마약정책은 중국 귀환 동포와의 관련성이 주목된다. 해방 직후 만주 · 화북으로부터 많은 한인들이 귀환하였는데, 이들 한인 가운데 일부 중국에서 아편 · 마약을 밀매하거나 중독에 걸린 사람들이 있었다. 한편 1960년대 군사 정부의 마약정책 수립 과정에서도 해방 이후 만주로부터 귀환한 인물들의 역할이 있었다고 보여진다. 군사 정부의 핵심 인사 가운데 '만주국'에서 군에 복무했거나 관리를 지낸 '만주 인맥'들이 주요 직책에 포진하고[4)] 있었을 뿐만 아니라 마약정책 역시 '만주국'에서 시

2) 박강, 『20세기전반 동북아 한인과 아편』, 선인, 2008, 175~177쪽, 204~205쪽.

3) 박지영, 「'적색 마약'과의 전쟁: 한국의 마약 정책과 반공주의, 1945-1960」, 『醫史學』 25-1(52), 2016, 78~79쪽.

4) 박민영, 「해방 후 滿洲國軍 출신 한인의 귀환」, 『한국독립운동사연구』 22집, 2004, 138쪽 · 143쪽.

행된 정책과 유사한 점들이 있기 때문이다.

해방 직후부터 1960년대 군사 정부 시기까지의 마약문제에 대한 연구는 주로 일본 식민지의 유산과 해방 후의 정국혼란, 한국전쟁과 반공주의, 그리고 국가통제라는 측면과 연계하여 연구된 측면이 많았다.[5] 그러나 이번 장에서는 먼저 중국으로부터 귀환한 한인들과 관련하여 해방 직후 한국의 마약문제를 살펴보고자 한다. 이를 위해 중국 화북과 만주 이주 한인의 이주 배경과 실태 및 귀국 상황, 그리고 아편·마약과의 관련성 등에 관해 알아볼 것이다. 이어서 1960년대 군사 정부의 마약정책을 1930년대 '만주국'의 상황 및 마약정책과 연계하여 검토하고자 한다. 이 문제는 시론적 측면을 크게 벗어날 수 없는 한계가 있지만 앞으로 진척시켜야 할 연구의 토대라는 의미를 가진다. 1961년에 들어선 군사 정부는 사회악 제거의 일환으로 마약 단속을 강화하였다. 당시 만주 귀환 인맥이 중심을 이루었던 군사 정부는 남북대치와 급속한 경제개발 추진 등 여러 상황들이 1930년대 '만주국'의 상황과 유사한 측면이 많았다.[6] 따라서 1930년대 '만주국'의 상황 및 마약정책과 연계하여 검토함으로써 1960년대 군사 정부의 마약정책에서도 만주 귀환 한인의 그림자가 드리워져 있었는지 살펴보고자 한다.

5) 조석연, 「해방 이후의 마약문제와 사회적 인식: 해방과 정부수립 초기를 중심으로」, 『사학연구』 108, 2012 ; 조석연, 「마약법 제정 이후 한국의 마약문제와 국가통제(1957-1976)」, 『한국근현대사연구』 65, 2013 ; 박지영, 「'적색 마약'과의 전쟁: 한국의 마약 정책과 반공주의, 1945-1960」, 『醫史學』 25-1(52), 2016.

6) 한홍구, 「大韓民國에 미친 滿洲國의 遺産」, 『中國史硏究』 16집, 2001, 248~249쪽 ; 韓錫政, 「東아시아 國家 만들기의 연결 고리: 滿洲國, 1932-1940」, 『中國史硏究』 16집, 2001, 151~152쪽 ; 김웅기, 『일본의 '만주형' 발전모델이 박정희 정부 산업화에 미친 영향』, 한국학중앙연구원 한국학대학원 박사학위논문, 2006, 199~200쪽 ; 강상중·현무암 저, 이목 역, 『기시노부스케와 박정희』, 책과함께, 2013, 13쪽·217~218쪽.

이상의 연구를 통해 해방 이후 일본의 식민지 유산뿐만 아니라 귀환 한인 역시 한국 사회와 한국 정부의 정책 수립 초기에 일정한 영향을 미쳤음을 이해할 수 있을 것이다.

2. 해방 직후 만주·화북지역 한인의 귀환과 마약문제

해방 직후 남한에는 아편과 마약에 중독된 사람들이 적지 않았다. 1947년 남한 내 아편 중독자는 약 1만 4천에서 1만 5천 명으로 추산되며 그 가운데 1만여 명 정도가 서울에 거주하고 있는 것으로 파악되었다. 전라남도의 경우 1948년에 아편 중독자가 5천여 명, 경상남도의 경우 1949년에 마약 중독자가 5천여 명 존재하였다. 경기도의 경우 1949년에 4만 5천여 명의 마약 중독자가 있었다. 해방 직후 1~2만 명으로 파악되었던 서울의 마약 중독자는 1949년에 이르러 5~10만 명으로 급증하였다. 1950년 2월에는 마약중독 등록자 5천여 명과 추정환자 약 11만 명을 합하면 총 12만 명에 달하였다.[7] 해방 직후 아편과 마약 중독자에 대한 수치가 정확하지 않다는 것을 감안하여도 이 시기 마약 중독자들이 급격히 증가하였음을 알 수 있다.

해방 직후 남한에 마약문제가 심각했던 데에는 여러 가지 원인이 있었다. 일본 식민지배의 영향이 미치고 있었고 일본 관리들이 아편을 매각한 상황도 관련이 있었다. 그리고 해방 직후 급격히 늘어난 중

7) 「阿片中毒患者」, 『동아일보』, 1947년 6월 18일 ; 조석연, 「해방 이후의 마약문제와 사회적 인식」, 『사학연구』 108호, 2012, 318쪽.

국(만주, 화북) 귀환 동포 가운데 마약 중독자 및 마약 관련 종사자가 상당수 포함되어 있었다는 점도 원인으로 작용하였다. 또한, 정치자금 확보 등을 위해 북한에서 밀반입되는 마약류가 상당수 있었다는 점, 건국기라는 특수한 상황에서의 열악한 통제환경과 함께 앵속 재배에 대한 비교적 관대한 인식 등도 원인이었다.[8)]

해방 직후 마약문제의 주요 원인에 대해 언론에서는 중국 이주 한인의 귀환이 마약 확산과 관련이 있다고 언급하였는데, 실제 언론에서 언급할 정도로 관련성이 높았을까? 먼저 해방 직후 언론에 게재된 주요 기사들을 확인해 보자.

> 阿片中毒者收容
>
> 해방후 만주 중국등각처에서 모여든 동포가운데에는 국민으로서 부끄러운 마약중독자가 적지안케 무처들어왓는데 이들이귀국후 생활고에쪼들여 불의부식간에죄악을범하고있어 오늘에일으러서는 사회문제화하고 있다…[9)]

> 늘어나는麻藥患者 厚生部에서根絕策講究
>
> 해방이후 만주와 중국으로부터 백만에 갓가운전재동포가 고국에도라와 생업을 못얻어 자두에방황하고있어 이들의 구호대책도시급을 요하는 중대문제로되여있는이때 이들전재동포중에는 마약(麻藥)에 중독된 가련한 동포가 자교늘어가 사회의 불안을 양성하고 있다…[10)]

> 國家民族을亡치는麻藥 京畿道內患者만十萬突破 市·國民厚生會서撲滅에蹶起

8) 조석연, 「해방 이후의 마약문제와 사회적 인식」, 315~323쪽.
9) 「阿片中毒者收容」, 『동아일보』, 1947년 2월 6일.
10) 「늘어나는麻藥患者 厚生部에서根絕策講究」, 『동아일보』, 1947년 2월 19일.

마약은 일가일신을 망하게할뿐안이라 국가민족을 멸망케하는 것은 우리가가까히중국 인도등의 역사를 들치우면 알수있는일이다 그런데 해방후 중국 만주등지를 비롯하야 해외에서 돌아온 우리동포가운대에는마약환자가 서울과경기도에만하드래도 十만이넘는다하야매우 우려되는바이거니와...[11]

阿片中毒患者

남조선내 아편(阿片)중독환자수는 추산으로 一만四五천명에 달할것으로 보이는데 그중一만여명이 서울시내에에집거하고있어 매일같이二三명의 희생자를내이고있을뿐아니라 국민보건상으로도 큰문제의하나이며 보안상으로도 큰물의를비저내고 있다 해방후 만주 화북으로부터 귀환한 동포중에는 아편중독환자가 특히만헛다고한다...[12]

아편밀수출도 무역풍의 일종

일제는 중국침략의 한 도구로 사용한 이 아편! 한국민 중에는 일제에 아부하여 중국 만주 등지에서 이 아편을 매매한 자가 과연 다수에 달한 것만은 사실이었다. 도의적으로나 민족적으로나 용서하지 못할 이 아편 장사를 해방 후 조국에 돌아와서까지 의연 계속하는 자가 있다. 제 버릇 개 주지 못한다는 격일까 그렇지 않으면 배운 것이 그것뿐이라 할까? 특히 이러한 장사는 그 길에 통하는 인맥이 있어야 할 것이다. 그러므로 이 범주에 속하는 인간은 흔히 만주 중국 등지에서 돌아온 자들 중에 많고 그 거래는 대부분이 화상과 통하고 있다 한다...[13]

麻藥中毒十五萬

현재남한에는 약十五만명에달하는마약(麻藥)중독자가있으며 그중七만명은 서울에집중되어있다하는대 이들의대부분은 해방과동시에해외로부터귀

11) 「國家民族을亡치는麻藥 京畿道內患者만十萬突破 市·國民厚生會서撲滅에蹶起」, 『동아일보』, 1947년 2월 23일.

12) 「阿片中毒患者」, 『동아일보』, 1947년 6월 18일.

13) 「아편밀수출도 무역풍의 일종」, 『경향신문』, 1948년 11월 26일.

환한자들이며그들이사용하는마약은 주로이북과 중국등지로부터 밀수입한 것으로서...[14]

阿片쟁이버려둘셈?各道麻藥係廢止

... 그런데 우리나라는 불행히도 왜정四十년간에 마약으로인한 해독이 뿌리깊이부식되어있으며 더욱이 해방후에는 밀수입 해외귀환동포등으로 마약환자의 격증을 보이고있어 보건부조사에의하면 현재 남한이는최소한도 十二만명의 마약환자가 있을 것으로 추측되고 있다...[15]

위의 기사들을 통해 해방 직후 만주와 화북으로부터 귀환한 동포 가운데 마약 중독자가 많았음을 알 수 있다. 이들의 귀국으로 인해 남한에만 10여만 명의 마약 중독자가 있었던 것으로 추정된다. 또한, 마약 밀매업에 종사했던 동포들도 귀환하였고 이들이 남한에서 마약밀매에 종사하면서 마약문제가 국민보건과 치안불안을 유발하는 사회불안 요소가 되었다.

해방 직후 국내 마약문제가 확산되었던 원인으로 해외 이주 한인의 귀환이라는 상황은 큰 영향을 미쳤을 개연성이 높다. 귀환 한인 중에서도 아편·마약 문제가 심각했던 중국의 만주와 화북으로 이주했던 한인들이 타국에서 아편·마약과 관련을 맺게 된 배경과 그 실태를 살펴보는 것은 개연성을 이해하는데 선결문제일 것이다.

한인의 만주 이주는 1910년 일본의 조선 강점 이후 본격적으로 늘어나기 시작하였다. 주요 이주 요인으로는 일본의 경제적 압박이 가장 컸다. 당시 한인의 만주 이주에 대해 중국 측이 제한과 압박을 더해가는 태도를 보였음에도 불구하고 한인의 전체 이주자 수는 계속 증가하였다. 만주 이주 한인의 인구수는 조사 기관에 따라 차이가 있지만

14) 「麻藥中毒十五萬」, 『동아일보』, 1949년 1월 14일.
15) 「阿片쟁이버려둘셈?各道麻藥係廢止」, 『동아일보』, 1949년 9월 25일.

'만주사변' 직전인 1930년 약 60여만 명을 헤아렸다. 이처럼 많은 한인이 만주로 이주했던 것은 정치적 압박 등 복합적인 요인이 포함된 일본의 경제적 압박이 가장 크게 작용하였다.[16)]

만주지역에 이주한 한인들 가운데 압도적인 다수는 농촌에 거주하였다. 도시에 거주한 한인 인구수는 극히 적었다. 1925년 6월 조선총독부 조사에 의하면 도시에 거주한 한인 인구수는 약 28,265명으로 나타났다. 여기에는 하얼빈을 제외하고 북만지역의 다른 도시에 거주하는 한인 인구는 포함되지 않았다. 이러한 점을 고려하더라도 만주 거주 한인 총인구 53만여 명 가운데 도시 거주 인구는 약 7.5% 정도인 4만 명으로 추산된다.[17)]

이들 7.5%에 해당되는 도시 거주 한인들은 주로 어떤 일에 종사하면서 생계를 유지하였을까? 만주 거주 한인들의 직업을 알 수 있는 각종 사료와 연구문헌들을 통해 당시 일본과 관련하여 금제품을 취급하거나 부정업과 관련된 일에 종사하였다는 것을 확인할 수 있었다.[18)] 1910년 이후 중국 정부가 재만 한인에 대해 제한과 탄압을 거듭해 온 상황에서 정상적인 직업을 구하기란 쉽지 않았다는 것을 반영한다고 하겠다.

그렇다면 이들 한인들이 낯선 만주지역에서 어떻게 중국과 일본의 단속을 피해 부정업에 종사할 수 있었던 것일까? 사실 그것이 가능했던 것은 일본의 암묵적인 묵인 내지 허가가 있었고 '일본 신민'으로서 치외법권의 특권을 누릴 수 있었기 때문이었다. 당시 만주의 각 도시

16) 박강, 『20세기 전반 동북아 한인과 아편』, 139~141쪽.
17) 박강, 앞의 책, 142쪽 ; 拓務大臣官房文書課 編, 『滿洲と朝鮮人』, 1933, 126~127쪽.
18) 박강, 앞의 책, 142쪽.

에서 아편 · 마약의 밀수 내지 불법 연관업(煙館業)에 종사하던 한인들은 일본 측에 적발되었을 경우 재중 일본영사관령에 의해 지극히 가벼운 처벌만 받았다. 중국 관헌은 이들을 단속할 수 없었다. 이들 일본인과 한인이 치외법권을 누리고 있었기 때문이다. 이러한 상황이었으므로 도시에 거주하는 한인들은 중국이 금지하고 있는 아편 · 마약 밀매업에 쉽게 종사할 수 있었다.[19]

하얼빈에 있는 한인 모르핀관
(출전: 『拒毒月刊』)

'만주사변' 이전인 1910~1920년대에 만주 한인들이 일본인과 함께 만주의 각 도시에서 아편과 마약을 밀거래하였다는 것은 일본 외무성 자료들을 통해 확인할 수 있다. 1910년대 재만 한인들은 남만주 일대에서 중국인, 러시아인, 일본인과 함께 아편 밀거래에 일익을 담당하였다고 보고되었다. 1920년대 말기에 이르면 남만주 일대의 아편 밀수입은 중국인과 러시아인에 의해 주도되었고, 일본인과 한인은 마약 밀수입에 주로 관여하였다. 북만주 지역에서는 러시아인과 일본인이 아편 및 마약판매를 놓고 치열하게 경쟁을 벌였다. 1922년에 작성된 일본영사관 보고에 의하면 하얼빈에서 가장 아편 거래가 활발히 이루어진 한 달 동안 국적별 아편 거래량을 살펴보면 중국인이 9,000kg, 일

19) 박강, 『20세기 전반 동북아 한인과 아편』, 152쪽.

본인이 4,200kg, 러시아인과 한인이 동일하게 2,400kg을 취급하였다고 하였다. 마약의 경우 1924년과 1928년 재하얼빈 총영사관의 보고에 의하면 1920년대 초반에는 북만주 각지에서 일본제품이 7할로 가장 많았으나, 후반기에 독일제품이 가장 많았다. 유대인, 중국인, 러시아인, 한인, 구미 각국인, 일본인이 수입 관련자로 기록되어 있다.[20] 이처럼 남북 만주의 주요 도시에서 한인들은 아편 · 마약업에 종사하고 있었다.

'만주국'을 수립한 1932년 이후 일본은 아편 근절을 명목으로 수입(收入) 위주의 아편 전매제도를 시행하였다. 전매제도 시행 초기에 아편의 밀재배와 밀매문제로 기대한 성과를 거두지 못하였다. 이에 일본은 재만 한인을 포함한 과거 아편업에 종사했던 인력과 조직을 활용하려는 방법을 세웠다. 과도기인 방법으로 아편 수매에서 종래의 아편 상인을 수매인으로 지정하고 더 나아가서는 이들로 하여금 수매회사를 설립하도록 하였다. 전매아편의 판매에서는 이들 인력을 도매인과 소매인으로 지정하였다. 만주지역의 주요 도시에서 아편 밀매에 많이 종사했던 한인들도 아편 소매인으로 지정되었다.[21]

이러한 아편 소매인 지정에도 불구하고 중일전쟁 발발 이전까지 전매아편의 판매상황은 개선되지 않았다. 아편 · 마약정책이 다시 변화하게 되었고 이로 인해 한인들은 부정업자로 검거되거나 화북으로 이동하는 경우가 발생하였다. 치외법권의 철폐를 앞둔 1937년 10월 '만주국'은 '아편마약단금방책요강(阿片麻藥斷禁方策要綱)'을 발표하여

20) 박강, 『20세기 전반 동북아 한인과 아편』, 143~145쪽 ; 外務省通商局, 『華盛頓會議參考資料 阿片問題』(1921), 379~383쪽 ; 外務省條約局, 『各國ニ於ケル阿片取締狀況』(1929), 32쪽, 44~45쪽.

21) 박강, 앞의 책, 161~166쪽.

아편 근절의 의지를 강조하였다. 아편 소매인 제도의 폐지 등과 함께 일련의 단속 의지를 표방하였고 1937년부터 1939년에 걸쳐서는 아편·마약 부정업자에 대한 검거가 대대적으로 진행되었다. 그 결과 일부 한인 마약 밀조업자들은 화북으로 침략해 들어가는 일본군을 따라 이동하기도 하였다.[22)]

중일전쟁 전후 화북지역으로 이주한 한인 가운데도 아편·마약업에 관여한 사람들이 적지 않았다. 만주로 이주했던 한인들이 대개 농촌에 정착했던 것과는 달리 화북으로 이주한 한인은 대체로 도시로 이주하였다. 화북 이주 한인들의 대다수는 정업을 구하기가 어려웠고 결국 아편·마약 등 부정업에 종사하는 경우가 많았다. 특히 일본이 만주침략에 이어 중일전쟁으로 화북으로까지 침략해 들어오자 일본을 따라 화북으로 들어온 한인 아편·마약 밀매상인 역시 증가하였다.[23)]

화북 이주 한인의 수는 중일전쟁 이후 폭증하였고 현지 부정업 종사자 문제도 심각해졌다. 1910년 일본의 조선 강점 이후 화북으로 이주한 한인들 다수가 부정업에 종사하고 있었다. 중일전쟁 직전 조사에 따르면 이들은 '일본 신민'으로서 누릴 수 있는 치외법권의 특권으로 부정업의 유혹에 쉽게 빠져들었다. 더욱이 일본영사관이나 군대가 이들 위반자에 대해 가볍게 처벌하였기 때문에 더욱 조장된 측면도 있었다.[24)] 중일전쟁 발발 이후 한인 이주자는 이전에 비해 10배 가까운 7만여 명에 달하였으며 마약 등 부정업 종사자 역시 늘어났다. 기존 화북에서 부정업에 종사하고 있었던 사람들도 있었지만 '만주국'으

22) 박강, 『20세기 전반 동북아 한인과 아편』, 175~177쪽.
23) 박강, 앞의 책, 192쪽.
24) 박강, 앞의 책, 199~204쪽.

로부터 이주해 온 부정업 종사자들이 이에 가세하였다. 1939년 일본 외무성 조약국의 외무서기관 니시무라 구마오(西村熊雄)가 작성한 보고에 의하면, 북경에는 약 7천 명의 한인이 있는데 그 가운데 마약 판매업에 종사하다가 자신이 중독자가 된 사람이 2천 명이었다. 천진에는 9천 명의 한인이 있는데 90%는 마약 부정업자라고 하였다.[25] 또한, 1942년에 흥아원(興亞院)[26] 화북연락부(華北連絡部)에서 작성된 일본 측 자료에 의하면 화북 이주 한인 7만 2천 명 가운데 약 70% 정도가 마약업자라고 할 정도로 당시 화북 이주 한인 가운데 부정업 종사자 문제는 심각하였다.[27] 이처럼 한인이 이주한 지역에서 마약밀매 등 부정업에 쉽게 종사하는 현상에는 일본의 소극적인 단속태도가 관련이 깊다는 점을 지적하지 않을 수 없다.[28]

1945년 일본의 패망에 따라 중국으로 이주했던 많은 한인들이 국내로 귀국하였다. 화북지역에서 북경은 한인이 가장 많이 이주했던 지역이었다.[29] 이곳에 이주했던 한인의 귀환과 마약 등 범죄자와의 관련성은 어떠하였을까? 사실 중일전쟁 발발 이후 화북지역에는 일본을 등에 업고 마약판매, 유흥업체, 중국인 가옥 강점 등 불법적인 활동을

25) 外務省條約局外務省書記官西村熊雄, 『滿洲國及北支ニ於ケル阿片麻藥問題ニ關スル視察報告』(1935), 51 · 59쪽.

26) 1938년 12월 26일에 수상을 총재로 하고, 외무 · 대장 · 육군 · 해군의 각 대신을 부총재로 하는 대(對)중국 중앙기관인 흥아원이 발족되었는데, 일본정부가 흥아원을 설치한 최대 목적은 점령지의 점령지의 문제를 통일적으로 처리할 수 있게 하는 동시에 군이 군 본래의 임무에 충실할 수 있도록 하기 위함이었다(박강, 『중일전쟁과 아편: 내몽고지역을 중심으로』, 지식산업사, 1995, 52쪽).

27) 興亞院華北連絡部, 「支那阿片對策關打合會議提出書類」, 岡田芳政 外 編, 『續現代史資料(12) 阿片問題』, 東京: みすず書房, 1986, 377쪽.

28) 박강, 『20세기 전반 동북아 한인과 아편』, 221쪽.

29) 朝鮮總督官房外務部, 『中華民國在留朝鮮人概況』(1939), 2~14쪽.

한 한인이 많았다. 따라서 한인에 대한 중국인의 인식은 매우 부정적이었다. 1945년 11월 말경 북경을 완전히 장악한 국민정부는 한교집중관리소(韓僑集中管理所 수용소)를 두고 친일 한간(韓奸 부일 한인)들을 중국 정부의 법에 따라 처벌하겠다는 태도를 명확히 하였다. 12월 1일에는 기자회견을 통해 해방 후 북경지역 2만여 명의 한인 가운데 절반이 일본군의 앞잡이로 인식된다고 발표하였다. 이처럼 한인을 소집한 목적은 불법 한인을 조사하여 처벌하기 위한 것이었다. 그런데 국민정부의 소집 명령에 따라 소집된 한인은 2천여 명 정도에 지나지 않았다. 2만여 명 가운데 절반을 차지하였다고 판단된 불법 한인들은 이미 다양한 방법으로 은닉하였다. 이들은 도주하거나 중국인으로 위장하기도 하고, 대한민국 임시정부나 한인단체에 임용되거나, 공산세력에 가담하는 등의 방법으로 소집을 피하였다. 국민정부는 일반 시민의 고발을 적극적으로 유도함으로써 적지 않은 한인 범죄자들을 체포하였다. 이들 한인의 대부분은 마약 관련자, 강도 혐의자, 공공 위험죄자, 한간과 전범 등이었다.[30)]

이때 국민정부에 의해 체포된 한인 범죄자, 특히 마약 범죄자는 어떻게 처리되었을까? 해방 직후 중국 국민정부는 한인 범죄자를 전범과 일반 형사 범죄자로 구분하여 처리 방침을 달리하였다. 한인 전범에 대해서는 일본인 전범의 처리방법을 적용했다. 북경지역의 한인 일반 형사 범죄자는 주로 마약범죄, 강도죄, 공공 위험죄 등이었다. 당시 대한민국 임시정부는 1945년 11월 중순부터 북경에 화북교포선무

30) 손염홍, 「중국 북경지역 한인 '범죄자' 처리와 미귀환」, 『한국근현대사연구』 37집, 2006, 61~68쪽.

단(華北僑胞宣撫團)을 조직하여 북경 한인의 생명, 재산 보호와 귀국에 관한 사무를 처리하고 있었다. 화북교포선무단은 불법 한인에 대해 중국의 법에 의해 처벌해야 한다고 주장하면서도 구속된 한인 죄수의 석방에 관해 끊임없이 국민정부와 교섭하였다. 북경시 정부는 이에 대해 마약밀매, 강도혐의, 총기매매 등 범죄자 가운데 1946년 3월 20일 이전에 체포된 한인에 대해서는 중앙명령에 의해 심판을 면제하고 한교집중관리소를 통해 이들을 귀국시켰다. 그 결과 많은 한인들이 무죄로 석방되었으며 3~4월에만 45명이 풀려났다. 이미 무거운 징역이 판결되거나 무거운 형을 받은 경우는 이 방침이 적용되지 않았지만 죄가 경미한 경우 화북교포선무단 등의 노력으로 신속하게 조사하여 처리되거나 사면령을 받아 귀국할 수 있게 되었다. 그 결과 5월에는 99명의 한인이 석방되었다. 이처럼 북경에서 많은 한인 범죄자들이 쉽게 귀국할 수 있었던 것은 국민정부의 관대한 처벌정책, 대한민국 임시정부의 노력, 1946년 후반에 시작된 국공내전이라는 정세 등이 영향을 미쳤다. 그 결과 북경에서 마약판매 등 불법적인 행위를 자행했던 많은 한인들이 고국으로 귀환할 수 있었던 것이다.[31)]

만주지역의 경우 일본이 패망하자 거주 한인 가운데 70~80만 명 정도가 귀환하였다. 조사 자료에 따라 차이가 있지만, 당시 만주 거주 한인 230만 가운데 나머지 120~130만 명은 만주에 남은 것으로 보고 있다. 일본 패망 후 중국은 국민당과 공산당의 군사적 충돌과 대립으로 국민당 점령 하의 수복구(收復區)와 공산당 관할 하의 해방구(解放區)로 분할되었다. 특히 공산당 관할 하에 있던 한인들이 한반도로 귀

31) 손염홍, 「중국 북경지역 한인 '범죄자' 처리와 미귀환」, 76~77쪽, 82~83쪽, 87~90쪽.

환하지 않고 그곳에 정착한 경우가 많았다. 공산당이 한인들에게 이중국적을 부여하고 토지소유권을 승인하였기 때문이었다.[32)]

반면 수복구의 한인들은 대개 한반도로 귀환하였다. 이 또한 국민당 정책의 영향이었다. 국민당은 재만 한인들에 대한 부정적인 인식에 기초해 전부 송환시킨다는 기본방침을 세웠다. 중국 당국은 '만주국' 시기 대부분의 한인들은 일본인의 앞잡이 역할을 하였으며, 도시에 거주하는 한인들의 경우 대부분 아편 장사를 하여 중국인들을 타락시켰다고 인식하였다. 이러한 인식으로 인해 광복 직후 많은 한인은 이중고에 처하게 되었다. 위로는 국민정부의 이른바 '일위재산(日僞財産)' 접수라는 명목하에 산업과 재물들을 몰수 혹은 압류당했다. 다른 한편으로는 지주와 토비를 비롯한 불한당들에게 토지와 가옥을 약탈당하는 상황에 처하였다. 그 결과 광복 후 국민당 점령지 내의 한인들 대부분이 적빈자 혹은 피난민의 처지를 면하기 어려웠다.[33)]

1946년 4월 동북보안사령장관부(東北保安司令長官部)에서는 '한교처리임시방법(韓僑處理臨時方法)'을 반포하여 "무릇 생산에 종사하지 않거나 적당한 직업이 없는 한교(韓僑)는 일률로 집중하여 먼저 송환귀국시킨다"고 규정하였다. 이러한 국민정부의 한인에 대한 송환정책과 국민당 점령지역 내 재만 한인에 대한 중국인의 부정적인 인식 등으로 인해 수복구 지역에서 특히 많은 한인이 한반도로 귀환하였다. 연변대학 민족연구원이 소장한 「한교사무처개황(韓僑事務處槪況)」에

32) 김춘선, 「광복후 중국 동북지역 한인들의 정착과 국내귀환」, 『한국근현대사연구』 28집, 2004, 206~208쪽 ; 손춘일, 「해방직후 재만조선인들의 한반도 귀환」, 『전농사론』 9, 2003, 2 · 16쪽.

33) 김춘선, 앞의 논문, 201쪽 ; 손춘일, 「해방직후 재만조선인들의 한반도 귀환」, 12~15쪽.

의하면, 광복 전 동북의 한인은 216만 3,115명이었다. 이들 가운데 약 70만이 광복과 더불어 귀국함으로써 동북에는 약 140만 2,131명이 남아 있던 것으로 집계되었다.[34] 또한 「동북수복구전교민대표대회보고각지한교현황요기(東北收復區全僑民代表大會報告各地韓僑現況要記)」에 의하면 광복 후 약 80여만 명의 한인이 귀환하였다고 한다. 그 가운데 60여만 명은 안동(지금의 단동)을 경유한 것으로 나타났다.[35] 이러한 사실을 통해 아편 장사 등 부정업에 종사했던 한인들 다수도 국민당 관할하의 압록강을 통해 귀국하였다는 것을 알 수 있다.

요컨대 일본의 조선 강점 이후 만주와 화북의 도시로 이주했던 많은 한인은 아편과 마약밀매에 관여하였다. 이들 중국 이주 한인들은 낯선 타국에서 정업을 구하기 어려운 상황이었고, 이들 한인은 '일본 신민'으로 치외법권의 특혜를 보유하고 있었다. 이러한 상황은 밀매 등 부정업의 유혹에 쉽게 빠지게 하는 결과를 낳았다. 일본 패전 직전까지 화북과 만주에서 아편·마약과 관련이 있었던 이주 한인들의 다수가 중국인과 국민정부의 한인에 대한 부정적인 인식과 송환정책에 따라 본국으로 귀국하게 되었다. 이들의 귀환은 해방 직후 한국 사회에 마약문제라는 사회불안 요소의 형성에 적지 않은 영향을 미쳤다.

34) 김춘선, 「광복후 중국 동북지역 한인들의 정착과 국내귀환」, 198쪽.
35) 김춘선, 앞의 논문, 198~199쪽.

3. 1960년대 군사 정부의 마약정책과 '만주국'의 유산

해방 직후 일본 식민지배의 유산과 중국 이주 동포의 귀환 등으로 심각해진 마약문제의 상황은 1950년대에도 이어졌다. 1950년대 한국 전쟁을 계기로 부상자 치료과정에서 남용된 마약으로 인해 중독자가 발생하는 문제도 새롭게 있었지만, 간첩과 좌익에 의한 불법적인 유포가 큰 사회문제로 대두되었다. 이 시기 마약문제는 공산주의의 부도덕성을 강조하는 동시에 정부의 반공체제 수립에 활용되기 시작하였다.[36]

해방 이후 한국 정부의 마약대책은 중독자 구제와 재활보다는 밀매 단속에 초점이 맞추어져 있었다. 1950년대에 들어서면서 마약문제는 반공체제의 수립에 활용되는 움직임이 있었지만 마약대책은 여전히 단속 위주의 정책에서 크게 달라지지 않았다.[37] 마약과 관련한 사회문제들이 연일 언론 등에 보도되면서 1957년에 마약법이 제정되었지만 커다란 변화는 없었다. 여전히 예방대책이나 시설 확충보다는 단속 위주의 정책으로 일관되었다.[38]

이처럼 단속이라는 일면적인 마약대책이 지속되면서 해방 이후 마약문제는 이렇다 할 성과를 거두지 못하고 있었다. 이러한 상황은 1961년 군사 정부가 들어서면서 일변하였다. 1961년에 수립된 군사 정부는 국가경제의 발전과 사회악의 제거, 그리고 국가가 필요로 하는

36) 박지영, 「'적색 마약'과의 전쟁: 한국의 마약정책과 반공주의, 1945-1960」, 『의사학』 52호, 2016, 85~90쪽.

37) 박지영, 앞의 논문, 84~85쪽, 90쪽 ; 조석연, 「마약법 제정 이후 한국의 마약문제와 국가통제(1957~1976)」, 236쪽.

38) 조석연, 「마약법 제정 이후 한국의 마약문제와 국가통제(1957~1976)」, 239쪽.

'국민'을 재생산한다는 목표를 세웠다. 그것의 일환으로 1961년에 '특정범죄 처벌에 관한 임시 특례법'에 마약사범에 대한 가중처벌 조항을 넣어 단속 의지를 보였다. 이후 마약사범에게는 최고 사형까지 선고할 수 있도록 처벌규정을 강화하였다. 정부 당국은 마약 관련자들을 국가경제를 좀먹고 사회악을 조장하는 존재로 규정하여 그 처벌을 대폭 강화한 것이다. 이러한 대책 수립에 따라 관련자의 검거와 물량의 압수가 진행되었다. 사회악 제거 제1단계 실적을 살펴보면 1962년 1월 18일부터 2월 10일까지 3,641명의 마약사범이 검거되었고, 총수량 19만 3,786g의 마약이 압수되었다. 1965년에는 정부에서 마약문제를 '3대 사회악'으로 규정하여 마약 중독자 적발을 더욱 강화시켰다.[39)]

군사 정부의 마약에 대한 시각은 사회악 제거 차원뿐만 아니라 1950년대 이래 반공주의와도 연계되어 있었다. 군사 정부의 박정희 국가재건최고회의 의장은 1962년 5월 28일에 지시각서(指示覺書) 제7호를 정부 각 기관에 보내 공무원의 관기확립(官紀確立)과 경찰업무의 강화를 지시하였다. 그 지시사항 가운데 마약범 단속 강화가 포함되어 있었다. 특히 마약은 공산간첩이 악용하기 쉬운 것이므로 마약의 단속이 철저하게 지속되어야 한다고 하였다.[40)] 당시 언론에서도 마약범죄를 강도 있게 우려하고 있었다. 우리 사회에 어떠한 범죄보다 사회에 미치는 악영향이 클 뿐 아니라 공산간첩의 공작 발판이 되고 있다고 하였다. 당시 간첩들이 마약을 자금조달의 방법으로 활용하고, 다른

39) 조석연, 「마약법 제정 이후 한국의 마약문제와 국가통제(1957~1976)」, 240~243쪽 ; 「혁명1년의 시정비판(6) 사회」, 『경향신문』, 1962년 5월 12일.

40) 「朴議長 官紀解弛에 警告」, 『동아일보』, 1962년 6월 1일 ; 「接踵하는 犯罪와 暴力防止하라」, 『경향신문』, 1962년 5월 31일.

한편으로는 상대국의 사회교란과 국민체력 궤멸을 목적으로 마약을 다량 투입하고 있다고 지적하였다. 이에 마약의 철저한 단속은 국방상으로도 그 중요성이 언급되었다.[41] 즉 당시 마약의 단속은 사회악의 제거는 물론 간첩의 자금원 차단과도 깊다고 보았으므로 군사 정부는 이를 철저히 단속할 것을 강조하였다.

또한, 군사 정부는 마약대책을 단순히 마약 근절에 한정시키지 않고 국내 노동력의 활용이라는 문제에까지 연계시켜 마약의 근절에 전력을 쏟았다. 1962년부터 시작된 제1차 경제개발 5개년 계획의 목표와 방침에서도 "국내 노동력을 최대한으로 활용하여 자본화에 기한다"[42]라고 하였다. 마약의 확산과 중독의 문제는 국내 노동력의 활용이라는 측면에서 반드시 선결되어야 할 문제였다.[43]

군사 정부에서는 마약문제에 대한 단속정책과 함께 예방과 치료대책도 병행하여 실시하였다. 1961년 당국의 지원 아래 마약환자 갱생협회가 발족되었다. 이 협회를 중심으로 마약환자의 수용과 치료·교화가 진행되고 밀경작과 밀조행위 예방을 위한 활동이 시작되었다. 이에 마약 중독자에 대한 입원치료도 점차 늘어났다. 정부 당국은 1960년대 들어 해마다 별도의 예산을 책정하여 전국 10개소에 마련된 수용소에 마약 중독자들을 강제 수용하고, 치료사업을 지속적으로 실시해 나갔다.[44]

41) 「麻藥犯一齊소탕」, 『동아일보』, 1962년 2월 4일 ; 「횡설수설」, 『동아일보』, 1961년 8월 24일.

42) 경제개발계획평가교수단 편저, 『제1차 경제개발 5개년 계획 평가보고서』(기획조정실, 1967), 19쪽 ; 대한민국정부, 『제1차 경제개발 5개년 계획』, 대한민국정부, 1962, 16쪽.

43) 조석연, 「마약법 제정 이후 한국의 마약문제와 국가통제(1957~1976)」, 240~243쪽.

이상과 같이 군사 정부의 마약대책은 해방 이후 1950년대까지 실시된 마약대책과는 차이가 있었다. 그 변화의 기저에는 마약문제에 대한 이해의 변화가 작용하였다. 해방 직후부터 마약대책은 대체로 단속 위주의 일면적인 정책이 지속되고 있었다. 당시 마약문제의 원인은 일본 식민지의 유산과 해외 귀환 동포와의 관련성에 있다고 보았다. 반면 1950년대부터는 공산간첩의 부도덕성과 마약문제를 연계시켰다. 이후 군사 정부가 들어선 때는 국내 노동력 활용문제에도 연계시켜 이해하게 되었다. 따라서 마약대책은 단속위주의 일면성에서 벗어나 예방과 치료대책이 병행되어 추진되었다. 뿐만 아니라 마약범죄를 사회악으로 규정하여 최고 사형까지 처벌할 수 있도록 법규를 강화시켰다. 또한 공산간첩의 자금조달 수단으로 악용될 수 있음을 강조하여 단속에 만전을 기하도록 하였다. 무엇보다도 1962년부터 추진된 경제개발 계획에 있어 국내 노동력의 활용이 중요하므로 마약의 확산을 경계하였다.

이와 같이 상황과 이해의 변화에 따른 대책의 시행이라는 면모가 보이지만 한편으로는 군사 정부의 마약대책이 '만주국'에서 시행했던 아편 · 마약 대책과 유사한 측면들이 엿보인다는 사실도 부정할 수 없다. '만주국'에서는 아편이 항일세력의 재원으로 활용되고 있음을 경계하고 차단을 위한 정책을 시행하였다. 또한, 경제개발 계획이 추진되면서 노동력 확보와 관련하여 아편 · 마약의 근절과 치료대책을 강화시켰다. 1930년대에 수립된 '만주국'과 1960년대 남한에 수립된 군사 정부와는 어떤 연결 고리가 있었던 것일까?

44) 조석연, 앞의 논문, 244쪽.

우선 '만주국'과 남한이 처한 환경이 유사하였다는 점을 들 수 있다. '만주국'의 경우 가상의 적인 소련과 국경을 접하고 있었고 남한 역시 주적인 북한과 국경을 맞대고 있었다. 공산주의라는 가상의 적 또는 주적과 국경을 접하고 있는 유사한 환경에서 유사한 정책들이 나올 가능성이 있었다.[45]

만주국군의 모습(출전: 『滿洲國史各論』)

그리고 1961년에 성립된 군사 정부의 주요 인맥들이 '만주국'의 경험이 있는 인사들로 포진되어 있었던 점 역시 간과할 수 없다. 일본 패망 당시 관동군에는 대략 2~3만 명의 한인이 징병으로 끌려가 배속되어 있었다. 이에 반해 만주국군에는 대략 2백 명 가량이 배속되어 있었는데 관동군과는 달리 다수(60명 정도)가 군관학교 출신의 장교들이었다. 일본 패망 직후 장춘 일대에 주둔하고 있던 만주국군 출신

45) 한홍구, 「大韓民國에 미친 滿洲國의 遺産」, 244쪽 ; 강상중 · 현무암 저, 이목 역, 『기시노부스케와 박정희』, 217쪽.

한인들은 정일권을 주축으로 만주교민보안대(滿洲僑民保安隊)를 편성하였다. 현지 한인의 생명과 재산을 보호한다는 명분을 내세웠지만, 실제 목적은 자신들의 안전한 귀환과 만주국군으로 복무했던 전력을 희석시키는데 있었다. 만주국군 제8단에 소속되어 있던 박정희를 비롯한 장교 출신의 또 다른 일행은 북경으로 내려가 광복군 주평진대대(駐平津大隊)를 편성하여 명분과 안전을 보장받은 후 귀환하려 하였다. 당시 광복군은 중국 각지에 산재한 일본군·만주국군 출신의 한적(韓籍) 사병을 포섭할 필요성이 있었다. 이는 박정희 등 만주국군 출신 한인들의 이해와 상호 접점을 이루었고 그 결과로 주평진대대(駐平津大隊)가 결성되었다. 그러나 정치적 상황과 여건이 악화되어 합법적 단체 귀환이 불가능하게 되었다. 결국 두 단체는 모두 해체되었고 각기 개인 자격으로 귀국하게 되었다.[46)]

귀국한 만주국군 출신 한인들은 봉천군관학교나 신경군관학교(정식명칭은 '만주국' 육군군관학교) 출신의 장교를 포함하여 약 120명 정도로 추산된다. 이들 귀국한 만주국군 세력들은 1950년대 한국전쟁 시기와 그 직후에 군의 요직을 차지하였다.[47)] 당시 이들은 군대 조직 내에서 커다란 인맥을 형성하였다. 소위 '만주 인맥'인 만주국군 출신들이 출세할 수 있었던 것은 '만주국'에서 이들의 경험이 당시 유용할 것으로 판단되었기 때문이다. 과거 만주국군 출신인 이들은 관동군과 만주국군 사이에서 중간 연락 등의 역할을 하였다. 이 경험이 일본군에서만 복무한 사람에 비해 해방 후 미군과 한국군 사이에서 역할을

46) 박민영, 「해방 후 滿洲國軍 출신 한인의 귀환」, 160~161쪽.
47) 박민영, 앞의 논문, 143쪽.

유능하게 수행할 것으로 판단되었다. 이로써 만주국군 출신의 '만주 인맥'이 일본 육사 출신을 제치고 요직을 차지하였다.[48]

'만주국' 출신의 인맥이 남한 사회 전체에 영향을 미친 것은 1961년 박정희 군사 정부 수립 이후이다. 만주군관학교 출신인 박정희가 군사쿠데타를 일으킬 때, 박정희보다 1년 선배인 만주군관학교 1기생들이 적극 가담하였다. 또한, 박정희보다 군 경력이 훨씬 빨랐던 정일권은 박정희 밑에서 오랜 기간 국무총리를 지냈으며, '만주국'의 고위관료 양성기관인 대동학원 출신의 최규하는 박정희 정권의 마지막 국무총리를 지냈다. 이처럼 만주국군과 '만주국' 관료들을[49] 포함한 '만주국' 출신들이 1960년대에 두터운 인맥을 형성하면서 남한의 정부 요직을 차지하고 있었다.[50] '만주국'을 경험한 '만주국' 출신의 영향력을 무시하기 어려운 상황이었던 만큼 그들의 경험은 정책 시행과정에 많이 반영되었다고 생각된다.

'만주국'의 분위기는 박정희 유신시대에 많이 재현되었다. 국민교육헌장 낭독과 재건체조로 이루어지는 월요일의 애국조회, 사열과 분열행진으로 이루어지는 목요일의 교련조회, 국기에 대한 맹세, 점심시간의 혼식검사, 학교와 거리에서 행해지는 장발단속, 학생과 공무원들을 아침 일찍부터 동원하는 조기청소, 김일성 화형식 등 각종 궐기대회,

48) 한홍구, 「大韓民國에 미친 滿洲國의 遺産」, 243쪽 ; 강상중 · 현무암 저, 이목 역, 앞의 책, 123쪽.

49) '만주국'에서 근무한 한인 관료는 대략 3천여 명으로 추산되며, 그 가운데 고등관(지금의 사무관) 이상의 한인은 200명 안팎이었다[강상중 · 현무암 저, 이목 역, 『기시노부스케와 박정희』, 304쪽].

50) 한홍구, 「大韓民國에 미친 滿洲國의 遺産」, 244쪽 ; 박민영, 「해방 후 滿洲國軍 출신 한인의 귀환」, 143쪽.

쥐잡기와 채변 등의 위생 강조, 열 손가락의 지문을 찍는 주민등록증 제도, 끊임없이 반복되는 충효 이데올로기 등은 '만주국'의 사회 분위기와 흡사하였다.[51)]

이처럼 가상의 적 또는 주적과 국경을 접하고 있는 '만주국'과 남한의 유사한 환경, 1960년대 수립된 군사정부와 '만주 인맥'과의 깊은 관련성과 더불어 군사정부의 마약 단속을 바라보는 시각은 '만주국'의 치안공작 경험과 일면 유사한 측면이 있었다. '만주국'에서는 이 지역의 오랜 아편 흡연 폐단을 교정하기 위해서 일반에게는 흡연을 엄격히 금지하고 오직 중독에 빠진 자에 한해 치료를 목적으로 흡연을 인정하는 점금정책을 취한다고 공포하였다. 그리고 흡연에 필요한 아편을 국가에서 생산에서 판매까지 전매하는 방식을 채택하였다. 그러나 건국 초기 공급할 아편의 양이 과다하여 과거 아편의 생산 경험이 있는 지역을 중심으로 허가하였으나 치안문제로 인해 아편 재배지를 열하지역에 집중시켰다. 이와 관련하여 1935년 12월 16일 민정부(民政部)·몽정부(蒙政部)·재정부(財政部)는 「앵속밀작(罌粟密作)에 관한 포고」를 발표하였는데 그 내용은 다음과 같다.

> "아편의 密作은 고래로 匪賊의 생존과 밀접하여 불가분의 관계에 있었다. 아국의 비적은 良民에 대해 협박적으로 재배의 보호에 임하거나 혹은 스스로 그 일부를 재배하거나 또는 私土의 밀매 등의 방법을 통해 기생충적 생존을 계속하여, 비적 절멸의 일대 장애가 되었다."[52)]

51) 한홍구, 앞의 논문, 247~248쪽 ; 한석정, 「東아시아 國家 만들기의 연결 고리: 滿洲國, 1932-1940」, 142 · 152쪽.

52) 山田豪一, 『滿洲國の阿片專賣』, 東京: 汲古書院, 2003, 857쪽.

위의 내용과 같이 '만주국' 당국에서는 아편이 비적, 즉 일본의 만주 지배에 저항하는 항일세력의 중요한 재원이 되어 왔으므로 이들 비적을 토벌하기 위해서는 비적과 아편과의 연결고리를 끊는 것이 매우 중요하다고 인식하였다. 따라서 비적의 주요 재원을 차단하기 위해 치안이 불안한 지역에 대한 아편 재배를 금지시켰다.[53] 아편 재원 차단과 관련한 '만주국'의 치안공작은 1950년대는 물론 '만주 인맥'의 영향력이 큰 군사 정부의 마약정책에도 일정 정도 영향을 미쳤다. 군사 정부도 공산간첩의 자금을 마약에서 찾는 시각을 가졌다.

이와 함께 군사 정부에서 1960년대 추진된 경제개발 계획과 노동력의 활용, 그리고 이와 관련한 마약 단속 역시 '만주국'의 것과 흡사하였다. 1960년대 한국의 경제개발 계획은 '만주국'에서 시행된 경제개발 계획과 유사하다. 군수산업에 역점을 둔 자급자족적 중화학 공업화와 수출 주도형 성장을 추구한 박정희 시대의 계획은 조선에서 시행된 총독부의 경제개발 계획이나 일본 본토에서 시행된 경제개발 계획보다는 '만주국'의 경제개발 계획의 기본 방향을 따르고 있었다.[54] 1930년

53) 박강, 「1930년대 만주지역의 아편재배와 한인, 그리고 匪賊」, 『한국민족운동사연구』 92, 2017, 200쪽.

54) 한홍구, 논문, 247쪽. 관동군은 '만주국' 수립 직후부터 소련과의 전쟁 준비를 위한 1단계로서 만주경제개발이 추진되었다. 2단계로서는 1936년 12월에 '만주산업개발 5개년 계획 강요'가 결정되어 1937년부터 1941년까지 5년 동안 만주국의 광공업, 특히 군수공업의 기초를 이루는 철광, 석탄, 인조석유, 경금속 공업의 비약적 확대를 기도하였다. 더욱이 자동차, 항공기 산업의 육성을 도모하고자 하였다. 그러나 '만주산업개발 5개년 계획' 실시 첫해인 1937년에 중일전쟁이 발발하자 곧이어 '수정5개년 계획'이 입안되어 만주 자체의 중공업 건설 보다는 석탄, 철광 등 원재료의 대일 공급지 역할로 계획이 수정 · 변경되었다[박강, 「만주국의 아편정책」, 『중국학논총』 8집, 1994, 111쪽 ; 鈴木隆史, 『日本帝國主義と滿州 1900~1945 下』, 東京: 塙書房, 1992, 280쪽].

대 일본 사회에서 군부는 산업화를 수행할 수 있는 재벌을 통제하기 어려웠던 반면 '만주국'에서는 관동군 수뇌부가 원하는 어떠한 경제정책이든 수행이 가능하였다. 따라서 '만주국'의 건국을 주도했던 관동군은 '만주국'을 총력전 준비의 일환으로 자급자족적인 군사적, 경제적 기지로서 강화하고자 하였다.[55] 이는 박정희 시대의 경제개발 계획과 유사하였다. 뿐만 아니라 공교롭게도 한일국교 정상화 추진에 관여한 인물들 역시 '만주국'의 경제개발 계획을 추진한 인물들이었다.[56]

'만주국'과 남한 군사 정부와의 유사성은 경제개발 계획뿐만 아니라 국내 노동력의 활용과 관련한 마약정책에서도 엿볼 수 있다. 앞서 언급했듯이 마약법 시행 초기 군사정부에서는 국가경제 부흥을 위해 국내 노동력의 활용이 중요시되었다. 이를 위해 마약의 유포와 중독자 문제에 대한 철저한 단속이 필요하였다. '만주국' 역시 산업개발을 추진하는 상황에서 노동력 확보가 긴급한 요인으로 부각되어 마약 단속과 치료가 강화되었다. 노동력의 부족함이 없었던 '만주국'에서 1937년 '산업개발5개년계획'이 실시되면서 노동력의 수요가 급격히 늘어났다. 특히 이해 7월에 중일전쟁이 발발하면서 일본과 '만주국'을 일체로 하는 산업개발, 생산력 증강이 요청되었다. 이처럼 급증하는 노동력 수요에 비해 중일전쟁 발발 이후 화북 노동자의 입국이 급격히 줄어들

55) 한석정, 「東아시아 國家 만들기의 연결 고리: 滿洲國, 1932-1940」, 127쪽 ; 歷史學研究會 編, 『太平洋戰爭史2 日中戰爭Ⅰ』, 東京: 青木書店, 1974, 83쪽.

56) '만주국'에서 경제개발 계획을 추진한 주요 인물들은 기시 노부스케(岸信介), 시나 에츠사부로(椎名悅三郎) 등 일본의 이른바 개혁관료들이었다. 시나는 1933년 '만주국'의 실업부 계획과장으로 부임하여 후일 경제개발 계획과 중요산업 통제법 입안의 기초가 되는 임시산업 조사국을 창설하였으며, 기시는 1936년 '만주국'의 산업부 차장으로 부임하여 산업개발 5개년 계획과 북변진흥 3개년 계획 등 중요정책을 추진하였다[한홍구, 논문, 246~247쪽].

었기 때문이었다. 이에 '만주국'에서는 화북 노동자의 입국 제한을 해제하고 적극적으로 입국을 촉진하는 한편 '만주국' 내 노동력의 확보를 위해 필요한 통제를 추진하였다.[57)]

중일전쟁 발발 직후 공포된 '아편마약단금10개년계획'과 1940년 10월에 공포된 '아편마약단금강화방책요강'은 노동력 수급 문제와 밀접한 연관이 있었다. 당시 건국 초기의 아편법과는 달리 마약법까지 제정하여 단금정책을 시행하고자 하였던 것은 노동력 수요 문제와 연관해서 이해해야 한다. '만주국' 내 마약 중독자의 수를 정확히는 알 수 없으나 약 15만 명으로 추정된다. 대체로 아편의 흡연은 부유층에서 널리 이용되었으며, 마약은 중류 이하의 저소득층에서 선호하고 있었다.[58)] 이러한 상황에서 마약의 확산은 곧 노동으로 생계를 유지하는 저소득층에게 악영향을 미쳐 '만주국' 내 노동 공급에 문제를 초래하게 될 것이 자명하였다.

'만주국'에서 발간한 사료와 아편정책 관련 책임자의 공술서를 통해서도 중일전쟁 발발 이후 아편 · 마약 단속문제가 단순히 보건 위생상의 문제가 아니라 노동력 공급문제와 깊이 연계되어 있었음을 알 수 있다. 아편 · 마약 단속 강화와 관련하여 '만주제국' 정부가 편한 『만주건국10년사(滿洲建國十年史)』와 아편정책 최고 책임자이며 '만주국'의

57) 박강, 「만주국 아편단금정책의 재검토」, 『부대사학』 23집, 1999, 18쪽 ; 滿洲國史編纂刊行會 편, 『滿洲國史各論』, 東京: 滿洲國史編纂刊行會, 1971, 1154쪽 ; 小林英夫, 『大東亞共榮圈の形成と崩壞』, 東京: 御茶の水書房, 1977, 283~285쪽 ; 滿洲帝國政府 편, 『滿洲建國十年史』, 復刻本, 東京: 原書房, 1969, 333~334쪽 ; 鈴木隆史, 앞의 책, 327~336쪽 ; 오카베마키오 저, 최혜주 역, 『만주국의 탄생과 유산: 제국 일본의 교두보』, 어문학사, 2009, 173~185쪽.

58) 박강, 「만주국 아편정책」, 114쪽 ; 宮島幹之助, 「滿洲の阿片と痲藥」, 岡田芳政 외 편, 『續現代史資料(12) 阿片問題』, 東京: みすず書房, 1986, 110쪽.

총무차장을 역임한 후루미 다다유키(古海忠之)[59]의 공술서에 다음과 같이 언급되어 있다.

> 아편마약 단금문제는 단순히 보건 위생상의 문제뿐만 아니라 국력의 消長과도 관련된 문제이고 我國의 국책인 興農增産, 地下資源의 개발 등은 물론 國防國家體勢의 공고화에 대해서도 이 문제는 중대한 의의를 갖는 것이다[60]

> 그러던 것이 1937년 만주산업개발 제1차 5개년 계획이 입안되고 점차 실시됨에 이르러 당연히 노동수요가 급증하였고, 또한 동시기에 北邊振興計劃이 수립되어 착수되었다. 그런데 한편에서 화북으로부터의 노동자의 入滿은 제국주의 일본의 화북침략 기타 원인에 의해 격감되어 노동력 기근에 빠짐으로써 갑자기 노동문제가 중대화되었다.[61]

위의 사료를 통해 볼 때 중일전쟁 이후 수립된 아편·마약 단금정책이 단순히 보건 위생상의 문제에 그치는 게 아니라 전시 총력전 준비와 관련하여 '만주국'의 산업개발에 필요한 노동력 공급에 더 큰 목적이 있었음을 알 수 있다.

중일전쟁 발발 이후 '만주국'은 아편·마약의 단금과 함께 부족한 노동력 확보를 위해 신속한 교정치료 사업을 시행하였다. '만주국'에서는 1937년 10월에 '아편마약단금10개년계획'에 근거하여 교정치료

59) 岡部牧夫, 「史料が語る滿洲國統治の實情: 古海忠之供述書の意義」, 『世界』 49卷, 1998, 157쪽 ; 「金明世證詞」, 中央檔案館·中國第二歷史檔案館·吉林省社會科學院 편, 『日本帝國主義侵華檔案資料選編: 東北經濟掠奪』, 北京: 中華書局, 1991, 821쪽.

60) 滿洲帝國政府 편, 『滿洲建國十年史』, 274쪽.

61) 古海忠之, 「滿洲勞工ニ關スル罪行」, 『世界』49卷, 1998, 173쪽.

기관인 계연소(戒煙所)를 증설하였다. 1940년 1월에는 금연총국(禁煙總局)의 개설과 함께 명칭을 강생원(康生院)으로 고쳐 이미지를 쇄신시켰다. 전국적으로 강생원 수는 189개 소, 수용정원은 12,370명이었다. 입소 기간은 2개월을 한도로 정하고 만주 전체 50만 중독자 가운데 취로 가능한 40세 이하의 남자를 우선으로 집단 수용하였다. 그리고 이들 수용자들을 아편 해독제로 치료한 후 각 직장에서 대강 6개월 취로에 의한 보도훈련(輔導訓練)을 실시하였다.[62] 당시 '만주국'에서는 노동력의 부족문제가 당면 과제였고 이를 해결하기 위한 일환으로 아편·마약 중독자까지 적극적으로 치료하여 취로시키고 있었다.

마약문제에 대한 '만주국'의 이 같은 경험은 1960년대 군사 정부의 마약문제 인식에도 선례의 역할을 하였다. 군사정부 수립 직후 마약문제에 대한 단속강화와 예방대책 수립, 치료사업 실시 등으로 마약문제가 어느 정도 해결되었다. 그런데 1965년 5월에 대형 마약사건인 '메사돈 사건'이 터졌다. 시판 중인 의약품 중에 합성마약인 메사돈이 혼합된 약품들이 일반의약품으로 분류되어 판매되었던 것이다. 이로 인해 많은 마약 중독자가 양산되었는데 수사를 착수한 지 1개월간의 수사결과로 중독된 환자 수는 약 23만 명으로 파악되었다. 국회에서는 100만 명이 넘는다는 주장이 나오기도 하였다. 이 사건을 계기로 정부는 마약을 퇴치하지 않으면 국가경제 발전이 어렵다고 판단하고 1965년부터 대대적으로 마약사범에 대한 집중 단속을 시작하였다. 다음 해인 1966년에는 마약을 '5대 사회악'으로 규정하여 마약통제에 대한 정

62) 滿洲國史編纂刊行會 편, 『滿洲國史各論』, 1226~1227쪽 ; 박강, 「만주국 아편단금 정책의 재검토」, 19쪽.

부의 강한 의지를 다시금 보여주었다.[63]

요컨대 1960년대 군사 정부의 마약정책과 1930년대 '만주국'의 마약정책과의 유사성을 시론적으로 살펴보았다. 사실 시공간적으로 볼 때 남한의 군사 정부와 '만주국'과는 직접적인 관련성을 찾기는 어렵다. 하지만 가상의 적 또는 주적을 맞대고 있는 '만주국'과 남한의 유사한 환경, 1960년대 남한에 수립된 군사 정부와 '만주 인맥'과의 관련성, 경제개발 계획의 유사성과 노동력 확보에 대한 인식 등을 통해 당시 군사 정부의 정책들이 '만주국'의 정책들과 흡사한 점들이 많았다는 점을 지적할 수 있다. 그러한 가운데 군사 정부의 마약정책에서도 공산간첩의 마약 재원 차단, 경제개발 계획과 연계한 노동력 보호, 계몽과 치료 등에 '만주국' 시대 아편·마약정책의 잔영이 떠오른다고 하겠다.

4. 소결

해방 이후 한국 사회에 드리워진 마약문제의 심각성은 일본 식민지배의 영향에만 그치는 것이 아니라 중국지역 한인의 귀환과도 관련이 있었다. 해방 직후의 경우는 중국 화북과 만주로부터 귀환한 한인 아편·마약 관련 종사자 또는 중독자의 영향이 있었다. 비록 시론적인 측면이 있어 앞으로 더 연구가 필요하겠지만 1960년대 군사 정부 시기에도 해방 후 만주로부터 귀환한 '만주 인맥'의 영향을 주목하지 않을 수 없다. 마약정책에서도 '만주국'의 그림자가 일정 정도 드리워졌다

63) 조석연, 「마약범 제정 이후 한국의 마약문제와 국가통제(1957~1976)」, 245~250쪽.

고 생각된다. 이처럼 해방 이후 한국 사회에 잔존했던 유산은 일본 식민지의 유산뿐만 아니라 중국 등 해외 귀환 동포 역시 한국 사회와 한국 정부의 정책 수립 초기 단계에 일정 정도 영향을 미쳤다고 하겠다.

결론

이 책은 개항기와 일본의 조선 강점기를 중심으로 아편과 조선과의 관계에 대한 연구서이다. 개항기의 조선 정부, 1910년 이후 일본 및 조선총독부 당국의 아편·마약 문제에 대한 정책 내지 대책과 그 의도, 아편·마약의 소비와 확산 원인, 그리고 실태와 사회적 영향 등을 중심으로 살펴보았다. 여기에 더해 해외 이주 및 귀환 한인과 아편·마약과의 관련성에 대해서도 지금까지 연구되지 않은 새로운 지역 또는 새로운 관점에서 알아보고자 하였다.

지금까지 본문에서 살펴본 내용을 바탕으로 아편과 조선과의 관련성에 대해 주목할 점 몇 가지를 정리하면 다음과 같다.

첫째, 개항기 조선의 아편 확산문제는 청국인과의 관련성이 높았으며 이후 식민지 시기에 일어났던 중국인 배척문제와도 일정 정도 궤를 같이한다고 하겠다. 아편전쟁 이후 조선 정부는 아편문제의 심각성을 인식하였지만 아편 단속에 대한 조선 정부의 법적 대응 미숙, 조선인의 아편 해독에 대한 인식 부족 등으로 아편의 소비 증가에 제대로 대처하지 못하였다. 뿐만 아니라 1882년 청 정부와의 '조청무역장정'의 체결, 1899년에 맺은 '한청통상조약' 이후 영세 상인은 물론 쿨리 등 다수의 중국인들이 이주해 오면서 아편이 불법적으로 많이 확산되었다. 이로 인해 조선에서 아편의 폐해가 사회적으로 우려할 만한 수준에 도달하였으며 이는 곧 조선에서 청국인에 대한 부정적인 인식을 형성하는 데 일조하였을 뿐만 아니라 이후 식민지 시기 한인의 중국인 배척에도 일정한 영향을 미쳤다.

둘째, 조선을 식민지화 한 일본은 표면적으로는 조선의 아편문제 근절을 내세웠지만 실은 일본의 식민지 및 점령지에 필요한 아편·마약의 공급과 수익확보라는 관점을 가장 우선시하였다. 따라서 아편과 모르핀이 초래한 조선 내 심각한 사회문제에 대해서는 별로 관심을 기울이지 않았다. 아편의 경우 대만의 높은 아편 전매 수입에 매력을 느껴 조선의 상황을 정확히 파악하지 못한 채 무리하게 아편 전매제를 추진하려다가 무산되었다. 또한, 1차 대전 발발 이후 식민지 조선을 동아시아 지역에 필요한 마약의 공급지로 주목하여 아편 증산정책을 추진하였으나 이 역시 실패로 끝났다. 당시 일본과 조선총독부는 아편을 통한 수익 창출을 위해 필요에 따라 상황을 조작 내지 자의적으로 해석하였다. 조선총독부의 무리한 정책 추진은 일본과 조선총독부의 아편정책에 대한 신뢰 상실은 물론 1920년대 식민지 조선에 모르핀 중독문제라는 심각한 사회문제를 초래하였다. 결국 1935년에 이르러 강화된 마약 처벌규정을 마련하였지만, 이 또한 조선의 사회문제 해결을 우선한 것이 아니었다. 중일전쟁 전후 일본 세력권의 부족한 아편 공급문제 해결이라는 구도 속에서 조선의 모르핀 대책이 구상되었던 결과였다.

셋째, 1920년대 조선 내 모르핀 확산의 주요 원인의 하나로 지방 의료인들의 모르핀 오남용 문제 역시 간과할 수 없다. 일본은 조선을 식민지화 하면서 서양의학 중심의 선진 의료체계의 보급을 공언하였지만 1920년대 지방의 의료체계는 여전히 미비하였다. 이러한 상황이 오히려 일부 몰지각한 의료인들이 거리낌 없이 모르핀을 남용하는 환경을 제공하게 되었다. 모르핀의 효능에 대한 잘못된 인식이 여전히 일반인들 사이에 남아있는 상황에서 지방 의료체계의 미비는 몰상식한 의료인들로 하여금 모르핀의 오남용 유혹에 쉽게 빠질 수 있게 하였다. 여기에 모르핀 사용 위반에 대한 당국의 가벼운 처벌규정, 그리고 단속의 부족 역시 모르핀의 오남용을 부추겼다. 이로 인해 1920년대에 적지 않은 지방 의료인들이 모르핀을 오남용하였고 이것이 모르핀 확산의 주요 원인의 하나로 작용하여 사회적 심각성을 더하였다.

넷째, 일본의 조선 강점으로 만주로 이주했던 한인 궁민들은 '만주사변'을 전후하여 생활 터전이 마적, 비적과 겹치면서 또 다른 형태의 어려움과 마주해야 했다. '만주사변' 전후 압록강과 두만강 대안 국경지역으로 이주한 한인 가운데 농촌지역에서 아편 생산으로 어려운 생계를 이어간 한인 궁민들이 있었다. '만주사변' 이전과 이후에 활동한 마적과 비적 역시 동북군벌과 '만주국'의 토벌로 국경지역 또는 변경지역에 은거하면서 손쉬운 재원 마련 수단으로 아편 수입을 활용하였다. 그러나 아편 생산과 연계된 만주 이주 일부 한인들은 동북군벌 통치하에서는 관군들의 마적 토벌과, '만주국' 통치하에서는 항일세력인 비적들에 대한 재원 차단 수단 등과 연계되면서 힘겨운 삶을 꾸려갈 수밖에 없었다.

다섯째, 중국 화북에 있는 청도지역의 경우 중일전쟁 이전에 이미 많은 한인들이 이 지역에서 마약을 밀수·판매하여 중국인의 건강에 심각한 위해를 끼쳤다. 이는 중국인에게 한인에 대한 부정적인 이미지를 갖게 하는 데 일정한 영향을 미쳤다. 한인의 마약 밀수 및 판매가 일본에 의해 용인되고 이용된 측면이 있었지만 중국 정부와 국제사회가 이미 법으로 금지하고 있는 상황에서 다수의 하층계급에 속하는 중국인에게 마약이 판매되어 심각한 고통의 결과를 낳은 행위를 한 한인들은 그 비난으로부터 자유롭기 힘들다. 일본의 조선 강점으로 인해 해외로 떠밀리듯 나갈 수밖에 없었던 식민지 조선의 정치경제 상황과 일본의 중국 침략이 노골화 되어가는 현실에서 일본의 식민지 이주민이 중국에서 정상적인 생업에 종사하기란 쉽지 않은 상황이었다. 그렇다고 하더라도 청도지역에서의 한인 마약밀매 행위는 한인에 대한 부정적인 이미지 각인은 물론 항일을 위한 한중간의 연대에도 부정적으로 작용하였음에 틀림없다.

여섯째, 1930년대 경제적인 어려움을 해결하고자 도쿄지역으로 이주했던 한인 가운데 일본인 의료인들의 모르핀 오남용으로 모르핀에 중독된 사람들이 상당히 많았다. 이들은 일본 당국의 구호도 받지 못한 상황에서 힘든 삶을 살아가야만 했다. 1932년 도쿄지역 한인 모르핀 중독자는 도쿄 거주 한인 인구의 7~7.5% 정도인 3천 명에 달하였다고 보도되었다. 이 시기 도쿄 거주 한인 마약 중독자 문제는 심각한 상황이었으며 이들 한인 마약 중독자 가운데는 일본인들이 힘들고 위험하다고 기피하는 최하층 노동에 종사하는 사람들이 많았다. 이들 한인 중독자들에 대해 일본 관헌들은 대체로 무관심과 방관으로 일관함으로써 제대로 구호 받기도 어려웠다. 이 시기 재일 한인 모르핀 중독자의 중독 원인을 일본 내부가 아닌 당시 사회적으로 마약문제가 심각했던 조선 내부에서 찾으려는 경향이 있었다. 그 주요 배경으로 마약문제가 심각했던 조선의 남부지역을 주목하였으며, 도일한 한인 역시 조선 남부지역 출신이 가장 많았기 때문이라는 것이다. 그러나 당시 일본 의료인들이 남긴 글이나 마약 구호단체 관련자료들을 검토해 본 결과 부도덕한 일본인 의료인들의 모르핀 오남용이 주요 원인이었다. 여기에 일본인 의료인들과 협잡을 일삼은 한인 동포 브로커가 일조하였음을 알 수 있었다.

일곱째, 해방 이후 한국 사회에 잔존했던 여러 유산 가운데 마약문제의 경우 일본 식민지의 유산뿐만 아니라 중국 귀환 동포 역시 해방 이후 한국 사회에 일정 정도 영향을 미쳤다. 해방 직후 중국 화북과 만주에서 아편·마약과 관련이 있던 한인들이 귀환하면서 한국 사회에 마약문제라는 사회불안 요소를 형성하는데 적지 않은 영향을 미쳤다. 또한, 비록 시론적인 측면이 있지만 해방 후 만주로부터 귀환한 '만주 인맥'의 영향으로 1960년대 군사 정부 시기에 추진된 마약정책에서도 '만주국'에서 시행된 마약정책의 잔영들이 엿보인다. 이러한 모습을 볼 때 해방 이후 한국 사회는 일본의 식민지 유산은 물론 귀환 한인의 영향도 주목할 필요가 있겠다.

요컨대 개항기 및 일본의 조선 강점기 조선의 아편문제를 보면 외세의 영향 내지 지배가 크게 작용하였음을 알 수 있다. 개항기의 경우 아편전쟁 이후 아편 유입에 대한 조선 정부의 우려와 대처에도 불구하고 청국과의 '조청무역장정', '한청통상조약' 이후 중국인을 통해 아편의 유입이 확산되었다. 일본의 조선 강점기 역시 일본이 표면적으로는 아편의 근절을 내세웠지만 내면적으로는 수익창출 또는 재원확보를 위해 아편과 마약정책이 추진되었음을 알 수 있다. 이와 같은 외세의 영향 내지 지배하에서 아편과 마약이 조선 사회에 심각한 영향을 미쳤다.

아편과 마약은 해외 이주 한인 사회의 삶에도 다양한 형태로 연계되어 있었다. 일부 만주 이주 한인의 경우 아편 생산지역이 마적, 비적의 활동지역과 대체로 중복되면서 힘든 삶을 살아가기도 하였다. 화북의 청도지역 이주 한인의 경우 이 지역에서 적극적으로 마약을 밀매하면서 중국인의 비난을 사기도 하였다. 또한, 재일 한인의 경우 일본인 의료인들의 모르핀 오남용으로 모르핀 중독에 빠져 힘겨운 삶을 살아가는 사람들이 다수 있었다. 아편·마약과 관련된 이주 한인들은 일본의 조선 강점과 연관된 정치·경제적 문제로 떠밀리듯 이주하는 경우가 많았으며, 일본의 중국 침략으로 인한 중일 간의 갈등이 식민지 한인의 중국 정착을 더욱 어렵게 만든 측면도 있다. 여기에 일본의 조선 강점 이후 일본인과 같이 중국에서 치외법권을 누릴 수 있게 되면서 아편·마약 밀매 과정에서 일본에 의해 용인 내지 이용된 측면도 있다. 이러한 이주 한인들의 모습은 고국에서의 곤궁한 삶을 벗어나 생계유지 내지 좀 더 나은 삶을 찾고자 하는 과정에서 나타난 다양한 굴곡진 모습의 한 단면이라고 생각된다. 또한, 해외 이주 한인 사회의 불안정성을 상징적으로 보여주는 한 측면이라고도 생각된다. 그렇다고 하더라도 중국 국내는 물론 국제사회에서 이미 법으로 금지하고 있는 아편·마약 관련 생산 및 판매행위는 결국 비난으로부터 자유로울 수 없다.

제1장

『大韓每日申報』

『大韓每日申報(국한문판)』

『독립신문』

『每日申報』

『매일신문』

『인천일보』

『한성순보』

『한성주보』

『皇城新聞』

『각사등록 근대편』[출처: 한국사데이터베이스]

『고종시대사 3집』[출처: 한국사데이터베이스]

『국역 備邊司謄錄 235책』[출처 : 한국사데이터베이스]

『국역 憲宗實錄』[출처: 한국사데이터베이스]

『국역 高宗實錄』[출처: 한국사데이터베이스]

『大韓季年史 卷之八 高宗皇帝/純宗皇帝』[출처: 한국사데이터베이스]

『梅泉野錄 제5권』[출처: 한국사데이터베이스]

『續陰晴史 卷12』[출처: 한국사데이터베이스]

『駐韓日本公使館記錄 26권』[출처: 한국사데이터베이스]

『海鶴遺書 9권』[출처: 한국사데이터베이스]

『형법대전(하)』, 刊寫者 未詳, 1863-1907년 추정

岡田芳政 外編,『續現代史資料(12) 阿片問題』, 東京, みすず書房, 1986.
牛窪愛之進,『阿片禍』, 東京, 曉書院, 1933.
劉明修,『臺灣統治と阿片問題』, 東京, 山川出版社, 1983.
蘇智良,『中國毒品史』, 上海, 上海人民出版社, 1997.
朱慶葆 外著,『鴉片與近代中國』, 南京, 江蘇教育出版社, 1995.
劉煒 主編,『中華文明傳眞 10』, 上海辭書出版社·商務印書館(香港), 2001.
天津市政協文史資料研究委員會 等編,『近代天津圖志』, 天津: 天津古籍出版社, 2004.
박강,『아편과 20세기 중국』, 선인, 2010.
손정목,『한국개항기 도시변화과정연구』, 일지사, 1994.
이광린,『한국사강좌Ⅴ 근대편』, 일조각, 1988.
이정희,『화교가 없는 나라』, 동아시아, 2018.
숭실대학교한국기독교박물관학예과 편집,『한국기독교박물관소장 연행도』, 숭실대학교 한국기독교박물관, 2009.
민두기,「19세기 후반 조선왕조의 대외위기의식: 제1차, 제2차 중영전쟁과 이양선 출몰에의 대응」,『東方學志』 52집, 1986.
민윤,「개항기 인천 조계지 사회의 연구: 조계지 내 갈등과 범죄의 양상을 중심으로」,『인천학연구』 7집, 2007.
박강,「조선에서의 일본 아편정책」,『한국민족운동사연구』 20권, 1998.
박강,「개항기(1876~1910) 조선의 아편소비와 확산」,『한국민족운동사연구』 76, 2013.
이영록,「개항기 한국에 있어 영사재판권-수호조약상의 근거와 내용-」,『법사학연구』 제32호, 2005.
이은자,「한국 개항기(1876-1910) 중국의 치외법권 적용 논리와 한국의 대응 -한중간 조약체결 과정을 중심으로-」,『동양사학연구』 92집, 2005.
이은자,「韓淸通商條約 시기(1900~1905) 중국의 在韓 치외법권 연구」,『명청사연구』 26, 2006.
이재석,「한청통상조약 연구」,『한청통상조약 연구』 19집2호, 2011.

정태섭 · 한성민, 「개항후(1882-1894) 청국의 치외법권 행사와 조선의 대응」, 『한국근현대사연구』 43집, 2007.

정태섭 · 한성민, 「乙巳條約 이후 韓淸 간 治外法權 연구(1906-1910)」, 『한국근현대사연구』 제46집, 2008.

조석연, 「해방 이후의 마약문제와 사회적 인식」, 『사학연구』 108호, 2012.

하정식, 「아편전쟁과 조선 · 일본」, 『근대중국연구』 제2집, 2001.

譚永盛, 「조선말기의 청국상인에 관한 연구-1882년부터 1885년까지-」, 단국대학교 석사학위논문, 1976.

이홍권, 「19세기말 조선에서의 청상활동 연구-1882~1894년을 중심으로-」, 강원대학교 석사학위논문, 2006.

제2장

『동아일보』

『每日申報』

『조선중앙일보』

『중외일보』

『拒毒月刊』

『東京朝日新聞』

滿鐵經濟調査會第5部, 『朝鮮阿片麻藥制度調査報告』, 1932.

朝鮮總督府, 『朝鮮事情 昭和十二年版 』, 京城, 朝鮮總督府, 1936.

朝鮮總督府, 『朝鮮事情 昭和十六年版』, 京城, 朝鮮總督府, 1940.

朝鮮總督府專賣局, 『朝鮮專賣史』 제3권, 京城, 朝鮮總督府專賣局, 1936.

朝鮮總督府專賣局, 『朝鮮の專賣』, 京城, 朝鮮總督府專賣局, 1941.

朝鮮總督府 編, 『朝鮮總督府統計年報(明治44年度)』, 영인판, 京城, 朝鮮總督府, 1913.

朝鮮總督府醫院 編, 『朝鮮總督府醫院年報 第13回』, 京城, 朝鮮總督府醫院, 1928.

西村熊雄, 『滿洲國及北支ニ於ケル阿片麻藥問題ニ關スル視察報告』, 1939.

倉橋正直 編·解說,『二反長音藏·アヘン關係資料』, 東京, 不二出版, 1999.
「한국시정에 대하여」,『駐韓日本公使館記錄』 26권(출처: 한국사데이터베이스)
外務省條約局,「昭和十三年度執務報告 拔萃」,『極東國際軍事裁判 檢察側證據書類』 82卷, 1043-2號.
山內三郎,「麻藥と戰爭: 日中戰爭の秘密兵器」, 岡田芳政 外編,『續現代史資料(12) 阿片問題』, 東京, みすず書房, 1996.
佐藤弘,「大東亞の特殊資源: 阿片」(1943), 岡田芳政 外編,『續現代史資料 阿片問題』, 東京, みすず書房, 1986.
藤原鐵太郎,「阿片制度調査報告」, 岡田芳政 外編,『續現代史資料(12) 阿片問題』, 東京, みすず書房, 1996.
「外務省關係電報および文書」, 岡田芳政 外編,『續現代史資料(12) 阿片問題』, 東京, みすず書房, 1996.
「モルヒネ, コカイン及其ノ鹽類ノ取締ニ關スル件」, 外務省通商局,『華盛頓會議參考資料 阿片問題』, 1921.
「朝鮮阿片取締令施行規則」, 大正8年 6月 總領第111號, 국학자료원 편,『日帝下法令輯覽 2권 10집: 衛生·警察』, 국학자료원, 2000.
「한국시정에 대하여」,『駐韓日本公使館記錄』 26권(출처: 한국사데이터베이스).
山田豪一,『滿洲國の阿片專賣』, 東京, 汲古書院, 2002.
劉明修,『臺灣統治と阿片問題』, 東京, 山川出版社, 1983.
구라하시 마사나오 저, 박강 역,『아편제국 일본』, 지식산업사, 1999.
박강,『중일전쟁과 아편: 내몽고 지역을 중심으로』, 지식산업사, 1995.
박강,『20세기 전반 동북아 한인과 아편』, 선인, 2008.
菊地酉治,「阿片害毒運動に關する意見」, 菊地酉治 외 저,『阿片問題の研究』, 東京, 國際聯盟協會, 1928.
菊地酉治,「朝鮮に於けるモヒ阿片害毒問題」,『社會事業』 12-3, 1928.
菊地酉治,「朝鮮に於ける阿片モヒ害毒問題」,『社會事業』 12-3, 1928.
金俊淵,「朝鮮モルヒネ問題」,『中央法律新報』 第1卷 第5號, 1921.
長田欣也,「植民地朝鮮における阿片生産」,『早稻田大學大學院文學部紀要』 別册

20卷, 1994.

樋口雄一, 「朝鮮總督府の麻藥政策と朝鮮人の麻藥患者」, 『中央大學政策文化綜合研究所年報』 20號, 2016.

菊地酉治 저 · 朱西周 역, 「日人在華之毒品密輸」, 『拒毒月刊』 43, 1930.

菊地酉治 述 · 宋哲夫 記, 「日本鴉片政策之解剖」, 『拒毒月刊』 25, 1928.

John M. Jennings, "The Forgotton Plague: Opium and Narcotics in Korea under Japanese Rule, 1910-1945", Modern Asian Studies, No. 29-4(1995).

박강, 「개항기(1876~1910) 조선의 아편확산과 청국 상인」, 『한국민족운동사연구』 80, 2014.

박강, 「菊地酉治의 아편마약 문제에 대한 인식과 구제활동」, 『한국민족운동사연구』 60, 2009.

박강, 「조선에서의 일본 아편정책」, 『한국민족운동사연구』 20, 1998.

박강, 「1910년대 조선총독부 아편정책의 실상」, 『한국민족운동사연구』 84, 2015.

박강, 「중일전쟁 이전 중국의 마약확산과 일본정부의 태도」, 『중국사연구』 32, 2004.

오미일, 「일제강점기 경성의 중국인 거리와 '魔窟' 이미지의 정치성」, 『東方學志』 163, 2013.

송윤비, 「식민지시대 모르핀 중독 문제와 조선총독부의 대책」, 서강대학교대학원 석사학위논문, 2009.

조석연, 『한국근현대 마약문제 연구』, 한국외국어대학교대학원 박사학위논문, 2018.

제3장

『동아일보』

『每日申報』

『東京朝日新聞』

『醫事公論』

朝鮮總督府 편, 박찬승 외 역, 『국역 조선총독부30년사(상) 시정25년사①』, 민속원, 2018.

朝鮮總督府 편, 박찬승 외 역, 『국역 조선총독부30년사(중) 시정25년사②』, 민속원, 2018.

朝鮮總督府 편, 박찬승 외 역, 『국역 조선총독부30년사(하) 시정30년사』, 민속원, 2018.

朝鮮總督府警務局衛生課 編, 『朝鮮道立醫院要覽』, 京城, 朝鮮總督府警務局衛生課, 1937.

朝鮮總督府警務局衛生課 編, 『朝鮮道立醫院要覽』, 京城, 朝鮮總督府警務局衛生課, 1938.

朝鮮總督府 編, 『朝鮮道立醫院概況』, 京城, 朝鮮總督府, 1930.

朝鮮總督府專賣局, 『朝鮮專賣史 第3卷』, 朝鮮總督府專賣局, 1936.

滿鐵經濟調査會第5部, 『朝鮮阿片麻藥制度調査報告』, 1932.

국학자료원 편, 『日帝下法令輯覽 2권10집: 衛生·警察』, 국학자료원, 2000.

金俊淵, 「朝鮮モルヒネ問題」, 『中央法律新報』第1卷第5號, 1921.

竹內淸一, 「朝鮮に於ける救療事業の擴張,充實を望む」, 『朝鮮社會事業』 10-7, 1932.

松本武祝, 「植民地期朝鮮農村における衛生·醫療事業の展開 : 植民地的近代性に關する試論」, 『商經論叢』 34-4, 1999.

박강, 『20세기 전반 동북아 한인과 아편』, 선인, 2008.

신동원, 『한국근대보건의료사』, 한울아카데미, 1997.

여인석 외 저, 『한국의학사』, 역사공간, 2018.

박강, 「조선에서의 일본 아편정책」, 『한국민족운동사연구』 20, 1998.

박강, 「1910년대 조선총독부 아편정책의 실상」, 『한국민족운동사연구』 84, 2015.

박강, 「1930년대 조선총독부 모르핀 대책의 실상」, 『한국민족운동사연구』 100, 2019.

박윤재, 「조선총독부의 지방 의료정책과 의료 소비」, 『역사문제연구』 21, 2009.

박윤재, 「일제의 한의학 정책과 조선 지배」, 『醫史學』 17-1, 2008.
신동원, 「조선총독부의 한의학 정책-1930년대 이후의 변화를 중심으로-」, 『醫史學』 12-2, 2003.
조형근, 「식민지체제와 의료적 규율화」, 김진균 외 편저, 『근대주체와 식민지 규율권력』, 문화과학사, 1997.
박윤재, 『韓末 · 日帝 初 近代的 醫學體系의 形成과 植民支配』, 연세대학교대학원 박사학위논문, 2002.
조석연, 『한국근현대 마약문제 연구』, 한국외국어대학교대학원 박사학위논문, 2018.

제4장

『동아일보』
『每日申報』
『조선일보』
禁煙總局, 『阿片及麻藥關係法令集』, 禁煙總局, 1941.
南滿洲鐵道株式會社經濟調査會, 『滿洲國專賣制度の現狀』, 南滿洲鐵道株式會社經濟調査會, 1935.
滿洲帝國政府 編, 『滿洲建國十年史』, 復刻本, 東京, 原書房, 1969.
滿洲國史編纂刊行會 編, 『滿洲國史 各論』, 東京, 滿蒙同胞援護會, 1971.
滿洲國軍事顧問部 編, 『國內治安對策の硏究』, 影印本, 東京, 株式會社大安, 1964.
滿洲國軍事顧問部 編, 『滿洲共産匪の硏究』, 滿洲國軍事顧問部, 1936.
野間清治 編輯, 『新滿洲國: 寫眞大觀』, 東京, 大日本雄辯會講談社, 1932.
專賣總局, 『滿洲國阿片專賣制度槪要』, 專賣總局, 1938.
專賣總局, 『阿片事業槪況』, 專賣總局, 1938.
赤間騎風 · 高橋黑龍 著, 『馬賊物語』, 資文堂書店, 1932.
「間島總領事館管內ニ於ケル阿片及魔藥品」, 外務省通商局, 『支那ニ於ケル阿片及魔藥品』, 外務省通商局, 1925.
「局子街分館管內ニ於ケル阿片及魔藥品」, 外務省通商局, 『支那ニ於ケル阿片及魔藥品』, 外務省通商局, 1925.
「吉林地方ニ於ケル阿片取締ノ現狀ニ關スル調査報告」(1928.10.17 在吉林 川越總領事報告), 外務省條約局, 『各國ニ於ケル阿片取締狀況』, 外務省條約局, 1932.
「間島地方ニ於ケル阿片取締ノ現狀ニ關スル調査報告」(1929.3.28 在間島 鈴木總領事報告), 外務省條約局, 『各國ニ於ケル阿片取締狀況』, 外務省條約局, 1932.
尼市特務機關, 「大正十九年九月 第十一師團駐屯區域內 鮮人阿片栽培事業調査書」, 倉橋正直 編解說, 『二反長音藏 アヘン關係資料』, 東京, 不二出版, 1999.
加藤豊隆, 『滿洲國警察小史-(第一編)滿洲國權力の實態について』, 松山: 元在外公務員援護會, 1978.
加藤豊隆, 『滿洲國警察小史-(第二編)滿洲國の地下組織について』, 松山: 元在外公務員援護會, 1978.
高橋捨次郎, 「滿洲馬賊に就いて」, 伊藤武雄 外編, 『現代史資料 32 滿鐵』, 東京, みすず書房, 1966.
角和善助, 「滿洲馬賊匪賊事情」, 『朝鮮及滿洲』 298號, 1932.
高橋利雄, 『滿洲馬賊』, 東京, 白永社書房, 1928.
遠藤一二, 『馬賊と滿洲』, 奉天, 小山陸雄, 1932.
渡邊龍策, 『馬賊社會誌』, 東京, 秀英書房, 1981.
小峰和夫, 『滿洲: 起源・植民・覇權』, 東京, 御茶の水書房, 1991.
山田豪一, 『滿洲國の阿片專賣』, 東京, 汲古書院, 2003.
山本三生 代表編輯, 『日本地理大系-滿洲及南洋篇』, 東京, 改造社, 1930.
西澤泰彦, 『圖說 '滿洲'都市物語』, 東京, 河出書房新社, 2000.
西澤泰彦, 『圖說 滿鐵: '滿洲'の巨人』, 東京, 河出書房新社, 2000.
渡邊龍策, 『馬賊』,東京, 中央公論社, 1964.

常城,『現代東北史』, 哈爾濱, 黑龍江教育出版社, 1986
張海鵬 編著,『中國近代史稿地圖集』, 上海, 地圖出版社, 1984.
박강,『20세기 전반 동북아 한인과 아편』, 선인, 2008.
박강,『중일전쟁과 아편 ; 내몽고지역을 중심으로』, 지식산업사, 1995.
박환,『사진으로 보는 만주지역 한인의 삶과 기억의 공간』, 민속원, 2016.
박환,『사진으로 보는 러시아지역 한인의 삶과 기억의 공간』, 민속원, 2013.
윤휘탁,『日帝下 '滿洲國'硏究』, 일조각, 1996.
玄圭煥,『韓國流移民史』, 語文閣, 1967.
필 빌링슬리 저, 이문창 역,『중국의 토비문화』, 일조각, 1996.
김성욱,「시차적 관점에서 바라본 근대소설의 중국인식」,『한국언어문화』 35집, 2008.
남춘애,「한국소설에 반영된 마적형상 연구」,『문예시학』 26집, 2012.
박강,「9·18사변 이전 중국 동북정권의 아편정책」,『한국민족운동사연구』 32집, 2002.
박강,「'만주사변' 이전 일본과 재만한인의 아편·마약 밀매문제」,『한국민족운동사연구』 35집, 2003.
박강,「1920년대 마적과 한인, 그리고 아편」,『한국민족운동사연구』 88, 2016.
박강,「만주국의 아편마약 밀매대책과 재만한인」,『한중인문학연구』 19, 2006.
서재길,「한국 근대소설과 마적-윤백남의『사변전후』를 중심으로」,『만주연구』 20집, 2015.
정종현,「딱지본 대중소설에 나타난 '만주'표상 」,『한국문학연구』 33집, 2007.

제5장

『동아일보』
『每日申報』
『拒毒月刊』

外務省通商局,『華盛頓會議參考資料 阿片問題』, 外務省通商局, 1921.
在青島日本帝國總領事館 編,『青島槪觀』, 青島, 青島日本帝國總領事館, 1924.
朝鮮總督府北京出張所,『在北支朝鮮人槪況』, 東京, 朝鮮總督府北京出張所, 1940.
外務省通商局,『支那ニ於ケル阿片及魔藥品』, 東京, 外務省通商局, 1925.
外務省條約局,『各國ニ於ケル阿片取締狀況』, 東京, 外務省條約局, 1929.
「青市府限期肅淸烈性毒品」,『拒毒月刊』86期, 1935.
「青島日人毒害華人調査」,『拒毒月刊』55期, 1932.
谷香,「青島日本浪人之生活」,『拒毒月刊』57期, 1932.
중화민국국민정부외교부 편, 박선영 옮김,『중일문제의 진상: 국제연맹 조사단에 참여한 중국대표가 제출한 29가지 진술(1932년 4월~8월)』, 동북아역사재단, 2009.
欒玉璽,『青島の都市形成史: 1897-1945』, 東京, 思文閣出版, 2009.
天津地域史硏究會 편,『天津史』, 東京, 東方書店, 1999.
酒井直行 外 編輯,『日本の戰爭』, 東京, 新人物往來社, 2006.
上海歷史博物館 編, 哲夫 房藝芳 編著,『青島舊影』, 上海, 上海古籍出版社, 2007.
閻立津 編,『青島舊影』, 北京, 人民美術出版社, 2004.
于恩德,『中國禁煙法令變遷史』, 臺北, 影印本, 文海出版社, 1973.
陸安,『青島近現代史』, 青島, 青島出版社, 2001.
구라하시 마사나오 저, 박강 역,『아편제국 일본』, 지식산업사, 1999.
박강,『20세기 전반 동북아 한인과 아편』, 선인, 2008.
손염홍,『근대 북경의 한인사회와 민족운동』, 역사공간, 2010.
이준희,『침략과 통치: 근대 독일과 일본의 산동성 식민지경영』, 제이앤씨, 2005.
桂川光正,「青島における日本阿片政策」,『二十世紀硏究』3巻, 2002.
本庄比佐子,「膠州灣租借地內外における日本占領地統治」, 本庄比佐子 編,『日本の青島占領と山の東社會經濟 1914-1922年』, 東京, 東洋文庫, 2006.
김광재,「중일전쟁기 중국 화북지방의 한인 이주와 '노대농장'」,『한국근현대사연구』11집, 1999.

김주용, 「해방 이전 화북지역 한인이주와 '생활체험'」, 『만주연구』 35집, 2003.
박강, 「화북이주 한인과 아편마약 밀매」, 『한국민족운동사연구』 55집, 2008.

제6장

『동아일보』
『醫事公論』
東京府社會課, 『在京朝鮮人勞働者の現狀』, 東京, 東京府學務部社會課, 1929.
滿鐵經濟調査會第5部, 『朝鮮阿片麻藥制度調査報告』, 滿鐵經濟調査會第5部, 1932.
朴慶植 編, 『在日朝鮮人關係資料集成(第1卷)』, 東京, 三一書房, 1975.
朴慶植 編, 『在日朝鮮人關係資料集成(第2卷)』, 東京, 三一書房, 1975.
朴慶植 編, 『在日朝鮮人關係資料集成(第3卷)』, 東京, 三一書房, 1976.
朴慶植 編, 『在日朝鮮人關係資料集成(第4卷)』, 東京, 三一書房, 1976.
生江孝之先生口述, 『わが九十年の生涯)』, 生江孝之先生自叙傳刊行委員會, 1958.
朴在一, 『在日朝鮮人に關する綜合調査硏究』, 東京, 新紀元社, 高麗書林影印本, 1992.
朴橿 著, 小林元裕 · 吉澤文壽 · 權寧俊 譯, 『阿片帝國日本と朝鮮人』, 東京, 岩波書店, 2018.
倉橋正直, 『日本の阿片戰略: 隱された國家犯罪』, 東京, 共榮書房, 1996.
구라하시 마사나오 저, 박강 역, 『아편제국 일본』, 지식산업사, 1999.
강덕상 저, 김동수 · 박수철 역, 『학살의 기억, 관동대지진』, 역사비평사, 2005.
김광렬, 『한인의 일본이주사 연구』, 논형, 2010.
도노무라 마사루 저, 신유원 · 김인덕 역, 『재일조선인 사회의 역사학적 연구』, 논형, 2010.
박강, 『아편과 20세기 중국』, 선인, 2010.
박경식, 『일본제국주의의 조선지배』, 청아출판사, 1986.

'역사교과서 재일 코리언의 역사'작성위원회 편, 『역사교과서 재일 한국인의 역사』, 역사넷, 2007.
현규환, 『한국유이민사(하)』, 삼화인쇄출판부, 1976.
김인덕, 「역사 속 재일조선인 의료와 복지의 한계」, 『한일민족문제연구』 40, 2021.
김인덕, 「1920년대 후반 재일조선인의 생활실태 연구」, 『한국근현대사연구』 5, 1996.
김광렬, 「전간기 일본도항 조선인의 특질」, 『일본학보』 46, 2001.
김광렬, 「20세기 전반 한인의 일본 이주와 정착: 이주 현지의 사회적 영향을 중심으로」, 『역사학보』 212, 2011.
박강, 「일본의 아편정책과 三井物産·三菱商事의 활동」, 『중국근현대사연구』 37, 2008.
박강, 「1910년대 조선총독부 아편정책의 실상」, 『한국민족운동사연구』 84, 2015.
박강, 「1920년대 조선의 지방 의료체계와 모르핀 오남용」, 『한국민족운동사연구』 104, 2020.
박강, 「1930년대 조선총독부 모르핀 대책의 실상」, 『한국민족운동사연구』 100, 2019.
이승희, 「식민지 시기 재일조선인에 대한 일본 치안당국의 인식」, 『한일관계사연구』 44, 2013.
청암대학교 재일코리안연구소 편, 『재일코리안 디아스포라의 형성: 이주와 정주를 중심으로』, 선인, 2013.

제7장

『경향신문』
『동아일보』
鈴木隆史, 『日本帝國主義と滿州 1900~1945 下』, 東京, 塙書房, 1992.

滿洲帝國政府 편,『滿洲建國十年史』, 復刻本, 東京, 原書房, 1969.
滿洲國史編纂刊行會 편,『滿洲國史各論』, 東京, 滿洲國史編纂刊行會, 1971.
小林英夫,『大東亞共榮圈の形成と崩壞』, 東京, 御茶の水書房, 1977.
山田豪一,『滿洲國の阿片專賣』, 東京, 汲古書院, 2003.
歷史學硏究會 編,『太平洋戰爭史2 日中戰爭Ⅰ』, 東京, 青木書店, 1974.
外務省通商局,『華盛頓會議參考資料 阿片問題』, 1921.
外務省條約局,『各國ニ於ケル阿片取締狀況』, 1929.
外務省條約局外務省書記官西村熊雄,『滿洲國及北支ニ於ケル阿片麻藥問題ニ關スル視察報告』, 1935.
朝鮮總督官房外務部,『中華民國在留朝鮮人槪況』, 1939.
拓務大臣官房文書課 編,『滿洲と朝鮮人』, 1933.
岡部牧夫,「史料が語る滿洲國統治の實情: 古海忠之供述書の意義」,『世界』 49卷, 1998.
古海忠之,「滿洲勞工ニ關スル罪行」,『世界』 49卷, 1998.
宮島幹之助,「滿洲の阿片と痲藥」, 岡田芳政 외편,『續現代史資料(12) 阿片問題』, 東京, みすず書房, 1986.
「金明世證詞」, 中央檔案館 · 中國第二歷史檔案館 · 吉林省社會科學院 편,『日本帝國主義侵華檔案資料選編: 東北經濟掠奪』, 北京, 中華書局, 1991.
興亞院華北連絡部,「支那阿片對策關打合會議提出書類」, 岡田芳政 外 編,『續現代史資料(12) 阿片問題』, 東京, みすず書房, 1986.
강상중 · 현무암 저, 이목 역,『기시노부스케와 박정희』, 책과함께, 2013.
경제개발계획평가교수단 편저,『제1차 경제개발 5개년 계획 평가보고서』, 기획조정실, 1967.
대한민국정부,『제1차 경제개발 5개년계획』, 대한민국정부, 1962.
박강,『20세기 전반 동북아 한인과 아편』, 선인, 2008.
오카베마키오 저, 최혜주 역,『만주국의 탄생과 유산: 제국 일본의 교두보』, 어문학사, 2009.
김웅기,『일본의 '만주형' 발전모델이 박정희 정부 산업화에 미친 영향』, 한국학중앙연구원 한국학대학원 박사학위논문, 2006.

김춘선, 「광복 후 중국 동북지역 한인들의 정착과 국내귀환」, 『한국근현대사연구』 28집, 2004.

박강, 「만주국의 아편정책」, 『중국학논총』 8집, 1994.

박강, 「만주국 아편단금정책의 재검토」, 『부대사학』 23집, 1999.

박강, 「1930년대 만주지역의 아편재배와 한인, 그리고 匪賊」, 『한국민족운동사연구』 92, 2017.

박민영, 「해방 후 滿洲國軍 출신 한인의 귀환」, 『한국독립운동사연구』 22집, 2004.

박지영, 「'적색 마약'과의 전쟁: 한국의 마약 정책과 반공주의, 1945-1960」, 『醫史學』 25-1(52), 2016.

서교, 「전후 화북지구 한교의 안치와 송환: 천지 한교의 관리와 송환을 중심으로」, 『한국근현대사연구』 28집, 2004.

손염홍, 「중국 북경지역 한인 '범죄자' 처리와 미귀환」, 『한국근현대사연구』 37집, 2006.

손춘일, 「해방 직후 재만 조선인들의 한반도 귀환」, 『전농사론』 9, 2003.

조석연, 「해방 이후의 마약문제와 사회적 인식: 해방과 정부수립 초기를 중심으로」, 『사학연구』 108, 2012.

조석연, 「마약법 제정 이후 한국의 마약문제와 국가통제(1957-1976)」, 『한국근현대사연구』 65, 2013.

韓錫政, 「東아시아 國家 만들기의 연결 고리: 滿洲國, 1932-1940」, 『中國史硏究』 16집, 2001.

한홍구, 「大韓民國에 미친 滿洲國의 遺産」, 『中國史硏究』 16집, 2001.

アヘンと朝鮮

目次

和文抄録

本書では朝鮮の開港期から日本占領期までを中心に，アヘンと朝鮮の人々との関わりを考察した.

開港期の朝鮮政府や占領期の朝鮮総督府におけるアヘン・麻薬問題に対する政策，そしてその消費と拡散の原因，社会的影響などを中心に調査した. さらに, 海外への移住, そしてそこから帰還した朝鮮人のアヘン・麻薬との関連性についても，これまで研究されていない新たな地域をも加えて考察した.

本文で議論した，アヘンと朝鮮との関連性について注目すべき点をいくつか挙げると, 次のようである.

第一，開港期の朝鮮におけるアヘン拡散問題は清国人が深く関わっており，それは植民期に起こった中国人に対する排斥問題とも繋がっている. アヘン戦争以後，朝鮮政府はアヘン問題の深刻さを認識していたが，アヘンの取り締まりに対する法的対応の未熟さ，そしてアヘン解毒に対する朝鮮の人々の認識不足などで，アヘンの消費増加に対して十分な処置は行われなかった.

それだけでなく, 1882年の「朝清商民水陸貿易章程」や1899年の「韓清通商条約」など清政府との条約締結以降，零細商人やクーリーなど多数の中国人が移住し，アヘンの売買に携わっていた．これにより，朝鮮におけるアヘンの弊害が社会的に憂慮される水準にまで達し，これは清国人に対するネガティブなイメージに影響し，また中国人への排斥感情にも影響を及ぼした．

第二，朝鮮を植民地化した日本は，公式にはアヘンの根絶を掲げていたように見えたが，実際には植民地や占領地へのアヘンや麻薬の供給と，そこからの収益の確保を最も優先した．したがって，アヘンとモルヒネがもたらした朝鮮内の深刻な社会問題についてはあまり関心を示さなかった．アヘンの場合，台湾におけるアヘン専売の高い売り上げに魅力を感じた日本は，朝鮮での状況を把握しないままアヘン専売制を無理やり推進しようとしたが，それは失敗した．また，第一次世界大戦勃発後，朝鮮を東アジア地域における麻薬の供給地として注目し，アヘン増産政策を推進したが，これも失敗に終わった．当時，日本と朝鮮総督府はアヘンによる収益のため，必要に応じて状況を捏造し恣意的に解釈した．朝鮮総督府の無理な政策推進は，アヘン政策に対する日本と朝鮮総督府への信頼を失ったことはもちろん，1920年代の植民地朝鮮にモルヒネ中毒問題という深刻な社会問題をもたらした．結局，1935年になってからようやく強化された麻薬処罰規定を設けたが，これも社会問題の解決を優先したものではなかった．これは日中戦争前後，日本の勢力圏において不足していたアヘン供給の問題解決という構想の中で，朝鮮におけるモルヒネ対策が設けられた結果であった．

第三，1920年代の朝鮮におけるモルヒネ拡散の主な原因の一つとして，地方の医療関係者のモルヒネ誤用や乱用問題も見逃せない．日本は朝鮮を植民地化し，西洋医学中心の先進医療体系の普及を公言していたが，1920年代における地方の医療環境は依然として不備のままであった．このような状況の中で，知覚のない医療関係者の一部がモルヒネ乱用の環境を提供していた．モルヒネの効能に対する誤った認識が一般の人々の間に依然として残っている状況で，地方の医療体制の不備は常識外れの医療関係者がモルヒネを乱用することを許していた．さらに，モルヒネの使用違反に対する当局の軽い処罰規定，そして緩い取り締まりもモルヒネの乱用をあおった．このため，1920年代には多数の地方の医療関係者がモルヒネを乱用し，これがモルヒネ拡散の主な原因として，深刻な社会問題になっていた．

第四，「滿洲事変」を前後にして滿洲に移住した朝鮮の窮民たちは，生活基盤が馬賊，匪賊と重なり，新しい形の困難と向き合うことになった．彼ら窮民のうち，アヘン生産で生計を立てていた人々がいた．「滿洲事変」の前後に東北軍閥と「滿洲国」の討伐から逃げた馬賊や匪賊も，国境や辺境地域に隠れて，資金調達のためアヘンを利用していた．したがって，この地域でアヘン生産に関わった朝鮮人は，東北軍閥統治下では官軍の馬賊討伐，「滿洲国」統治下では匪賊に対する資金遮断と関わり，苦しい生活を送るしかなかった．

第五，中国華北の青島の場合，日中戦争以前から多くの朝鮮人が麻薬の密輸や販売に関わっており，中国人の健康に深刻な危害を及ぼしていた．これは中国人の朝鮮人に対するネガティブなイメージに影響を与えた．このような朝鮮人の不法行為は日本政府に容認され利用されていた側面もあったが，下層階級の中国人に麻薬を販売し，深刻な苦痛を与えたことは，非難を免れない．日本の中国侵略が露骨化している現実の中で，植民地からの移住民が合法な仕事に従事することは容易ではなかった．とはいえ，青島地域における朝鮮人の麻薬密売行為は，朝鮮人に対するネガティブな認識はもちろん，抗日を掲げていた韓中間の連帯にも悪影響を及ぼしたことに違いない．

第六，1930年代に経済的な困難のために東京に移住した朝鮮人のうち，日本人医療関係者のモルヒネ誤用により，中毒になった人が多数いた．彼らは，日本政府の救護も受けないまま，苦しい生活を送っていた．1932年，東京における朝鮮人のモルヒネ中毒者は，東京在住の朝鮮人の約7~7.5%に相当する，3千人に達していたと報道された．この時期，東京在住の朝鮮人麻薬中毒者の問題は深刻な状況であり，これら中毒者の中には，日本人の変わりに下層社会の危険な仕事に携わっている人が多かった．日本政府はこれらの朝鮮人中毒者を放置しており，まともな救護を受けることも難しかった．この時期，在日朝鮮人のモルヒネ中毒の原因を日本国内ではなく，朝鮮で探そうとする傾向があった．それは当時麻薬問題が深刻だった朝鮮の南部に注目し，この地域から渡日した朝鮮人が最も多かったことに注目している．しかし，日本の医療関係者たちが残した文章や救護団体の関連資料を検討した結果，不条理な日本人医療関係者たちのモルヒネ誤用が主な原因だったことがわかった．これに加えて，日本人医療関係者に協力した朝鮮人ブローカーの存在もその原因の一つであることが分かった．

第七，解放後の韓国社会に残存していた麻薬問題の場合，植民地からの遺産だけでなく，中国から帰還した人々も一定の影響を及ぼした．解放直後，中国の華北と滿洲でアヘン・麻薬を扱っていた朝鮮人が帰還し，韓国社会の麻薬問題に少なからぬ影響を及ぼした．また，試論ではあるが，滿洲から帰還した「滿洲人脈」の影響からか，1960年代の軍事政権時代に推進された麻薬政策からも「滿洲国」の残影がうかがえる．このようなことを見ると，解放後の韓国社会の麻薬問題は植民地からの遺産はもちろん，滿洲から帰還した人々の影響にも注目する必要がある．

要するに開港期および植民地朝鮮におけるアヘン問題は，外勢から大きく影響されていたことが分かる．開港期には，清国との「朝清商民水陸貿易章程」，「韓清通商条約」以降，アヘン流入に対する朝鮮政府の対処にもかかわらず，中国人を通じてアヘンが流入されて広がっていった．植民地時代に日本は表面的にはアヘン根絶を掲げていたが，実際には資金確保のため，アヘンと麻薬を活用していたことが分かる．このような外勢の影響の下で，アヘンと麻薬が朝鮮社会に深刻な影響を及ぼしたのである．

アヘンと麻薬は海外に移住した朝鮮人の生活にも様々な形で結びついていた．滿洲に移住した朝鮮人の一部は，アヘン生産地域が馬賊，匪賊の活動地域と重なっていたことで，苦しい生活を送っていた．青島に移住した朝鮮人の場合，積極的に麻薬を密売し，中国人から非難された．また在日朝鮮人の場合，日本人医療関係者によるモルヒネの誤用により中毒に陥り，苦しい生活を送っていた人が多かった．

アヘン・麻薬に関わっていた移住朝鮮人は日本の朝鮮占領によって発生した政治・経済的問題に押し流されるように移住したケースが多く，日本の中国侵略による日中間の葛藤が植民地朝鮮人の中国定着をさらに困難にした側面もある．日本の朝鮮占領以降，朝鮮人は日本人と同様に中国で治外法権を享受できるようになり，アヘン・麻薬の密売においては日本の容認の下，利用されていた側面もある．このような移住朝鮮人の姿は，母国での苦しい生活から脱し，生計の維持またはより良い人生を希求する過程で現れた屈曲した姿の一面だと思われる．また，海外に移住した朝鮮人社会の不安な状況を象徴的に示す側面とも考えられる．それでも，中国国内はもちろん，国際社会ですでに法律で禁止されていたアヘン・麻薬を生産し販売した行為は非難から免れがたいだろう．

찾아보기

【ㄱ】

【ㅂ】

【ㅈ】

【ㅊ】

저 자

박 강(朴 橿)

고려대학교 경제학과를 졸업하고, 동대학교 일반대학원 사학과로 진학했다. 동양사를 전공하고 「중일전쟁기(1937-1945) 일본의 내몽고 통치와 아편정책」으로 박사학위를 받았다. 아편을 주제로 동아시아 한중일의 역사 문제를 고찰해왔다. 침략과 지배, 이주 등 여러 방식으로 주제에 접근하고 있다. 현재 부산외국어대학교 교수로 재직중이다.

저서로는 『중일전쟁과 아편』(지식산업사, 1994. 일본 第一書房에서 『日本の中國侵略とアヘン』으로, 대만 國史館에서 『中日戰爭與鴉片』으로 번역됨), 『20세기 전반 동북아 한인과 아편』(선인, 2008. 일본 岩波書店에서 『阿片帝國日本と朝鮮人』으로 번역됨), 『아편과 20세기 중국』(선인, 2010)이 있다. 역서로는 『아편제국 일본』(번역, 지식산업사, 1999), 『만주사변기 중일외교사』(공역, 고려원, 1998) 등이 있다.